es 1949

edition suhrkamp

Neue Folge Band 949

Undine Gruenter hat in ihrem *Journal* während der Jahre 1986 bis 1992 ihre Erzählungen und Romane begleitet. Sie hat Arbeitstagebücher geschrieben, in denen sie sich Rechenschaft ablegt: über grundsätzliche Fragen ihres Literaturverständnisses oder Probleme der bildenden Kunst. Ihre literarischen Introspektionen und Lektürenotizen präludieren das eigene Schreiben.
Undine Gruenters Arbeitsjournal und Künstler-Tagebuch verbindet sich auch mit einem Alltagsjournal: das einer aus Deutschland stammenden, aber seit Jahren in Paris lebenden Autorin, die diese Hauptstadt für sich historisch und literarisch erkundet.
Der Autor als Souffleur verspricht keine nur dem Tag gehörenden und seine Abläufe detailliert begleitenden intim-diskreten Blicke. Aber trotz aller notwendigerweise Fragment bleibenden Form, die einem Journal eignet, auch für Undine Gruenters Aufzeichnungen über die Jahre gilt, was Elias Canetti den seinen voranstellte: »Das Unsichere, vielleicht das Flüchtige, hat durch sein Fehlendes Bestand.«
Undine Gruenter, geboren 1952, studierte Jura, Literaturwissenschaft und Philosophie. Sie lebt in Paris. Von ihr erschienen bisher: *Ein Bild der Unruhe.* Roman (1986); *Nachtblind.* Erzählungen (1989); *Das gläserne Café.* Erzählungen (1991); *Vertreibung aus dem Labyrinth.* Roman (1992).
Zuletzt erschien von ihr 1993 *Epiphanien, abgeblendet.* 56 Prosa-Stücke (es 1870).

Undine Gruenter
Der Autor als Souffleur

Journal
1986–1992

Suhrkamp

edition suhrkamp 1949
Neue Folge Band 949
Erste Auflage 1995

Erstausgabe

Satz: Hümmer GmbH, Waldbüttelbrunn
Druck: Nomos Verlagsgesellschaft, Baden-Baden
Umschlagentwurf: Willy Fleckhaus
Printed in Germany

1 2 3 4 5 6 – 00 99 98 97 96 95

Januar 1986 – November 1986

Die Familie steckt uns allen wie eine Kugel im Kopf. Doch sind es weniger die katastrophalen Brüche, mit denen wir auseinandergehen, die uns zusetzen, als das erbärmliche Gespinst von Intrigen, das uns tagtäglich einfängt, und die unendliche Anstrengung der Feinfühligkeitsstrategien, weswegen wir uns gelähmt, versklavt, unter dem Bann eines Fluchs finden. Stärkstes Druckmittel gegen den, der ausschert: die Moral wird ins Spiel gebracht gegen die Freiheit. Und wie sollte nicht jeder Absprung zum Absturz werden, wie sollte nicht der Springende am Ende unterliegen und mit gebrochenen Beinen im Abgrund liegen, wenn gegen den Sprung die Gesten der »Menschlichkeit« Klage erheben? Die wenigsten schaffen es, mit dem Gefühl, ein Schuft zu sein, zu leben, das verhindert die von Kindheit infiltrierte Anfälligkeit für Sentimentalität und seelische Erpreßbarkeit. *Familie* zeichnet sich durch die Unfähigkeit zur Reflexion und Analyse ihrer eigenen Motivationen aus – alles verstrickt in einem Gewirr von Meinungen, Vorwürfen, Ritualen, Verbrämungen, ständigem Rechtfertigungstrieb – ständiger Fluß von Mundbewegungen (Geschwätz).

Plato war das homerische Gelächter zuwider – ob dieser Zwang zum Ernst in geheimer Verbindung steht zu seiner Anstrengung, zu beweisen, daß der Ursprung der Götter nicht aus dem – einer den anderen verschlingenden – Kampf entstand, sondern aus dem Kosmos, aus einer a priori gesetzten *Harmonie*?

Die Hölderlin-Studien des späten Heidegger. Aufgabe des Künstlers: der Macht des Gestells zu entgehen, das Sein offenzuhalten als Vermittler im Spiegelspiel des Gevierts zwischen Menschen und Göttern. Ablehnung der metaphysischen Trennung von Diesseits und Jenseits. Doch die Re-Konstruktion einer erwarteten mythischen Welt, in deren Einfalt (Einheit) Menschen und Götter miteinander umgehen und der Künstler als Hüter und Wartender die Verbindung zwischen Himmel und Erde als Aufgabe hat – ist es nicht gerade der Trost der Erwartung, die Heidegger doch wieder ins verhaßte »Metaphysische« zurückfallen läßt, zumindest in ein vormodernes Bewußtsein, das die Erfahrung des Bruchs leugnet? Solches Aufgebot eines Systems des Trosts unter dem Deckmantel, sich um das Wesentliche des Seins zu bemühen, konnte nur einem *Denker* einfallen – das Sein ist nicht mehr um den Preis des Trostes aus dem Geist der Rekonstruktion zu haben, den Dichter brächte schon das Kreischen der Straßenbahn um den Schlaf.

Ich bin, katholisch erzogen, ein Anfälliger für das Mystische. Doch nicht der metaphysische Weihrauch ist gemeint – schon mit neun Jahren habe ich mich vom Katholizismus und vom Glauben verabschiedet –, sondern das Wort in seiner etymologischen Bedeutung: als etwas Verschlossenes, Geheimnisvolles, das, was sich in der sichtbaren Realität verbirgt – Dunkelheit.

Heute bekam ich ein Paket von zu Hause. Heraus fallen einige Lederutensilien, eine Brieftasche, ein Portemonnaie, ein Necessaire und ein paar Kissenbezüge aus dem Nachlaß der Großmutter. Ich klappe das Portemonnaie aus Krokodilleder auf, viele Fächer, eine Lederschließe, ein Druckknopf, und sehe im Innern der Abteilung für die Münzen das schadhafte, fadenscheinige, zerrissene, löchrige, zerlöcherte, vielfach von C. geflickte, grünlich verblaßte Seidenfutter. Als ich die Nase zwischen die Fächer stecke, strömt mir der Geruch meiner Großmutter entgegen, jene Mischung aus Leder, Lavendel, dem Geruch des dunklen Kleiderschranks, in dem sie manche dieser abgenutzten Börsen bewahrte, ein Geruch, der in den Tiefen dieser Utensilien seine die Nase kitzelnde Frische verlor und gegen eine durch Dumpfheit abgeschwächte Strenge vertauscht hat – Geruch meiner Kindheit, seit einem Jahr ist sie tot. Das Geheimnis der Zähigkeit, mit der der Geruch ihren Körper so lange überlebt und sich in den Dingen gehalten hat.

Im Fensterausschnitt fliegt ein Schwarm Vögel von rechts nach links durch den Winterhimmel. Die plötzlich ins Bild tretende, so abgetrennt vom im Zimmer eingeschlossenen Betrachter ausgeführte Bewegung – Zeichen einer Lebendigkeit, die *ist*.

Um sehen zu können, muß man die Zeit vergeuden. Keinen Beruf haben.

Literarische Vorbilder? Vorlieben?
Breton und Bataille: weil sie in der Kunst nach dem Heterogenen streben. Kunst nicht Ausdruck von etwas, das ist, sondern Ausdruck eines Verlangens.
Weil sie das *Geheimnis* ins Zentrum ihrer Anstrengung gestellt haben.
Was ist Batailles erotische Obsession anderes als das Verlangen nach absoluter Freiheit? Und absolute Freiheit begehren, heißt auch den Tod begehren. Bei Bataille sind die Körper das Medium, bei Breton die Herzen (seelische Erschütterung).

Cortázar: die Leichtigkeit seiner Erzählweise. Die Gegenüberstellung des Nichts, der Leere und der Versuch, ihr zu entgehen in Gewohnheiten, Systemen kleiner Sicherheiten, Manien. Seine Begeisterungsfähigkeit: »Man muß ein Idiot sein, um ...« Die Methode, mit der er das Außergewöhnliche unterfüttert mit Banalem, Alltäglichem, mit Umgangsjargon, Kindergeplärr, den kleinen Gefühlen.
Proust: die nicht haltlose, aber maßlose Versenkung in die sinnlichen Wahrnehmungen der Welt. Unübertroffen die Methode des Ausschürfens, die Verästelungen eines Wimpernschlags, einer Geste der Hand, eines Raschelns des Rocks.
Claude Simon: die genaue und zugleich überbordende, bestürzende Sinnlichkeit der Wörter. Die Ersetzung der Handlung durch Beschreibung. Die Haltung des Erzählers: »ich brauche keine Illusionen« – und doch erfüllt von Geräuschen, Bildern, Gerüchen. Die Zärtlichkeit und dennoch die pathetische Beziehung zu Frauen – sensibles Gleichgewicht, Ungewißheit. Die Welt ist nicht absurd, sie *ist*. Ein antiidealistischer Antiutopiker, ohne Nihilist zu sein.
Marguerite Duras: Die kurzen Sätze, die reine Sprache, ihre Evokationskraft. Das undefinierbar Rätselhafte ihrer Texte ohne Verblasenheit und Tiefsinn. Im Zentrum: das Gefühl eines Verlusts, das Vergessen, der Schlaf, von dem man nie weiß, ob die Betroffenen ihn zerreißen wollen oder ihn suchen.

Ein Künstler muß vom Detail ausgehen – ein Stück Stroh, ein Geruch, ein halbgesprochener, hingeworfener Satz – erst darin formt sich das Weitere, spinnt sich in einer halbbewußten Suche. Niemals genau wissen, festlegen, was er will. Die Ideen, das Gerüst – das liegt auf einer anderen Ebene.

Auf Gesellschaften – zwischen dem aufgeräumten, informierten, sich verstanden wissenden Ton, dem selbstverständlichen, mit sich einverstandenen Umgang der anderen – komme ich mir plötzlich vor wie jemand mit einer Haut aus brüchigem Pergament. Bei der leisesten Berührung zerfällt sie und fliegt leise rieselnd zu Boden.

Zeit-Geist. Nichts wichtiger, als sich von ihm fernzuhalten. Aus dem Zeitgeist ist noch nie ein bedeutender Gedanke entstanden. Deshalb die Lärm verbreitende Atemlosigkeit derjenigen, die einer gegenwärtigen Strömung hinterherhecheln und triumphal auf das Gewonnene blicken, als wären sie den anderen um eine Gedankentiefe voraus. In Wirklichkeit ists nur eine Nasenlänge in die Richtung, aus der der Wind weht.

Ein großes Werk sucht sich als Nährboden den Kopf eines Besessenen. Zum Wesen der Obsession gehört die Einsamkeit. Jahrelang in seinem Innern einen Gedanken mit sich herumtragen – das schafft die nötigen giftigen Ingredienzien.

Bei einem Mittagessen verrieten sich zwei der Gäste: mit dem Tonfall derer, die Bescheid wissen, konstatierten sie, Information sei das Zeichen der Zeit. Sich einen möglichst großen Informationsradius verschaffen, dem Gegenüber, wenn nicht einen Schritt voraus, so wenigstens gleichrangig an Information – das sei es, was Macht verleihe. (Ich hatte sie bereits kennengelernt, sie verfuhren auch mit ihren Freunden und Bekannten so und waren immer erpicht, eine Intimität, einen Ausrutscher ans Licht zu zerren. »Je mehr ich über den anderen weiß, desto besser läßt er sich manipulieren.«) Die affirmative, sich selbst Überlegenheit schaffende Einstellung zur Information: sie macht aus Information nicht einmal mehr einen der *Mythen des Alltags*. Ein besseres Beispiel hätte niemand abgeben können als dieses Paar: die mit statistischen Erhebungen gestützte, im Leeren kreisende Wiederholung.

Nur weil diese Dinge hier im nachdenklichen Tonfall vorgetragen werden – wie leicht karikiert sich Nachdenklichkeit zur Blödigkeit – wieviel mehr Erkenntnis liegt für mich in der Abschweifung, im Sermonieren, im plötzlichen Gedankenblick (Gedankenblitz).

Niemals sollte man vergessen, daß man genau zu dem Gesindel da draußen gehört, von dem man sich ständig abgrenzt.

Es muß an manchen Tagen einen heimlichen Größenwahn in mir geben, ein unerschütterliches Selbstvertrauen, das mich daran glauben läßt, etwas Herausragendes zustande zu bringen. Man spricht immer von der »Sensibilität« der Künstler, man sollte einmal von ihrem dicken Fell reden. Jedenfalls sind sie Meister darin, sich über das Ausmaß der Ausweglosigkeit ihrer Situation hinwegtäuschen zu können. Oder besser: es niemals ganz zu begreifen. Ich selbst: keinen Pfennig Geld, keinen Beruf, sogar die Unfähigkeit, eine geregelte Arbeit länger zu ertragen, keinen Abschluß, und doch mache ich so vergnügt weiter, als könnte ich mit vollen Händen Reichtümer unter die Leute streuen.

Und doch: in einer einzigen Nacht der Schlaflosigkeit rückt alles ins rechte, gespenstische Licht.

Mag man auch noch so angetan sein vom Strahlenden einer Erscheinung – wirklich, leidenschaftlich verfallen ist man immer nur einer Deformation, einer winzigen Unregelmäßigkeit und Verstümmelung am Körper des anderen.

Proben auf den Exzeß: nicht durch Explosion nach außen, sondern durch Vertiefen, Intensivieren, Ausschürfen, den Gang nach Innen. (Kontemplative, nicht motorische Exstase).

Ich wundere mich selbst darüber – ja: Colette; nein: Colette. Was sie mit Proust verbindet: die Evokation der Sinneswahrnehmungen in den Worten. Jeder Schatten, jedes Flimmern des Lichts, jeder Glanz in den Blättern ersteht in den Sätzen wieder auf. Ob Weißdorn in Illiers oder blutrote Geranie in Saint-Sauveur – eine Ästhetik der Vergeudung, die durch die Genauigkeit ihrer Beschreibung nichts von ihrem verschwenderischen Charakter verliert – gewöhnlich zerlegt oder erschlägt solche Detailversessenheit den Rausch, hier wird er minuziös gesteigert und wie eine Schraube weitergedreht. Das Glück der Erinnerung – vielleicht hat ihre Sprache solche Wirkung, weil sie Ausdruck eines fieberhaften und zugleich Sättigung kennenden Verlangens ist –, die ununterbrochene Variation der Auferstehung des Paradieses. Für mich sind diese Bücher Paradiese aus zweiter Hand – genügend Sensibilität und fragmentarische (wenigstens) Glückserfahrung der Natur (die geheimen Korrespondenzen in der Struktur der menschlichen

Glückserfahrung) – doch natürlich kann kein Mensch, auch ich nicht, bei der geringsten Geruchswahrnehmung, wenn sie bewußt wird, die Skepsis, die nie wieder loszuwerdende Prägung der Melancholie verdrängen. Deshalb sind mir, was die Natur betrifft, die stumpferen, grau-weißen, strengeren und kühleren Farben, die kurzen Sätze der Marguerite Duras, die in einen leeren Raum hallen, vertrauter als die impressionistischen Farborgien von Proust und Colette. Der Zugang zur ›Natur‹ – wir glauben nicht mehr an die Unverwüstbarkeit, ein allem überlegenes Gesetz der Natur und ebensowenig an ihre ästhetische Verneinung. (Natürlich waren auch Proust und Colette alles andere als *naiv*.)
Frage: bei Colette keine Gegenwart des Todes – aber bei Proust?
Proust: »Der Stil ist keineswegs zur Verschönerung da, wie manche Leute glauben, er ist mehr als nur eine Frage der Technik. Er ist wie die Farben bei Malern eine Art der Vision, die Offenbarung einer Welt.«
Ich schlage ein Buch auf, lese eine Seite und, ohne den Inhalt, das Sujet zu kennen, weiß ich, ob es mir gefällt. Stil ist der unverwechselbare Geruch eines Körpers, der durch den Zersetzungsprozeß der Hautsekrete an der Luft entsteht – der Geruch eines Denkens und Fühlens, einer privaten Manie.

Einige Leute scheinen immer noch nicht bemerkt zu haben, daß sich die Literatur vom Geschichtenerzählen emanzipiert hat. Die Story ist nur Medium, Transportmasse – die Qualität eines Textes entscheidet sich am Grad der Leidenschaft für die Form.

Nur ein Besessener kann zum Künstler werden. Besessen in doppelter Hinsicht. In bezug auf sich selbst, dann paart sich die Obsession mit Naivität, und der Chor von Selbstzweifel und Ironie ist für den Augenblick des Entwurfs auf wunderbare Weise verstummt. In bezug auf die Dinge: dann paart sich die Obsession mit einer strategischen Verengung der Sehweise, und aus der Beliebigkeit der Gegenstände kristallisiert sich eine bestimmte Ikonographie, die Handschrift des Künstlers.

Seit der Antike gibt es den Streit: Kunst ist reine Schöpfung, Erfindung von Neuem oder eine, allerdings einzigartige und daher auch »neue«, weil andersartig im Vergleich zur gerade herrschenden Tradition, Kombination von immer schon Vorhandenem. Je nach Standort in der geschichtlichen Entwicklung wählt man die eine oder andere Ansicht. Überblickt man die Geschichte, sieht man das Auftreten der »Erfindung des Neuen« allerdings in der Minderheit. Von Aristoteles bis Boileau und Gottsched durchläuft die Dichtkunst verschiedenste Systeme von Regelkanons – und kaum hat die *Erfindung* in der Moderne einmal an der Spitze der geistigen Skala gestanden, zieht sich die Zeit wieder in alexandrinische Spätstimmung, in minuziös prätentiöses Nachahmungswerk, in ausgefeilte Kunstgewerbe zurück.

Ist Kunst nicht der Niederschlag einer Obsession, ist sie geistreiche Pirouette, leicht verdauliches Futter für müßige Bildungsbürger.

Ich schlafe direkt unter der großen, schräg ins Dach eingelassenen Fensterscheibe. Kein Vorhang, kein Rouleau.

Nachts muß ich die Sterne sehen, in der Dämmerung die zerfransten lichtdurchlässigeren Ränder der Wolken, am Morgen die feste graue Wand von Nebelwolken. Bilde ich mir ein, dadurch der Natur näher zu sein? Vielleicht – vielleicht ist dieser nächtliche Himmel ... – jedenfalls ist es eine Manie, diese Selbstverpflichtung zum Leben mit einer kleinen Störung. (Das Licht bricht ohne Abschirmung über mich herein.)
Letzte Nacht weckte mich ein heftiger Regenschauer, der auf die Dachziegel über meinem Kopf trommelte. Ab und zu vernahm ich durch den Lärm wie von fern das Donnern des Gewitters, eine andere Unterbrechung war das wechselnde Wüten des Sturms in den Bäumen unten am Platz. Im Grunde aber lag ich eingeschlossen in diesem nicht enden wollenden Trommelfeuer, kein leises und bedächtiges, eine unerbittlich wie Hagel aufklatschende Geräuschfolter. Es gab keinen Ausweg, denn die ganze Wohnung liegt unter dem Dach und überall dieses wahnsinnige Knallen – als entkleide dies Unwetter die Wohnung, das Bett, die Person plötzlich allen sorgfältig aufgestellten Schutzes, die Mauern, das Dach, das Fensterglas – alles war totale Durchlässigkeit.

Das einzige, was von Bedeutung ist: den Verlust von Erfahrung aufzuhalten. Methode: die täglichen Ziele aufgeben. Sich vom nebensächlichen Eindruck überwältigen lassen, einem Blick auf der Straße, einem Schatten auf der Wand, dem Fall eines Blütenblatts. Nicht die zweckgerichtete Handlung, sondern der *Eindruck* ist das Arbeitsfeld der Erfahrung. Aber wer schafft es schon, sich aus den Schienen der eigenen Sozialität herauszulösen? Schon der erste Telephonanruf schließt wieder an einen Kreislauf der Kommunikation an, des Geraunes, der Hierarchien. Vorschlag für den Anfang: ein Doppeltes im Auge zu haben, Erziehung zur Wachsamkeit. Versuch, unter der Oberfläche des Sozialen eine darunter gelegte Spur, eine heimliche Spur zu entdecken, heimliche Spur von Zeichen, die sich unterm geübten Blick entfalten wie japanische Papierblumen im Wasser.

Seit den Griechen bedeutet das Meer den Menschen Freiheit. Ich aber liebe nicht das Meer, sondern den Blick darauf.

Nichts interessiert mich mehr als der *Wechsel* der Zeit, Sprung von einem Extrem ins andere. In der Bewegung plötzliche Erstarrung im Stillstand, plötzlich (ohne Ansatz, Übergang) Einpassen (Einspringen) in die bereits rhythmisch verlaufende Bewegungsform. Dadurch, daß jeweils das Zwischenglied – das Auslaufen oder Anlaufen der Bewegung – übersprungen wird, entsteht ein abgehacktes Bild, zerstückelt das Kontinuum der Zeit in aneinandergeklebte Figuren, zwischen ihnen unsichtbar die Leerstelle, Grenze, das Fließende.

Leidenschaft der Form –
Hermetische Sprache als Abgrenzung gegen die Banalität des Alltags, der Sprache, des postmodernen Kulturbetriebs. Aber zugleich: sich dem Leben überlassen und seiner aus ihm strömenden (als romantisch und altmodisch verlachten) Inspiration. Ich denke, daß die Technik, der Kult der Technik, die Perfektionierung der Technik geradewegs zu leeren und akademischen Werken führt.

Freiheit in einer ungebundenen Armut bewahren – Selbstbetrug?

Absahnen. Ein Vater, gewohnt, das zu führen, was man ein *großes Haus* nennt, läßt, enttäuscht über seine Tochter, die, erwachsen geworden, die Segnungen dieses Hauses floh, verlauten: all die Jahre hat sie genommen, was in diesem Hause geboten wurde, hat profitiert von gesellschaftlichem Glanz, von materiellen und geistigen Genüssen, von der Begegnung mit ausgewählten Besuchern ... sie hat *abgesahnt*, was ihr schmeckte, und nun ...
Entlarvt nicht ein solcher Blickwinkel, die Methode einer Unterstellung, die dem andern das egozentrische Streben nach eigener Bedürfnisbefriedigung nachsagt, den Fragenden selbst als abhängig von genau der Fixierung auf reinen Genuß, die er in seinem Anspruch *moralisch* thematisiert? Denn in dem indirekten Vorwurf der *Undankbarkeit* der Tochter gegenüber den vom Vater gebotenen *Privilegien* steckt ja gerade deren Einschätzung als höchster Wert – und in der sich moralisch gebenden Entrüstung die Empörung über die Anmaßung, mit der wortlosen Flucht diesen Wert für null und nichtig zu erklären.

Erbschaftsstreitigkeiten. Nach dem plötzlichen Tod der Großmutter besucht mich ein Familienmitglied – moralische Entrüstung über die rücksichtslose Habgier der anderen Familienmitglieder bei gleichzeitiger Leugnung ähnlicher eigener Motive. Minuziös wird jeder Gegenstand aufgezählt, den die beiden Miterben unter Aufwendung schändlichster Tricks und Lügengespinste an sich gebracht hätten. In der Aufzählung liegt ein grenzenloses Bedauern über jedes Entgangene. – Was der Erzähler nicht weiß: tags

zuvor suchte ein weiteres Mitglied der Familie mich auf. Ein fast identischer Bericht, die gleiche moralisch sich aufplusternde Entrüstung über die Habgier, den Geiz und die Gerissenheit, die gleichen Unterstellungen.
Empört noch über den geringsten Gegenstand, der entgeht, lockern sich die Zungen und rücken mit der Tatsache heraus, daß die für Antiquitäten gehaltenen Möbel, der Schmuck der Toten, die Bilder sich sämtlich als nachgeahmt erwiesen haben. So schütten sie die Wut über den verlorenen Wert in der Verhöhnung der Toten, ihren *schlechten Geschmack* aus. Comédie humaine? Anhäufung um des Anhäufens willen? Sicher – und vor allem: Mangel an Humor, den Sinn für den Witz der Lage, Mangel an Erkenntnis, daß jeder in genau den falschen Möbeln und gierigen Gefühlen steckt, der sich durch Inanspruchnahme der Moral davon abzugrenzen sucht. Fazit: immer noch zeigt sich in der Moral – wenn sie sich auf einen a priori gesetzten Konsensus beruft (die Empörung über Profitgier) – das Verlogene schon im kleinsten Familienkreis.

Zu kurz gekommen.
Cioran schreibt: »Wenn ich die Frauen den Männern vorziehe, so deshalb, weil sie den Vorzug besitzen, verstörter zu sein, also komplizierter, scharfsinniger und zynischer, abgesehen von jener geheimnisvollen Überlegenheit, die eine tausendjährige Sklaverei verleiht.«
Von Cervantes bis de Sade gibt es die verblüffendsten Beispiele, die zu der Annahme führen müssen, daß die Verbindung von Einkerkerung, Gefangenschaft und künstlerischer Eruption klappt, daß Gefängnismauern die Phantasie des Gefangenen nicht nur lähmen, sondern umgekehrt extrem beflügeln können. Doch die wenigsten Gefangenen werden zu Dichtern. Denn jene geheimnisvolle Souveräni-

tät, von der Cioran spricht, setzt – sofern er nicht mythisch auf eine Überlegenheit der Frau qua Natur, durch ihre vorgeblich uneinholbar engere Verbundenheit mit der Natur und den Dingen anspielt – den ununterbrochenen Prozeß der Desillusionierung, der Zweifel, der Selbstreflexion voraus. Und die meisten Frauen verzetteln sich (wie die Gefangenen im Kampf um Zigaretten, Kaffee, Essen und sonstige Vergünstigungen) im Kampf ums Überleben. Haben sie dann als *Betrogene* nach Jahren der Enttäuschung und Kränkungen doch eine gewisse emanzipatorische Sicherheit erreicht, auf der sie ausruhen könnten, so zeigt sich anstelle der *geheimnisvollen Überlegenheit* die Spätfolge jenes langen Gefühls der Zu-kurz-Gekommenen: die Anfälligkeit für sozialen Status, für Ressentiment, ein *ungebrochenes* Selbstbewußtsein, das die schmutzigen, elenden Anfänge vergessen läßt.

Simone de Beauvoir schrieb vor 50 Jahren: Die Unabhängigkeit jeder Frau beginnt beim Portemonnaie. Jeder Versuch, die einfache Wahrheit dieser Feststellung mit Relativierungen aufzuweichen, sich die Kompromisse auf diesem Gebiet schmackhaft zu machen, ist Verschleierung, Selbstbetrug. (Gesellschaftliche Strategie, das Staubwischen der Ehefrauen und das Handaufhalten der Geliebten nicht als Tätigkeit von Abhängigen, sondern als sozialen Wert darzustellen.)

Weit mehr als aus dem Zustand geistiger Konzentration, vermute ich, entspringt der zündende Gedanke einer Leere des Bewußtseins. Nicht Spannung, sondern ungesteuertes Dahingleiten auf dem Meer des Bewußtseins. Wenn doch die Künstler einsähen, daß Trägheit und Schläfrigkeit, die verzettelten Tage der Stagnation, über die sie so niedergeschlagen klagen, das notwendige Gift sind, der gärende Nährboden des *Einfalls*.

Konflikt der Literatur heute:
Die ästhetische Rechtfertigung der Literatur in einer Situation, in der ihre Existenz alles andere als selbstverständlich ist.
Weitest mögliche Entfernung von aller abbildhaften *story*. Ausweg in Abstraktion? Konflikt zwischen der inhaltlich/abbildhaften Funktion der Literatur und ihrem in der spezifischen Textur begründeten *Eigenwert* muß in einer neuen, noch riskanteren Form zum Ausdruck gebracht werden. Literatur ist eine Sache mit zwei Aspekten – der Abstraktion aber fehlt der »Kampf mit dem Gegenstand« (Francis Bacon).
Kritik an jeder kalkulierbaren, illustrativen Erzählform. – Aus ein paar zufällig hingesetzten Worten kann etwas hervorspringen, was von einer gewohnten Erfahrung des Wirklichen weit entfernt ist. Das Wirkliche entstellen/verfremden, aber trotzdem in der Entstellung auf den wesentlichen Aspekt des Gegenständlichen zurückbringen.

Ich: Ich ist nicht ich, und ich ist auch nicht ein anderer, sondern jene schwarze Leere, in die man stürzt in manchen Träumen, in die man fällt, von Gerüsten, Türmen, Balkonen, durch einen Aufzugschacht.

Delacroix, Sardanapal:
Ich sah ... die nackt sich windenden und ineinanderschlingenden Leiber der Frauen, üppig im Fleisch, sah die Hintern, Brüste, Arme, Nacken, Schenkel, das Haar, wild quellend in der Angst. Nie hatte ich Körper fleischlicher gesehen als unter der melancholischen Kälte dieses Blicks, den der Despot in Erwartung seines eigenen Todes über das verzweifelte Gemenge der zur Abschlachtung eingefange-

nen Leiber seiner Favoriten schweifen läßt. Pferde, Sklaven, Weiber gelten ihm gleich. Das Gemetzel steckt den Raum an vom Boden bis zur Decke. Ich sah eine Kammer in höllischem Tumult, zum Bersten angefüllt mit Reichtum, Nacktheit und Tod. Unübersteigbar die Explosion, in der sich Tod und Begierde verschlingen im Prunk der mit Ornamenten überladenen Geißeln.

Moreau: Jene Farben überzogen die Wände, von denen ihr Erfinder gesagt hatte, man dürfe sie nicht nachahmend suchen, sondern müsse sie erdenken und erträumen.

Moreau: Dann fand ich plötzlich ein Bild, als hätte ein Besessener, jedoch noch der Schönheit verpflichtet und nicht der Häßlichkeit, diese Leinwand ausgefüllt und noch in das kleinste unbeschriftete Stückchen die Muster seiner Ornamente eingekritzelt, so war auch der Leib der Salomé mit Tätowierungen übersät... in ihr Fleisch eingeritzt die Träume desjenigen, der sie in langen Jahren erfunden und immer wieder variiert hatte, während er wie ein Einsiedler in diesem Haus unterhalb von Montmartre gelebt hatte, allein mit einer stummen Mutter, mit der er sich tagtäglich durch kleine, handgeschriebene Zettelchen verständigte. Auch hier waren es die scheinbar belanglosen, sich über Jahrzehnte hin wiederholenden Gewohnheiten, die einem Leben die materielle Unterfütterung für seinen obsessiven Geschmack gaben. Die Tätowierungen auf der Figur der Salomé waren der Niederschlag eines gewaltsamen und visionären Verlangens. So *gezeichnet* im doppelten Sinn des Wortes, erschien der fremde Körper als Fläche, auf der sich die Wünsche des Malers ausbreiteten, als ein unterworfenes und besetztes Land, als bloße Kolonie.

Kaum Menschen. Manchmal gehe ich auf die Straße. Ich sitze viel in meinem Zimmer. Ich wohne hoch oben über der Stadt, auf einem Berg, im Dachboden eines Hauses. Die kleinen Fenster gehen auf einen Platz. Die Häuser: hochstöckige, klassizistische Bauten, weiß verputzt oder aus rotem Backstein. Das Haus in der Mitte, an der Stirnseite des Platzes, trägt einen dreieckigen Giebel. Hinter der schweigsamen und strengen Geometrie des quadratischen Platzes, über den Dächern, ragt die *Randzone* der Stadt hinein. Schornsteine, ein Kirchturm, handtuchschmale, aneinandergereihte, bunte Häuserfassaden von unterschiedlicher Höhe, deren obere Dachlinie sich in einem wirren Zickzack vor dem Himmel abhebt, sich mit den davor und dahinter liegenden zu einem Flickwerk verschachtelt. In der Mitte des Platzes eine Anlage. Kein Rasen, sondern Erde und Sand, am Rand Büsche. Eine Reihe alter Bäume, ohne Ordnung über den Platz verteilt.
Heute: ein windstiller Wintermorgen von jener frostüberhauchten, sonnenbeglänzten Ruhe der Dinge, wie man sie nur noch aus Büchern zu kennen glaubt.
Der leicht zur Stadt hin abfallende Boden des Platzes ist von einer dünnen Schneedecke bedeckt. Aus dem Weiß hebt sich das Grau-Braun-Schwarz einiger Pfosten und Pfähle, eines Zauns, zweier Parkbänke heraus, ebenso der Zylinder einiger breiter Holzböcke, die man als zusätzliche Sitzgelegenheit über den Platz verteilt hat. Auf dem flachen Rund ihrer Sitzfläche: wieder Schnee, ein weißer Deckel. Der Platz teilt sich also auf in horizontale Schichten von Weiß in unterschiedlicher Höhe, unterbrochen von vertikalen Flächen in Schwarzgrau. Das untere Drittel des Platzes liegt im Schatten. Die Büsche, die Stämme der Bäume wirken schwärzer, als sie, bei anderem Lichteinfall, sind. In den blattlosen Kronen der Bäume dagegen liegt die Sonne, verleiht den kahlen Zweigen einen rötlichen Farbton, löst sie nach oben,

zum Ende der Äste fast auf im Licht, in einer Durchsichtigkeit, der ihre in den Himmel gereckten Linien zum Verschwinden bringt.
Hinter den Bäumen sind die strengen Fassaden, die geschlossenen Fenster der Häuser zu erkennen. Das feine Geäder der reglosen, nur zuweilen von einem Windhauch kaum merklich bewegten, vom Sonnenlicht beschienenen Äste löst die feste Kompaktheit der Häuser auf, bildet einerseits einen Schleier, in dem es manchmal ein Loch, eine Öffnung, einen Pfeiler, einen Stein, ein Fenster deutlich hervortreten läßt, drückt andererseits ein Labyrinth von Rissen in den glatten Verputz, bringt die Glätte zum Bersten, zum Zerspringen. Wunderbares Zusammenspiel von reglosem Stein, von schattigem Glas, von vorfrühlingshaftem Geäst.
In der Tiefe fährt, auf der Straße, die im Karrée um den Platz führt, ab und zu ein Auto.
An einigen starken Ästen hängen, von Kindern befestigt, an langen Seilen alte Autoreifen zum Schaukeln. Heute, im Stillstand, berühren sie fast die Erde, hängen reglos, nur manchmal drehen sie sich ein wenig, wenn ein Windzug über den Platz fährt.
Warum ich das aufschrieb?
Am Morgen sah ich einige Zeichnungen, einige Bilder von Seurat, die in jenem, von den Parisern im 19. Jahrhundert *Zone* genannten Bereich angesiedelt sind, das auch Niemandsland heißt. Vorstädte im Norden und Osten der Stadt, Industriezonen, Randbezirke. Eisenbrücken, Mietskasernen, Rangierbahnhöfe, verödete Wiesen, Kanäle, Frachter. Nicht Auteuil wie Monet, sondern Asnière, der Canal St. Martin. Ich sah diese Bilder – die Häßlichkeit, den Alltag als Sujet, das Unpoetische elektrisieren, die moderne Randstadt als Thema – wer hatte das zuvor getan? Dabei aber nicht mit gemütlichem Pinsel gemalt, mit sentimenta-

ler *realistischer* Liebe zum Detail, sondern mit der geheimnisvollen, fast abstrakten Starre der ägyptischen, der primitiven Kunst vor viertausend Jahren.
Nachdem ich diese Bilder gesehen hatte, ging ich in die Küche, kochte mir auf der einzigen Herdplatte – der *stufenlose Regler* quietscht und bewegt sich nur ächzend bis zur höchsten Stufe – einen Kaffee. Von der unteren Stadt stieg die Stille dieses Morgens auf, die winzige Wohnung war durchflutet von Sonne, ein Splitter von Glücksgefühl trieb sich in mein Herz. Ich nahm den Kaffee, hockte mich im Zimmer auf den Boden vors Fenster, sah aus einem Schornstein vom schräg gegenüberliegenden Dach den Rauch aufsteigen und träumte von der Landschaft zwischen Trouville und Honfleur, von der Stille, die man zum Arbeiten braucht und die ich heute hier gefunden hatte, von den kleinen Häfen der Normandie, die Seurat gemalt hatte.

Beim Betrachten der Bilder, der Zeichnungen von Seurat. Dieser fast schon abstrakte (auch schon an Collage und Kubismus erinnernde) Aufbau der Bilder. Vorherrschaft der Vertikalen. Hintergründige Starre. Hermetische Landschaft, hermetische Figuren, sie stehen im Raum – aufgebaut aus Zylinder, Kubus, vertikaler Linie, Halbkreis – verteilt wie Holzschnitte, wie Schachfiguren, wie ägyptische Statuen, wie die strengen Plastiken der Khmer. Ein Schornstein, eine Kette von Segelmasten, die typische, leicht gekrümmte Linie eines Baumstamms, eine Gaslaterne, ein Leuchtturm. Die tatsächlich oder nur menschenleer wirkende Szenerie am Kai von Port-en-Bassin, am Kanal von Gravelines. Brücke, langgestreckter Pavillon, Molen sind die Horizontalen, 3 Menschen im Vordergrund, Gaslaternen an der Promenade, Pflöcke, Häuser + Schornsteine die Vertikalen. Kühle, die immer eine gewisse Steifheit hat – die schattenrißartigen Figuren der Frauen, in die Höhe gezogene Flächen, mit den runden Flächen von Hut und Cul-de-Paris und dem typischen (japanischen) Halbrund der Sonnenschirme –, wenn nicht durch die ungeheure Verdichtung (Verhaltenheit) die Bilder in eine seelische Spannung geführt werden – in der Reglosigkeit ein Moment von Trauer, in der Exaktheit des Bildes die Flüchtigkeit des Augenblicks bewußt werden lassend. Ein Kind, allein am Ufer eines Flusses stehend – nichts scheint mir wichtiger als die Haltung des Aufrecht-Stehens bei Seurat –, bewegungslos wie ein schmaler Vogel, ein Reiher, ein Kranich, über das Wasser blickend, die Silhouette des Baumes, merkwürdigerweise kahl (denn es ist Frühsommer und das üppige Laub eines anderen Baums ragt vom linken oberen Rand in die Bildfläche), die wie Pfähle in die Abendluft ragenden Segelmasten. Die Stimmung drückt nicht mit schwerem pathetischem Gewicht auf die Bilder, sondern tritt aus einer wunderbaren Leichtigkeit des Statischen, der Ruhe.

Beim Anblick des asketischen, von allem Ausschmückenden befreiten Bildaufbaus, der Aufteilung der Bildfläche in fast abstrakt anmutende Formen kommt mir der Gedanke – als wenn die Literatur der bildenden Kunst hinterherhinkte oder besser: ich –, der mir schon bei Francis Bacons Theorie einer nicht-illustrativen, doch nicht abstrakten Kunst einfiel: man müßte eine Prosa konstruieren, die einerseits nicht gegenstandsbezogen-abbildend wäre, nicht also mit der *story* im Mittelpunkt, andererseits aber nicht völlig fleischlos und reines intellektuelles Zusammensetzen von Bausteinen wäre. Gratwanderung zwischen Illustrativem und Abstraktem. Nicht auf den Gegenstand verzichten. Aber ihn so verwenden, daß er eine eigene ästhetische Qualität erhält und die Gegenstände in der Komposition eine eigene Struktur bekommen. Die Struktur ist das Entscheidende, und sie dürfte nicht wie ein mageres Gerüst ausfallen, sondern muß psychische Spannung erzeugen.

Keine Beschreibung. Die Dinge nicht benennen. Sie müssen nicht durch die Darstellung (mit Hilfe der Wörter), sondern in der Darstellung (in den Worten) plastisch werden.

Die Wörter müssen den Menschen ins Gesicht schreien.

In letzter Zeit beobachte ich an ihr, nicht ohne ein gewisses Amüsement, eine zunehmende Form von Klaustrophobie. Genau betrachtet verbringt sie ganze Tage im Bett. Das Bett steht in einem vom Zimmer abzweigenden Winkel, Rück- und rechte Seitenpartie von den Wänden einer Ecke geschützt, zur linken freien Seite steht ein Tisch mit Lampe, Schreibzeug, gehäuften Büchern. Nicht daß sie geradezu dorthin flüchtete... obwohl es sicher auch das Bedürfnis nach Wärme, nach Stille ist, das sie zu Zeiten an diesen Ort, diese Insel in ihrem Zimmer treibt, wenn die anderen im Gespräch, in Aktion, im Beruf unterwegs sind. Wenn also Flucht, dann zugleich eine augenzwinkernde... wie eine alte Frau liegt sie da, aufgebahrt, verpackt in mehreren Schichten Wollpullovern, an ihrem Fußende geht ein niedriges Fenster auf das Treiben in den Bäumen auf dem Platz vor dem Haus, wenn ihr Blick auftaucht aus den Seiten des Buchs, den weißen des Papiers, über die der Stift gleitet, verfängt er sich, abwesend noch, in den Zweigen, gleitet ins tiefer liegende Band der Straße, die von ihrem Fenster nach nirgendwo führt... Augenzwinkernde Lust, einsames Vergnügen, mit denen sie die Beine zwischen den anfänglich kalten Laken ausstreckt, räkelt ... und immer ein brennendes Kaminfeuer vermißt, wenn der Wind an den Dachziegeln rüttelt ... augenzwinkernde Flucht, daß gelungen ist, sich zu verstecken, man muß sich nur ruhigstellen, schweigen, reglos verharren, wenn Leute im Hausflur die Treppe hochkommen und anklopfen ...

Es muß eine Verbindung geben zwischen diesem Versteck, diesem unordentlichen und allen vernünftigen Tageslauf zerstörenden Daueraufenthalt über den Bäumen vom Platz, eine Verbindung mit ihrem anderen Zustand, dem, der sie auf den Straßen überfällt, dem Zustand des Frierens, eine Verbindung – vermutlich aber deren doch zwei oder mehrere – und wer wollte der schönen Unbekümmertheit dieser Beziehung jetzt den Tiefsinn einer philosophischen Betrachtung antun?

Nicht über etwas schreiben – die Wörter müssen dieses Etwas selbst sein.

Gespräch in einer Runde von Freunden nach der Vorführung des Films *Napoleon* von Abel Gance (1926). Kaum einer zeigte sich beeindruckt. Ein linker Soziologe begann sogleich zu analysieren: ein präfaschistischer Film, auch in Frankreich, Wiederentdeckung und Heroisierung des Militärischen, um die Massen ideologisch zu mobilisieren durch Glorifizierung der Großen Männer, der Großen Armee, der Großen Nation.
Vermutlich würde der Film tatsächlich einer ideologiekritischen Prüfung nicht standhalten. Es ist ein *romantisches* Kunstwerk, das auf fast lyrische Weise das abgedroschene

Thema von der *Einsamkeit des Genies* – nicht wiederholt, sondern neu erzählt. (Brot, Oliven, Schweigen) Und es ist ein Film über eine Stimmung, über einen kollektiven Überschwang – unzählige Massenszenen und musikantisch erinnerte Lieder der Revolution färben diese Stimmung – das *Erhabene* (in diesem Fall: die Revolution) wird nicht nur von einer Person verkörpert, es wird, von dem Glauben eines ganzen Kollektivs getragen, erst hergestellt.

Es ist ein spezifisch bundesrepublikanischer Blick, der das *Erhabene* selbst kriminalisiert (ridikülisiert). England und Frankreich bringen stets neue Rituale dafür hervor. In Deutschland wird es verständlich aus dem Mißtrauen gegenüber jedem geistigen Überbau nach der Erfahrung der NS-Ideologie, um Mißverständnissen vorzubeugen. Hier soll nicht einer reaktionären Feier des wiedergewonnenen Heroischen das Wort geredet werden. Aber liegt nicht die zunehmend in Banalität abgleitende Mentalität sowohl des alltäglichen Lebensgefühls als auch der Literatur in Deutschland daran, daß sie das Element des Erhabenen wie ein giftsprühendes, gefährliches, vereitertes Organ herausoperiert hat? Vielleicht liegt es am Sprachgebrauch: der Begriff assoziiert zunächst den Gedanken an Prätentiös-Pompöses, an Historismus, ästhetisch Erlesenes, idealistischen Kult. Doch längst geht es in der Moderne nicht mehr darum, das Erhabene am erlesenen Gegenstand zu praktizieren, sondern am banalen – an einem Wassertropfen im Ausguß, an einer alltäglichen Handbewegung, einem abgerissenen Fahrschein. (Chandler, Hammett, Burnett lieben solche Gegenstände, das ergibt die Mischung aus Melancholie + Lakonie, die uns heute so besticht. Einer der letzten, die das in Deutschland beherrschten, war Brinkmann.) Es gibt keine Literatur ohne jenes winzige Moment an Intensivierung oder Exaltierung – die »Wörter exaltieren«, davon sprach Aragon –, ohne Übersteigerung.

Warten, Verspätung, Langsamkeit. Ob das eine die Ursache des anderen ist, in welcher geheimnisvollen Korrespondenz sie zueinanderstehen, läßt sich jetzt nicht eindeutig feststellen. Auffällt, daß die äußeren biographischen Ereignisse von Wichtigkeit ebenso wie die inneren Reaktionen unter dem gleichen Gesetz der *Verspätung* stehen. Häufig sehr früh aus der Bahn einer *normalen* Entwicklung gerissen – wird das Warten zur eigentlichen Lebensform. Plötzlich befindet man sich für Jahre in einer Situation, in der das Warten die einzige Form des Überlebens bedeutet. Warten meint das Warten auf den Tag der Befreiung, der sich aus eigener Kraft nur schrittweise herbeiführen läßt. Einmal ans Warten gewöhnt, macht man es sich zur Lebensmaxime, versucht, der langsamen Annäherung der Dinge den eigentlichen Genuß abzugewinnen. Doch scheint der dumpfe Druck des Wartens, der Lähmung, der Fesselung sich wie Mehltau auf die Psyche gelegt zu haben: man findet bei solchen Menschen – bei einer gleichzeitigen, fast überentwickelten intellektuellen Geschwindigkeit des Parierens – eine Langsamkeit des seelischen Reagierens, eine, bei aller Empfindlichkeit des Fühlens, Schwerfälligkeit und Ungeschicklichkeit, weshalb der Aufbau des Ich bei ihnen immer im Rückstand zu sein scheint.

Immer ertappt man sich dabei, auf etwas zu warten im Umgang mit Freunden. Sie erzählen ihr Leben, den Alltag, tagtäglich tun sie es, am Telephon, im Café, zu Hause. Man wartet, gespannt, ohne es zu wissen. Worauf? Auf den Moment der Enthüllung, der Offenbarung, auf den Schlüssel zu ihrem Leben: welches *Geheimnis* gibt ihm Spannung? Über welchen Abgrund ist das Seil ihrer Tage gespannt, und welche besondere, ausgewählte Antriebskraft ist es, die sie das Seil betreten läßt. Die Rede fließt weiter: das Leben erzählen. Man hört zu, man lauscht, lauert auf eine verräterische Nuance der Stimme – nichts. Man begreift, es gibt keinen Schlüssel, keine geheime Spannung der Seele. Nur dieses fortlaufende Gerede über Alltäglichkeiten. Es gibt kein Geheimnis. Sie leben tatsächlich so wie sie reden, allein aus dem Grund, weil sie lebendig sind.

Welch fatale und glückliche Krankheit des Schriftstellers: die *Erwartung*, die innere Spannung, die geheime Neigung zur Übersteigerung.

Nichts ist für den Schriftsteller wichtiger als die Seele. Sie bestimmt, was wichtig ist am Text: das Klima, das Gefälle, den Ton.

Übersteigerung: eine geringfügige Begebenheit bringt mich aus dem Gleichgewicht. Der erste Streifen Dämmerung über der Stadt, der kleine Wahnsinn, der erste Rausch, in den dich der Alkohol, und nur die ersten zwei Gläser versetzen, ein Vogelruf nach dem Regen, ein Baum im Hinterhof, ein Film mit Meryl Streep, ein Chanson von Jacques Brel – wie auch immer. Du drehst dich vor Entzücken, mußt es mitteilen, zeigst auf die Dinge, rufst jemanden, zeigst, erklärst, jubelst, lachst, teilst Verwunderung mit, sagst: *sieh mal*. Im Rausch der Begeisterung – ein Kind, ein Verrückter, ein leise Belächelter.

Jener magische *Augenblick*, der bei Proust immer durch eine Rückkoppelung des Gegenwärtigen mit einem vergangenen, plötzlich erinnerten sich einstellte, bei Joyce unter dem Begriff der *Epiphanie* als einer »jähen geistigen Manifestation« auftaucht, sprengte – obwohl schon bei beiden als reines Bewußtseinsereignis des Subjekts, ohne Verweis auf einen außerhalb des reinen Moments liegenden metaphysischen Bezugspunkt, aufgefaßt –, den Rahmen der reinen Punktualität: im einen Fall durch Erinnerung, durch Aufleuchten eines Vergangenen, im anderen Fall – vergleichbar jener von Benjamin so bezeichneten *profanen Erleuchtung* bei den Surrealisten – durch Antizipation, durch Aufleuchten von Zukunft.

Wie nun jenen zerschlagenen Rest, jene Reduktion auf den Kern des Augenblicks selbst beschreiben, der dem heutigen Subjekt allein übrigblieb? Erinnerung und Entwurf als utopisches Denken sind zertrümmert, der*Augenblick* als Bewußtseinsereignis abgeschnitten, isoliert von ähnlichen in Vergangenheit und Zukunft, verkörpert nur sich selbst, ohne Verbindung auf dem Zeitstrang, kommt aus dem Nichts, fällt ins Nichts – und ist doch in dieser nur noch auf sich selbst verweisenden Form als der Zustand der höchsten Selbsterfahrung das einzige, kostbarste Zeichen vom geretteten Rest der Subjektivität.

Wie aber diesen *Augenblick* vor der Verwechslung mit der flüchtigen, relativierenden Interpretation bewahren? Durch Isolierung (räumlich und zeitlich), durch Zergliedern in zwei Stufen – der des momentanen Ereignisses und der Reflexion der Wirkung im Subjekt, durch Herausarbeitung dieser, nichts anderes (Erinnerung/Antizipation) als sich selbst mehr aufzeigenden Augenblickserfahrung als letzte Möglichkeit, Subjektivität aufzuzeigen.

In diesem Zusammenhang: zur Zeit scheint es mir weit interessanter, einen Roman über die Zerstörung des Gedächtnisses als über die der Antizipation zu schreiben. Die

Zerstörung müßte auf verschiedene Weise dargestellt werden: 1) Stufe: Erfahrung der Diskontinuität. Unverbundenheit zwischen voneinander abgeschnittenen Augenblicken, Abgeschnittenheit eines folgenden Augenblicks vom vorigen. Technik des *Nebeneinandersetzens* von Bild-Blöcken. Nicht die *sukzessive Schichtung* des Zeitablaufs, des einen auf den vorigen Augenblick, wie in der traditionellen Romanhandlung, sondern eine von Lücken unterbrochene Folge. Lücken, die verhindern, daß die Teile sich verbinden und eine geschlossene Folge bilden. Kein fließendes und kontinuierliches Gleiten der Bilder, sondern durch eine abgehackte und ruckartige Bewegung wird an Stelle des vorausgehenden Augenblicks der darauffolgende Augenblick dargestellt, der die völlige Auslöschung des vorausgehenden impliziert. Kein *roman fleuve*, sondern *roman statique* – statische Kombination, denn die *Nebeneinanderstellung* ist das Gegenteil einer Bewegung. In der Nebeneinanderstellung wird keinerlei Entfernung überwunden, die Dinge reihen sich *nebeneinander* auf, als ob sie unter demselben Glas einer Vitrine lägen. Dies Bilder-Übereinander-Legen stellt eine *Existenzkurve* (der Romanfiguren) her, eine Sequenz von isolierten Szenen stellt eine Serie von Bildern her, deren einziger gemeinsamer Zug darin besteht, daß sie sich auf eine Person beziehen. Nicht Kontinuität einer Handlung, der Mensch im Werden, nichts, was zwischen den Bildern ist – sondern die Augenblickshaftigkeit einer Haltung, eines Ausdrucks, eines Szenenspiels: was auf den Bildern erscheint.

2) Stufe: Gedächtnisschwund. Bewegung zwischen erinnertem und gegenwärtigem Augenblick. Hin und her. Variation ein und desselben erinnerten Bildes. Das führt zur Realitätsproblematik, Problematik der Vieldeutigkeit des erinnerten Bildes, der Relativität, der Täuschung.

3) Stufe: Gedächtnisverlust. Austausch der erinnerten mit

den gegenwärtigen Bild-Blöcken. Besser: Vertauschung, Mischung, Verwirrspiel. Identitätsverlust. Zurück bleibt ein Ich im Hohlraum, in der *leeren* Zeit.

(Melancholie ist mit Menschenscheu gepaart.)
Lange Zeit habe ich, wie viele Melancholiker vor mir, die innere Erstarrung in die Erscheinung und Wirkung der Dinge verlegt. Die Lähmung scheinbar objektiviert, da sie von außen, in der Leere der Dingwelt entgegentrat. Gleichzeitig habe ich alles von ihnen erwartet, was man gemeinhin von Menschen, von der Liebe, vom freundschaftlichen Gespräch erwartet: Erleuchtung, Ekstase, Glück, blitzhafte Erkenntnis in der Erscheinung, höchster Zustand der Selbsterfahrung.
Längst hat sich auch diese Möglichkeit des Außenbezugs zerschlagen. Übriggeblieben sind nicht die Dinge, sondern die Bilder von ihnen, eingeschlossen in einem Zimmer neige ich mich über die inneren Bilder der Phantasie, um in der Einsamkeit jenes Gegensatzpaar von Leere und Ekstase wiederzufinden.

Das *wirkliche* Ich eines Schriftstellers manifestiert sich nicht in seinem Leben, sondern einzig und allein in seinen Schriften. Man verweise, wenn Freunde ihr Erstaunen darüber äußern, daß die Texte ihres Schriftsteller-Freundes so sehr von seinem Temperament verschieden seien, daß sie ihn nicht erkennten, auf Prousts Feststellung, daß ein Buch das Produkt eines anderen Ich ist als dasjenige, das wir in unseren Gewohnheiten, in der Gesellschaft und in unseren Lastern zeigen.
Flaubert: »der Stil für sich allein (ist) eine absolute Weise, die Dinge zu sehen.«

Proust: »Der Stil ist nicht eine Frage der Technik, sondern der *vision*. Er ist die mit direkten und bewußt gesuchten Mitteln unmöglich zu erlangende Offenbarung. Offenbarung des qualitativen Unterschieds der Arten, in denen uns eine Welt erscheint, eines Unterschieds, der, gäbe es nicht die Kunst, auf ewig das Geheimnis eines jeden bliebe.« Oder: »Der Stil ist eine Qualität der *vision*, ist die Offenbarung der besonderen Welt, die ein jeder von uns sieht, welche die anderen jedoch nicht sehen.«

Lieber am Unmöglichen zugrunde gehen – anstatt zu kapitulieren, zu resignieren, die ganze Wahrheit, das ganze Glück aufzugeben.

Fieberhaft den Sätzen nachzusinnen, nachts von ihnen überfallen werden – ein Künstler, der nicht ständig von der ihn bedrängenden Gegenwart seiner *vision* belagert wird – ist wesentlich kein Künstler, ist das, was alle sind, spannungslos brachliegendes Leben. Mit unendlicher Beharrlichkeit an der Überzeugung festhalten, arbeiten, irgendwann in der Zukunft der Beherrschung der *vision* in den Ausdrucksmitteln einen Schritt näher zu kommen.

»Daß aber die Arbeitsteilung nicht durch ihre Verleugnung, daß die Kälte der rationalisierten Welt nicht durch empfohlene Irrationalität sich bannen läßt, ist eine gesellschaftliche Wahrheit, die durch den Faschismus aufs nachdrücklichste demonstriert worden ist. Durch ein Mehr, nicht durch ein Weniger an Vernunft lassen die Wunden sich heilen, welche das Werkzeug Vernunft im unvernünftigen Ganzen der Menschheit schlägt.« (Adorno).

Wie altmodisch, unzeitgemäß sind unsere Gefühle. Sie hängen sich mit einer Zähigkeit an ein Glücksverlangen – einem Geruch, einem Liedfetzen, der Linie eines Zweiges verfallen –, das vom Verstand endgültig revidiert wurde.

Das *Ich* in meinen Romanen ist keins einer autobiographischen Geschichte, sondern einer ästhetischen Reflexion.

Die Literatur ist für den Schriftsteller der einzige Ort der Wahrheit. Der einzige Ort der radikalen Identität.
In der Alltagswelt ist man ständig gezwungen, sich als *Person* zu verhalten – Rücksicht zu nehmen, sich einzufühlen, sich zu verstellen, Rollen zu spielen, sich von moralischen Skrupeln beschränken zu lassen – im Text kann der Autor sich als *Ich* frei bewegen und seinen schneidenden Desillusionismus, niemandem im *Realen* zumutbar, freien Lauf lassen. Ein *Ich*, das freilich auch *verstellt*, konstruiert, kurz: *ästhetisch* ist, aber es ist selbst inszeniert und nicht vom Blick der anderen erzwungen.

Proust: Das Buch ist Produkt eines anderen Ich als das unseres alltäglichen Umgangs mit Freunden, in Gesellschaft etc.

Haß. Vielleicht ist, wie Cioran meint, wirklich der Haß die einzige, die lebendigste Triebfeder des Menschen. Und vielleicht ist die Unfähigkeit dazu nicht ein Zeichen von Souveränität, sondern die Folge einer langen Unterdrückung, einer Gewöhnung von früh an, daß Widerstand zerschlagen ist, jede Regung von Freiheit, von Kampf um die eigene

Identität, eine lange Gewöhnung nach Innen auszuweichen, in die unendlich sich weiterfächernden Wege nach Innen. Vielleicht ist die Unfähigkeit zum Haß wirklich ein Mangel an Lebendigkeit. Dennoch steht mir der Satz von Caroline Schlegel vor Augen: »Die Herzen der Guten sind heilbar.« Ein Plädoyer dafür, auf Verletzungen nicht – wie die meisten von uns: aus Schwäche – mit Haß, mit Ressentiment und Verbitterung zu reagieren.

Genauigkeit in Gefühlsdingen.
Fast bin ich heute geneigt, Prousts Desillusionierung gegenüber der Freundschaft zu teilen. Freundschaft: ein zufälliger Interessenverband, der mit allen intimen Verbindungen die gesteigerte Kapazität des Giftverteilens gemeinsam hat – nur durch die engsten Menschen wird man verletzt.

Nirgends ist die Darstellung der Liebe tiefer als in Händels Opern. Ist die Liebe in der Moderne die Lust des Einsamen, plötzlich und flüchtig, eine *Passantin*, oder ins Pathologische gesteigerte Intensität, die *einseitige* Steigerung ins Unendliche – so ist die Liebe der Händel-Figuren die unendliche Steigerung der Spannung zwischen zwei Polen. Diese dialektische Spannung hebt jede durch Einseitigkeit provozierte Relativierung auf, verleiht dem Gefühl die Tiefendimension und höchste Leichtigkeit zugleich. Nicht die flüchtige, vom Scheitern schon verhinderte Lust des Einsamen, sondern Ergriffenheit bis in alle Kammern des Herzens und des Körpers ist ihr Wesen. Aber nicht archaischer Taumel ist hier das Gegenbild zu ernüchternder Prosa. Keine Rasenden und keine Coolen sprechen hier. Der Taumel ist aufs Äußerste ritualisiert (Ritual = Formalisierung mit einem Rest von archaischem Moment) und doch nicht ausgebrannt, sondern verzehrend, und so ist nicht Plötzlichkeit, der *Coup de foudre*, sondern die Verzögerung das Gesetz dieser Liebe, das unendlich langsame Einsickern der Liebe, das langsame Ausgefülltwerden, das Nachhorchen bis in alle Adern – ein Beben in der gleichzeitigen Lähmung. Nichts Süßliches haftet ihr an, sondern Pathos und *dulcedo* im Augustinischen Sinne. Diese Süßigkeit, diese zitternde Vibration unter der zivilisierten Gehaltenheit – so wie nur wenige Naturen den größten Schmerz mit der heitersten Leichtigkeit, die oft für Oberflächlichkeit gehalten wird, parieren, so trägt die Liebe hier im herzsprengenden Jubel die Schleifspur ihrer Trauer, und in der *gravitas*, die wie ein Lot als Schwergewicht hinunterragt und dem Ganzen als Bild den köstlichen Hauch von Manierismus verleiht, im herzzerreißenden Kummer blinkt schon die koboldhafte Luftigkeit. Largo – a tempo, beides in einem enthaltend, immer zwischen zwei Gewichten gehalten, *dulcedo* und *gravitas* – ombra mai fu, es blaut die Nacht. Natürlich gibt es auch eine Methodenlehre der Affekte, die von der Verzweiflung bis zur raffinierten Verführung reichten. Am Ende aber bleibt das Bild der in süßer Verzückung verharrenden, das Wissen um die Folter schon in allen Poren vorausahnenden Figur, denn Langsamkeit, Verzögerung, nicht Überstürzung, ist das wahre Gesetz dessen, den die Liebe *in Bann* schlug.

Warum das Unbehagen in jeder Gesellschaft, das sich, in Variationen sich immer neu wiederholend, mein Leben lang einstellt, sobald ich mit einer Gruppe zusammentreffe. Dem Grund nachforschend entdecke ich: es ist keine Gruppe nötig, es genügt ein Einzelner. Was mich von ihnen/ihm trennt, ist die Sprache: ist der Verlust von Selbstverständlichkeiten. Ich zucke zusammen unter dem Schlag eines Wortes, das seine Brutalität aus nichts anderem als aus der Legitimation durch die Norm, durch die kollektive Meinung und Konvention erhält. In der Gruppe tritt das notgedrungen massiver zutage, deshalb meine Furcht. Aber es genügt der unbewußt im Sprechen zum Ausdruck kommende Benennungsanspruch der einzelnen Redeweise. Tausend Bagatellen sind ihr Spiegelbild. Ein Freund beschreibt mir das Verhalten einer mir Unbekannten. Er sagt: die Freundin des Sowieso. Klassifiziert, verpackt, degradiert zur Subperson – alles in einer einzigen Formulierung. Legitimation nur über Funktionen des Über- und Beigeordneten. Ob Freundin von, Frau von, Tochter von – natürlich sind Frauen in erster Linie das Objekt solcher Operationen. Nichts gewalttätiger als die Selbstverständlichkeiten des Benennens.

Schreiben geschieht vom Ort des Begehrens, der Sehnsucht. Schreiben ist Ausdruck eines unermeßlichen Verlangens. Eines Leidens. Der Versuch, der unmögliche Versuch, die einzige Möglichkeit, das Glück, das Paradies zu erfinden. Schreiben – Verfolgung der Vision des Glücks. Ein unsichtbarer Strohhalm. Schreiben geschieht am Ort des Extrems. Der Ort des Extrems, ins Schreiben gesenkt. Ohne Aufschub, ohne Zögern, ohne Vorbehalt. (Die Liebe, der Schmerz, der Tod. Ohne Abstrich.)

Man kann, eine Zeitlang, ohne Liebe leben. Was man nicht kann, nie, ist: das *Projekt der Liebe* aufgeben. Das Projekt, das die Liebe heraussprengt aus dem, was sie angeblich sein soll – aus dem Verhältnis der Ausbeutung, mit dem die Liebenden sich wechselseitig zerstören, aus dem Verhältnis der Nützlichkeit, mit dem die Liebe reduziert wird auf die Be-

rechnung ihres sozialen Vorteils, aus der Konventionalität, mit der die Liebenden vorgestanzte Rollen sprechen, aus der Austauschbarkeit, die die Ersetzbarkeit des Geliebten als Zeichen des Triumphs, der Überlebensfähigkeit vorschreibt. Aus dem *Verbot der Liebe*. Liebe beschränkt auf die schmerzlose, von Gleichgültigkeit geprägte Form des Arrangements mit dem Leben.
Man kann das *Projekt der Liebe* nicht aufgeben, ohne zugrunde zu gehen. Man kann nicht aufhören, diesen Ort, diesen ganz anderen Ort zu suchen, diesen Ort des Extremen, eines extremen Verlangens.
Und das Scheitern? Das unausweichliche Scheitern? Vielleicht klagt das *Projekt der Liebe* noch im Scheitern diejenigen an, die auf *Erfolg* setzen und, um erfolgreich zu sein, die Liebe zu ihrer entstellten Karikatur verstümmeln. Vielleicht klagt das *Projekt der Liebe* noch im (verordneten) Scheitern die Sehnsucht derjenigen ein, die das Verbot errichtet haben, die Sehnsucht, an der sie, in den Nächten, verbrennen.

Das Geschriebene ist niemals Spiegel, Abbild von etwas Gegebenem. Es ist allein Ausdruck eines unmäßigen Verlangens.

Jedes soziale Verhalten ist Maske. Ist das Leiden an dieser Maskierung. Im Gegensatz zur landläufigen Meinung gibt es keine Identität im Gesellschaftlichen, im sozialen Ich, nur im literarischen Ich. Das literarische Ich ist *wahrer* als das gesellschaftliche. Das gesellschaftliche Ich ist Folter, ist Selbstdeformierung, Zurechtbiegen nach Rationalität, Angemessenheit, etc.

Wenn ich schreibe, habe ich ein anderes Ich. Ein literarisches Ich, so will ich es nennen. Es ist ein Wunsch-Ich, ein imaginiertes Ich, Zentrum des Verlangens. Erst das Schreiben konstituiert dieses Ich, diese vielen Wunsch-Ichs (nicht das *Leben*).
An der Differenz zwischen imaginiertem Ich und *realem* Ich der Alltagsperson kann der Schreibende zugrunde gehen. An dem Versuch ihrer Synthese auch.
Immer noch wird diese Differenz heute verdrängt, man will sie nicht wahrhaben, nicht der Leser, nicht der Kritiker, nicht der Literaturprofessor, nicht der Schriftsteller der sozialen Funktion. Das ästhetische Ich soll Rechenschaft ablegen vor dem moralischen.
Nichts bestimmt die Moderne mehr als diese Differenz. In unserem alltäglichen Handeln sind wir gebunden an gewisse Normen des Moralischen und Gesellschaftlichen, die wir im Ästhetischen gerade verlassen, überschreiten. Es gibt die Differenz – bewußt ist sie kaum auszuhalten. Sie findet immerhin in einer einzigen *Person* statt, nicht in mehreren verschiedenen. Der Dichter ein Gespaltener? (Zu psychologischer Begriff)

Über die Liebe. Diese *Spaltung* auch in der Liebe – in der Wirklichkeit gibt es keinen Aufschub, die Liebe muß ausgehalten, ausgefressen werden, man kann ihr nicht zu entfliehen suchen, nicht der Langeweile, der Treue, der Verantwortung, dem Schmerz, der Gemeinsamkeit.
In der Kunst ist die Liebe nur Verlangen, absolutes Begehren, das alles verschlingt. Keine moralischen Bindungen, kein Aufenthalt, keine Fixierung – ist Schmerz, ist Raserei, ist Liebe um der Liebe willen.

Dem poetischen Text, dem poetischen Wort muß etwas Halluzinatorisches anhaften. Das Wort muß einen *Hof* haben, wie der Mond. Einen Hof von Echo. Einen Echoraum. Nichts Großartiges, nur diesen Hauch.
(Das *Halluzinatorische* – vielleicht ist es das Halluzinatorische jenes Moments, der dieses Wort schuf?)

Man kann keine *Psychologie der Liebe* schreiben. Die Liebe fällt aus der Psychologie heraus, ragt, inmitten ihrer banalen, alltäglichen Wirklichkeit, in der sie sich abspielt, in die Urgeschichte. Sie ist in Geschichte und Urgeschichte zugleich, verschränkt. Nicht allein im Jenseits, auch nicht allein im Diesseits – im Raum eines Dritten.

Warum kann die Liebe, der konsequent zu Ende gedachte Gedanke der Liebe, heute ein revolutionäres Potential enthalten? Längst ist die *große Passion*, die die Phantasie des gesamten 19. Jahrhunderts bestimmte und die, aus ideologischen Gründen aufrechterhalten, noch in ihrer verzerrten Form bis in die Hollywoodverfilmungen der 50er Jahre reichte, verschwunden. Es geht aber nicht um einen nostalgischen Blick, um Verklärung, um Aktualisierung dieser Art der Liebe. Das Revolutionäre in der Liebe ist ihre Verfaßtheit in der Zeit. Aber nicht vom Coup de foudre, vom Blitz der Liebe, über den so viel geschrieben worden ist, handelt es hier. Denn der coup de foudre, einmal der anarchische Gegensatz zum Kontinuum bürgerlicher Liebe, ist zum Gemeinplatz, zur Banalität geworden, seit die Schnelligkeit in Sachen Liebe zum Massenartikel, zur Gewohnheit und Konvention geworden ist.
Die revolutionäre Verfaßtheit kann heute nur eins sein – die Langsamkeit. Dem Zeitmaß der Langsamkeit korrespon-

wiert das Raummaß der Ferne. Es gibt eine Liebe, in der die Beteiligten sich langsam aufeinander zubewegen, über Kontinente, Meere hinweg, über den leeren Raum von Wochen, Monaten. Es geht dabei nicht um bewußte Verzögerung, um eine raffinierte Strategie der Verlangsamung zur Genußsteigerung. In den seltenen Fällen, wo, den feindlichen Umständen gehorchend, die Langsamkeit die Bedingung ist, entspricht das Zeitmaß noch einmal der Ausdehnung, die die Gefühle brauchen, um nicht ein *Erlebnis* zu markieren, sondern sich als Erfahrung einzusenken. Wieviel mehr muß diese Art der Liebe, der ihr Widerspruch, ihr Gegenpol, die schmerzliche Dringlichkeit der Begierde, die ihrem Wesen nach niemals Aufschub duldet, immer schon eingeschrieben ist, zum magischen Ort werden. Den anderen nicht in der Unverbindlichkeit der Nähe, in der Verfügbarkeit, sondern in der Dimension der Ferne zu verzaubern, in Bann zu schlagen, so daß jeder ferne Wink zum eindrücklichen, erschütterndsten Zeichen wird, das heißt, die Entfernung zum Echoraum sich zu verwandeln; noch einmal am Ende dieses Jahrhunderts, nicht mit der Sicherheit, der Überprüfbarkeit, der Verfügbarkeit zu leben, sondern der Versuch, im *Unbekannten*, in der Weite zu jonglieren.

Eifersucht. Was muß das für eine erbärmliche Liebe sein, die nur auf der Leiche von anderen basiert? Jeden Gedanken, jede Erinnerung, jeden Blick im Herzen des anderen auszubrennen – das heißt die Mentalität des Krieges auch in die Liebe einzuführen.

Nicht bei sich sein, in dem Zustand angestrengten Lauschens sich selbst vergessen. Ich habe Rimbauds *Ich ist ein anderer* nicht begriffen, nicht bevor ich anfing zu schreiben.

Es ist dieses Weg-von-sich-Sein beim Schreiben. Dieser Zustand des Lauschens, die Verwandlung in viele Stimmen.

Ich bin immer von einem Ort, einem Bild, einer Stimmung ausgegangen zu Beginn des Schreibens. Niemals von einer Geschichte.

In Deutschland hat das Wort *Intellektueller* eine negative Bedeutung, wenigstens in gewissen bürgerlichen Kreisen.
Der Intellektuelle hat kein Gefühl – er ist ein Apparatschik der Intelligenz.
Der Intellektuelle hat keine Sinnlichkeit – Kopf überentwickelt, Herz und Sinne unterentwickelt.
Der Intellektuelle hat keinen Verstand – er soll an seinem Schreibtisch bleiben, sich nicht einmischen, von Politik versteht er nichts.
Es ist das Ressentiment des Mittelmaßes gegen die Begabung, der Reaktion gegen die westliche, radikal-demokratische Tradition – der Intellektuelle gehört in den Elfenbeinturm, ausgesperrt.
Ein Vorwurf, den ich besonders oft gehört habe, war der Versuch, die Intellektualität mit der Moral zu denunzieren: der Intellektuelle ist der Böse, der Unmoralische, denn er ist der Unsoziale. Nicht fähig, nicht willens, sich dem Dienst am Nächsten zu widmen. *Bindungsschwach* heißt eine Variation des Denunziationskatalogs. Immer wenn ich das höre, blicke ich mich erstaunt um. Wo ist denn die *Gesellschaft der Guten*, die Gesellschaft von Bindungsfähigen, Kommunikationsfreudigen, von sozialem Gewissen Gelenkten. Die Ausgrenzung der Intellektuellen ist der Versuch einer Abwälzung auf eine Minderheit – wann aber werden die Intellektuellen in Deutschland selbst aufhören,

sich zu verteidigen, wann werden sie anfangen, auf die Geschichte des Wortes *Intellektueller* seit Beginn der Dreyfus-Affäre hinzuweisen, wann werden sie sagen: ich *bin* ein Intellektueller?

Unbeweglichkeit – das ist das Zauberwort, das geheime Zentrum, um das mein Schreiben kreist.

Alle Liebesverbindungen unterliegen der lebenslangen, unermüdlichen Anstrengung (Strategie) der Schmerzvermeidung.
Das gilt für die traditionellen Beziehungen, sie setzen auf Sicherheit, Betäubung, Gewohnheit, Beruhigung. Die Sicherheit im Sozialen kappt die ganze Bandbreite des Erotischen.
Das gilt für die neuen Formen der Beziehung, sie setzen auf die Freiheit der Sexualität. Der am Sport orientierte Austausch der Körper, einem Programm der Hygiene, der Gesundheit unterworfen, kappt die ganze Bandbreite des Erotischen.
Sicherheit und *Freiheit* – so verschieden sie sind, so sehr sie sich im Widerspruch zueinander verstehen, es sind beides Strategien der Schmerzabtötung. Denn die Invariante der Liebe ist, in erster Linie, die Seele. (Nicht einmal der von seinen Begierden gequälte Körper ist in dem Maß das Zentrum der Liebe.) Die Seele ist der Ort des Begehrens. Wer die Liebe ohne Schmerz will, will die Liebe selbst nicht. Wo sie entsteht, wächst augenblicklich der Schmerz, wuchernd wie ein Geschwür. Der Schmerz in der Unerfüllbarkeit des Begehrens, das seinem Wesen nach maßlos ist.

Das doppelte Ich. Nach außen: das Ich des Gehorsams, der Unterwerfung, der Dressur. Nach innen: das Ich des Begehrens, des Aufstands, der Angst. Das Spielen des ersten Ich: Schutzform. Das innere Ich muß verborgen bleiben, etwas ist sonst ungeschützt, ausgeliefert. Doch es drängt nach außen, immer wieder. Wehrt sich gegen das aufgezwungene Ich. Kann sich nicht zufriedengeben mit der Spaltung, einer notwendigen Spaltung, einer notwendigen Spaltung des gesellschaftlichen Überlebens. Das innere Ich – je mehr von außen eingeschränkt, umzingelt – steigert das Leiden an der Spaltung ins Unermeßliche, gepaart mit Angst. Schließlich wird es das andere Ich verschlingen, auslöschen. Ein für allemal Freiheit, die Identität von Innen und Außen. Es tritt auf den Kampfplatz, mit Feuer, es entblößt sich, bringt das andere, das immer wieder durch den Blick der anderen sich gebildet hat, zum Schweigen. Es begibt sich ungeschützt in die Arena. Es wird verlacht, verspottet, bestraft, verfolgt, von den Zuschauern. Es bleibt überwältigt am Boden liegen.
Überlebt es, beginnt das Leiden, der Kampf von vorn. Die Spaltung, Notwendigkeit, mit dem äußeren Ich zu überleben, Aufstand gegen das *falsche Ich*. Lebenslanger Schmerz. Ungenügen. Erkenntnis: das *wahre* Ich muß verborgen bleiben, ein Flüchtling, versteckt (sonst werde ich sterben). Erkenntnis: das *wahre* Ich muß heraustreten, sich zeigen, sich behaupten, sich auflehnen. Sonst werde ich sterben.
Am Ende sind beide Ich nicht mehr falsch, nicht mehr wahr. Beides Gespenster.

Unbeweglichkeit, Abwesenheit. Ein (ekstatisches) Lauschen. Ich schreibe das *Warten*.

Die Wirklichkeit in einen Traum verwandeln, im Text – ist das das Ziel? Das ist zweideutig, der Text sollte die Welt, die das in ihm Bezeichnete darstellt, nicht als etwas Jenseitiges suggerieren – das wäre purer Idealismus. (Ich bin ein Anti-Idealist.)

Die Wurzel – lange zurückliegend vor dem Beginn der eigentlichen Produktion – ist der Schmerz.
Damit kein Mißverständnis aufkommt: nicht die Ökonomie des Mangels setzt den Prozeß des Schreibens in Gang in dem Sinn, daß Schreiben Kompensation, Ausgleich, Versöhnung wäre. Auch diese Vorstellung: purer Idealismus. Das Schreiben selbst nicht Mangel, sondern Überfluß, Ausdruck der Kräfte des Begehrens. Dennoch liegt ihm ein Mangel zugrunde: ein Ungenügen. Ein Schmerz. Es ist der Schmerz, eine unschließbare Wunde, über die Teilung des Subjekts in das äußere, gehorsame und das innere, rebellierende. Es ist der Schmerz über den Zwang, die Perioden der *verrückten* Zustände, des aus dem Gleichgewicht geratenen Inneren, die die Voraussetzung des Künstlers sind, unterdrücken zu müssen. Das Verbot ist total. Die nächsten Freunde rühmen seine *Vernünftigkeit*, sind irritiert über Anzeichen der *anderen* Verfaßtheit.
Wenn die Wurzel des Schreibens dieser Schmerz ist, dieses Leiden an der unauslotbaren Subjektivität, dann ist der Text, der nicht Kunstgewerbe ist, sondern Kunst, ein einziger Aufschrei, Verlebendigung erstarrter Subjektivität.

Hinter allen Gesichtern liegen geheime Wünsche verborgen. Vorstellungen der Gewalt, der Liebe, des Traums. Verbrecherische Pläne. Der Künstler läuft mit einer Schutzschicht weniger herum als diese Gesichter. Er sitzt im Glashaus. Er zeigt, was im Innern ist. Die Wände durchsichtig. Weil es die verborgenen Wünsche bei den anderen noch gibt, gibt es eine geheime Kommunikation zwischen den versteckten Wünschen der vielen und den offengelegten der Künstler. Auch wenn die Wünsche erst der Vergessenheit entrissen werden – auf diese Weise verstehen die andern den Text der Kunst, auch wenn sie, der öffentlichen Maske gemäß, die Kunst auspfeifen.

Nicht die Konzentration, die Bewußtheit ist der Nährboden der Phantasie, sondern die Zustände der Schläfrigkeit, Trägheit, der Abwesenheit, der Leere. (Unterschied zwischen *Leere* als Langeweile und *intensiver* Leere, die ein angespanntes Lauschen ist. Das eine ist einer unter mehreren möglichen vorausgegangenen Zuständen, das andere ist der Zustand des Schreibens selbst.)

Die Erotik ist nichts anderes als die Inszenierung des Wartens.

(Der Warteraum wird angefüllt mit Zeichen, Signalen. Mit Briefen, mit Blicken, einem Händedruck, einer Umarmung. Mit Leerflächen des Vergessens. Mit Trennung. Mit Schmerz. Mit Erwartung. Mit Wiederholung. Mit Aufbruch.) Im Warten ist die tragische und die utopische Struktur der Erotik beschlossen. Erwartung und Desillusionierung, Anfang und Scheitern. Am Aufbruch festzuhalten, obwohl dem Absturz nicht zu entkommen ist. Zu handeln ohne Gewißheit.

Das tiefe Licht eines Augusttages in den dunklen Blättern der Bäume, der Hecken und Büsche – das ist einer der immer weniger werdenden Gründe zu leben.

Natürlich ist die Liebe nichts als Phantasie. Nirgends lebendiger als in der Erinnerung und im Entwurf. In der Gegenwart: nichts als Ungenügen. Der Wunsch – nicht die Erfüllung – sitzt im Bild der Liebe wie die Hostie in der Monstranz (Wie die Zelle im Gewebe.) Die Liebe ist, wie Schreiben, eine Suche.

Jemand fragt: was bedeutet für Sie *Erotik*?
Ich stottere. Ich setze an, breche ab. Ich umkreise. Ich finde keinen festen Standort. Ich breche ab. Die Ansätze: Erotik – das ganz Andere. Das Unbekannte. Der Ort der Überschreitung. Das Heterogene. Die (paradoxe) Utopie. Das Wunderbare. Der Gegenentwurf. Der Ort des zirkulierenden Begehrens. Der Ort der Leere. Die Wurzel der als tragisch aufgefaßten Existenz. Eine Theorie der Bedürfnisse. Der Ort der Leere.
Wie Schreiben: ein Suchen. Der Ort des Schweigens.
Schreiben: sich auf die Leere zubewegen.

Es gibt eine immaterielle und eine materielle Form des Gedächtnisses. Die materielle ist der Körper, in der sich die Schmerzerfahrung, spürbar im Fleisch, einritzt. Deshalb: ist Schreiben Ausdruck des psychisch-geistigen Schmerzes an der unterdrückten Subjektivität *und* Ausdruck des Verlangens, d.h. der gegen die Beschränkung revoltierenden Bedürfnisse – so ist die Erotik sein materieller Gegenpol, Ausdruck des Leidens und der Revolte.
(Deshalb die Bedeutung der Körper, die Rückbindung des geistigen Problems an die konkrete, materielle Erfahrung.)

Der Liebende ist vollkommen allein – alleingelassen in der Sprache, die die Sprache der Gesellschaft ist und die immer danach trachtet, die Hingerissenheit, die Verzückung, den Schmerz auszugrenzen, das stammelnde, stotternde *Expressive*, das, was in der Liebe unablässig nach Ausdruck drängt, wegzuschneiden.
Alleingelassen in der Sprache – als Symptom für die Abwertung, Ausgrenzung, Nicht-Existenz der Liebe im gesellschaftlichen Wertsystem – ist der Liebende die Figur des vollkommen *Einsamen*.

Zum Prozeß (zur Symptomatik) der Entseelung der Welt. In gewisser Weise ist Hegels Diktum von der Verdrängung der Kunst durch den Geist eingetroffen. Die Erzeugnisse des Denkens erzeugen eine zugleich höhere *Aura*, Respekt, Anerkennung, als die Erzeugnisse der Imagination. Man ist so darauf aus, schnelle oder durchinstrumentierte *Information* zu erhalten, daß Bildungsinformation und Denkinformation die Oberhand haben. Symptom: Romane etc. werden auf ihren gedanklichen und erzählerischen Inhalt reduziert, was weniger mit der alten Präferenz von Inhalt vor Stil zu tun hat als mit der mit der Entseelung der Welt einhergehenden Unfähigkeit, Literatur als *Stil* zu begreifen, der Atmosphären schafft (des Erhabenen, der Macht, des Schmerzes, der Stille, des Schweigens etc.), statt dessen als Story und Ideengut. So ist der Stil das eigentlich Inkommensurable geworden – zwar bekommt er zuweilen Applaus von der falschen, der konservativ-nachschmeckerischen Seite – als das, was *Herzzeit*, was Atmosphäre, was Seele als Widerstand, was Kontemplation, was Vision, was Stimmung – gegen Information – *evoziert*.

Warum ist die Figur der Liebe immer der *Fremde*? Ist es das Plötzliche, das Überraschende? Weniger, weil das auf den Aspekt der Sensation anspielt. Statt dessen signalisiert die Figur des *Fremden* in der Liebe den Ausbruch aus Finalität und Wert – der Fremde ist der, über den kein gesichertes Urteil möglich ist, über den man nichts weiß, der nichts verbürgt, den man nicht in eine Planung, Zukunft, in Gewißheit überführen kann. Die Liebe zum *Fremden* zeigt deshalb die Struktur der Leidenschaft in reinster Form: ohne Zwang, ohne Ziel, ohne Erfolg oder Nichterfolg, einfach vom *Brennen* des Körpers initiiert. Die Gesellschaft geht auf *Dauer*, die Liebe auf *Brennen* – das ist die Energie, die uns lebendig macht, das ist sie, die *Herzzeit*.

Figuren der Liebe.
Zwei Figuren, den rasch aufeinanderfolgenden Phasen jenes Anfangsstadiums der Liebe angepaßt, das man Verzückung, Hingerissenheit nennen kann. Die erste Phase ist die des *aufgeschlagenen* Blicks und die der Distanz. Die Überwältigung trifft das *offene* Auge, das ungeschützte, das heißt: die Liebe entsteht durch das *Sehen*, nicht durch das Fühlen. Das offene Auge ist das leere Auge, das schweifende, träumende, von keiner Finalität bedrängte, das *unbeschriebene Blatt*. Der Moment der Überwältigung nun ist der oft beschriebene Augenblick des *coup de foudre*, in der die Projektionen der umherschweifenden Begierde mit der Erscheinungsweise des anderen deckungsgleich zusammenschießen und im *Bild*, in der Figur zusammenschmelzen, die das je *Einzigartige* enthält, das Unverwechselbare, das die Suche, die Begierde bestimmt hat. Deshalb die unzähligen Varianten in der Beschreibung der Auslöser als etwas scheinbar Belanglosem (das aber Stellvertreter des Sinns ist, der die Figur der Liebesfigur prägt): die Linie eines Halses, die Neigung des

Kopfes, der Gang, ein Defekt sogar, ein verkrümmter Finger, eine Narbe.

Die zweite Phase ist vom Verlust der Unbefangenheit geprägt – nicht mehr Leere, Unbeschriebenheit, Träumerei, sondern Zustand der Okkupation, der Besessenheit von dem eben erblickten *Bild*. Ist die erste Phase von der Distanz geprägt, die die Durchquerung des Blicks der Liebenden erst bedingt, so die zweite von der Nähe, von übergroßer Nähe. Diese erste Nähe, die die unwillkürliche Distanz der Körper im gewöhnlichen Umgang überschreitet, ist aber nicht Zeichen bereits stattgefundener Intimität, sondern verräterisches Zeichen der verborgen gehaltenen, weil noch nicht geoffenbarten Leidenschaft. Sie ist Zeichen sowohl der Sehnsucht als auch des Schmerzes, der zur Notwendigkeit des Verbergens zwingt.

Der Distanz entspricht die Nähe, dem Gegenüber der Liebenden das Nebeneinander, dem aufgeschlagenen (offenen) Blick der *gesenkte*. Den Blick des Anderen nicht aushalten könnend – wird das *Sehen* als Auslöser der Liebe in dieser Phase durch das Fühlen – die Reaktion des *brennenden* Körpers – ersetzt. Die plötzlich eng nebeneinander, Seite an Seite sich findenden Körper, der gesenkte Blick, das Sich-nicht-Ansehen, das Vor-sich-Hin-, nicht zum Andern Sprechen, bezeichnet den Hohlraum, in dem sie sich plötzlich befinden, in den die Geräusche der Welt nur gedämpft, wie durch eine Ringwand, eine Watteschicht fallen und in dem die Vor-sich-hin-Sprechenden (Körper), weil die Geschäfte der Welt diesen Anschein von Aktivität, von Normalität erfordern, mitten in diesem sinnlosen, automatischen Geplapper allein lauschen auf das Echo jener überwältigenden (zerreißenden) Süßigkeit, mit der ein Strom durch jene Seite zieht, die neben dem Geliebten geht. (dulcitudo – Augustinus)

Nur wer allein lebt, lebt in (Würde).
Kein Wunsch nach Nähe. Die Welt ist von Suche nach Nähe, von Klagen über das unablässige Scheitern dieses Versuchs erfüllt: Ich: unfähig des Wunsches, mich *mitzuteilen*. Einzig auf der Suche nach Leere. (Was nicht hindert, daß meine Schmerzen und Begierden sehr heftig sind.) Der Fülle ausweichen, den zugestopften Lücken. Nichts bedeuten, sondern sein.

So lange auf der Suche nach dem Absoluten. (Deshalb die Beschäftigung mit Bataille, mit Artaud, mit Breton. – Die Erotik, der Schmerz der Subjektivität, die Phantasie absolut gesetzt.) Was bleibt? Das Scheitern gewiß, die Illusion des Absoluten nicht aufgeben. Das Absolute – es gibt viele Formen. Etwa: die erste Phase der Liebe als das Imaginäre. Der reine Augenblick des Imaginären. Wer sagt, daß *Brennen* nicht der *Dauer* vorzuziehen sei?

Die größten Dichter der Moderne haben sich, je länger sie schrieben, der Grenze zum Verstummen genähert, haben, wenn sie sich nicht vollkommen dahinter (dahinein) zurückzogen, auf der Grenze zum Schweigen gearbeitet. Verstummen oder nur noch der Ausstoß des rohen, fragmentierten, unartikulierten Schreis – Celan oder Artaud – das sind die Pole, zwischen denen sich das Schreiben bewegt.
Was mich betrifft: Schreiben also nur auf der Grenze. Wie aber den Text offenhalten für das Schweigen, wie die ständige Anwesenheit des Schweigens in den Text aufnehmen? Meine Antwort heißt: durch das *Vage*. Durch Vermeidung (Ausschaltung) der Eindeutigkeit, der Erfülltheit, des Ausschöpfens in der Beschreibung. Wenn ich sage: das Vage, so meine ich die Evokation eines Schwebezustands mit sprach-

lichen Mitteln, allein durch die romantische Anordnung der Wörter, Silben, Laute. Das Vage meint nicht *Ungenauigkeit*, Verschwommenheit. Es geht gerade umgekehrt darum, mit höchster Präzision, mit größter Klarheit und Luzidität diesen Schwebezustand herzustellen.

Eine Figur muß lebendig sein. Eine der hartnäckigsten Relikte aus der Romantheorie des 19. Jahrhunderts ist die Forderung nach lebendigen, plastischen, vollen Charakteren in der Kritik. Diese Forderung geht davon aus, daß eine Figur mit psychologisch-realistischen Perspektiven so zu beleuchten sei, daß – und je verästelter, je feiner ausgearbeitet diese Methode, desto mehr klatschen sie Beifall – ein *Charakter* entsteht. Ein *Charakterbild* erfordert sowohl die ausschöpfend-differenzierte Innensicht als auch die Außenansicht seiner sozialen und psychologischen Einbindungen in die Gesellschaft.

Doch die Kritik weigert sich, sich einzugestehen, daß der *Charakter*, die lebendige Figur, sich längst aus der Kunst fortgestohlen hat, ungeahnt der Tatsache, daß ein Heer von Epigonen des Charakters durch die gängigen Romane geistert und den Kritikern damit die Schein-Legitimation für ihren Broterwerb, ihre Tätigkeit und für das damit verbundene Festhalten am liebgewordenen Klischee liefert.

Die Vorstellung von der – scheinbar naturwüchsigen und damit a-historischen – Notwendigkeit der lebendigen Figur entspringt aber keineswegs voraussetzungslos gegebenen ewigen Werten der ästhetischen Theorie, sondern einer historisch mit Descartes ansetzenden Vorstellung des Subjekts als eines um einen festen Kern sich zentrierenden Wesens. Der Glaube an den festen Kern ist der Glaube an ein – trotz aller Probleme und zugestandenen Mängel – erfülltes Subjekt. Die Tatsache, daß die Moderne voll ist vom Prozeß der

Deformation dieses Subjekts, nimmt allerhand Spekulationen – von der Milieutheorie des Naturalismus bis zur Entfremdungstheorie – zu Hilfe, um aber ungestört festzuhalten am idealistischen Entwurf der Autonomie des Subjekts.

Hat aber die Moderne bisher den Prozeß der Realitätserfahrung als Deformation festgeschrieben, so gilt es nun aufzubrechen vom *erfüllten* Subjekt zum *leeren*. Figuren, die sich nicht in der Hand haben, sondern die sich abhanden kommen. Strategien des *Sich-Verlierens* entwickeln. Wo das Zentrum des *Cogito* und des *Ich* waren, herrscht nun die Leere. Diese Leere im Subjekt ist der Ausdruck einer völligen Verweigerung – aber keiner unbewußten, sondern einer reflektierten –, Losgelöstheit von der totalitären Gesellschaft. Zustände der Leere, in denen der Zwang zur Autonomie übersprungen wird, Zustände der Abwesenheit, des Tagtraums, des Sich-Verlierens, des Vergessens.

Um ein Mißverständnis zu vermeiden: Ich sage nicht, daß so das reale gesellschaftliche Subjekt der Zukunft aussehen *soll*. In der Realität, in den Einbindungen eines jeden von uns, ist es sehr wohl notwendig, an jenen Regeln der *Vernunft* festzuhalten, die bis heute politisch nie eingelöst wurden. Wenn aber Literatur auch, in ihren schönen Schein verpackt, Zeit-Reflexion enthalten soll, muß sie Gegenentwürfe entwickeln, die den Blick auf die Realität gerade schärfen. Gegenentwürfe, in denen das Subjekt die Illusion – (eine gleichwohl wegen Verantwortungsmoral in der Politik notwendige) – und verlogene, ins Verbrechen führende Propaganda für das erfüllte Subjekt überspringt, um, in der Leere, im Vergessen, im Unbewußten den *anderen Zustand* neu zu entdecken (nicht mehr religiös). Die Kunst lebt von der Vibration der Differenz zwischen ihr und der Wirklichkeit.

Die meisten verwechseln, aus Mangel, Glück mit Zufriedenheit. Sie geben sich mit dem Mangel zufrieden und nennen es, dankbar für das Fehlen der Angst, den Zwillingsbruder des Glücks, *Glück*.
So ist es auch mit der Liebe. Sie nennen Liebe das in Anstrengung Erworbene, nicht das unverdient Zugefallene. Sie sprechen von *wahrer* Liebe. *Wahre* (echte) Liebe: Zuneigung, Zärtlichkeit, Erkennen, Akzeptieren des anderen in seinem Wesen, Gewohnheit – kurz, jener lange Prozeß der *Seelenarbeit*. Was sie aber verdrängen, ist jener unreine Ursprung der *wahren* Liebe, wo allein der reine Zufall, die reine Verzückung herrschte, ungeachtet jedes menschlichen Verdienstes.
Zwischen jenem ersten Zustand, der allein den Namen Glück verdient, der nicht auf *Kennen*, Erkennen des anderen beruht, sondern auf Fremdheit, Unbekanntheit, der ganz *imago* ist, und jenem zweiten Zustand der Seelenarbeit, zwischen *Brennen* und *Dauer* also klafft eine Lücke. In ihr spielt sich der Kampf ab zwischen *imago* und *Person* des anderen. Ein Zustand, in dem man beide noch miteinander verwechselt, sie schieben sich ineinander, ein Verwechslungsspiel, ein Spiegelkabinett, als ob man zwei und einen dritten Fremden liebte.
Diese Lücke ist der Schmerz, den man durchqueren muß in der Liebe, ob man den Gegenstand der Liebe, im Schmerz gewonnen, am Ende nun aufgibt oder ihn behält.

November 1986 – Mai 1987

Zuerst war es das Subjekt im *Prozeß* seiner Selbstfindung, Selbstherrschaft, auf dem Weg zur Autonomie, das den Roman beherrscht hat, dann das Subjekt im *Prozeß* seiner Deformation und Dissoziation – jetzt ist es im *Zustand* der Leere aufzusuchen.
Zustände der Leere sind:
(Geistes)Abwesenheit, Trance, Tagtraum, Ausfall, Wahnsinn, Hingerissenheit, Verzückung, Taubheit, Blindheit, blinder Fleck des Bewußtseins, ein intensives Horchen, der Beginn der Liebe, der Ausfall der Gefühle, Abwesenheit, sich zugleich anderswo befinden etc.

Entsprechung zum *leeren* Subjekt in der Textstruktur: Lükken, weiße Stellen. Die Anwesenheit von Leerstellen. Leerstellen *zerstören* den glatten Fortlauf des Textes, bringen ihn in den Bereich des Vieldeutigen, Vagen.

Einzige Legitimation des Künstlers: das Eingeständnis des Scheiterns.

Die Geduld der Vernünftigen: »Es wird alles gut werden. Aber es gibt nichts, was dauert.«
Die Geduld der Verrückten: »Nichts wird gut werden. Aber alles wird dauern.«

Freud: man kann nichts Rechtes vollbringen, ohne eine Spur kriminell zu sein.
»Eine Spur kriminell« heißt immer »sich ausdrücken«, die

Triebregung und »innere Wahrheit« über den Wunsch, zu gefallen, stellen. »Eine Spur kriminell« heißt, Produktion des Konformismus zu meiden. Heißt, gegen die Normen der Gesellschaft eine ästhetische Wahrheit zu setzen, die die Schleifspur des Konflikts und des Chaos, denen die Ordnung abgerungen wurde, mit aufgenommen hat.
In Deutschland gibt es – durch die traumatische Schuldlast der Nazi-Verbrechen, vermute ich, ein so kollektives Reinheitsgebot unter Intellektuellen – (sei es traditionell humanistisch-idealistischer Spielart, sei es aufgeklärt linker) –, daß eine Massenproduktion von mittelmäßig-konformistischer Langeweile den Buchmarkt bestimmt. Da das *Andere* einmal die historische Erfahrung des Verbrechens bedeutet hat, ist es ein für allemal verdrängt, verschüttet unter dem Berg des Annehmbaren. Ausnahmen werden konsequent auch direkt des Faschismus geziehen. Was nicht gesehen wird: so kehrt des Deutschen schlimmste Krankheit – das Harmoniegebot um jeden Preis – zurück und vernebelt das Denken, das Schreiben, das politische Bewußtsein.

Über den Betrug. Daß zum Betrug (Ehebruch) drei gehören, ist eine Binsenweisheit, scheinbar. Doch ein Betrug, so Duras, ist nur dann ein Betrug, wenn die Person, die betrogen wird, nicht gleichgültig ist, sondern von der, die betrügt, noch begehrt, geliebt wird. Ist sie gleichgültig, so liegt kein Betrug vor, höchstens im sozial-moralischen Norm-Sinn, sondern eine einfache Liebesaffäre zwischen zwei Personen. Erst wenn die Frau, die betrügt, beide Männer, wenn auch auf verschieden seelisch-sexuellen Ebenen, begehrt, wenn in die Leidenschaft zu dem neuen Dritten sich die Liebe zu dem Vorhandenen mischt, handelt es sich um Betrug als *Erfahrung*. Es ist die Erfahrung, daß Leidenschaft und Angst sich bis zum Zerreißen steigern. Daß der

Schmerz – um die Hindernisse, die die Erfüllung mit dem Geliebten erschweren, um die verlorene Wahrhaftigkeit und Verletzung, die den Ehemann trifft – der Grundton dieser Liebe ist, der das Herz der Liebenden bis zur Verwüstung, während die ganze Skala zwischen unbedingtem Verlangen, das keinen Aufschub duldet, und (erzwungener) Sublimation durchgespielt wird, zurücklassen kann.
(Wie weit entfernt von jenen mechanischen Betrügereien, die die Beteiligten flüchtig, kurzfristig und zynisch ins gleiche Bett treibt – ohne seelische Anstrengung, ohne Trauer, nur auf narzißtischen Genuß gerichtet.)

Die primäre Erfahrung historischer Mentalität ist für mich als Kind das KZ geworden. Jene Mentalität, die nach außen den kollektiven Mord vollzog, lebte unterirdisch weiter, in der apolitisch-humanistisch sich gebenden (glaubenden) Innerlichkeit der 50er Jahre. *Vertrauen ist gut, Kontrolle ist besser* – das war das Motto im kleinsten Kollektiv bürgerlicher Familien, und die Drei-Zimmer-Wohnung geriet zum Schauplatz des *Lagers hinter Stacheldraht*. Überwachen und Strafen. Schläge, Einsperren, Abschneidung von der Außenwelt, Unterdrückung jeder eigenständigen Regung, Wünsche, Initiativen – dieses Erbe sich ins Private verlagernder Sozialisationsrituale als Folter machte es einer weiteren Generation schwer, das Signum der Angst, der Unsicherheit des Gefangenen abzuschütteln – (diese sich weiter fortpflanzenden Ketten der Unfreiheit) – zugunsten der Vorbilder westlicher Demokratien. Mein Signum: im Grab-Geborener, für immer haftet mir an, im Grab gelegen zu haben.

Man sagt: unglückliche, unerfüllte Begehren – ich werde sterben daran. Ich leide an der Krankheit, nicht vergessen zu können. Man muß vergessen können, um zu überleben. Doch wer liebt, lebt in einem Wahnsystem, dessen Schlüssel, dessen Sprache er allein besitzt, da er es selbst unermüdlich hervorbringt.

Man sitzt am Fenster, man sieht die Blätter fallen, im Herbst, man sieht, die Zeit verstreicht. Man blickt, man ist gelähmt, kann nicht eingreifen. Der andere ist fern, stumm, eine Wand von Schweigen. Man sieht, und man verliert das Gefühl für Zeit.

Man lebt eingeschlossen im Reich der Erinnerung, der Zwangsvorstellung. Man sagt: als ich dich sah ... als du neben mir gingst ... als wir, in einem Raum voller Fremder, aber unter *einem* Dach standen, entfernt voneinander und doch nichts eindringlicher spürend als die süße Gegenwart, die alles verschlingende ... so sagt man zu sich und bleibt verwüstet zurück nach jeder neuen Welle der Erinnerung, nach jeder Klage, die ohne Echo bleibt. Man sagt, ich werde sterben daran. Der eigene Körper, dieses Gehäuse der süßen Empfindungen, des Erschreckens, der Seligkeit, der Körper, dieser Schrein, in dem jede flüchtigste Berührung des anderen aufbewahrt ist, ist unser stärkster Feind. Kein vernünftiges Zureden hilft, wenn er sich sehnt, nach Wiederholung, nach unersättlichem Mehr. Der Körper, die Haut, dieses Gehirn, hartnäckiges Gedächtnis unserer Gefühle, der materielle Boden, der die Gefühle immer wieder an ihre Erdhaftigkeit erinnert, ist keinen Ausflüchten, keinen spitzfindigen Gedankenspielen zugänglich. Bald liegt er da wie ein ausgeweidetes, zerfressenes Wrack. Die Sehnsucht ist wie der Rost, der sich unaufhaltsam von außen nach innen frißt. Erst einige Flecken, dann Sprünge, Risse, dann die ganze Oberfläche zerbröselt, in Löcher aufplatzend, zerspringend, dann das Innere langsam angreifend, zerfallen loslassend wie ein schleichendes Gift.

Die Geduld der Vernünftigen: alles wird gut werden. Aber es gibt nichts, was dauert.
Die Geduld der Verrückten: nichts wird gut werden. Aber alles wird dauern.

Geht ein Stern »unter«? Ich sehe, im Fenster, den Morgenstern. Verheißungsvoll flimmernd, im heller werdenden Himmel. Der Himmel wird heller, mit grausamer Schnelligkeit, den Tod beschleunigend. Der Stern »geht« nicht »unter«. Er zieht sich zurück. Wird kleiner, das Flimmern schwächer, ohne jenes magische Leuchten und Strahlen des frühen, des dunklen Morgens. Ein Flackern, ein letztes Zucken. Aufgelöst (verschlungen) von der Helligkeit.

Von dem Garten jenseits sehe ich nur die Mauern. Und das spärliche, von Licht durchflossene Blattwerk. Weiter oben ist wiederum Laub. Und noch weiter oben die Sonne. Und von diesem ganzen Jubilieren der Luft, das man draußen ahnt, von dieser ganzen über die Welt ausgegossenen Freude gewahre ich nur die Schatten der Blätter, die auf den weißen Gardinen spielen. Und auch fünf Sonnenstrahlen, die gelassen einen blonden Duft nach trockenen Kräutern im Zimmer verströmen. Ein Windhauch, und die Schatten auf dem Vorhang werden lebendig. Wenn eine Wolke vor die Sonne tritt und sie wieder freigibt, bricht im Halbdunkel das leuchtende Gelb der Mimosen in ihrer Vase auf. Es genügt: dank dieser aufblitzenden Helligkeit fühle ich mich unvermittelt von einer verworrenen und betäubenden Freude überwältigt.
Die Tagebücher von Camus: zwischen ihm und uns liegen keine fünfzig, keine dreißig Jahre, sondern ein fundamentaler Riß in der Welt. Eine radikale Zustimmung zu einer

Welt, gerade weil sie von Camus als ganz diesseitig entdeckt und gefeiert wird. (*vivre le plus!*) Aber dieses Buchstabenalphabet der Natur – von Licht, Blatt, Blume, Mauer, Himmel –, diese lange abendländische Tradition des Dialogs von Ich und Natur ist heute zerstört. Zwar kennen auch wir noch das Glück beim Anblick einer Pappel im Mittagshimmel, eines Heckengeruchs, der spiegelnden Straße nach einem Regen. Aber dieses Gefühl des Glücks, das sich wider besseres Wissen darum, daß auch – nach Verlust der Götter, des Gottes, des Glaubens an Revolutionen – die (beobachtende) Beschränkung auf die gegebene Welt der Dinge längst absurd geworden ist durch die fortschreitende technische Zerstörung des Kosmos, dieses Gefühl des Glücks also – (wenn es sich denn wirklich einstellt, wenn nicht das Bewußtsein von der Zerstörung der Natur es schon längst vergiftet, zersetzt hat) – ist ein Anachronismus. Zeugnis dafür, daß die Seele stets den tatsächlichen Entwicklungen hinterherhinkt. Treue, Zähigkeit des Gefühls, sich nicht aus dem einmal erlernten Kanon jahrhundertealter Tradition, aus der überlieferten Geometrie unserer seelischen Struktur lösen zu können. Wir sind entzückt, im Erregungszustand, beim Anblick des Laubs im Herbstregen, eines Morgens im Winterhimmel. Wir wissen noch die Jahres- und Tageszeiten, ihre Gerüche, ihre Farben zu unterscheiden, buchstabieren mühsam diesen Nuancen hinterher. Und zugleich wissen wir vom anachronistischen, illusorischen Charakter dieser Gefühlstätigkeit. Das frißt sich mit einer Bitterkeit ins Herz, da es das letzte war, letzte Bastion gegen die Vergänglichkeit und Sinnlosigkeit der Welt. Claude Simon, Camus, sie alle haben einen frenetischen Glauben an die Erde, die warme, sinnlose, Tod und Leben spendende Erde. Das ist der Riß zwischen ihnen und uns – ein Riß wie zu Zeiten, als Gott aus der Welt verschwand und das Ich an seine Stelle trat. Vielleicht ist das Katastrophale an dieser

Entdeckung eines neuen und endgültigen Verlusts von Natur, daß nun, mit der Unmöglichkeit des Dialogs von Seele und Natur, nichts, wirklich nichts mehr übrigbleibt. Denn mit der Natur verschwindet auch das Ich aus der Welt. Damals freilich hieß es:
Und wenn ich versuche, jene zarten Köstlichkeiten zu erfassen und zu genießen, die das Geheimnis der Welt preisgibt, dann finde ich auf dem Grunde des Weltalls mich selbst. Mich selbst, das heißt jenes überwältigende Gefühl, das mich aus meiner Umgebung heraushebt. (Tagebücher 35-51, S. 11)

Leben wir nicht längst als Überlebende auf einem uns fremden Stern? Nach der Zerstörung?
Man muß sich, auch ohne ein besseres Gegenargument nennen zu können, gegen diesen Gedanken wehren, weil er dem reaktionären Zynismus und neo-mystischen Geschwafel Tür und Tor öffnet. Das einzige, was zählt, sind keine neuen Sinnentwürfe, sondern Genauigkeit. Genauigkeit des Gefühls und des Denkens. Beobachten, analysieren. Verzweifeln, scheitern. Beobachten, analysieren.

(Das Liebesdrama) Geheimnis der *Ehe*: die Zärtlichkeiten des Alltags alle, ohne Vorbehalt dem Gefährten widmen, hingebungsvoll. *Zugleich*, mit der ganzen Seele, an einem anderen Ort sein. Am Ort der Leidenschaft. Mit dem ganzen Wesen, ungeteilt, bei dem andern sein. Ich werde sterben – tausendmal am Tag vor sich hingesagt, aus Sehnsucht sterben, an Leib und Seele, sich sehnen, sich sehnen. Man stirbt nicht an der Liebe. Nicht am Vergessen. An der Sehnsucht.

Die Liebe ist der Ort, zum Ernst vorzustoßen. Zum Sein. Abgelegt aller Genuß, Hedonismus. Oberflächlichkeit. Pragmatismus. Die Liebe: der Ort der Wahrheit.

17. 12. 86
Wer die Leidenschaft kennt, kennt auch ihr Gegenteil, die Gelassenheit. Die Gelassenheit sitzt im Kern der Leidenschaft, im lärmumtosten Zentrum, in der Stille. Sie stellt sich ein, wenn die Leidenschaft sich selbst durchquert hat, vorgestoßen zum Punkt der Wahrheit. Auge in Auge. Unausweichlich.

19. 12. 86
Wenn ich an den andern denke, denke ich an mich selbst. Die Wahrheit über mich selbst: alle Bemäntelung der eigenen Antriebe fällt weg, keine moralische Verbrämung mehr möglich. Der Wahrheit ins Auge sehen: ab einem gewissen Grad der Begierde fähig zu allen Schlechtigkeiten, zu Lüge, Betrug, kaltblütigster Strategie. Da fällt die moralische Aufgabe zum *Guten* weg – die Begierde macht rücksichtslos. Immerhin: rücksichtslos auch gegen mich selbst. Selbstauslieferung, Selbstausbeutung.
Man kann einem Menschen, der tausend Kilometer entfernt ist, weit näher sein als dem in nächster Nähe. Dem Gegenwärtigen schenkt man den Tee ein, streicht ihm übers Haar, redet über die Dinge des Alltags. Läßt ihn allein, in der Nähe.
Der Abwesende aber ist der Brennpunkt eines unablässigen inneren Dialogs. Man läßt ihn nicht allein, nicht eine Minute aus dem Griff der Umklammerung. Man umkreist ihn, kreist ihn, mit vielen verschiedenen Stimmen, ein.
Deshalb hat die Abwesenheit des Geliebten als unsichtbare

Gegenwart mehr Wirklichkeit als die greifbare Gegenwart und Wirklichkeit.

Ich denke mir seine Gestalt, am Schreibtisch. In der Nacht. Wenn die Geräusche des Tages schweigen. Allein, den Kopf über den Tisch gebeugt, über die alten Blätter. Ich denke mir seine ruhige Hand, im Lichtkegel der Lampe. Über die Blätter gebeugt, in gelassener Übung, die alte Schrift nachzeichnend.

Einsamkeit. Der größte Rausch.

Ich beobachte mich bei meinem Doppelleben wie einen Fremden, dessen verborgenem Geheimnis ich auf die Spur kommen möchte. Der Widerspruch von Intimität und höchster Autonomie, unablässigem innerem Drama meines leidenschaftlichen Eigenlebens. Wie ist das möglich. Es ist keineswegs nur Verstellung – beide Leben, das äußere und das innere sind ganz wirklich. Es ist eine differenziertest ausgebildete Fähigkeit, auf verschiedenen Gleisen zugleich ganz zu leben.
Ich habe diese Fähigkeit seit meinem fünften Jahr entwikkeln müssen: in der engsten Familiengesellschaft meine wahren Gedanken und Leidenschaften verbergen (müssen), weil sie nicht erwünscht, weil sie verfolgt und unterdrückt wurden. Weil Freiheit verboten war.
Auf der zweiten Stufe: wieder Ausbildung zur Lüge. Im Herzen der Familie das Leben der höheren Tochter führen und zugleich die verbotenste Beziehung, im Angesicht der Öffentlichkeit, verborgen, zu führen.
Ergebnis: noch in der intimsten und innigsten Nähe zu-

gleich ein geheimes Leben der Leidenschaft zu einem anderen führen zu können.
Graut mir vor dieser organisierten Kaltblütigkeit?

Ich habe mich aller Todsünden schuldig gemacht, nur einer nicht, der Kaltherzigkeit. Meine Krankheit: das Leiden an der Kälte der anderen.

Im Fenster der Himmel. Im Tal glitzern noch die Lichter der Nacht.
Nachthimmel im Fenster, Himmel von der Süße und Eindringlichkeit des Übergangs. An den Rändern von hellerem Blau, Auflösung des starren nächtlichen Blaus in die Wolken von hellerem Grau.
Im Fenster steht der Himmel. Blickt mich an. Nicht reglos, wie die schwarze Undurchdringlichkeit der Nacht. In der Reglosigkeit schon die Auflösung in die Bewegung des Taghimmels. Im Fenster steht der Himmel. Im reglosen Blau pocht das Geheimnis, noch einmal. Letzte Stille, die Bewegung des Tages regt sich in ihr.
Wintermorgen über der Stadt. Morgenfrühe. Einsamste Zeit. In der Stille höre ich, in der Zwiesprache mit dem Himmel, in den Häusern die frierenden Herzen, im Schlaf.

18. 12. 86
Der richtige Umgang mit dem Abgrund ist nicht, sich hineinzustürzen, sondern ihn, ängstlich und gefaßt, ins Auge zu nehmen. Sich ruhig darüber beugen, ungeachtet des Schwindelgefühls, betrachten, analysieren, distanzieren, weitermachen.

19. 12. 86
Nacht. Ich liege nachts, unter offenem Himmel. Wolken jagen, im Fenster, über mich hin, ab und zu, in einem aufgerissenen Loch, blinkt ein Stern. Der Sturm zerrt an den Dachziegeln, sie klappern in der Nacht. Staccato, Auf und Ab der Sturmböen. Aufbrausen, Abflachen, sanfteres Wehen. Wie entsteht das Geräusch des Windes? Durch die Dinge, in denen er sich verfängt, die Baumkronen, die Dachfirste, Schornsteine, Antennen. Durch die Fensterritzen dringt der Wind ein, weht durch das Zimmer. Schlägt die Blätter um des Heftes auf dem Tisch. Ein nächtliches Wehen in den Räumen.
Im Dach eingelassen: riesige Fenster. Eine dünne Haut, nach außen. Ausgeliefert dem Wetter liege ich, unter stürmischem Himmel, und lausche (horche).
(Ein paar Stunden zuvor: sanfter Regenfall auf den Dachziegeln. Weich, gleichmäßig, frühlingshaft. In der Straße ein Auto, gleitet über die nächtliche Nässe des Asphalts. In der Ferne das kurze Sirren eines vorüberfahrenden Autos auf der Autobahn. Windstille.)

Ein Leben ohne Leidenschaft, undenkbar. Ich gehöre nicht zu den modernen Emanzipierten, die, in der Leidenschaft noch, um ihre Individualität fürchten. Die einen sorgfältigen Plan ausarbeiten mit vorschriftsmäßigem Verhältnis von Nähe und Distanz.
Sich ganz ausliefern. Es geht nicht *außer* der Leidenschaft, *außer* dem Schmerz, *außer* der Angst – es geht nur *in* der Leidenschaft, *im* Schmerz, *in* der Angst.

19. 12. 86
Das Bild heißt nicht *Der Preis der Liebe*, es heißt *Geschichte*

der Desillusionierung. Paraphrase über den Irrtum. Kein ganzes Bild, keine Lösung vortäuschend – ein Fragment. Ein Scherbenhaufen. Eine Collage aus Abfall. Ein Scherbenhaufen. Eine Collage aus Abfall. Ein Scherbenhaufen als Allegorie von der Unmöglichkeit des gelungenen Lebens. Doch plötzlich siehst du eine (einzelne) Scherbe blinken in dem Bild, aus billigem Glas freilich, aber doch schön. Und dann mehrere, wunderbar blau, grün, rot, blau wie die hängenden Gärten über dem Fluß. Und du beugst dich über diese wunderbaren Scherben, und du vergißt das Bild vom Ganzen, und du bist eingefangen vom Geheimnis der Reste.

In früheren Zeiten sprachen, zuletzt, die großen Filme über die große, einmalige Liebe.
Heute spricht man von der Unmöglichkeit der Liebe. Man will die Sehnsucht um der Sehnsucht willen.
Mit der Liebe geht es aber wie mit allen existentiellen Erfahrungen: sie ist zu haben nur als Paradox. Unter dem Diktum der Unmöglichkeit den Kult der Sehnsucht als Selbstzweck zu betreiben vergißt, daß die *Liebe* nicht erst heute *unmöglich* war, sondern daß die Liebe immer das *Unmögliche* wollte. Das heißt, paradox handeln: das Unmögliche wollen, heißt immer, den Umschlag des Wunsches in die Tat betreiben. Dieser Umschlag wird nicht betrieben bei gleichzeitigem Bewußtsein von der Grenze der Realisierbarkeit.
Heißt also nicht: die Liebe ist möglich! Heißt auch nicht: die Liebe ist unmöglich! (Übrigens nur eine verbrämte, intellektuelle Neuform der früheren *Entsagung.*) Es heißt, sich in dem Grenzbereich zwischen Möglichkeit und Wirklichkeit bewegen, aus ihrer dialektischen Spannung *Erfahrung* zu gewinnen.
Es heißt vor allem: niemals zugunsten des Realitätsprinzips

oder besser: des Resignationsprinzips (»Liebe ist unmöglich«) aufzuhören, auf dem Wünschen, das *Folgen* hat, zu insistieren.

20. 12. 86
Der Regen klopft auf das Dach. Gleichmäßig. Er klopft auf meinen Körper.

Von Katherine Mansfield bis Sylvia Plath über Else Lasker-Schüler, H. D., Laure, Jean Rhys – eine endlose Kette von Künstlerinnen, deren Liebesbeziehungen ausschließlich traumatisch waren. Die sie in die Nervenheilanstalt, an die Flasche oder zum direkten Selbstmord brachten.
Einerseits sehe ich einen Grund darin, daß der Männertyp ihrer Wahl – hochdifferenzierte Künstler + Intellektuelle – notgedrungen ihren (überspannten) Anforderungen nicht gewachsen war. Auf Distanz, Selbsterhaltung bedacht, *schrieben* sie, ausbeuterisch, über ihre Erfahrungen, während die Frauen sich dem Gefühl ausgeliefert hatten und nicht mehr zurückkonnten. Frauen also die größeren Liebenden? Vielleicht in dem Sinne, daß sie viel radikaler sind, wirklich eher bereit, gegen die Konvention zu *handeln*, nicht nur davon zu schreiben.
(Andererseits: hatten sie einen Gegentyp, den friedlichen Ehemann-Typ gefunden, langweilten sie sich zu Tode und brachen doch aus. Fazit: Liebe nur als Trauma.)

Der Widerspruch: kommt er nicht daher, daß bei aller errungenen Freiheit und *geistigen* Libertinage (oder Toleranz) jene durch meine Erziehung eingeimpfte Vorstellung der romantisch-unzerstörbaren Liebe zu zweit unbewußt zäh-

lebiger ist und das heißt auch, die körperliche Liebe – entgegen aller zeitgenössischen Praxis der, freilich häufig zur leeren Mechanik verkommenen, Sexualität als einer Bedürfnisbefriedigung – immer nur in Verbindung mit einem geistigen Prinzip sehen zu können, das zwar nicht dem Idealismus der *reinen Seele* huldigt, aber die Legitimation in der Unbedingtheit eines Gefühls voraussetzt. (Ein prüder Körper letzten Endes, den ich mein eigen nenne. Welch trauriges Resultat!)
Die Moralvorstellungen der Gesellschaft richten sich noch immer nach dem Manichäismus – das ist gut, das ist böse. Entweder-Oder. Von ganzem Herzen einen Mann zu lieben und zugleich eine, bis zur Selbstzerstörung + Selbstauflösung, Leidenschaft für einen anderen zu empfinden, das ist, zumindest einer Frau, noch immer verboten.
Es geht längst nicht mehr um eine Emanzipation des Körpers, die bis in die Werbung und totale Leere nach den Gesetzen der technisierten Gesellschaft gelaufen ist. Es geht um eine Emanzipation des Gefühls. Ein Insistieren auf der Freiheit, Individualität und Intensität des Gefühls.

Die weiblichen und die homosexuellen Künstler zeigen noch Obsession vom Thema *Liebe* in ihrer Arbeit. Sind die Nuancen des Gefühls gebunden an die Rolle des sozial schlechter Gestellten, ist Außenseiterrolle Voraussetzung für die Entwicklung der Gefühle? Für ihre Problematisierung.

Ich brauche die Maßlosigkeit. Die Unordnung, die Spontaneität. Den unerwarteten Ausbruch. Nicht vorsichtig leben! (Zu den großen Problemen kann sich kein Tugendhafter äußern, der sich vom Leben, und das heißt: vom Gefühl,

zurückhält. Nur aus den »Erlebnissen« heraus, die sich im Double von apollinisch + dionysisch, das nicht dialektisch aufzulösen ist, sondern als Gegensatz bestehenbleibt, bilden.)
»Mit der klassischen Moralregel brechen, die den Menschen von Gewohnheiten abhängig macht.« (Pierre Klossowski)
Den *provisorischen Zustand* aushalten, zur Lebensmaxime machen, immer bereit zum Aufbruch.

In Gegenwart meiner Mutter, meines Vaters, bin ich gezwungen, eine Scheinexistenz zu führen. Es liegt weniger daran, daß sie bewußten Erwartungszwang auf mein Verhalten ausüben – es liegt an einer zunehmend sich verschärfenden Differenz der *Mentalität* (geistig, seelisch, moralisch, sozial). Wir lesen völlig verschiedene Bücher, denken völlig verschieden – und ich kann mich dem *Gutheitssyndrom*, das alle anderen Bereiche mit einer idealistisch-verlogenen Zuckerschicht beeinträchtigt, nicht anschließen. Keine Schärfe im Denken, keine Genauigkeit im Fühlen, zu beidem gehört eine gewisse Strenge und Unerbittlichkeit, vor allem in der Selbstanalyse. Haupteinwand: mehr noch als bei meiner Mutter habe ich bei meinem Vater bemerkt, daß er sich niemals in Frage stellt. Keine Krisen, keine Zweifel, keine Selbstanklagen – nur Selbstgerechtigkeit. In dieser Atmosphäre der Selbstgerechtigkeit – (Selbststilisierung des Vaters: der Prophet gilt nichts im eigenen Lande; Selbststilisierung der Mutter: die große, barmherzige Samariterin der Bedürftigen) – erstickt jedes Ausleben der eigenen Subjektivität oder ist zumindest nur so weit gestattet, daß sie der aufgebauten Übergröße der Selbststilisierten nicht in die Quere kommt. Die mir zugeschriebene Rolle, bei allem konventionell zur Schau getragenen Interesse an meiner Person, die des Statisten, des Zuhörers, der Kulisse – des Publikums.

Als Zeitgenosse einer Situation, in der sich alles in einer Krise befindet, halte ich, wenn es schon notwendig scheint, ein theoretisch-ästhetisches System aufzubauen, dasjenige für das vertretbarste, das aus Grundsatz sich selbst negiert. Kein System haben – so entkommt man vielleicht am ehesten der Verhärtung und der Illusion unverrückbarer Wahrheiten.

»Sensibilität zu praktizieren ist heute wichtiger, als Theorien zu verfertigen.« (Antoni Tàpies)

Was bei der Lektüre eines Werkes wirksam wird – ebenso wie bei seiner Schaffung – ist ein Verständnis über vorausgesetzte Mentalität – das heißt eine Kombination von begrifflichen und symbolischen Elementen, die, im (kollektiven) Gedächtnis und im Unbewußten gespeichert, im Moment der Lektüre in Bewegung geraten durch Neuordnung der Assoziationen. Mentalität, der Speicher, an dem, unbewußt, alle (Betrachter, Leser, Künstler) teilhaben, über die sie untereinander verbunden, aneinander angeschlossen sind, ist also – jenseits allen Geredes ästhetischer Theorien, Wahrnehmungspsychologien etc. – der eigentliche Schlüssel für den Moment der *Erregung*, der sowohl den Akt der Hervorbringung als auch den der *Lektüre* kennzeichnet.

»Behaltet euren Ernst, eure Schulen, eure Normen und alle eure gelehrten Doktoren für euch! Wir bleiben bei der ›Verrücktheit‹ und einer ›Schöpfung durch Zerstörung‹, bei diesen alten Wurzeln des Denkens, der Kunst und der Poesie aller Zeiten.« (Antoni Tàpies)

Heutzutage liegt die *Bedeutung* eines *Textes* kaum noch in ihm selbst. Denn jeder Text steht mit vielen anderen, eigenen und fremden, in Beziehung. »Um ein einziges Werk zu erklären, muß man schon beinahe die ganze Geschichte der Kunst benutzen.« (Tàpies)
Zugleich hat jeder Text seinen eigenen *Geruch*, seinen eigenen Ton, was die Anforderung an die Aufmerksamkeit nicht erleichtert.

Dankbarkeit erfordert Souveränität. Die meisten Menschen, in ihrer Kleinlichkeit, ihrem Geiz, sind unfähig zur Dankbarkeit. Sie beginnen denjenigen, dem sie etwas verdanken, kleinzumachen, herabzuzerren, zu befeinden.

Immer die erste beste Gelegenheit ergreifen, das ist die Lebensmaxime. Die Leute fallen wahllos miteinander in die Umarmungen und gehen ebenso wahl- und grundlos und rasch wieder auseinander. Die Geliebte ist eine schnelle *Gelegenheit* und nicht langsame *Wahl*.
(Wahl hat mit Differenz zu tun, mit Unterscheidung. Vielleicht ist unsere Gesellschaft von nichts so entscheidend verwüstet wie vom zunehmenden Verlust der Fähigkeit zu unterscheiden.)

Meine Schreibweise ist geprägt von der Verzögerung. Von der Dehnung, Verlangsamung, nicht von der Beschleunigung, die nach klassischen Regeln des Romans die Spannung erzeugt.
Eine unerträgliche Spannung erzeugen im Text durch Verzögerung – Worte wie zäh sich lösende Tropfen in der Stille des Textes.

Immer habe ich mir ein wunderbares Leben erträumt, in einer Großstadt, in Paris, inmitten von Lichtern, von herumzigeunerndem Nachtleben, von Debatten, von Cliquen, im Herzen einer intellektuellen *Familie*. Kurz: im Zentrum der *Geschichte*. Ich wollte meine Biographie entwerfen als zeit- und ideengeschichtlichen Roman von Bedeutsamkeit für die Nachwelt – Entwurf nach Vorlagen von Colette, Proust, Simone de Beauvoir und Sartre, Hemingway, Virginia Woolf, den Surrealisten und und und ... Statt dessen finde ich mich, mit vierunddreißig Jahren, immer noch außerhalb des Geschehens, außerhalb der Geschichte, in der Provinz. Bis zu meinem dreißigsten Jahr habe ich in geradezu himmelschreiend anachronistischer Weise im weltabgeschirmten Zirkel höchst altmodischer Familien verbracht (zuerst bei meiner Mutter, dann bei meinem Vater), in der ersten war ich gefangen, in der zweiten auch, doch zugleich habe ich mich, durch die frühe Gefangenschaft lebensunfähig, auch verkrochen, Schutz gesucht in dieser von der bundesrepublikanischen Wirklichkeit und ihrer Banalität so verschiedenen Enklave, Schutz gesucht. Dann der Ausbruchsversuch, der Aufstand gegen die Entfremdung in der vom Vater geforderten falschen Identität, und am Ende die Gewißheit, für immer an die Ränder verbannt zu sein, ungeachtet der Träume vom Leben der Großen in großen Städten; allein leben, allein schreiben, nicht mehr anders zu können, es ist, halb unfreiwillig, Lebensgesetz geworden. Dazu ist eine sich steigernde Handlungsunfähigkeit zu konstatieren, die mir zwar ein reiches Seelenleben beschert, aber zugleich mit der Bewegungsunfähigkeit (am liebsten verbringe ich die Tage im Zimmer eingeschlossen, lesend, schreibend, im Bett liegend) die Ursache aller Scherereien und allen Scheiterns im sozialen Leben ist, das mich vom emanzipatorischen Leben meiner zeitgenössischen Mitfrauen abschneidet und zum *Parasiten* macht.

I

Eines Tages trat er ins Zimmer, legte sein Notizbuch auf den Tisch, blickte gedankenverloren in die kahlgewordenen Bäume vor dem Fenster und begann, ohne weiteren Aufschub, mit seinem Vortrag. Ein gelehrter Vortrag, versteht sich, er handelte über den Text, der sich selbst schreibt und die Welt aufsammelt als Reste. Vor dem Fenster brach die Dunkelheit ein und ins Zimmer die Kälte, und er sprach noch immer, während ein Wind zwischen den eisigen Wänden wehte.
– Aber die Liebe, sagte sie und blickte ihn an. Pst, pst, machte er ärgerlich und legte ihr die Hand aufs Gesicht.

II

Offensichtlich, hieß es, litten sie an der Krankheit der Zeit. Sie verfügten zwar über ein reiches, unaufhörlich bewegtes Innenleben, aber zugleich über eine desto größere Unfähigkeit zu Handlung und Beweglichkeit. So blieben sie, weit voneinander entfernt, in ihren leeren Häusern sitzen und schrieben sich, ohne sich je von der Stelle zu rühren, sehnsuchtsvolle und zärtliche Briefe, apokryphe Zettel. Sie schickten einander Liebesgaben und ersannen ein ganzes System geistreicher Anspielungen. Ohne je müde zu werden, fuhren sie mit der Arbeit fort, einzig von dem Wunsch getrieben, eine Begegnung herbeizuführen. Das war es, was sie einander unablässig versicherten, und noch als sie alt waren und als gekrümmte, vertrocknete Fossile über ihre Schreibtische gebeugt auf denselben Stühlen hockten, begannen sie jeden täglichen Brief aufs neue mit dem Ausruf: Ah, cher ami, wie schön könnte der Tag doch sein, heute, wo gerade die ersten Asphodelen im Garten aufbrechen, wenn Sie hier sein könnten und Ihre Gegenwart meine einsamen Stunden mit nie gekanntem Glanz erfüllte.

III

Portraitstudie I

Sie war die, die im Bett liegt. Sie war die Schlafende, die Ausgestreckte. Die ersten neunzig Jahre ihres Lebens fand man sie im Bett des Dornröschenschlafs. Sie war die, die die Liebe sich träumte als Figur. Aufgewacht, wechselte sie sofort in das nächste Bett, in den Traum der Vernunft, wo sie blieb bis ans Ende ihrer Tage. Nun war sie es, die sich träumte, versunken in einem Meer von vielfarbigen Bildern und Klängen. Manchmal hörte man, durch die gläsernen Wände des Traums, ihr Lachen, koboldhaft, verklingend. Niemand sah sie je aufrecht gehen.

IV

Portraitstudie II

Das Geheimnis war, sein Herz war eine Glocke aus Erz. Eines Tages an das verlassene Ufer eines winterlichen Strandes geworfen, saß er im weißen Sand und lauschte dem Echo nach, mit dem das Schwingen der Glocke in seiner Brust den einstmals vernommenen, langsam verlöschenden Wellenschlag aus der Tiefe des Meeres wiederholte.
Schließlich, in seiner Verzweiflung, machte er aus der Not eine Tugend und wurde Stimmenimitator. Die Glocke in seinem Innern nahm augenblicklich die Frequenz der ihn umgebenden Stimmen auf und gab sie so täuschend zurück,

daß ihn jedermann, der ihm begegnete, für seinesgleichen hielt. Auf diese Weise gewohnt, leichtes Spiel mit den Menschen zu haben, wurde er ein Menschenfeind und führte unerbittlich Buch über ihre Schwächen und Irrtümer. Er durchleuchtete sie – in der Maske des Imitators, der sich die Menschen um so leichter anvertrauten, weil es zu ihrem Wesen gehörte, unablässig über ihr Leben und ihre Nöte sprechen zu müssen, und sie in ihm einen Gleichgesinnten vor sich zu haben glaubten – bis auf den Grund und gewöhnte sich an, ein Notizbuch bei sich zu führen, in dem er, als Frucht seiner Beobachtungen, in zierlichen Kolonnen, Rubriken und Listen ein System der menschlichen Natur aufzustellen begann, in dessen Vervollständigung er über die Jahre hin Meisterschaft erreichte. Mit der Zeit sprach sich sein Ruhm herum, seine galligen Aphorismen wurden mit denen der französischen Moralisten verglichen, er galt als philosophischer Meister, als blendender Analytiker seiner Zeit, ein Satiriker, der seinesgleichen suchte – und man nannte es: Ironie.

Gichtig, und faltig vom Rotwein geworden, führte ihn der Zufall an den Strand seines Anfangs zurück. Mißmutig stocherte er mit seinem Stöckchen im Abfall herum, den die Leute vom letzten Sommer im Sand zurückgelassen hatten. Wieder saß er im Sand, doch so sehr er auch lauschte, die Glocke in seinem Innern blieb stumm. Er blieb sitzen, bis die Nacht anbrach, seine Finger, weiß von Frost, fingen an abzufrieren, und unter dem tiefen Nachthimmel fielen zwei tränendurchweichte Träume aus seinem Gesicht.

Am Morgen, als er, steif und mit bis auf die Knochen abgefrorenem Fleisch noch immer im Sand hockte, erblickte er neben sich einen Zweiten – jünger als er, fast noch ein Kind, aber von unübersehbarer Ähnlichkeit mit jenen Photographien, die seine Mutter in rosa Kartons von ihm aufbewahrte. Der Jüngere saß am Saum der Wellen, vornübergebeugt, der Stille des Meeres nachlauschend, mit der Hand Zeichen in den von der Nacht noch angefrorenen Sand schreibend. Vom Horizont her begann eine leichte Brise zum Land zu wehen, der Himmel wurde hell, und einzelne Seevögel segelten langsam über dem sanften Meer. Der Jüngere erhob sich und entfernte sich schnellen Schritts. Und er begann, ein Gedicht zu schreiben über die Rettung der Städte, im Schweigen.

V

Nun hatten sie ein Geheimnis miteinander. Ein Geheimnis, das um so tiefer reichte, als es offen vor aller Augen lag. Oberflächlich betrachtet ereignete sich nichts in ihrem Leben, keine Veränderung, kein Aufbruch, keine grundsätzlichen Diskussionen. Nichts, abgesehen davon, daß, in regelmäßigen Abständen, in ihrer Wohnung das Telephon klingelte und, wenn sie den Hörer abhob, sich niemand meldete. War jemand anwesend, wenn es geschah, so hörte man sie, wenn sie nach einem winzigen Zögern den Hörer auf die Gabel zurückgelegt hatte, lachen und einen Witz machen über anonyme Anrufe, Spanner, Tagediebe, und sagen, herrje wie überflüssig, und niemand wunderte sich.
Niemand ahnte etwas von dem geheimen, leidenschaftlichen Leben unter der Oberfläche. Sie führten ihr gewohntes Leben weiter mit ihren gewohnten Beschäftigungen und Zerstreuungen und den gewohnten Freunden und Freundinnen. Wenn, was selten geschah, der Zufall eine Begegnung zwischen ihnen als unvermeidlich herbeiführte, erfüllten sie gewissenhaft und artig das von ihnen erwartete Rollenspiel, und man sah sie in einer Weise ins Gespräch vertieft, die ebensoviel spontanes Interesse an dem Thema

wie natürliche Gleichgültigkeit an dem Gesprächspartner offenbarte.

Sie wußten nichts voneinander, und was sie gehört hatten, vergaßen sie. Im Licht dieses Geheimnisses wurde alles andere, was ein Paar sonst miteinander verbindet, zu *unter anderem*, die möglichen Rendezvous, die Gespräche, die Umarmung. So betrachtet, schien es, als hätten sie einen Pakt gegen das Leben geschlossen, doch wenn man ihre gelegentlich eingestreuten Bemerkungen in Betracht zog und miteinander verband, konnte man zu der Auffassung kommen, daß sie die altmodische Ansicht vertraten, daß ebenso wie die Leidenschaft das Geheimnis aus der Geschichte der Liebe in diesem Jahrhundert verschwand und daß sie diesem Verlust einen unzeitgemäß hohen Wert beimaßen.

Es muß gesagt werden, daß die Geschichte sich keineswegs in den höheren Sphären eines anämischen Verzichts abspielte – jedenfalls bildeten sie sich das ein, denn sie waren klug und kannten die Einwände gegen solche aus dem Rahmen fallenden Konstruktionen und meinten, sie wären endgültig zu jener weisen Erkenntnis gelangt, daß die Erfüllung ebenso unmöglich ist wie der Verzicht darauf. Zuvor aber hatte es einen Augenblick zwischen ihnen gegeben, einen Augenblick der Wahrheit, in dem sie einander vollständig erkannt hatten. Jener Augenblick war unbemerkt an ihnen vorübergegangen, doch kurze Zeit später hatten sie schlagartig begriffen, daß ein Moment vollkommenen Austauschs zwischen ihnen stattgefunden hatte. Jenseits der Worte, Sätze, die sie, allen vernehmbar, miteinander gewechselt hatten und die einzig gesprochen waren, um zu verbergen, hatten sie sich auf den Grund der Seele geblickt, und nun wußten sie das und wußten, daß jeder wußte, daß der andere wußte, daß er wußte. Es war ein winziger Makel, der ans Tageslicht kam, ein Defekt, wie es in der offiziellen

Wertungsskala hieß, die zu Handlung und Tat aufrief, und bei ihr hieß er *Angst* und bei ihm hieß er *Zögern*.
Das Bemerkenswerte war nun, daß sie nicht daran gingen, sich wechselseitig zu zerfleischen und mit (landläufigen) Vorwürfen zu überschütten über die Unfähigkeit, sich zu entscheiden. Vermutlich wollten sie sich von einem romantischen Tick nicht verabschieden, und es schien so, als wüßten sie nicht, was es mit dieser Forderung zur Entscheidung auf sich habe, mit diesem Zwang, daß die Dinge immer zu etwas führen müßten. Es schien, sie waren verloren für die direkten Wege und zogen die absurden Reisen und Umwege und Abwege vor.
Sie fuhr fort, im Winter an ihn zu denken, an jemanden, der in weiter Ferne im Schnee geht, die Hände in den Taschen, den Mantelkragen hochgeschlagen, er geht den bekannten Weg, in der Stille des Winters. Ein Fremder, der in der Nacht, im Schweigen des Zimmers sitzt, allein, den Kopf gebeugt über das Heft im Kegel des Lichtscheins.
Sie fuhr fort, auf Gesellschaften zu gehen, wie eh und je, und selbst welche zu geben, und manchmal traf sie inmitten des Stimmengewirrs und Gläserklirrens der Ton, der andere Ton, mitten ins Herz. Und sie verließ die gesprächige Runde und den Lärm und die Zimmer und ging hinaus in den dunklen Flur. Dort stand der Apparat und klingelte ungehört. Und sie trat an den Tisch vor dem Spiegel, sie streifte die Schuhe ab, die sie drückten, strich über das Kleid, das unter ihrer Hand knisterte, und spielte mit ihrer lang herabhängenden Perlenkette. Einen Moment betrachtete sie im Spiegel ihr Bild. Dann hob sie den Hörer ans Ohr.

VI

Sie begegneten sich am Rand einer Pfütze, in der sich die herbstlichen Räume der Lichtenthaler Allee spiegelten.
In der Jugend ihrer Großmutter war die Lichtenthaler Allee der Treffpunkt der mondänen Welt gewesen, die Mädchen hatten sich bemüht, bleich und ein wenig tragisch zu wirken, weil sie Grieg spielten und für Peer Gynt schwärmten, die jungen Männer hatten nachmittags *lawn tennis* gespielt und abends im Casino, beim Teetrinken hatte man den kleinen Finger abgespreizt und die Damen fanden alles *superbe* und *excellent*. Draußen vor der Stadt, am Ende der Allee, lag eine große verlassene schneeweiße Villa mit blanken Fenstern, die hatte ihrer Großmutter gehört, und sie hatten eine Künstlerin dort aufgenommen, als sie mit roten Flecken im Gesicht und blutigem Husten in den milden Klimagebieten Europas umherirrte, und der Liebhaber der Künstlerin war dort eingebrochen mit stürmischem Liebeswerben. Die Sache hatte ein paar Monate gedauert mit vielen Expreß-Briefen und Telegrammen von Paris nach Baden-Baden, und dann hatte sie kurzerhand einen reichen Mann aus der Hochfinanz geheiratet.
Und nun trafen sie sich hier am Rand der Pfütze, und die Villa mußte verkauft werden, weil die Kosten aufwendig waren und sie das Geld brauchte. Da standen sie, er in einem Angestellten-Anzug mit Weste und Krawatte aus Polyester und sie in einem Fetzen aus einer Boutique und Straßornamenten an den Strümpfen, und entlang der Allee lagen die palastartigen Grands Hotels mit den sanft zur Oos abfallenden Gärten, verfallen und ausgeräumt, zum Verkauf angeboten oder zum Altersheim umgebaut. Und er sprach auf sie ein und sagte *letztendlich* am Anfang des Satzes und *genau* am Ende und *sozialisationsbedingt* in der Mitte. Und sie blickte ihn an, da stand er nun vor ihr, aus der *Möbel-*

branche, wie er gesagt hatte, vermutlich war er Vertreter. Und natürlich hatte sie ihn geliebt, wahnsinnig, zum Aus-dem-Fenster-Springen, denn sie hatte sich in alle Männer mit blauen Augen und schwarzem Haar verliebt, in jeden, der ihr über den Weg gelaufen war, denn sie dachte, das wäre polnisch, und sie hatte eine Schwäche für Polen und ihre genialische Musikalität. Sie hatte ihn also geliebt, vier lange Monate lang, und er war immer ein bißchen verlegen gewesen, wenn er zum Tee kam und sie teures Porzellan aus dem Schrank ihrer Eltern zog, denn er kam aus einer Baracke mit Wellblechdach aus der Vorstadt und nannte sie *sophisticated lady*. Worauf sie stolz war, und sie erzählte es allen, daß er sie so genannt hatte, und sie hörten die Rolling Stones, bis er hinging und ein nettes Mädchen heiratete aus seinem Büro.

Und nun stand er vor ihr und hatte die Stirn, ihr zu versichern, daß er sie nie vergessen, daß er so oft an sie gedacht und an ihr Studentenzimmer mit der Magnolie vor dem Fenster, geschmückt mit *genau* und *letztendlich*, und der Wind kräuselte den Wasserspiegel der Pfütze und die Bäume wakkelten und verzerrten sich. Und sie strich ihre Netzhandschuhe aus der Boutique glatt wie jemand, der denkt, herrje wie überflüssig, und sie seufzte ein wenig und wandte sich zum Gehen und sagte, komm, laß uns einen Kaffee trinken.

Träume: Ich komme in einen langen dunklen Saal, im obersten Stock eines vielgeschossigen Gebäudes. Zuvor bin ich durch lange Gänge und leere Seminarräume geirrt, in denen die Stühle wild durcheinander standen, denn das weitläufige Gebäude ist eine neue Universität. Im Saal sind die Vorhänge vor den Fenstern zugezogen, als hätte gerade eine Filmvorführung stattgefunden, und als ich die Tür öffne, um einzutreten, fällt das Geräusch der in meinem Rücken sich schließenden Aufzugstür in die Stille, und eine Menge empörter Stimmen macht pst. pst. Da sehe ich in der Mitte des Saals eine lange Tafel mit leerem Tafelservice und Gläsern, Blumen, und in silbernen, fünfarmigen Kandelabern leuchten schwach gelbliche Kerzen. Die Tafel ist besetzt mit Honoratioren der Universität. Sie bedeuten mir, zu verschwinden, die Tür, durch die ein störender Lichtstrahl fällt, zu schließen.

Da wendet sich eine Frau, die mit dem Rücken zu mir sitzt, im Stuhl um, mit weißem, kindlich heiterem Gesicht heißt sie mich laut und ungezwungen willkommen, winkt und hält mir, als wären wir zum Spiel auf einer Wiese verabredet, einen Strauß mit Margeriten entgegen. Sie trägt, inmitten der (korrekten) Büroanzüge der Männer, ein duftiges weißes Kleid aus Organdy, mit gebauschten Ärmeln, einer Seidenschärpe unter der Brust, von wo der Stoff weich fließend fast bis auf die Knöchel fällt.

Ein anderer Traum. Ich bin angesagt im Verlag. Der Verlag ist eine Ansammlung von modernen Baracken, wie häufig die Gebäude von Sozialämtern und andere Verwaltungsgebäude. Die letzte Baracke ist die Durchgangssperre, der Raum ist mit Menschen, Männern, Frauen, Kindern, Kinderwagen etc. vollgestopft, ebenfalls wie in Wartezimmern von Behörden. Ich bin bestellt, ich brauche nur das Telephon in der Ecke zu benutzen, um zu sagen, daß ich da bin, und ich bekäme von dem Mann am Schalter einen Passagierschein. (Durch das Fenster sehe ich, in einer anderen Baracke, den Lektor in – kleinbürgerlicher – Sozialarbeiterkleidung, in grauer Hose, weichen Schuhen, gemustertem Pullover, Hemdkragen, im Zimmer hin und her gehend, mit Aktendeckeln hantieren.) Anstatt ans Telephon zu gehen, versuche ich, mich den Blicken der anderen Wartenden zu entziehen und mich neu zu schminken. Während ich mir mit dem Puderschwamm verstohlen übers Gesicht streiche, entdecke ich plötzlich im Spiegel der Puderdose, daß sich, mit jedem Strich, mein Gesicht dunkel färbt. Ich versuche den Schaden wiedergutzumachen, indem ich die Farbe gleichmäßig zu verstreichen suche, owohl das dunkle Braun unmöglich und sichtbar *geschminkt* aussieht. (Wie ein Mohr im Kindertheater.) Dann wische ich alles ab und pudere nur flüchtig die Nase.

In der Liebe verbindet sich das Emphatische mit dem Katastrophischen – der Moment der Hingerissenheit mit der Qual, dem Zerreißen, dem Scheitern. Deshalb: *hier* ist nie die Ruhe, die mittlere Temperatur möglich.

Sich-Sehnen: ein Zustand, der, so sehr er auch im Gefühl, im Seelischen ausgedrückt wird, als unmittelbare Erfahrung einer süßen bis zerstörerischen *Erfahrung* im Körper angesiedelt ist. Bei allem möglichen Sublimierungszwang und idealistischer Konstruktion gibt dies der Liebe eine (konkrete) materielle Verankerung, Rückbindung. Zugleich macht es die *Sehnsucht* als Körpererfahrung zu einer der wenigen authentischen Möglichkeiten von Erfahrung des Subjekts. (Die unbewußt eingeschriebene Erfahrung der Sehnsucht ist dem Text der Liebe eingeschrieben.)

Vom Ursprung der Liebe: er ist zweifellos egoistischer Natur. Im Zustand der Hingerissenheit ist Lähmung und Sprache der Hingabe und zugleich der Wunsch nach Herrschaft – den anderen durch das Schauspiel der Hingabe zu verführen, widerstandslos sich der Sprache der Liebe zu unterwerfen.

Meine Sprache: die Sprache der Lähmung. Nicht der ungehinderte Sprachfluß von Henry Miller, Bukowski, Nizon, sondern das immer abzubrechen Drohende, das Staccato von (kurzen) Sätzen, die Ausdruck der Strangulation, der (schreibenden) Subjektivität sind. Miller, Nizon versetzen sich in Trance, um rauschhaft den ungehinderten Sprachfluß strömen zu lassen und den Zustand des *intensivsten Lebensgefühls*, der Authentizität wiederherzustellen. Auch ich bin in Trance, in einem Zustand der Abwesenheit, des Vergessens. Aber das Ausströmen der Subjektivität, das freie Schweifen des Unbewußten ist, für mich zumindest und vielleicht auch gesellschaftlich-historisch (durch zunehmende Kontrolle der Subjektivität), unmöglich geworden. Überall gefangen, beengt, an Mauern stoßend, stranguliert, den Atem abgeschnürt.
(Autobiographische Notiz: mein ganzes Leben habe ich mich durch Verbote, Unterdrückung, Einschränkung und Auslöschung meiner Subjektivität von *außen* bedroht gefühlt.)

Literatur als lebenspraktische Anweisung. Alles gesellschaftlich normalerweise Ausgeschlossene verfällt dabei dem moralischen Verdikt: die unterdrückte Aggressivität, Spontaneität, Gewalt, Angst, Traum, Sexualität, Todessehnsucht – kurz, die irrationalen Auswüchse und Phantasien, die den Leidenszustand des Subjekts, den Zustand der Gesellschaft mehr umschreiben als alle gereinigte Aufklärungsliteratur.

Immer das Ideal der Lebensfülle: das Pariser Leben der Simone de Beauvoir. Intellektuell ausgeschöpft, voll Freiheit, ohne Angst, Selbständigkeit voraussetzend.

Ich stand in der Küche. Hatte kurz zuvor das Gefühl, ein Todesmahl zu bereiten. Spargel, die Wohnung roch danach, als ich ihn kochte. Wie vor einem Jahr, als wir Spargel aßen und draußen Mai war. Und die Händel-Arie (Cleopatra), und der Wein, und das Licht, und die Sehnsucht. Ich stand in der Küche, die Erinnerung an voriges Jahr, durch den Spargelgeruch geweckt, ganz nah, schmerzhaft nah. Ich hielt das Buch, mit Aufsätzen von S. d. B., in der Hand. Im Zimmer spielte Judy Garland. Plötzlich das Gefühl verzweifelt/stoischer Lebensfülle, gelebten Lebens. Deutlich trat mir das schmale Heizungsrohr vor Augen, die darum gewickelte Schnur für die Wäsche. Da plötzlich das Gefühl, daß, bei allem Mangel (kein Paris, keine Freiheit zu *kontingenter* Liebe), dieses jetzt gelebte, gefühlte, unvollständige, gefühls-gefüllte Leben mir den Tod erträglich erscheinen ließ. Keine Todessehnsucht, keine Melancholie. Nur eine sanfte Einsicht in die Unvermeidlichkeit und Akzeptanz des Todes.

Nachdenken über den Selbstmord von Marina Zwetajewa. Auch sie glaubte nicht an Gott, nicht an ein Weiterleben nach dem Tod. Deshalb diese wahnsinnige Angst vor dem Altern, vor dem Tod.
B. sagte neulich zu mir, du bist der lebendigste Mensch, den ich kenne.
Auch bei Zwetajewa diese ungeheure Lebensintensität. Der Rausch, die Steigerung, bis zur Lebensgier. Nur dem oberflächlichen Blick steht diese Begabung zum Leben, die Le-

bensfreude, im Widerspruch zum Selbstmord. Die Kehrseite (der Baßton, Unterton) der Lebensintensität – ich meine damit aber keine hektische Vergnügungssucht, die nur die Leere übertönen soll, sondern wirkliche Intensität und *Fülle* (nicht Leere) – ist eine hohe Sensibilität, die Melancholie, die Verzweiflung. Wer sich immer in mittleren Gefühlslagen aufhält, ist ausbalancierter, stabiler. Das Gleichgewicht der die Lebensfülle Suchenden ist fragil – oft sind es nur atmosphärische Kleinigkeiten, die sie in die Verzweiflung abstürzen lassen – die Plastikschale bei Leuten etc. Erst recht können sie viel weniger als pragmatische Temperamente den Situationen standhalten, die verweigern, verdunkeln, was für sie am wichtigsten ist: das Fleisch, das Licht, das Leben, die Städte, der Wein etc.

Mit der Liebe scheint eine Tendenz zur Regression verknüpft zu sein. Wie anders wäre es sonst möglich, daß die Liebenden auf die törichsten Einfälle verfallen, in die Phase kindlicher Spiele, in denen die Signale, die sie einander zusenden in Form von Fetischen – wie Briefe des liebenden Gefühls: Steine, Murmeln, Seifenblasen – eine Topographie von Himmel und Hölle (von Reise nach Jerusalem und Dritten abschlagen und Verstecken), unfreiwillig nach den Regeln des Pathos wiederherstellen.

Der Anfang einer Liebesgeschichte ist nichts als ein Detektivroman. Verwandelt die Beteiligten, mitten in der hochentwickelten Zivilisation des Großstadtpflasters, in einen am Boden kriechenden Eingeborenen – die Zeichen der Gefahr an einem Fußabdruck in der Erde, einem abgerissenen Blatt, einem abgebrochenen Zweig ablesend –, der auf ältere Methoden zurückgreifen muß als die, die die Zivilisation anbietet, um im Dickicht der Liebe zu bestehen.

Nicht die intellektuellen Entzündungen, nicht die sensationellen Ereignisse, nicht die Kompliziertheiten und Dramen des Geschlechterkampfs, das Spiel von Forderungen und Bedingungen – sind entscheidend. Sondern allein das plötzlich sich einstellende Gefühl, in Gegenwart des anderen vollkommen glücklich zu sein.

Die Liebe ist keine Sicherheitsverwahrung und kein Spiel. Sie ist ein Experiment.
Wer von der Liebe den sicheren Hafen will, macht sie zum Grab. Keine Veränderung, keine Bewegung, keine Offenheit. Angst, Erstarrung, Einmauern. Will Seßhaftigkeit (Statik) als Gefängnis.
Wer von der Liebe das Spiel will, macht sie zum Rausch, zum Wechsel, zu Unverbindlichkeit. Zum *Genuß ohne Folgen*. Nimmt alles zum Spaß. Nimmt ihr den Ernst.
In beiden einander komplementären Varianten fehlt der Liebe – die Leidenschaft (und damit der Schmerz). Das Experiment ist kein Sicherheitsnetz. Es will nicht die Einhaltung der einmal gefundenen Regel. Will nicht das einmal Gewußte. Es will Offenheit, Erfindung, Findung des Neuen. Es ist Vorstoß ins Unbekannte.
Das Experiment ist kein Spiel. (Zwar gibt es kein Spiel ohne Regeln und einen gewissen moralischen Ernst, der sich aber nur auf die Einhaltung der Regeln bezieht, das Spiel bleibt innerhalb der Spielsphäre.) Der Spieler hat immer die grundlegende psychische Beziehung zwischen sich und dem Gegenstand des Spiels. (Subjekt ⟷ Boule-Kugel etc.) Erst die zweite Beziehung geht dann über das Spiel zum Mitspieler. Der Mitspieler kann *wechseln*. Im Experiment der Liebe ist die grundlegende Beziehung die psychische zwischen zwei Subjekten (die nicht austauschbar sind: das Experiment ist einmalig). Das Experiment ist nicht wiederholbar.

Die Chemie reagiert immer anders. Das Experiment ist nicht unverbindlich: es hat (blutige) Konsequenzen. Der *Zustand* nach dem Experiment ist ein anderer als vorher. (Selbstverlust, Selbstgewinn, wie auch immer verteilt.) Wer im Spiel verliert, verliert Geld, Ehre, Genuß, Freude – abstrakte Dinge. Der Preis des Experiments ist der Preis der Leidenschaft – Leidenschaft verstanden als ein psychisches Pathos, eine Intensität, die ohnehin, weil im Namen eines modernen Pragmatismus, diskreditiert ist –, etwas Konkretes: der Verlust eines Menschen.

Der Schmerz: es gibt eine Art der Verzweiflung, einer Ruhe, nicht Aufgeregtheit von Verzweiflung, einer Verzweiflung, die zu sich selbst kommt. Die sich setzt. Die durch den Tod geht. Und dann kommst du auf der anderen Seite der Nacht heraus, wie durch ein blendendes und zugleich farbloses Licht gegangen, und trägst diesen Tod in dir. Und bist nicht verbittert und feindlich und tot. Und liebst das Leben – mehr als zuvor? – und bestehst auf den Momenten des Glücks und den wunderbaren Farben und Gerüchen. Und trägst diese Intensität (Lebensgefühl) und diesen Schmerz zugleich in dir.

Das einzig Menschliche, was zählt: Großherzigkeit. Auf Verletzungen, Kränkungen nicht mit Engherzigkeit, Verbitterung, Ressentiment, Lebensneid, Rachegefühlen reagieren, sondern: die Faust öffnen. Souveränität, Leichtigkeit, Herzlichkeit, Gelassenheit.

»Die Leidenschaft setzt alles zu sich selbst in Bezug.« (Baudelaire)

16. Mai
Phase großer Müdigkeit. Schlafe zehn Stunden, mit Schweiß der Erschöpfung. Keine Einfälle, keine Arbeit, keine seelische Spannung. Dumpfheit im Kopf, im Körper.
Abends hysterischer Anfall. Lachen, ohne aufhören zu können, bis die Tränen ausbrechen. Große Depression.
Ich möchte leben – nicht immer nur diese kärgliche, verdrehte Schreibtischexistenz, in der jeder kleine Spaziergang, jedes *wirkliche* Gespräch abgerungen werden muß. Ich entbehre die Leichtigkeit, das Vagabundieren, vieles. – Andererseits: bin ich, nach dem von Kindheit an geübten Eigen(Innen)leben neben dem sichtbaren mit den Menschen meiner Umgebung, überhaupt in der Lage, mich nicht zu verschließen, mich zu öffnen, an dem, was mich bewegt, teilnehmen zu lassen?
Gestern abend, im Fernsehen, Günter Kunert: Jedes Schreiben käme aus dem Pathologischen. Der Normalbürger lebe, aber habe erst gar nicht das Bedürfnis, zu schreiben.
Dahinter steckt der 19. Jahrhundert-Glaube an die Auserwähltheit des Genies, seine Unterschiedenheit vom Volk, durch Schmerz, Wunden, Leiden, psychische Krankheit, Genie und Wahnsinn.
Ich bestreite nun zwar nicht, daß ein Motor des Schreibens in traumatischen Erfahrungen und deren Nichtbewältigung + nichtgeglückter Anpassung etc. liegt. Wer aber gibt uns das Recht, darin einen Punkt der Auserwähltheit zu sehen? Als ob nicht jeder Ingenieur, jede Verkäuferin denselben Verstörungen ausgesetzt und mit denselben Defekten behaftet sei: nicht jeder Pathologische greift zur Feder. Und es ist noch lange nicht geklärt, ob die *Tätigen*, Handelnden das Leben tatsächlich besser bewältigen als die handlungsgehemmten Künstler. Ob sie nicht viel mehr Deformationen des Gesellschaftlichen ausgesetzt bleiben als diejenigen, die

es zumindest per Reflexion einholen und sich per *Luxus* des Schreibens, den sie sich *einfach* nehmen oder gar nicht anders können, zumindest partiell absetzen.

immer noch: 16. Mai
Es gibt 2 verschiedene Sorten von Schriftstellern: für die einen hat ihre Literatur die Funktion der Selbstausstellung (-darstellung, -ausdruck), für die anderen die der Selbstmaskierung. Zu den letzteren gehöre ich. Verstecken, Verdrehen der Probleme, Verstecken hinter Rollen, Wunschträumen. Vielleicht ist diese Form die radikalste der Selbstzerstörung – Selbstzerstörung hier verstanden als der Zwang, Mißverständnisse der eigenen Person auf sich zu ziehen, ihnen am Ende nicht gewachsen sein, darunter zusammenbrechen. Maskierung ist aber, ursprünglich, auch Schutz: Vermeidung der Entblößung von Empfindlichkeiten, von Schwächen.
In jedem Fall, d.h. bei beiden Arten des Schreibens, entblößt der Schriftsteller sich, ob er will oder nicht, bis aufs Hemd. (s. Virginia Woolf dazu)

16. Mai
Der Selbstmord ist nicht mehr wie in meinen Zwanzigern nur in Gedanken vollzogene Möglichkeit des Auswegs, Fluchtgedanke als Kompensation. Eines Tages werde ich mich ihm stellen oder nicht. Aber inzwischen alle Spekulation darüber unterlassen.

Fest steht: viel schlimmer als der Tod sind politische Unfreiheit, Altern, Krankheit, ausweglose seelisches Leiden.

Was sehnen wir in der Liebe? Lebensintensität, Emporschwung, ein nie gekanntes Glück. Das *Andere*. Das *Andere*. Daher auch der Schmerz. Wegen der Unerfüllbarkeit dieses Wunsches. Keine Liebe ohne Schmerz. Sobald sie auftritt, ist die Liebe ihrer Zerstörung ausgeliefert, durch äußere Hindernisse, durch die Liebenden selbst. Die Liebe – der letzte Topos des Paradieses auf Erden. Ein zerbrechliches Gebilde. Nur als Fragment denkbar.

Das reglose Laub, an einem Frühabend, vor dem Gewitterhimmel.

Wenn der Druck des Leidens anhaltend über das erträgliche Maß hinausgewachsen ist, springt man entweder aus dem Fenster oder spielt fortan den Clown.

Die meisten meiner Figuren leben nicht, sondern erinnern sich. Das heißt, die Geschichte spielt nicht in einer Gegenwart (aus der sich etwas in die Zukunft entwickelt), sondern in einer gebrochenen Zeit: Gegenwart der Figur ist eine statische Situation, aus der heraus sie sich erinnert. Aber sie erinnert sich nicht kontinuierlich-kausal, sondern tappt blind + zugleich detektivisch sicher umher im Vergangenen wie ein Somnambuler in der Nacht. Aus diesen *Bruchstükken* entsteht das Kaleidoskop der Geschichte. (s. *meine* Theorie, daß *Erfahrung* nur als Bruchstück, im Vergessenen zu finden ist.)

Abend in unserem Zimmer. Ein Abend wie viele, seit unserem ersten Sommer. Das Zimmer, durchflutet von Wärme.

Die im Dach eingelassenen Fenster mit großen Badetüchern verhängt. Die Fußbodenfenster weit geöffnet, Blick direkt in die Kronen, in das dichte Laub der Bäume auf dem Platz. Ein Tisch, gedeckt im Schatten des Sommers, in einem Liebeszimmer – schattiges Licht, Duft der riesigen Sträuße in den Vasen, Salat, eiskalter Wein, knuspriges Fleisch, das offene, zerwühlte Bett.

im Mai
Aus einer Verwundung hervorgehen, so existentiell, daß ich dafür mein Leben mit B. aufs Spiel gesetzt hätte – sich wiederfinden *danach*, heißt keineswegs: dem *Leben wiedergeschenkt*. Aufwachen nach einer langen Krankheit. Es heißt das Gegenteil. Denn Leben heißt: unbändiges, revoltierendes Glücksverlangen. Das Mögliche gegen das Wirkliche setzen. Der Schmerz schiebt sich wie eine Traumwand zwischen dich und das Leben. Wie eine Asbestschicht auf der Seele. Ein Belag. Fest verkrustet. Prägt das Lebensgefühl. Dämpfung insgesamt. Wird ein Zustand. Verabschiedung von der Liebe.

Wenigstens etwas hat dieser Absturz: weg mit dem intellektuellen Gehabe, mit dem Gerede über Ästhetik, der Selbstüberhebung, dem Genuß am Leiden. (Habe ich übrigens nie richtig gehabt. Die Arbeit geht am besten, wenn ich ausbalanciert bin.)

In der Liebe hat man zumindest nur den *inneren* Zwang: nicht loszukommen vom Gegenstand der Leidenschaft, eingebunden in ein Zwangssystem. Was unerträglich ist: wenn zu dem inneren ein äußerer Zwang kommt. Den einen lieben und an den anderen gebunden sein. Alles im Innern mit sich abmachen müssen: die Hoffnung, die Erwartung, den Schmerz, die Verzweiflung, die Resignation. Dem, an den man gebunden ist, kein Leid zufügen wollen – aber es doch tun, denn der Druck wird immer stärker, nur noch allein zu sein. Und man schreit ihm alles ins Gesicht und trifft ihn mit dem Schrei ins Mark.

Kann man, nach einer solchen existentiellen Erschütterung, noch mit dem anderen weiter – leben.

s. Pavese, Tagebuch, S. 47
Unterschied zwischen *wollüstigem* und *tragischem* Leben. Lebensumstände: zu zweckhafter Kälte umdestillieren.

Über die Ungleichzeitigkeit der Gefühle.

Das Problem: werde ich jemals den Stempel der *Höheren Tochter* als Literatin loswerden? Werden die Leute *lesen*? Ankämpfen gegen alles Gelackte, Literatenhafte. Besser Scheitern als eine zweifelhafte, unechte, wunschgerechte Literatur.

Jetzt hilft nichts mehr. Nur die Arbeit.

Anfang einer Geschichte: Sie sitzt in einem Zimmer und wartet auf eine Antwort.

Lieben heißt nicht besitzen, sondern Hingabe. Heißt, sich einem andern überantworten, nicht aus Masochismus oder Lust an der Unterwerfung, sondern, um in einem Sprung – über den Abgrund der Unsicherheiten hinweg – dem anderen sein verlorenes Vertrauen zurückzuschenken, ein Stück weit sein Leben zurückzuretten aus der Verwüstung und den Enttäuschungen des Lebens.

Woher weiß ich, daß nicht am Ende jeder Liebesnacht dieselbe Leere, dieser Vorhof des Nichts (d. h. auch *keine* Verzweiflung über die Trennung der Geschlechter, denn das wäre Emotion, und Emotion ist nicht Leere) – sich in meinem Innern ausbreitet? Im Grunde ist die Kontinuität des Zusammenlebens auf harmonische Art und Weise eine unendliche Barmherzigkeit und wechselseitige Güte und Gernhaben. Speziell bei eigentlich männlich geistiger Wechselwirkung. Es hat das alles aber nichts mit dem Unendlichen, der Leidenschaft, dem Absoluten zu tun. Deshalb: eine Nacht – und das Absolute ist verflüchtigt. (Der Haken, etwas, was gerade gar nicht in die *hysterische* Form von Leidenschaft paßt: dieses ruhige Glücksgefühl nur in einer bestimmten Gegenwart.)

Was aber *fehlt* mir? Eine gewisse Leichtigkeit – sogar Vergnügen – Humor, Unangestrengtes, Lebendigkeit, *Leben*. B. ist immer angestrengt, verweigert Unternehmungen, geht immer mit *geballten Fäusten*.

Mai 1987 – November 1987

Erzählungen: Programm. Versuch: meine Texte wie *Stimmungsfilme* zu schreiben: die Welt ist verrätselt durch Wegfall der Geräusche. Das Optische wird gesteigert in der Intensität und ist Bedeutungsträger, aus dem sich das Geschehen herauskristallisiert.

24. Mai
ich sitze im Zug Köln–Paris. B. hat mich an den Bahnhof gebracht. Sein überarbeitetes Gesicht.
Im Zug wurde mir plötzlich klar – Selbstverdacht –, daß meine Entscheidung für B. nicht nur auf der langen Bindung, der Liebe, der Anhänglichkeit beruht, sondern sich dem ältesten Künstlerproblem verdankt: der Angst vor dem Leben, sich auszusetzen dem Unbekannten, den Verletzungen, der Unsicherheit. (Ironie des Schicksals: ich vermeide jetzt alles, wofür ich mit ganzer Seele eintrete.) Dagegen läßt mir das Leben mit B. völlige Freiheit in bezug auf Schreiben und ein geistiges Alltagsleben – keine Kinderwünsche, keine sozialen Verpflichtungen, keine Ansprüche. Fazit: die Entscheidung hat einen ganzen Komplex von Gründen: nicht nur die *reine* Liebe, sondern auch purer Egoismus oder Kenntnis der eigenen Grenzen.
Immerhin hoffe ich, mir nichts vorzumachen: Erschütterung und Krise – sind vielleicht noch immer eine latente Gefahr, denn schließlich war es keine Laune. Und: ich habe mich vor meinem Leben mit B. so aufgebraucht mit dem Leben am *Abgrund*, daß ich jetzt einfach ein bißchen *Ruhe* brauche.

24. Mai
In Brodskys *Erinnerungen an Leningrad* macht er keineswegs das übliche Spiel mit: Leben gegen Literatur, Geißelung der Lesemanie als Weltflucht.
Statt dessen: er gibt zu, daß sie alle (seine Freunde) im *Leben* Versager waren und daß die Bücher eine erste, weitaus wichtigere Realität für sie hatten. Aber er sieht das nicht negativ oder analytisch als Flucht aus der tiefsten UdSSR-Realität, sondern es ermöglicht ihnen, an *Maßstäben* festzuhalten, die zwar im pragmatischen Alltagsleben nichts gelten, ohne die das Dasein aber verkommt, minderwertig ist und sich nicht lohnt. Das ist das erste Mal, daß ich eine solche Sicht des Verhältnisses Leben/Literatur finde, die für mich ganz uneingeschränkt gilt. Die Literatur nicht als süße Benebelung, sondern als das Mögliche gegen das Bestehende, als das Moralische gegen das Gesetz des Erfolgs und des Pragmatismus. Als die Intensität des Lebendigseins gegen die Realität des mechanischen Vor-sich-hin-Lebens, als Freiheit gegenüber Zwängen der Gesellschaft.

Film: vor einer Bahnüberfahrt: Pappeln, alle in eine Richtung gewandt; vom hohen Damm aus: die breiten leeren Sonntagsboulevards in Brüssel; in Belgien: eine Allee, Weißdorn im Mittagswind, Sandboden; der Eisenbahntunnel, mehrgleisig, zwischen Brüssel Nord und Midi. An den Pfeilern zwischen den Gleisstrecken helle Leuchtflecken (wie Katzenaugen), aber das Ganze sehr rußig und die Leuchtflecken sehr milchig, neblig – kurz: eine lange Sequenz dieser Fahrt durch einen surrealen Wald, still, dann mit Händel-Oper, dann wieder ohne Ton, dann wieder mit Händel.

Manchmal taucht ein Gedanke auf, auf langen Zugreisen, wenn der Zug plötzlich langsam durch die in der Verzögerung unwirklich werdende Landschaft fährt. Der Anfang. Der Abend. Kaum bewußt, aber wir waren mitten in der Geschichte. Vor dem Fenster die schönste Natur, mit laubbewachsenen Landhäusern, Sommerwiesen, Alleen im Wind – Weite, Sommerblüten, Licht. Und der Abend: geschlossene Räume, geschlossener Gang, durch den wir gemeinsam fortgingen. Die anderen wie ein Gefolge, ein langer Schwanz hinter uns. Eine Prozession in der Nacht. Dein Gesicht im Dunst über dieser bukolischen Landschaft in den Schleiern der noch durchsichtigen Kronen der Weiden, im Glitzern des Flusses. Der Zug hält auf einer Brücke. In einem Feld verteilt lauter Maulwurfshügel. Ein Kind fährt Fahrrad am Ende der Straße. Der Zug fährt an. Hält wieder, neben einem alten Zug, ausrangiert, keine Fenster, abgebrochenes, Gesplittertes, keine Halterungen, die Sitze abmontiert oder aufgerissen. Eine Höhle, aufgerissen, mit Gerümpel. Eine Traumsequenz, aber real, am hellen Tag. Die Hände in den Hosentaschen, so gingen wir, ohne uns anzusehen, nebeneinander her. Eine ähnliche Situation: in der Realität, abgeschnitten wie in einem Vakuum. Reise im Zug mit dem Kopfhörer auf dem Kopf: die Dinge sind ihrer zugehörigen Welt beraubt. Die Welt ist stumm, aber bewegt, ein Stummfilm der Frühzeit. Im Kopf die Musik des eigenen Innern: der Seelenzustand. In der Realität abgeschnitten: in dem langen Gang jener Nacht, ohne etwas zu hören.

Immer noch Sonntag, 24. Mai

Im *Café de Flore* sitzen, das fast leer ist – das *Deux Magots* und alle anderen Cafés sind brechend voll – und ein Omelette essen und müde sein bis zum Schwindel und plötzlich

Angst haben. Ein Sprachexil, ein Alltagsexil – Angst davor, daß das, was ich seit 15 Jahren gewünscht habe, plötzlich greifbar nahe ist und dadurch seinen Zauber verliert. Angst vor der *Fremde*, vor der Kälte – ein Feigling bin ich angesichts dieser Situation.

Dann plötzlich – ich bin umgeben von drei Männern an einzelnen Tischen, die auf mich *lauern* (der *Künstler und der Voyeur*) – fällt mein Blick auf ein wunderbares Plakat von Vlaminck, es könnte der Kanal Saint Martin sein. Auf jeden Fall ein Kanal, Wasser, rechts und links dichtes Grün der Bäume an den Ufern, in der Mitte die Spitze eines schwarzen Lastkahns mit Schornstein. Dahinter, versetzt, noch einer. Dieser Kahn – das führt von Seurat und der *Grande Jatte* bis zu den Filmen mit Jean Gabin. Und nun, da, quelle ironie, die Kunst mich wieder gerettet hat, sehe ich auch den Himmel über der Straße, der wundervoll nächtlich von einem leuchtenden Mittelblau wie nur in Paris ist und die im Wind sich bewegenden Kronen der jungen Platanen, noch helles, frühsommerliches Laub; und zwischen dem Laub die rötlich-gelblichen Laternen (wie die Autoscheinwerfer hier). Und vor dem Himmel zeichnen sich die Häuser ab, mit dunklen Etagen und einzeln leuchtenden Fenstern.

Das Omelette ist gegessen. Das Café hat sich gefüllt. Der Cortázar ist aufgeschlagen (*Der Verfolger*). Und gegenüber *Dragstore Publics* an der Ecke zur Rue de Rennes und ein großes Filmplakat: *Un homme amoureux*.

25. Mai

Wieder Abend, diesmal im *Deux Magots*. (Kaputte Füße etc. Habe das 18. Arrondissement abgegrast – Rue Ordener sehr schön – die Pariser Preise sind ungeheuer.)

Es fing in der Nacht an. Kaum geschlafen. Bei jedem Ge-

räusch – Knarren vor der Tür, stündliches Schlagen der Uhr an der Kirche, plötzliches Anfahren eines Autos – aufgeschreckt. Die Stadt löst mich auf wie eine Staubflocke. *Das* auch der Gedanke, mit dem ich aufwache, mi dem ich durch den frischen, morgendlichen Jardin du Luxembourg und dann durch das 18. Arrondissement gehe. Es ist wie ein Kampf – nicht wie bei Paul Nizon, der sagt, Stadt, bring mich hervor, zerstöre mich, aber bring mich hervor –, ein Kampf meiner *Identität* oder *Person* gegen die Stadt, die, wenn man sich ihr aussetzt, zersplittert. Ins Ich hineinbläst, das es in tausend Stücke bricht, zerstäubt.
Dann kommt der tastende Versuch: Kontinuität mit großer Anstrengung aufrechterhalten. Durch die Erinnerung (Stadt zerstört durch Reizüberflutung das Gedächtnis). Durch Konzentration, Erhaltung der emotionalen Intensität – Erinnerungen wie ferne Sterne im Dunst der Stadt, aber sie sind da.
(Ist das nicht zum Lachen: Ich und Verteidigung der Kontinuität.)

26. Mai
Abends. Sitze im *Rostand*. Bei geöffneten Frontfenstern. Mit Blick auf den leeren Jardin du Luxembourg. Es gießt plötzlich in Strömen. Gewitter, nach einem schwülen Tag. Der Regen knallt von den roten Markisen auf das Pflaster. Genieße die Anonymität. Hier sitzen und in den märchenhaften Park, den dichtbelaubten Wald vor mir blicken.
Zur Frage der Kontinuität: Zwei Tage in Paris – im Hotel, auf der Straße, der Stadt ausgesetzt, und mein Ich-Gefühl ist da.
In der Glastüre spiegeln sich die Regenschirme der wenigen Passanten.
Habe heute mindestens 30 Immobiliers abgeklappert.

Frankreich ist so bourgeois oder kapitalistisch wie eh und je. Es gibt kaum Wohnungen zu mieten. Man kauft. Wenn man mietet, muß man Gehaltsbestätigung etc. vorlegen. Gibt es da noch Freiheit, Anonymität, Wechsel? Ein falscher Name – wie in Amerika – undenkbar. Ich hasse diese Mentalität, die mein Vater positiv als *esprit d'ordre* bezeichnet. Es ist Kälte, Mechanik und völlig unsozial. Dazu fehlt alles Spielerische, alles ist *le commerce*. Die Deutschen dagegen geradezu friedlich und langsam. Diese verdammte Schnelligkeit hier. Dieses ständige Auf-dem-Punkt-Sein.
Habe mir Danilo Kiš' Wohnung aus dem Telephonbuch gesucht. Will sehen, wie ein Emigrant, Jude, Serbokroate, der wunderbare Collage-Erzählungen schreibt, wohnt.
Letzte Nacht: ich ging mit schnellem Schritt die Rue Bonaparte entlang, Richtung St. Sulpice. Plötzlich brannte sich etwas durch meinen Strumpf, in die Haut meines linken Fußes. Jemand hatte, in der Nacht, eine Zigarette fallen lassen, aus einem der Balkone des Hauses, an dem ich vorbeilief. Ich sah nach oben, niemand zu sehen. Ich rannte weiter, Brandwunde eines Anonymen im Fuß.

27. Mai
Plötzlich beim Anblick der Platanen vor dem Café an der Place St. Sulpice die Erinnerung an Perpignan, die erste Nacht, sehr südlich, sehr warm, sehr laut, am Platz vor dem Fenster im *Hotel zur Post* – links die Kulisse von St. Sulpice. Kulisse – hebt sich ab (vor dem Licht der Scheinwerfer) von dem immer noch, in der Dunkelheit, leuchtend blauen Nachthimmel. Schöne Frauen mit leicht zerstörten Gesichtern in wirklichen *Roben*. Schwarzes Cape, ¾ langes Kleid, schwarzes Band im langen, aufgelösten Haar zu verknittertem Gesicht, sie gehen vorbei mit ihren Liebhabern, die sie, sehr abwesend, neben sich dulden. Zugleich sitzen im Café

Studentinnen, auch schwarz gekleidet, aber man spürt die Nähe der Universität. Kein Kleinbürgertum wie im 18. Arrondissement kurz vor der Peripherie. Place Jules Joffrin – apropos *Jules*: *Julios in Aktion* von Cortázar (*In 80 Welten um den Tag*). Ging heute deshalb in die Rue Jules Verne (Seitenstraße der Faubourg du Temple, in die ich heute geriet, weil ich die Rue Tesson durchstreifte, da wohnt Kiš in einem schrecklichen 50er-Jahre-Beton-Appartementhaus). Jules Verne – die schäbigste Straße von Paris. Meist undefinierbare Häuserfront (man spürt die Nähe von Bellevilles monströsen Neubaukasernen), bis zur Unkenntlichkeit verdreckt, verrottet. Enge Straße. Schmale Durchgänge (wie in Honfleur, nur daß diese Häuser uralt sind), Hinterhöfe mit Abfall und Dreck. Ein Hotel *Chez Said et Idir*. Und ein Video Club. In der ganzen Straße nur Schwarze, die guttural sprechen. Durch das offene Hotelfenster sehe ich im ersten Stock auf einem Schrank bis zur Decke gehäufte Koffer und Kartons. Gehäuft, mit Schildern und Schnüren darum.

Crépuscule. Zum ersten Mal dachte ich, zu begreifen, was das ist, als ich im *Relais Odéon* saß und glücklich war und keine Angst mehr hatte vor der Stadt und vor allem, und die Dämmerung so mit diesem unvergleichlichen Himmel, der nichts Mattes, Staubiges bekommt im Dunkler-Werden, sondern etwas Strahlendes, Leuchtendes. Also *Crépuscule*: gestern erlebte ich da etwas ganz Unglaubliches. Ich hatte mich gerade ins Hotel gerettet, ziemlich naß; ich hatte den falschen Bus erwischt und raste im Regen die Rue Grenelle bis zur Rue du Four, mich von Boutique-Markise zu Boutique-Markise flüchtend, es goß, und plötzlich waren die Straßen menschenleer und der Himmel bleischwer und nur ein paar Busse durchquerten die Straßen. Und unter den Bäumen auf der Place St. Sulpice war wieder Regenschutz und plötzlich frische Luft nach der Schwüle, die erlösende

Frische von Sommergewittern, und auf einer Bank saß ein Paar und hielt einen Regenschirm über sich und küßte sich wie wahnsinnig – wie wahnsinnig – und im aufzuckenden Blitz über dem Platz kreisten drei Jungen auf Rollschuhen. Also: ich hatte mich gerade ins Hotelzimmer gerettet und trocknete mir die Haare mit einem Frotteetuch – das Zimmer war finster und über dem Platz Regen, Schwüle, Elektrizität, Blitz, Explosion – als ich eine Klarinette, laienhaft gespielt, so wie ich mir Woody Allens Saxo-Spiel vorstelle: sehr lyrisch, amateurhaft, das heißt ohne die Lockerheit, den Wahnsinn, das ständige Experimentieren im Spiel – hörte. Also: Regen, Leere auf den Straßen, Gewitter, und in der Wohnung rechts von meinem Fenster im *Hotel Recamier* stand ein Mann im offenen Fenster und blies auf den Platz. Nicht spektakulär, exhibitionistisch. Er blies. Er spielte. Und jemand begleitete ihn auf dem Klavier.
And all I loved, I loved alone. Und das, was Poe zur Einsamkeit verurteilte (s. Cortázar, 80 Welten, S. 39), ist für mich heute das Schönste, was diese Welt mir zu bieten hat. Alles, was man liebt, ist, weil er es nicht liebt, für einen anderen unsichtbar.
Abends ein Brand in einem Haus in der Rue de Seine. Schwarze Wolken von Rauch zwischen den Häusern, ein Flammenquadrat schoß aus dem oberen Stockwerk. Die Feuerwehr, mit großem Getöse, raste durch die Straße, die Leute hinterher, die Hunde kläfften. Ich entdeckte einen Laden mit altem Spielzeug (*jouets anciens*) und begriff, welch nie erschöpfbaren Genuß Proust an seinen Marionetten, Bilderbüchern etc. hatte. Ein Tablett voll Gemüse, Kaufladen aus dem 19. Jahrhundert. Alles aus Stoff, sehr fein, dabei das Grünzeug leicht auf welk gemacht. Möhren, Radieschen, viel Blattwerk. Herrlich! Auch an Mme Greffhule muß man denken, ihre Roben, wenn man das Seidige dieser Gemüse sieht.

Dann sah ich eine Skulptur. Ein Gesicht in grünem Stein (präkolumbianisch). Ein augenloses Gesicht, das so viel Blick hatte, daß ich erschrak. Aus Augenhöhlen, aus Stein, aus Nase, aus Mund blickte mich ein leidendes Gesicht an, dessen Schmerz im Mundwinkel, im Nasenrund, im Loch der Augen viel eindrücklicher saß als in jedem leidenden Blick. Vielleicht ist der Schmerz: der ausgebrannte Blick. Die Abwesenheit des Selbstausdrucks (der ja Sprache, Vermittlung, Kommunikation ist, während dieses Gesicht sprachlos war), des Ich.

30. Mai
Immer noch der Schmerz; keine offene Wunde mehr, aber eine versteinerte Traurigkeit, die mir in manchen Augenblicken bewußt wird. Auf diesen langen Fahrten mit dem Bus durch Paris. Sitze im Bistro am Gare du Nord. Warte auf B., der gleich mit dem Abendzug aus Deutschland eintrifft. Fürchte mich ein bißchen vor dem Wiedersehen. Seine Verweigerung von jeder Art Öffnung auf Menschen, Erlebnisse, Städte, simple Vergnügungen. Wird mein Gefühl dem auf Dauer Widerstand leisten? Werde ich die Flügel hängen lassen oder werden wir uns eines Tages deswegen trennen?
Werde ich es in der ersten Minute des Wiedersehens wissen?

30. Mai
»Wenn ein Mensch in meinem Zustand ist, bleibt ihm nichts übrig, als eine Gewissensprüfung anzustellen.« (Pavese)

30. Mai
Die Erzählungen
1) Verzögerung: langsamer, quasi filmischer Erzählgang, phänomenologisches Vorgehen, stockende Satzkonstruktion.
2) Aufdeckung oder Entwicklung einer Obsession. Riß in der Alltagserfahrung. Liebe, Einsamkeit, das *Unmögliche*. (Aus den *Dingen*, aus der konzentriertesten Atmosphäre entwickelt sich das Geschehen – als Zeichen *für*, nicht in der Psyche der Beteiligten.)
Die Liebe eine Obsession des Unmöglichen, die Einsamkeit ein Delirium durch die größtmögliche Nähe des *Unmöglichen*, Annäherungen an das *Unmögliche*.
Die Betrachtung der *Dinge* als Instrument der Erkenntnis.
Zwei Arten von *Liebe* werden dargestellt:
1) die Liebe, die die Sehnsucht nach dem Grenzüberschreitenden in sich aufgenommen hat, die das *Unmögliche* anstrebt (und deshalb scheitert, bzw. nur in der Trennung denkbar ist).
2) die Liebe, die gelebt wird, die sich realisiert, aber dennoch scheitert, weil sie nicht Erfüllung des Unmöglichen (Aufhebung der Diskontinuität), sondern *Egoismus zu zweit* bzw. das Leiden zu zweit ist.

Die Liebe: in der Regel (selbst in den Traumsequenzen bei Pina Bausch) wird sie *realistisch* dargestellt, nämlich mit psychologischen Motiven, die der Alltagspsychologie der Zuschauer (Leser) entspricht: die Klage über die Unmöglichkeit der Nähe. Die Beziehung Henker/Opfer. Die Gefahr dieser *realistischen* Art der Darstellung (da sie unserem alltäglichen Gefühlsleben und Leiden entspricht) ist das Umkippen ins Plakative (mit dem Holzhammer) oder ins Larmoyante (die Diktatur der Nähe).

Ein Mittelding zwischen dieser Methode und meiner ist die Thematik der Liebe als Trauma und Selbstverstümmelung, da können quasi *mythische* Funken herausgeschlagen werden. Wieso Mittelding? Weil die Selbstverstümmelung auf das Motiv der Liebe als das *Ganz Andere* hinweist. So verstanden ist Selbstverstümmelung weniger Leiden am anderen als Ausdruck des Leidens an der Unmöglichkeit der Liebe.
Zwei Stränge von *Liebe*:
1) die Liebe als der einzig übriggebliebene Bereich des *Ganz Anderen*, des Unmöglichen, der Ekstase, des Heterogenen (früher: Saturnalien, Krieg, Königsmacht etc.). Der eigene Wunsch, die Sehnsucht nach dem Unmöglichen wird also in das Bild der Liebe projiziert, so daß die Liebe das (utopische Moment) Gegenbild(-grammatik) zur Alltagserfahrung darstellt und deshalb eine magische Anziehungskraft hat. Der Wunsch, der in das Bild projiziert wird, ist die Sehnsucht nach Intensität, nach Außer-sich-Sein, nach Selbstvergessen – vergleichbar der mystischen Ekstase. Obwohl diese Art des Liebesbildes als Aufhebung der Diskontinuität des eigenen Seins in Hollywood-Filmen und von der Industrie zu zweifelhaften Zwecken kitschig aufrechterhalten und ausgeschlachtet wird, ist das kein Grund, die Liebe zu tabuisieren (vgl. Roland Barthes: Liebe = Empfindung = das Obszöne), sondern als einen letzten Bereich zu suchen, in dem das *Ganz Andere* ausgedrückt wird. Wenn das Bild/Projektion der Liebe für einen Moment in der Wirklichkeit eingelöst wird, so ist das eben nur für Augenblicke möglich, da die zwei Beteiligten sich wie Teilchen der Moleküle notwendig wieder trennen, die Erfahrung der Kontinuität löst sich sofort wieder auf, zerfällt. Es besteht also Spannung (eine stetige Bewegung zwischen dem statischen Zustand des Leidens an der Unmöglichkeit und des Wartens) – zwischen dem Zustand des *Mangels* (und Mangel

setzt Wünsche in Bewegung) und dem emphatischen Zustand der Erfüllung der Liebe. Die Protagonisten, da sie mit diesem Liebesbild beschäftigt sind, sind allein, da die Liebe als Utopie sich in der Phantasie des Liebenden abspielt, in der Suchbewegung, in der Erwartung.

2) Diktatur der Nähe. Der zweite Strang beschäftigt sich mit gelebter Liebe, also Paarbindungen (die natürlich genauso scheitern wie die andere Form). Dabei geht es nicht, oder nicht in erster Linie, um die Klage über die Unmöglichkeit der Nähe, sondern, im Gegenteil, die Handlung geht davon aus, daß gerade in *guten*, d.h. dauerhaften Beziehungen keineswegs Aufhebung der Diskontinuität eintritt – wie die Hollywood-Industrie das suggeriert mit dem Leben zu zweit als das Glück schlechthin – das relative Gelingen, wo sie sich nicht *zerfleischen* etc., sondern gut, ruhig miteinander leben – nur eine Variation der Diskontinuität des Lebens allein darstellt. Ein Egoismus zu zweit, Diskontinuität zu zweit. Deshalb sind die *guten* nicht weniger bedroht vom Einbruch der Leidenschaft als die *schlechten* Beziehungen. In letzteren ist der Leidensdruck größer, und daher die Motorik des Wunsches omnipräsent – in beiden Fällen aber sind die Vorstellungen beherrscht vom Bild des Unmöglichen. So ist die Liebe als Vorstellung wie ein *deus ex machina*, der insgeheim all unsere Handlungen, Irrtümer und Sehnsüchte bestimmt.

Vgl. auch: Legende vom *Selbstgewinn* contra *Selbstverlust* in Liebe und Kunst. Legende der Emanzenliteratur. Dagegen: Duras: Selbst*verlust* beim Schreiben. Somnambul.

Das Unsägliche funktioniert nur so, daß es *vorgestellt* wird, aber nicht gelebt werden kann.

7. Juni

Mittags. Plötzlich verläßt mich die Angst, das Leiden am

Unmöglichen. Einen Augenblick befreit, finde ich die Leichtigkeit, den Humor wieder.
Aber ich weiß, es wird zurückkehren. Plötzlich weiß ich: das Einzige, was mir das Leben lebenswert macht, ist die Suche nach dem Unmöglichen. Ich weiß auch jetzt, daß ich es nie gehabt habe, nicht für einen Augenblick, nicht in den Armen eines Geliebten, nie. Oder vielleicht manchmal, auf einer Reise, in Augenblicken der Begeisterung. Aber diese Begeisterung ist nur Vorstufe, nicht Aufhebung der Diskontinuität.
An der Liebe interessiert mich nur das *Unmögliche* – jede normale *Beziehung* läßt mich kalt. Letzten Endes ist jedes noch so geglückte Zusammenleben ein Egoismus zu zweit, d.h. die zu zweit gelebte Diskontinuität. Aber vermutlich ist das ein elementares *Mißverständnis*. Muß es wohl immer sein. Mißverständnis: Verlieren, Aufgeben des Zweifels, der *normalen* Maßstäbe. Sich einen Augenblick der Illusion überlassen von der *Erotik der Herzen*.

20. Juni
Thema: daß die Liebe für die interessanten, begabten, sensiblen Frauen der Moderne (Mansfield, Zwetajewa, Doolittle etc.) immer nur als traumatische Erfahrung sich ihnen einprägte. Sie zerstörte, nicht heftig und schnell, sondern langsam fressend.
Dann die Selbsterniedrigung dieser Frauen (s. Briefe Mansfield an Middleton Murry). Das als *Masochismus* abzutun und *Nicht-Emanzipation* ist sicher zu einfach. Vermutlich ist diese absolute, selbstaufgebende Hingabe der Preis, ohne den sie die Sehnsucht nach dem *Ganz Anderen* nicht erfüllbar glaubten.
Die alte Sache: in der Liebe wie in der Kunst: Selbstvergessen, Selbstverlust, Selbstaufgabe – nicht Selbstgewinn.

Wichtig: im Grunde sind diese Leute (in den Erzählungen) alle wie Somnambule, d. h. durch einen Schleier vom Leben getrennt. Sie leben nicht *richtig*, sie tasten sich durch das Leben wie durch ein rätselhaftes Labyrinth. Dabei ist die Bedeutung der *Somnambulität* ambivalent: negativ und positiv zugleich. Einerseits ein Mangel an Leben, andererseits ein Mehr an Leben.
(Sie sind nicht richtig *da*, wach; sie erfahren Leben als etwas Unbekanntes und Bedrohliches.)

1. Juli
Die letzten Tage vor dem Umzug physische Krise: schließlich Angina und Penicillin.
Heute: sobald wir uns Paris nähern (fahre mittags allein los), wieder völlige Verwandlung: der Zwang löst sich in Luft auf, ich finde wieder meine Heiterkeit und Gelassenheit – und dazu die immer mit Paris verbundene überschäumende Lebensfreude. (Ob es wohl doch die *Orte* sind, die die Liebe *machen*, da sie den Zwang ausüben.)
Geschichten: Folge von Sequenzen – unzusammenhängend scheinbar – (aber durch Intensität der Stimmungen Zusammenhang schaffend) – eine Folge von *Auf-* und *Abblendungen*.
(Zu *Glas*: sie singt so hoch, daß das Glas zerspringt; Kinderspaß. Dann kam er an ihren Tisch. Sie war *blau*.)

2. Juli
Wenn ich diese Stadt schaffe und nicht sie mich, habe ich alles geschafft. Am Bahnhof, um B. abzuholen. Was mir einfällt: nichts Kontemplatives, nicht mein *Somnambulismus*-Stil. Statt dessen permanent Dialoge: »Natürlich hat man Angst, bei jedem Schritt hier, und trotzdem treibt es

dich weiter.« »Man braucht nur einmal die richtige Straße in der falschen Richtung zu gehen – und man ist im Alptraum, im Wunderland. In beidem und vielem mehr.«

11. Juli
Im Werk eines großen Schriftstellers gibt es immer etwas Unvollkommenes. Und dieses Unvollkommene ist wie eine feuchte Stelle, wie ein nagendes Geschwür im Textkörper. Wuchert unter der Oberfläche, Herd für Bakterien aller Art – ein niemals gestillter, nagender Schmerz, Unruhe. Und dieser Unruheherd unterscheidet den Künstler vom großen Literaten, der sein Handwerk meisterhaft beherrscht, glatt, geölt, makellos der Text. Ein Beweis mehr, daß im Zentrum der Kunst die Qual steckt, und nicht der Genuß. Immer im Fragmentarischen, Gescheiterten stehenbleiben (s. Kafka, Bataille), das Vollendete wie die Pest meiden.

13. Juli
Die Literatur, das Schreiben, ist einzige Möglichkeit für mich, mir einen Weg für das Unmögliche zu erschließen. Mir den Bereich des *Ganz Anderen* zu öffnen. Oder besser – da er sonst nur in seltenen Augenblicken der Liebe oder manchmal auch in Momenten *profaner Erleuchtung* den Dingen gegenüber sich findet – die einzige Möglichkeit, das Unmögliche zu *leben*. Im Schreiben.
(Letztlich also das Schreiben nichts anderes als die Sehnsucht nach dem Unmöglichen.)

14. Juli
Im Zug von Köln nach W.

Untersuchung bei der Ohrenärztin: Gehör hat sich meßbar gebessert. (Nach Hörsturz).
Köln in der Innenstadt ein einziger Rummelplatz. *The show must go on.* Die Städte niemals mehr leer. Nirgends Stille. Schildergasse und Hohe Straße gepfercht voll von Menschen. Holländer, Amerikaner. Touristenbusse. Sommerliche Kaffeefahrten.
Im Abteil unterhalten sich drei Angestellte der Bundesbahn: im Spielklub spielen Direktoren, Ministerialräte um Posten. Keine Rolle unbesetzt. Man ist *ganz Mensch*.

15. Juli
1) Die Liebe ist ein Element, keine Verbindung. (Irrtum der meisten, die in der Liebe in erster Linie Aufhebung der Trennung zwischen Liebenden sehen, und nicht Aufhebung der eigenen Diskontinuität.)
2) Die Unsicherheit der Zeichen: Der Liebende wird zum Detektiv. Zum Zeichenleser, der den Grund der Bereitwilligkeit des anderen an verstreutesten Anzeichen ablesen muß.
3) Einzige Verpflichtung: es kommt nicht darauf an, ob einer ein Abenteurer, Don Juan oder bindungsunfähiger Narziß ist, sofern er es nur reflektiert und keine Selbststilisierung betreibt, indem er seine eigenen Abbruchs- und Verhinderungsstrategien umstilisiert zu einer Philosophie des *Scheiterns in der Liebe* etc. Deshalb: keine Zeichen für *Liebe* geben, wenn man es nicht *meint*.
4) Auch *Verrat* ist ein Zeichen von Liebe. Es ist immer Zeichen, das eigene Gefühl zu *verbergen*. Selbstschutz. Denn gleichgültige Personen *verrät* man nicht.

Sonntag, 19. Juli, Paris

Plötzlich – da ich zum ersten Mal nach Jahren das Bild *The last train*, das immer als Sofatisch benutzt wurde, aufgehängt habe (im Schlafzimmer, über der neuen Kommode), kommt mir, beim Anblick der leuchtenden Bahnhofsfenster der ganze Sommer 1973 ins Gedächtnis. Dieser warme, erste und so melancholisch-komplizierte *Freiheitssommer*. Mo. im Garten, malend. Sein weißes weites Hemd. Großmutter, weißköpfig, im Hintergrund. Immer adrett, mit Schleifchen, Spitzenbluse, Silberkrücke. Pu. spielend, halbnackt. Mager. Gummitwist auf den Wegen. Ein heißer Sommer. Ca. und Hei. beim Entschoten von Erbsen. Man ißt, rund um den Mühlstein, Pfirsiche. Die Finger kleben. Triefen. Mo. malt allen ein Bild. Hei. ein Stilleben, Ca. ein Mühlenbild, mir den *last train*. Während er malt, während Ca. und Hei. Gemüse putzen, Großmutter zuhört, Pu. spielt – alles in hochgewachsenem Gras – lese ich vor: aus den *Wahlverwandtschaften*. Am Mittag, am Abend gibt es, unterm Holunder, unterm Nußbaum, eiskalten Sekt. (Die Rekonstruktion der perfekten Idylle.)

Nachts.

Das unterirdische Grollen. Die Métro fährt unter dem Haus hindurch. Manchmal, im Traum, schrecke ich hoch, weil ich das Kreischen der Räder zu hören meine. Unterirdischer Verkehr, dunkle Schächte, gleißende Bahnhöfe, rasende Fahrt.

Draußen tropft, nach einem Gewitterguß, der Regen von den Balustraden; die Mauern gegenüber schimmern in plötzlich aufgeklärtem Licht. Die Fenster, unbeleuchtet, stehen ruhig in der Wand. Nur eins gegenüber ist heller-

leuchtet, man sieht direkt in den Salon einer Bürgersfrau. Wandlampen mit falschen Klunkern, Ölbilder, Blattpflanzen, üppiges Sofa. Vor dem Fenstergitter kleine Terracottatöpfe mit Kräutern. Im Fernsehen läuft ein Interview mit Arthur Rubinstein, ich sitze in B.s Zimmer und genieße das leicht Verdreckte und Abgewohnte der Wohnung (der Teppich hat überall Löcher und Flecken, die Fenster blättern ab im Lack). Wie schön dieses Fenster ist mit dem ovalen Messingknauf. Und direkt unten auf der Straße, das ganze, jetzt abend- und regenstille Paris. Noch nie war ich irgendwo so zu Hause.
Als Maler/Handwerker habe ich einen Tunesier, Monsieur Kamel, der etwas ganz anderes ist als unsere botten deutschen Handwerker, die muffig, fett und pragmatisch und wortkarg sind. Dieser ist zierlich und taktvoll und belesen und (seelisch und geistig) von großer *Sensibilität*. Zwischen uns herrscht gleich Kameradschaft, ohne falsche Kumpelei. Wir rauchen eine zusammen, und er erklärt mir die drastischen Maßnahmen von Pasqua und das Abtauen des Kühlschranks, und wir alle lachen über mein unmögliches Radebrechen.

3. August
Sitze allein in der Pariser Wohnung, die einer Baustelle gleicht. Die Anstreicher haben überall angefangen, nichts beendet. In allen Zimmern: Geruch nach Farbe, Flecken, Staub, Zeitungen, Plastikabdeckung, Farbstoffe, Pinsel, Flecken. Sitze im hintersten Zimmer. Habe mir dort einen Tisch zum Arbeiten aufgestellt. Das enge Zimmer. Vor dem Spiegel Bücher, die Lampe, eine Flasche Cuvée. Das große Bett. Füllt fast das Zimmer aus. Koffer, Kisten, Tüten.
Die Nacht im Stein-Hof. Regen. Hinter den weißen Fensterläden. Klatscht in der Nacht, auf den gepflasterten In-

nenhof, in einer kalten Augustnacht, scheint mir die einzige Wirklichkeit. Klatschen, klatschen, in der Finsternis, auf Steinboden.
Dann, aufreißend wie ein Blitz, die Erkenntnis: das ist wie ein verzweifeltes Schlagen gegen ein nächtlich geschlossenes Portal.

6. August
Im Grunde ist jeder Schriftsteller ein Betrüger. Was er mit seiner Umgebung lebt, erlebt, empfindet, ist nichts, bleibt immer Schattenreich im Verhältnis zu dem, was sich in seinem ständig von den andern abwesenden Innenleben abspielt. Eine Intensität von inneren Bildern, Stimmungen, Wortfetzen, Zuständen, die jede wirkliche Wirklichkeit übertrifft. Im besten Fall, wenn man mit jemandem zusammenlebt, den man liebt, entwickelt man sich zum Doppelagenten: man verbirgt, um nicht dem andern ständig das Messer in der Wunde herumzudrehen, das eigentliche Leben, in dem man sich die ganze Zeit befindet. Das heißt, man ist in einer ständigen Zerreißprobe, zwischen zwei Welten. Und – man wird der Umgebung gegenüber schweigsam, da das *Eigentliche* nicht mitzuteilen ist.

Octavio Paz über Pessoa: »Wir schreiben, um zu sein, was wir sind, oder um das zu sein, was wir nicht sind. In dem einen wie dem anderen Fall suchen wir uns selbst. Und wenn wir das Glück haben, uns zu finden – ein Zeichen von Schöpfung – werden wir entdecken, daß wir ein Unbekannter sind.«

Vielleicht ist das Verrückteste und Tragischste zugleich an der Sache, daß ich mein ganzes Leben – diese täglichen Erfahrungen, mit den Tunesiern, mit denen ich trank und über Artaud redete – führe, daß ich lebe, und daß der einzige, den es angeht, nicht da ist. Das ganze alltägliche Leben eine einzige Zeitvergeudung.
Ein solcher *Herumtreiber* sein heißt, seelisch einsam sein. Dichter als Vagabund – Dichter ist das Bewußtsein seiner geschichtlichen Irrealität.

Ich saß im *Rostand*, bei offenen Scheiben. Die Uhr am anderen Ende der Kreuzung schritt voran. Aufgebrochen, auf einen vergeblichen Weg. Einzig und allein, um das Ritual abzuschreiten, das mein einziger Strohhalm im Leeren ist. Gegenüber der Park. Windiger Himmel, Zwielicht. Eingeschlossen in den Schmerz.
Ich denke: wie leichtfertig gehen die Schriftsteller mit dem Wort *Leidenschaft* um. In Wirklichkeit ist es die schlimmste Folter: unablässig einer wahnwitzigen, zwingenden Hoffnung nachjagen zu müssen, von der man weiß, daß sie sich nicht erfüllt.
Ich starre vor mich hin. Auf das Verkehrsrondell. Auf das im Wind flatternde Laub, das sich in den Fenstern spiegelt.
Plötzlich sehe ich den unaufhörlich hervorquellenden Strahl des Springbrunnens, der sich ausbreitet im Bogen, nach allen Seiten. Ich blicke in dieses festliche Sprühen und Glitzern – da unmerklich die Offenbarung, Rausch der Freude, die um so stärker ist, als sie einen Moment des Ausbruchs, der Sprengung meines seelischen Kerkers bedeutet. Einen Moment meine ich, erlöst zu sein. Doch schon stellt sich die Furcht ein vor dem Rückfall.

7. August
Plötzlich eine entsetzliche Vorstellung: vor langer Zeit – Entrücktheit des *tableau* – war ich mit einem Mann liiert und zugleich leidenschaftlich in einen anderen verliebt. Diesen anderen, der sich mir nicht ergab, überschüttete ich mit den heftigsten Vorwürfen und Beschimpfungen. Er aber verteidigte sich nicht. Er schwieg, er tat seine Arbeit. Er legte den Kopf schräg, er schwieg.
Und dann, eines Tages, erfahre ich, daß es das edelste Motiv war, das ihn zum Schweigen verurteilt hat – die Freundschaft zu einem anderen Mann. Und dieser weiße Fleck – des Edelmuts – erschreckt, entzückt, entflammt mich. Mehr als alle banale Raffinesse.

Nachts
Ich liebe die großen Monologisten. Eingefangen in einer einzigen monologischen Suada, seis lautlos im Innern, seis wortreich sich verströmend, jedoch wechselnde Gegenüber zur stummen Wand seines Redeflusses machend. Sind nicht alle großen Künstler unseres Jahrhunderts Monologisten? Kafka, Proust, Joyce, Beckett? Und muß man nicht sagen, daß dem Anwachsen des Monologs das Verschwinden von *Gesellschaft* gegenübersteht? (Las gestern eine Analyse des Balls bei Kierkegaard, um nur ein Beispiel zu nennen – das ganze Leben bis zur Generation meiner Großmutter war gesellschaftlich durchgeformt.) Vermutlich hat es in England diese Art von Gesellschaft noch am längsten gegeben – anders wären die Dialoge eines Pinter nicht denkbar.
Liebe ich nicht deshalb die Figuren der Duras, weil sie alle in einem somnambulen Monolog befangen sind? Deshalb auch ist es so, daß man keine verschiedenen Bücher mehr schreibt, sondern an einem einzigen, das man scheinbar immer wieder abschließt. In Wirklichkeit ist es nur willkür-

liches Abbrechen, Wiederaufnehmen, Weiterschreiben. (Im übrigen: man muß sich seine Gesellschaft heute selbst erfinden.)

8. August
Samstagmittag. In den Straßen Mittagsstille und (nordisch-wechselnder) Sommer. Ich gehe durch das harte untere Viertel. Die lange Rue Championnet, eine Straße, die schon die Verlorenheit der Vorstadt hat und gleichzeitig noch an der Intimität des quartiers partizipiert. Von der Vorstadt: Baukräne, verwahrloste Grundstücke mit Abfall, die Menschenleere, Staub, Kalk, Metall. Vom quartier: die fast ländliche Mittagsruhe, die geschlossenen Läden, eine Katze in der Sonne, Handwerksläden – Dekorateure, Elektriker, Reparaturwerkstätten wie in Filmen mit Jean Gabin.
Im unteren Teil überwiegt Kalk, Staub, Kargheit, im oberen, der feiner, eleganter, bürgerlicher ist, überwiegt der Schatten der Bäume, große Bel-Etagen, majestätischere Bauten.
Warum sind diese Spaziergänge für mich wie ein tiefes Einatmen, wie das Aufsaugen einer letzten Möglichkeit von Glück. Vielleicht weil ich hier finde – was in Deutschland, auf der Welt entweder überhaupt fehlt oder langsam verschwindet – was ich sonst schmerzlich nur noch in den Bildern finde: eingefangen das Leben. In den Dingen konserviert, die Dinge gesättigt von *Leben*.
Vielleicht ist das das einzige, was zu suchen sich lohnt, angesichts der Tatsache, daß die psychische Zeit des Menschen – Langsamkeit, Geschichte, Veränderung, Entwicklung – immer mehr von der realen Zeit verdrängt und zerstört wird, und damit die *Erfahrung*, das *Leben. Leben* heißt ja nicht nur Lebendigkeit, Vitalität, Intensität, sondern auch Vielschichtigkeit in der Zeit, in der Seele des einzelnen und aller.

Plötzlich, in der Nacht, kommt mir der *Soulier de Satin* in den Sinn. Dona Proëza: »Ich wäre nur ein bald hinsterbendes Weib auf deinem Herzen gewesen, und nicht der ewige Stern, nach dem dich dürstet.«

11. August
Das Herzzerreißende des Cellos. Ein einsames Cello hallt durch die leere Saalflucht eines ländlichen, sommerlichen Chateau. Herzzerreißend: weil in jedem Strich eine unglaubliche Steigerung des Gefühls möglich ist bei gleichzeitiger Ökonomie. (Vibrato unter dem Strich.)
Diese Musik erinnert mich an die Zeit vor zehn Jahren – es ist immer wieder erschreckend, in welcher Weise ich meine 20er Jahre habe verfallen lassen, ohne mich *um mich selbst* zu kümmern. Zu erklären ist das mit jener eisigen Krankheit, die mich so vereist, gelähmt, lebensunfähig gemacht, daß ich erst mit dreißig wenigstens zur Flucht in die Literatur fähig war.

Also das Cello, Erinnerung an Sommer in Pienza und Asolo und Montepulciano, an den Geburtstagssommer in Schloß Favorit. Diese ganze, heitere, *oberflächenhafte*, elegante Vaterwelt. Diese leeren Schlösser, träge Sommernachmittage im Champagnerrausch.

Und nun: mein Zimmer am Hinterhof. Ein gemauerter Schacht aus gelbem Bruchstein. Ein baumloses Areal, wie die Kulisse eines expressionistischen Films. Eine dichte Regenrinne. Leere. Und von Zeit zu Zeit bewegt sich eine Figur – meist eine ältere schwarzgekleidete Frau – durch diese Kulisse, ein wie auf Millimeterpapier gezeichnetes, quadriertes Bühnenbild.

Bin ich schon so verdorben, habe ich das *Gefängnis* so verinnerlicht, ist es mir so zur Notwendigkeit geworden, daß ich deshalb diesen Hof als *meinen Ort* empfinde?
Oder ist es die Abgeschlossenheit von der Zerstreuung der Straße?

Die meiste Zeit des Lebens: Vakuum. Leere Zeit. Dieses Herumsitzen. Dieses Nichts-anderes-tun-Können. Das einzige Tun: schreiben. Zwischendurch Rettungsaktionen. Überbrückungsmanöver.

Artaud.
Brüste wie Zitzen, wie Kuhmägen.
Die Mischung von Strichmännchen, Ritzen (die gezackte Sonne: der Clownskragen) und Körperdetails. Natürlich der gefolterte Körper: Kopf angeschraubt (im Schraubstock). Hände gefesselt. Die Welt als zerstückelter Leib.
Nr. 23: Parallele zur *Hand* von Max Ernst. Sonst: auch die versetzten Profile Picassos.
Dazu das Theatralisch-Erhabene und das Cabaret-Cancanhafte, 19. Jahrhundert.
Verwendung von Schrift als Zeichen, im Bild. Das Explosive (Zucken, Dreizack, Strahlen, Blitz) und das Erstarrte – im verzweifelten Blick der Augen (Selbstporträts). Auch: das Gerippe.
Die Beine der Frau als Scheren.
Das Lächerliche: verzweifeltes Hohnlachen des Geschlechterkampfs (*sous la guerre du carotte*, Nr. 21).
Zeichen wie Totem (Glücksrad)
Die Frau als Strahlengöttin, Medusa, *abgewandt*, als *Ophelia*.
Porträt Adamov: der geistesabwesende Blick. Das *ver-*

zückte Gesicht (Ekstase) der Ophelia. Das ausgebreitete oder abstehende Haar.
Dann auffallend: das Ich-Gesicht schiebt sich in die Porträts der anderen.
Das Loch im Kehlkopf.
Immer wieder: das Ich, der Körper, gefesselt, im Schußfeuer. »Le visage humain est une force vide, un champ de mort.«
Was ist *visionär*?
Köpfe aus dem Nichts: *Apparition*.
Auch das Verkrüppelte, Marionettenhafte.

12. August
Der erste warme Sommerabend. Alle Fenster zum Innenhof sind geöffnet. Trotzdem ist es nicht italienisch laut, man hört nur einzelne Stimmen, Geklapper von Geschirr und Besteck, die Familien sitzen beim Essen. Knoblauch-Geruch weht durch den Schacht. Ein Violoncello aus einem Radio. Ein Fensterladen wird zugeklappt.
Noch vor zwei Monaten hätte ich diese Art – wenn auch verhaltener – sozialer Berührung mit den Geräuschen des Innenhofs entsetzlich gefunden. Heute möchte ich sie nicht mehr missen.
Ein herrlicher Sommertag. (Morgens rief B. an, er kommt heute nacht aus England.) Ich ging, gegen Mittag, über die sommerliche, mittäglich leere Rue Caulaincourt. Es gibt kein Glücksgefühl, was dieses überträfe: im Schatten der Akazien zu gehen, die geheimnisvoll schattigen Vestibüls der Häuser, die offenstehenden Fenster, die schönen Fassaden dieser Bürgerhäuser aus der Jahrhundertwende vor Augen. Dazu das Wasserrieseln eines Brunnens, eines Schlauchs in einem Hinterhof. Und dann das Licht – das so spirituell ist, daß selbst in der größten Mittagshitze das Pfla-

ster nicht von dumpfem, sinnlich-trägem Honiglicht schwer wird, sondern fast transparent und weißlich flimmert.
Der Square Constant Pecqueur. Mitten in dieser hektischen Großstadt – Stille, Kontemplation. Ein paar alte Leute saßen im Schatten auf den Bänken und lasen.
Später: das im Licht weißgebleichte Haus in der Rue Lepic Nr. 54, in dem van Gogh mit seinem Bruder wohnte. Hier noch *ländliche* Stille.
(In der Gegend der Rue Caulaincourt die Stille städtischer, bürgerlicher.)
Später dann: Spaziergang am Canal St. Martin. Bin zum ersten Mal im Sommer hier. Die Gegend verliert, durch das Laub im Sommer, an existentieller Härte. Trotzdem kann man sie nicht idyllisch nennen, wie viele Photos das suggerieren. Sie hat auch nichts heruntergekommen Pittoreskes, im Gegenteil, die Häuser sind oder werden gut restauriert. Und sie hat vor allem nicht mehr die süßlich-tragische Romantik und Kleinbürger-Deftigkeit, wie in Carnets Film *Hotel du Nord*.
Im Ganzen ist sie viel mehr von der Nähe der vibrierenden Großstadt, der Place de la République geprägt, als unsere oben. Und sie hat etwas Hartes und Kaltes, das ihr aber einen eigentümlichen Reiz verleiht.

18. August
Vertreibung des Ich aus dem Text: ich lese Handke, Kronauer, Müller, Duden, allen Texten gemeinsam: das Raunen des Ich, die Geschichten der Blessuren – das Ich als *exemplarisch Leidender* (s. Susan Sontag) in der Beschreibung der inneren *Gefühlslage*.
Bei mir – partiell auch bei Herta Müller, die das Ich-Gefühl in reine Darstellung von Ding-Bildern auflöst, *ohne* Kom-

mentar (wie Duden: ich war glücklich darüber, ich fühlte mich so verloren, in Ödnis etc.) – unmöglich, das Gefühl unmittelbar auszudrücken, es fehlt jede psychologische Innenschau. (Als ob, durch die lange Unterdrückung und den Zwang zum Schweigen über mein *wahres* Innenleben, in mir eine weggebrannte Stelle wäre, eine weiße, betäubte Stelle im Text.)

Über die *Sprachlosigkeit*:
Die Frau zur *Sprachlosigkeit* verdammt – deshalb *spricht* die Männerperspektive. Die Sprachlosigkeit der weiblichen Figuren in Sprache umsetzen: das ist das Problem. Vielleicht fehlt deshalb auch in meinen Texten die Innenschau.

(In ganz Paris sterben die Platanen.)

23. August
Was mich in diesen Tagen, beim Lesen von Paveses Tagebuch und der Biographie von Davide Layolo sehr beschäftigt, ist sein Rückzug aus der Wirklichkeit und seine Idee der *Symbole*, und dann, als er instinktiv spürt, daß das eine Sackgasse ist, seine Rückkehr in die Wirklichkeit, mit dem Beginn der Erzählungen. Dasselbe Problem, das auch ich habe: einerseits kann ich nicht weiter in diesem gläsernen Hermetismus verharren (dazu bin ich zu sehr Paris und dem neuen intensiven Leben hier ausgesetzt, als daß sich mein Inneres nicht in einem ununterbrochenen Gärungs- und Umbruchsprozeß befände), andererseits ist meine Abneigung gegen Psychologismus und Naturalismus nach wie vor ungebrochen.
Wie also ein Gleichgewicht finden zwischen Wirklichkeits-

beschreibung und den *Zwischenräumen*, in denen alles steckt?

25. August
Nach wie vor unter einer wahnsinnigen Spannung. Wie das Gleichgewicht finden zwischen der *Fülle* (sinnlicher) Alltagserfahrung des Realismus und der Seelenintensität des somnambulen Sprechens, des Lauschens nach Innen? (Das ist der Mangel von Marguerite Duras – zu ausschließlich symbolistisch schreibt sie, das ist partiell wunderbar, aber führt zu einer solchen Verdünnung, daß es – für mich – eine Sackgasse ist.)

Heute ist der erste Tag, an dem ich allein bin. B. ist ans linke Ufer gefahren. Ich sitze in der Küche am Tisch vom Marché aux Puces, betrachte das Durcheinander, esse Pfirsiche und Käse, trinke Kaffee, lese Pavese und bin glücklich. Aus dem Hof dringt das Geräusch des Wasserstrahls, mit dem die Concierge den Hof spritzt.

31. August
Beim Aufwachen höre ich im Hof die tiefen, männlichen Stimmen von zwei Frauen – die der Concierge und die einer Hausbewohnerin – im Gespräch. Die Selbstverständlichkeit dieser Stimmen, ihrer Tonlage, ihres Gesprächsinhalts hat etwas so Beruhigendes, als wiegte mich in den Sommerferien die Stimme einer Kinderfrau.

Nachmittag: habe B. an den Zug gebracht, er fährt für zehn Tage nach London.

Nachmittag. Sitze auf meiner Bank auf der Schattenseite des Square C. Pecqueur. Der Brunnen plätschert, in den Platanen ein leichter Wind. In den schönen Mietshäusern offenstehende Fenster. Das Licht: seit zwei Tagen plötzlich der Umschlag von Sommer in Frühherbst. Jenes sanft verschleierte, warme (aber nicht mehr *gleißende*, hitzige, überklare, stechende), innige, goldene, leuchtende Licht des späten August. Ich ging vom Bahnhof hierher und blickte in alle Hauseingänge. Geheimnis der großen Portale, der Schatten, der dunklen Eingangshallen mit Marmorboden und doppelten Glastüren zum Treppenhaus.
Was auffällt, wenn man vom Boulevard Barbès kommt: kein Farbiger hier auf dem Platz.
Die Schreckensvision eines von Farbigen unaufhaltsam in Besitz genommenen Paris war *das* Gesprächsthema der letzten Tage mit B. Ein richtiges Haßthema, er sammelt Notizen für ein Prosastück gegen das links-liberale Tabu des Rassismus und will erst mal klären, wie grundsätzlich *fremd* und *anders* ihm das Viertel der *Goutte d'Or* erscheint. Alles vorgegebene Verständnis scheint ihm erst mal moralisch verlogen. Da hat er natürlich recht. Nur: die Schichten, die dort wohnen, sind die Ausgebeuteten von heute, das, was ehemals der 4. Stand war: ohne soziale Sicherheit, ohne Geld, ohne Heimat, ohne rechtliche Ansprüche, ohne Möglichkeit zu kultureller Entfaltung aufgrund ökonomischen Mangels. Das, was Nizon, Oehlers, B. anprangern: die unterste Zivilisationsstufe, auf der sich die Einwanderer befinden – der Dreck, die Fäkalien, der Gestank der sexuellen Promiskuität, die animalische Gutmütigkeit, die fehlende Geistigkeit –, das alles ist die Kehrseite unserer glorreichen europäischen Zivilisation. Der Kapitalismus braucht Massen illegal Arbeitender und Unbezahlter, die sich noch nicht mal organisieren können zu Gewerkschaften und Streiks etc. Diese Leute kommen hierher, weil sie

hier wenigstens überleben können, sie leben im Ghetto – kaum ein Schwarzer hat Anteil an offiziellen Ämtern oder intellektuellen Berufen –, weshalb sie ihre zum Teil primitiven Lebensgewohnheiten nicht aufgeben. Sie sind restlos aus dem Zirkel des Kapitals ausgeschlossen: keine Ausbildung, deshalb die niedrigsten Berufe ausübend – Straßenreinigung etc. –, deshalb unterbezahlt, und das wenige Geld, das sie erarbeiten, werfen sie dem Kapitalismus wieder zurück in den Rachen, da man ihnen eingeredet hat, die Billiglädenketten von Tati etc., Kühlschrank, Auto etc. wären das *Paradies*, an dem auch sie partizipieren möchten. Kurz, was man ihnen als anstoßend ankreidet – der Primitivismus –, ist nichts als der Primitivismus etwa unserer Bauernstände früher oder des 4. Standes in der Französischen Revolution von 1789. Das heißt: er ist nicht gegebener, existentieller Natur, sondern ökonomischer und historischer.

(Kleine Beobachtung: tatsächlich wirken die Läden der Schwarzen sofort wie afrikanische *Bazare*. Das kommt durch die Mengen, das wilde Nebeneinander unterschiedlichster Waren, die Buntheit, die Stapel vor der Tür, auf dem Bürgersteig, und durch die Verkäufer, die wie Ladensteher und Marktschreier die Leute ansprechen.)

(Für die Erzählung *Place Joffrin* die Beschreibung von Schriftstellerinnen: dieses ewig aufgeregte, umtriebige neurotische Seelengefieber. Dieser flackernde Blick, dieses bleiche *Leiden an der Welt* etc.)

So – ich mag also nicht *das Leben*? Wenn ich immer auf der Suche bin nach dem Unmöglichen? Doch, ich mag es. Ich mag die Natur, gewisse Städte, manche Menschen. Mittagessen im Freien und den Gemüsehändler an der Ecke. Die Concierge, ihren Hund, das lange Stangenbrot, den Wein, das Licht, die Arbeit am Schreibtisch, die Gespräche mit B., und dazu kommt, daß mich Paris in unbekannter Weise öffnet: aufs Alltagsleben.
Aber ich lebe in einer ständigen Spannung, die das Leben in einem einzigen Paradox ausmacht (da es für ein Paradox eben keine endgültige Lösung gibt): die Sehnsucht nach dem *Anderen*, dem *Unmöglichen*, all dem, was die normale Wirklichkeit gerade verschluckt, ist zugleich immer da, sogar in Stunden der höchsten Euphorie, und in schlechten Tagen ist sie stärker als die Freude am Leben und erdrückt mich und macht meine Texte dünn und mich selbst nutzlos.

2. September
Manchmal, wie an diesem Abend, habe ich das Gefühl, nur ein Behälter zu sein für all die Eindrücke, die sich im Lauf des Lebens dort angesammelt haben.
Fühle ich mich deshalb unglücklich, *depersonalisiert*?
Im Gegenteil. In solchen Augenblicken bin ich ein überquellendes Gefäß, in dem sich alles, die frühesten Zeiten in Jena, der Kindheit, der Reisen mit B., ein regnerischer Herbstabend in Rouen, wie eine Nacht im Garten, bei Windstille und Flußrauschen, all die Straßen, der Staub und die Städte, die Stimmen all der Personen, die auf mich eingeredet haben, vermischt. Indem ich mich leicht fühle, ekstatisch, glücklich über die Fülle – und nur Sorge habe, so viel wie möglich davon zu fassen, mich zu konzentrieren, zu arbeiten, aufzuschreiben.

Was für ein Abend! Die Fenster zur Rue Lapeyrère hin weit offen, die Straße regenfeucht nach warmem Sommerniederschlag, dampfende Schwüle, hereinbrechende Nacht, das Geräusch der Stimmen, der anfahrenden Autos – und vom Boulevard die vorüberpreschenden Autobusse.

Was das Gute ist an Paris – ich habe nicht mehr diese abgrundtiefe, mörderische Verzweiflung in mir wie die letzten Jahre in Deutschland. Was das Schreiben betrifft: ich bin auf dem Weg, mich aus der ausgedünnten Somnambulität zu lösen: mehr *Welt*. Die Anlage, das Absolute zu erwarten. Immer noch hoffen, daß noch etwas anderes sei – die Entgrenzung, das Glück, die Ekstase, das Absolute – in der alltäglichen Welt.

4. September
Den Text in der *Schwebe* halten, das ist es. Das *träumende Bewußtsein* selbst (das das *schreibende* Bewußtsein ist im Gegensatz zum alltäglichen Bewußtsein) in den Kern des Textes versenken. – Deshalb wohl schreibe ich so schwer – weil es nicht ums Benennen und Aufzeigen geht, sondern um *Evokation* bestimmter psychischer Situationen durch die Organisation der Worte. Das erfordert eben nicht nur intellektuelle Anstrengung, sondern das Hineinversenken in eine unglaubliche psychische Intensität. Dieser Zustand ist die Voraussetzung für das Gelingen des Textes, nur so bekommt er Tiefe, Eindringlichkeit. Sonst: nichts als Schnellschreiberei.

Szenen:
1) Gegenüber auf dem Balkon steht eine junge Frau und

blickt in die Ferne. Den Arm aufs Geländer gestützt, das Kinn in die Hand, raucht sie und läßt den Blick in eine Ferne schweifen, als ob sie für immer dort stünde wie eine antike Kassandra und ein klassisch-hingebungsvoll, erwartungsvoll zitterndes Käthchen zugleich.

2) Der alte Mann.

Die Wohnung im ersten Stock des Hauses gegenüber ist hell erleuchtet – in allen Zimmern sind die Kristallüster angedreht. Diese hellerleuchteten Zimmer sind wie eine Bühne für die Zuschauer von gegenüber, nur daß die Akteure sich so unbekümmert bewegen, als wüßten sie nichts davon.

Ein alter Mann sitzt mit dem Gesicht zum Fenster, am Tisch. Er nimmt seine Abendmahlzeit ein, allein. Wie er so mit unglaublicher Intensität sich dem Essen widmet, das sich über eine Stunde hinzieht, wie er kaut, wie er schluckt, wie er den Käse prüft, wie er den Wein trinkt, das hat nichts von den Essensgewohnheiten isolierter Altersheimbewohner, für die jede Mahlzeit nur notwendige Nahrungsaufnahme ist oder Hineinstopfen zur Kompensation der Vereinsamung – sondern er wirkt wie ein provençalischer Bauer, für den Essen eine Form von Vitalität und Kommunikation mit dem Leben ist.

Später: derselbe Mann erhebt sich mühsam und geht am Arm einer neu aufgetauchten Frau (seiner Tochter?) unendlich mühsam, steif aufgerichtet wie eine bewegungsunfähige Holzpuppe, von diesem Raum in den Nebenraum. Ist das derselbe Mann. Eben noch Essen als Sinnlichkeit und nun das steife blicklose Aussehen eines Skeletts.

6. September

Drückender Tag. Fühle mich wie gelähmt. Finde meinen Text schlecht. Niedergeschlagenheit. Als ob mir niemals mehr etwas einfiele. Als ob ich kein Talent hätte, Antriebs-

schwäche, psychisch, geistig. Gehe depressiv durch die Straßen – mit diesem Zwang, warum bin ich da nicht genausogut in W. geblieben?
Abends kommt die Lösung. Oe.s haben mich demoralisiert mit ihrem (lehrerhaften) Kodex: Duras ist Kitsch, Cortázar ist kitschig, Claude Simon, Nathalie Sarraute, Robbe-Grillet sind langweilig. Ich wurde ganz irre an meinen eigenen Kriterien. Aber nun – ich werde meinen eigenen Standpunkt überprüfen und beibehalten müssen.

Das Schlimmste ist: durch das Nichtschreiben bekommt man keineswegs den Kopf frei für andere Dinge – vielmehr ergreift das Gefühl der Mattigkeit, Dumpfheit, Abgeschlafftheit von der ganzen Person Besitz, und man möchte sich am liebsten im Bett verkriechen.

Was ich will: eine Innenwelt zeigen, die aber gebrochen durch die Spiegelung in der Außenwelt erscheint.

13. September
Schmerz. Der Schmerz läßt sich nicht schreiben. Obwohl *Schmerz* das Gegenteil ist von *Sterben*. In seiner Mitte ein schwarzer Raum. Keine Weiße des Unbekannten.
Sterben. Man sollte dieses Wort vermeiden. Da es nichts anderes ist als eine Metapher für einen Vorgang, zu dem niemand von uns Zugang hat. Sterben – Metapher für das vollkommen Unbekannte. Das Wort, in dem – unter allen Worten – der größte Abstand klafft zwischen dem, was gemeint, und dem, was zu erfahren möglich ist. Ein Wort mit einem Loch in der Mitte. Mit einem blinden Fleck. Mit dem weißen Fleck der Leere.

Schmerz. Schmerz läßt sich nicht schreiben. Schreiben kann man *über* den Schmerz. Über seine Anzeichen, seine Wirkungen. Ursache und Folgen. Aber der Schmerz – jenseits des Zerreißens, des Klaffens, jenseits des Verstummens, Versteinerns – läßt sich nicht schreiben.
Beschreiben wir also: ein Zerreißen von innen. Ein Erdrükken von außen. Bis an den Punkt, an dem beide Bewegungen, von innen nach außen, von außen nach innen, Explosion und Einsturz, aufeinanderstoßen.

Le voyageur, Apollinaire
»Je m'en souviens je m'en souviens encore / Un soir je descandis dans une auberge triste / Auprès de Luxembourg...

30. September
Weshalb immer die Dreieck-Konstellation? Weil *saturierte* Situationen nichts hergeben. Das Verlangen muß *kreisen*.

5. Oktober
Vor zehn Tagen, in der Normandie, eine Zeit des Schmerzes. Delirium der Phantasie. Zerreißen: der Körper wird durchquert von Sehnsucht (Glücksvorstellung) und Schmerz zugleich. Der Körper ist das Schlachtfeld, auf dem sich die Seele austobt. Im Sommer war es der Hörsturz, jetzt die Schlaflosigkeit.
(Wenn ich einmal weiß, daß sich im Körper niederschlägt, was in der Seele tobt – vielleicht kann ich dann besser damit umgehen.)

Ich möchte sitzen an einem einsamen Strand. Auf einem Stein, und über dem Meer das Gesicht von Marina Zwetajewa auf einem alten unscharfen Photo. Das weiße Gesicht und der geschlossene Mund und der dunkle abwesende Blick.
Ich möchte sitzen, weit weg, allein. Statt dessen: sitze ich in diesem Hotelzimmer mit Mini-Bar und Thermopanfenstern und Wandschrank. Das linke Auge größer als das rechte, werde ich mich umdrehen und den lautlosen ausgepolsterten Gang hinabgehen. Tief unten liegt die Stadt, ein Parkdeck, und der Körper wird auf das Blech klatschen und seinen eigenen Tod nicht erfahren, weil er ihn, im rasenden Fall, überholt hat.
Ich werde vor dem Aufzug stehen und in der Aufzugstür den Schatten meines glückshungrigen Gesichts sehen. Die Sicherheitstüren schließen sich, es geht hinab, ich, im Schacht. Und ich trete in die Hotelhalle, die mit blumigen Stoffen bezogenen Sessel werden leer in der Weite stehen. Ich werde zur Rezeption gehen und meinen Schlüssel abgeben. Dann werde ich nicht wissen, wohin an diesem Abend. Ich setze mich in einen der leeren Sessel und möchte sagen: »Ich möchte solch eine bescheidene, furchtbar einfache Sache, daß sich der Mensch freut, wenn ich zur Tür hereinkomme.« Statt dessen werde ich eine Zeitung aufschlagen, das einzige Geräusch in der Halle wird das Klingeln des Telex sein. Und vor den Scheiben die Schwärze der Nacht.

9. 10.
Da ist die einzigartige Chance, die uns mit jedem Beginn einer Liebesgeschichte gegeben wird: die Zeit des Erzählens der eigenen Lebensgeschichte. Der Anfang ist immer gekennzeichnet durch zwei ineinandergeschlungene Stim-

men, die sich ihr Leben erzählen. Erzählzeit, Zuhörzeit. Der Anfang ist immer: das Abtauchen in die Erinnerung. Ein langsames, verästeltes Ausschöpfen.
Deshalb vielleicht das rauschhafte Glücksmoment dieser ersten Phase der Liebe: im Prozeß des wechselseitigen Erzählens und Zuhörens schimmert die Hoffnung auf, ein einziges Mal *verstanden* zu werden, d. h. zu *existieren*. Nicht nur als Fragment, als immer nur bruchstückhaft, von einer Seite der Person her erfahren, begriffen. Deshalb auch das rauschhafte Glück: weil die Begegnung mit dem andern zuallererst zur Begegnung mit sich selbst wird.

Die schreckliche Praxis der Liebe heute: es gibt keine Wahl. Wahl, die mit Warten, Vergeblichkeit, Schmerz und unendlichem Glücksmoment (vielleicht) bezahlt wird. Es gibt immer nur: erstbeste Gelegenheiten. Jeder ergreift sie so rasch (und in dieser Hektik, Fahrigkeit zeigt sich das *Unglück* dieser Menschen, die sich in unablässigen Suchbewegungen über das Feld des Lebens bewegen), um nur ja keine Chance zu verpassen.
Und das sind dieselben Leute, die in der Kunst eine Inflation der *amour fou* betreiben und von der alles zerstörenden einzigen Liebe schwärmen. *Amour fou* aber ist nicht, wo im einzigen *coup de foudre* alle Hindernisse – moralische Bindungen – beiseite geschoben werden – denn das ist Schwarz-Weiß-Bereich der Verlogenheit: weiß das strahlende neue Glück, schwarz die niedere Banalität, die keine Rücksicht verdient. Und der Zuschauer im Kino ist immer auf der Seite der Wahnsinnig-Liebenden, weil das seine kitschigsten Sehnsüchte erfüllt. (Weil er es sich nur im Dunkeln des Kinos erlauben kann, sein spießiges Nestchen zu verlassen.) Im Alltag ist er desto rigoroser für den Betrogenen. *Amour fou* aber spielt sich in der *Grau*zone ab. In jenem unwägba-

ren Bereich zwischen der Flamme der Leidenschaft und den festen und zärtlichen älteren Bindungen. Unwägbar: weil das Gefühl, entgegen aller Schwüre, immer auch unmerklich schwankend ist – das hat nichts mit Unbeständigkeit zu tun, sondern ist ein physikalisches Gesetz der Seele: wie bei einem Hochhaus muß die Spitze in einem kleinen Radius schwanken können. Denn die Seele ist nicht statisch wie ein Obelisk, aus Stein. Die Statik der Seele wäre das Gesetz, in dem alles – wie in jeder verordneten Diktatur, in der sich nichts mehr bewegt – zusammenbricht. Das Gegenteil des Lebens. Der Tod.
(Deshalb ist *Jules und Jim* von Truffaut eine wunderbare Schule des Gefühls: die Leidenschaft, die Freundschaft, die Treue, die Anhänglichkeit, die Eifersucht: das alles wird zu einem unendlich subtilen, menschlichen, weisen, humorvollen Lehrstück. Die Nuance einer Geste, in der *Leidenschaft* und *Tragik* eingefangen sind.)

Die Tragik jeder Liebesgeschichte, daß niemals zwei (oder drei) diese Geschichte *miteinander* haben, sondern daß jeder mit dem anderen eine Geschichte für sich hat. (So wie jeder mit dem Tod für sich, allein, ist.)
Die Leichtigkeit kommt aus der Erkenntnis der menschlichen Schwächen. Aus dem Humor und aus der trotzdem möglichen Glückserfahrung und dem Spieltrieb, dem ein Gelächter ebenso zählt wie ein Trauermarsch.

Wichtig: das Zitat von Doña Rosita bei Lorca.
(»Ich habe mich daran gewöhnt, viele Jahre außerhalb von mir zu leben, indem ich an Dinge dachte, die sehr fern waren. Und jetzt, wo diese Dinge nicht mehr da sind, kreise ich immer noch um einen kalten Ort und suche einen Ausgang, den ich niemals finden darf.«)

Plan eines autobiographischen Romans wie *Garten, Asche*. Ziel: zwar das Element des Opfers auch darstellen, aber auch der *rückwärtige* Blick auf die Qualen der *anderen* (das Leiden der Mutter etc.). Das ganze unter dem Motto der Doña Rosita und: *außerhalb von sich selbst stehen.*
Warten. Vergessen.

16. X. 87
Abends, nachdem die Dreharbeiten abgeschlossen sind, gehe ich durch die Rue de Tretaigne, um Wein beim Algerier einzukaufen. Ich sehe den Abendstern und gehe vergnügt durch die dunkle Straße. Ein Gefühl der Befreiung, der Erweiterung. Das Gefühl, ganz anders schreiben zu müssen. Unendliche Möglichkeiten – statt Zwang, Depression, Niedergedrücktheit.
Skizze für Erzählung: 1) Einführung des Bildes (sie steht oben an der Treppe, er kommt doch etc. ...) 2) innere Verschränkung mit der realen Geschichte, die eine Eigen*dynamik* bekommen muß (ungeheures Tempo, Geschwindigkeit – im Gegensatz zur *statischen* anderen Geschichte.)

23. X. 87
Unterschied der Provinzstadt zur Weltstadt: in der Weltstadt geschieht alles beiläufig. Das Selbstverständliche, Geläufige – da, wo in der Provinz immer großes Aufheben gemacht wird.

Weg von den romantischen Anfängen.
Die wirkliche *amour fou* spielt sich nicht im Extrem ab, sondern in der Grauzone. In den subtilen Schwankungen des Gefühls, da, wo Leidenschaft, Schmerz, Heiterkeit,

Tragik, Leichtigkeit, Treulosigkeit und Treue sich durchdringen. Deshalb ist auch Truffauts *Jules und Jim* eine der besten Schulen des Gefühls: Leidenschaft, nicht mit hysterischer Penetranz dargestellt, sondern voll menschlicher Weisheit gegenüber den Schwankungen der Psyche. Und dann: das Tragische nicht tragisch und das Heitere nicht heiter, sondern das Tragische ist heiter und das Heitere tragisch dargestellt.

Gestern abend bei M. Kalisky. Sie sagt, das Schlimmste, was einem Künstler passieren kann, ist früher Ruhm. Grund: weil er dann ständig sich messen muß an dieser Höhe, ein Anspruch, der ihn erschlägt.
Mein Grund: weil er in einen Sog gerät, es sich leicht zu machen. Vielleicht nicht mehr fähig zur äußersten Konzentration, weil der Erfolg zu leicht ist.

Mein großer Fehler: der Überschwang. Nur glücklich zu sein in den wenigen Augenblicken des Überschwangs und unablässig (nein: nicht *bewußt* unablässig) auf der Suche nach diesen Zuständen. Zuletzt: die nächtlichen Spaziergänge. Gespräche, Alkohol im Bistro mit dem Lustigen.

24. X.
Durch die Erlebnisse in Paris habe ich plötzlich meine Ängste verloren. Habe meine Neugier wiedergewonnen, bin befreit vom ständigen Druck der Orientierung auf andere. Zuwachs an Egoismus. Selbstbewußtsein.

Das Schwierigste am Zusammenleben: das Gleichgewicht zwischen Autonomie und Hingabe.

Ein Problem, eine Krankheit? Ich beobachte an mir, daß ich zur allerintensivsten Gegenwart fähig bin – ist sie aber vorbei (etwa: Wuppertal nach dem Umzug, das Filmteam nach dem Ende der Dreharbeiten), verblaßt sie sofort und ist wie nicht vorhanden. Was mich bekümmert: dieser allzu glatte Wechsel von einer Gegenwart zur anderen. Ist das normal, sogar notwendig, zum Überleben, da Leben aus Wechsel besteht, oder ist es die krankhafte Folge der früheren Brüche in meiner Biographie und der frühen Verabschiedung, mein Herz an etwas zu hängen? – Was ich hasse: die Tendenz der Zeit, einen Eindruck sich nicht senken zu lassen, sondern sofort durch den nächsten zu verdrängen.
(Und manchmal blitzt plötzlich ein Bild auf: ein Nachmittag im grünen Zimmer, im Winter, im Dämmerlicht, die Unordnung, wir im Bett, und am Abend der Wein. Oder ein Abend im Sommer, mit dem Laub im Fenster, mit Spargel, mit Licht, mit Gerede, mit B.s Ankunft – kurz: die Stimmung, die Gebundenheit dort blitzt auf mit schmerzlichem Stich. Oder eine Szene während der Dreharbeiten: die Mittagsgelage im *Etoile*, die Place de la Concorde, im Wind, die Überreichung der Kartoffel, die erste Begegnung nach der Nacht im gläsernen Licht der *Panorama*-Passage, das Victory-Hotel und, wunderbar: die Arbeit, das Praeraffaelitenlicht auf dem Cimetière Montmartre. Das Erstaunliche: die Bilder von größter Intensität sind die mit mehreren Menschen, nie zu zweit, bei der Arbeit.)

9. XI.
Vielleicht ist das Schrecklichste: sich plötzlich im Zentrum

seines eigenen Lebens vorzufinden. Mit einem andern in nächster Nähe leben, und plötzlich ein ganz eigenes Leben haben. Negativ: eingeschlossen im Ich. Positiv: eine neue Freiheit, dieses Gefühl, ganz aus sich selbst zu leben. Leise Trauer: mit dem andern nur gewisse Dinge zu teilen – und mit dem größten Geheimnis, vor dem andern, neben dem andern, allein zu leben.
Vor dem andern zentrale Geheimnisse haben: ist das die Lüge oder ist das die Bedingung, unter der Zusammenleben allein funktioniert. Sich niemals aufgeben, völlig öffnen. Sondern aus der Autonomie dem andern die Fülle geben, ohne sich dem andern völlig mitzuteilen. Ist die Mitteilung über sich selbst Zeichen der Bedürftigkeit? Bedürftig des anderen? Oder bedürftig, verstanden zu werden, aufgehoben zu sein, *egal von wem?*

10. XI.
Diese nicht zu stillende Sehnsucht nach *Spannung*.

Zwei Dinge, die sich, in den letzten Monaten hier in Paris, geklärt:
Ich muß die Gegensätzlichkeit (Spannung) meines Wesens in mein Schreiben mit aufnehmen, sonst ist es verstümmelt. Neben dem Ausdruck der Leere der der Fülle.
Die letzten zwei Jahre kreiste mein Denken um die *Leere*, und ich glaube auch, daß ich diesen Weg weiter verfolgen muß. Immer wieder aber drängt sich quasi heimlich über die Schulter ein Anspruch von Fülle hervor – die Aufgabe der nächsten Texte wird sein, beides zu verbinden.

11. XI. 87
Dialog bei einem Abendspaziergang auf der Rue Damremont, Richtung Cimetière Montmartre. Sie gehen nebeneinander, die Hände in den Manteltaschen, den Blick, vorübergehend über die erleuchteten Schaufenster streifen lassend.
Er: Manchmal glaube ich, Du brauchst doch ein Kind. Vielleicht brauchst du es jetzt, als Sinn des Lebens.
Sie: Weder ein Kind, noch ein Mann, noch die Kunst sind der Sinn des Lebens. Das arme Kind – es wäre völlig überfordert. Man kann den Sinn des Lebens nirgends suchen.
Er: Also nicht –
Sie: Ja, doch, man kann Dinge tun: ein Kind bekommen, einen Mann lieben, Bücher schreiben. Aber nicht, um in ihnen etwas zu suchen, sondern weil es schon da ist.
Er: Du meinst –
Sie: Der Sinn ist einfach der, daß man ist. Er steckt in jedem Augenblick, jetzt, da wir hier über die Straße gehen, morgen, gestern, was weiß ich. Er ist einfach da, man braucht kein großes Lebensprogramm damit aufzustellen.
Er: Du bist sehr reif.
Sie (lacht und fängt an, laut, auf offener Straße, ein Lied zu singen, und stößt ihn auffordernd mit der Schulter an.)
Er (ausweichend): Wieso bist du so verspielt.

18. November
Das Problem der Spaltung von Ich und Text. (Die Spaltung des Ich in Glückserwartung und Depression – Spannung der Gegensätze: Die Leute halten mich für lustig. Fragen mich nach dem Grund für die »traurigen« Texte.) Ich und Text: die Erfahrung des Ich geht nicht nur nicht in den Text ein, sie läuft sogar diametral entgegengesetzt. Actuellement: Erfahrung der Lebensfülle, der Erweiterung, des Glücks (in

Paris), die Arme-öffnen. Im Text dagegen: angestrebt wird die Erlebnisarmut, um die Intensität zu vertiefen. Das Geschlossene, Reduzierte, Kondensierte – als Programm. Die Arme schließen.
Wie die Spannung aushalten zwischen dem Hunger nach Lebensfülle und der Praxis der Reduktion.
Valéry hat ein Lebensexperiment gemacht im Wegschneiden, Absagen, Einengen. Er schreibt, 7. November 1890: »Von allen Gefühlen ist das stärkste in mir das eines unendlichen Mißtrauens. Ich kann keinerlei Vertrauen haben zu dem, was kommt und geht. Ihm vertraue ich mich nicht an. Deshalb habe ich dauerhaftere Dinge gesucht.«
Wie fremd mir das ist, dieser sparsame, knausrige Umgang mit sich selbst und mit der Welt. Lieber keine Zeile mehr schreiben als dieses Mißtrauen, das jede wirkliche Freude, jede Trauer, jeden Schmerz wegbrennt, bis die Seele eine zwar vollkommene, aber ausgekühlte Leiche ist. Dieser versteinerte Griesgram. Lieber sich allem entgegenwerfen und wie Zwetajewa sagen: ich glaubte jedem, der auf mich zukam.

19. November
Wie unglaublich tief sich mir – obwohl ich seit Monaten nicht *bewußt* sie mir ins Gedächtnis gerufen habe – die geliebte Physiognomie eingeprägt hat, das bewies mir eben folgende Vision: ich glaubte, hinter dem Fenster der gegenüberliegenden Wohnung (die seit Monaten leer daliegt und nun einen neuen Mieter gefunden zu haben scheint, denn die Zimmer sind plötzlich hellerleuchtet) seine Gestalt zu entdecken. Im scharfen Profil, in der lässigen Haltung, mit dem Hemd halb aus der Hose gerutscht, ging er im Zimmer hin und her. Noch bevor ich darüber nachdenken konnte, daß er unmöglich der neue Mieter dort sein konnte, noch

bevor ich mir über die irreale Grundlage dieser Erscheinung Rechenschaft ablegen konnte, schoß mir ein heißer Strahl durch den Körper, von den Füßen zum Kopf, ein Gefühl, das ich nicht anders als mit *Süßigkeit* und Zittern umschreiben kann, da es in Wirklichkeit *unbeschreiblich* war, durchströmte mich, zugleich mit der tiefsten Erschütterung – aus mir selbst herausgerissen wie ein hohler Zahn aus dem Zahnfleisch – und Freude.
Um so tiefer der Absturz. Einige Sekunden (?), Minuten (?) später erkannte ich meinen Irrtum – es war ein anderer Mann, andere Leute, die in der Wohnung umhergingen, Kisten anschleppten, auspackten ...

Die Kraft des Wunsches – die schmerzbeflügelte Phantasie – setzt die Regeln des Alltagsverstandes außer Kraft. Wunsch, der eine *passio* ist, weshalb das plötzliche Aufbrechen des Wunsches (in dieser Vision des Geliebten etc.) verbunden ist mit dem tiefsten Erschrecken über und vor sich selbst. Einer Obsession, einem Zwang ausgeliefert zu sein, auf den man eine Zeitlang Einfluß zu haben scheint – bis sich das als Illusion entpuppt, geboren aus dem Willen zu überleben, und der circulus vitiosus von neuem beginnt.

Prosa:
Er wußte seine Liebe nicht anders als durch sein Verschwinden zu beweisen.
Und sie? Sie ließ sich auf diese Konstruktion ein, die außerhalb der Zeit und der Mode und der öffentlichen Propaganda lag. Eine Liebe, die außerhalb der Körper stattfinden sollte. Eine Liebe, die den Tod verordnete. Ohne Körper, ohne Gegenwart. Verzehrt von der Sehnsucht nach Anwesenheit. Aber da sie ihn liebte, unterwarf sie sich und dem

ihr verordneten Tod. Der Tod – das war das Verbot jeder Äußerung, jedes Zeichens, jedes Glückmoments. Die Unterwerfung war so vollkommen, daß sie am Ende sogar glaubte, sie habe sie selbst gewünscht. Dabei war jede ihrer Gesten geprägt vom Schauder der Sehnsucht, von der delirierten Vorstellung einer einzigen Umarmung.
(So wird, durch die Verweigerung, das Banalste noch einmal zum Skandal.)

Kommentar zu den Erzählungen:
Liebe im Alltag mehr oder weniger geglückte oder gescheiterte Verbindung = Zuwendung zu einer bestimmten Person. *Leidenschaft:* Mittel, um sich in den Zustand des Unmöglichen – eines gesteigerten, *wahren* Lebens zu versetzen. Der andere ist nicht der andere. Sondern Produkt der Phantasie. (Folgt daraus, daß es gar keine *Liebe* gibt, die zugleich *Leidenschaft* ist? Ja.)

Roman:
Es zeigt sich deutlich, was sonst versteckt ist, daß die Familie auf *Lüge*, auf der fortgesetzten, alltäglichen Verdrängung des Bösen beruht. (Anders wäre sie freilich nicht lebensfähig.)

Man erfährt sich selbst nur in der Ausnahmesituation, nicht in der Serie. Deshalb ist Anaïs Nins Entdeckung der Promiskuität eben nicht *Erweiterung* des Ich, sondern nur Vereinfachung.

Vielleicht gibt es diese Fälle einer *amour fou* zu *zweit* (Tristan und Isolde). Viel häufiger aber ist die Liebe als einsamer Wahn, als Delirium eines sich mehr und mehr darin verlierenden Ich – unerreichbar den Zusprüchen, der Kommunikation, unerreichbar selbst demjenigen, dem dieser Wahn gilt. Abgeschlossen. *Eingemauert*.
»Sie wollte das Außergewöhnliche, ich das Normale.« (Ionesco) »Aber der Mensch ist nicht dazu geschaffen, das Unendliche zu verzehren.«
Eingemauert in den Schmerz.
Wichtig: für die Erfahrung des Ekstatischen: Teresa von Avila: Auflösung der Farben, Auflösung des Ich. Heftigster Kuß: als ob jemand anders gemeint wäre. Kuß wie eine Narbe.
Ich, der Zuschauer meiner Verzweiflung.

November 1987 – Oktober 1988

19. November
Über die Erzählungen
Zwei Arten von Liebe treten auf.
1) Die Liebe, die die Sehnsucht nach dem Grenzüberschreitenden in sich aufgenommen hat, die das Unmögliche anstrebt (und deshalb nur im Fragment, oder im Scheitern denkbar ist).
2) Die Liebe, die gelebt wird, sich realisiert, aber gerade dadurch scheitert, weil sie nicht Erfüllung des Unmöglichen (= Aufhebung der Diskontinuität) ist, sondern der Egoismus zu zweit bzw. das Leiden zu zweit.

Die Liebe: in der Regel wird sie *realistisch* dargestellt, nämlich mit psychologischen Motiven, die der Alltagspsychologie der Zuschauer (Leser) entspricht: die Klage über die Unmöglichkeit der Nähe. Die Beziehung Henker/Opfer. Die Gefahr dieser *realistischen* Darstellung, da sie dem alltäglichen Gefühlsleben und Leiden entspricht, ist das Umkippen ins Plakative oder Larmoyante (s. Diktatur der Nähe).

Eine andere Möglichkeit (s. partiell Pina Bausch) ist die Thematik der Liebe als Trauma und Selbstverstümmelung. Liebe, die nur als Trauma, Obsession, Selbstverstümmelung erfahren wird – ohne gleich dafür gesellschaftliche oder überhaupt Erklärungen und Schuldige anzuführen – weist noch in der Passion auf Liebe als das *Ganz Andere*, das das Unmögliche ist, hin. Selbstverstümmelung läßt als Ausdruck des Leidens am anderen, an sich selbst, an der Unmöglichkeit der Liebe gerade in der Unmöglichkeit noch

mehr von Liebe aufscheinen als alle Partnerschaftsideologie und fixe Programme. Denn das Utopische ist weniger die Erfüllung, der *selige Augenblick* (obwohl nichts anderes als die Hoffnung darauf der Motor ist, der den Mechanismus des Begehrens in Gang setzt) als die plötzliche, wider alle Erfahrung und Vernunft, Existenz des absoluten Gefühls.
Fazit: Liebe ist keine *Verbindung*, sondern ein *Element*. (Die realistische Darstellung der Liebe klagt die Schwierigkeiten oder fertigt Gebrauchsanweisungen an, die sich auf die Liebe als Verbindung von zwei oder mehreren Menschen beziehen – die abstrakte Methode sucht die Liebe als Element, also einen Zustand des Ich, der fast ausschließlich auf Augenblicke des Hingerissenseins ausgerichtet ist (während die andere Form den Modifikationen des Gefühls in der Dauer unterworfen ist.)

Fazit: 2 Stränge von Liebe
1) Die Liebe als einer der wenigen übriggebliebenen Bereiche des *Ganz Anderen* (früher: Saturnalien, Königsmacht, mystische Erfahrungen etc.). Im 19. Jahrhundert tauchte sie, im Prozeß ihrer Verdrängung, im gesellschaftlichen Alltag, wenigstens in der Literatur verstärkt auf, als Gegengewicht, als Erinnerung. Heute scheint der Prozeß des Verschwindens fast abgeschlossen: auch in der Literatur wird das Thema fast verschämt angeschlagen – *Gefühl* wird als Verstoß, als obszön empfunden.
Liebe als das *Ganz Andere*, der eigene Wunsch, die Sehnsucht nach dem Unmöglichen wird in das Bild der Liebe projiziert, so daß die Liebe das (utopische Moment) Gegenbild zur Alltagserfahrung darstellt und deshalb eine magische Anziehungskraft hat. (Berührung mit der Hollywood-Filmpraxis / Happy-End.) Der Wunsch, der in das Bild projiziert wird, ist die Sehnsucht nach Intensität, nach

Außer-sich-Sein, nach Selbstvergessen. Obwohl diese Art des Liebesbildes als Aufhebung der Diskontinuität des eigenen Seins in Hollywoodfilmen und von der Industrie zu zweifelhaften Zwecken aufrechterhalten und ausgeschlachtet wurde/und wird, wird die Liebe zumeist tabuisiert: »Von der öffentlichen Meinung der Moderne diskreditiert, muß die Empfindsamkeit der Liebe vom liebenden Subjekt als starke Übertretung auf sich genommen werden, die es allein und exponiert dastehen läßt; aufgrund einer Umwertung der Werte macht also eben diese Empfindsamkeit heute das Obszöne der Liebe.« (Roland Barthes)
Wenn das Bild/Projektion für einen Moment in der Wirklichkeit eingelöst wird (am Anfang = Verzückung), so ist das nur im *Augenblick* möglich, der, da er die höchste Verheißung ist, schon Erfüllung ist. Notwendig trennen die Liebenden sich wie Teilchen der Moleküle, die Durchbrechung der Diskontinuität löst sich sofort wieder auf.
Es besteht als Spannung (eine stetige Bewegung zwischen dem statischen Zustand des Leidens an der Unmöglichkeit und des Wartens – Zustand des Mangels, und Mangel setzt die Wünsche in Bewegung – und dem emphatischen Zustand der Erfüllung. Die Protagonisten, die mit diesem Liebesbild beschäftigt sind, sind allein, da die Liebe als *Utopie* (gerade: existiert durch den Unterschied zur Wirklichkeit) sich in der Phantasie der Liebenden abspielt, in der Suchbewegung, in der Erwartung.

2) Diktatur der Nähe
Der zweite Strang: gelebte Liebe
Weniger Klage um die Unmöglichkeit der Nähe, sondern die Handlung geht davon aus, daß gerade in *guten*, d.h. dauerhaften Beziehungen keineswegs Aufhebung der Diskontinuität eintritt wie die Hollywood-Industrie das sugge-

riert – sondern, das, wo es nicht in der Katastrophe der wechselseitigen Zerstörung endet, tritt nur eine *Variation der Diskontinuität* des Lebens allein auf. Egoismus zu zweit, Diskontinuität zu zweit. Deshalb sind die *guten* nicht weniger bedroht vom Einbruch der Leidenschaft als die *schlechten* Beziehungen. In letzteren ist der Leidensdruck größer, daher auch die Motorik des Wunsches omnipräsent – in beiden Fällen sind die Vorstellungen wie ein *deus ex machina*, der insgeheim alle unsere Handlungen, Irrtümer, Sehnsüchte bestimmt. (Vgl. Legende von Selbstgewinn contra Selbstverlust in Liebe und Kunst: Duras, Selbstverlust, beim Schreiben.) Das *Unmögliche* funktioniert eben gerade als das Vorgestellte, aber nicht als das Gelebte.

Liebe im Alltag: mehr oder weniger geglückte oder gescheiterte Verbindung = Zuwendung zu einer bestimmten Person. *Leidenschaft*: Mittel, um sich in den Zustand des Unmöglichen = eines gesteigerten, wahren Lebens zu versetzen. Der andere ist nicht der andere, sondern Produkt der eigenen Phantasie. (Folgt daraus, daß es gar keine Liebe gibt, die zugleich Leidenschaft ist?)

Fazit:
Was ich hier erzählen wollte, ist weniger der Realismus (Unmöglichkeit der Nähe = Liebe als Verbindung) als das Utopische (Liebe als Element).

»Deshalb verwirklicht der Mensch sich nur in der Liebe, weil sie ihm blitzhaft das Bild seiner zukunftslosen Lage vor Augen führt, und nicht, wie die Idealisten behaupten, weil sie eine Annäherung an eine bestimmte Form des Ewigen wäre.« (Albert Camus)

20. November
Über Paris niemals als *pittoresken* Ort schreiben. Die Zeiten der emphatischen Stimmungsmalerei sind in der Kunst ein für allemal epigonales Sich-gehen-Lassen.

Später: was literarische Ehrungen, das Mitwirken im literarischen Betrieb überhaupt betrifft: man muß, wie Valéry, wissen, daß es ein Spiel ist. Ernst zu nehmen ist einzig die Suche nach Erkenntnis und eigenen Formen, wie schmeichelhaft, zerstreuend und ermunternd der *Erfolg* auch sein mag, denn natürlich ist man niemals vollkommen dagegen gefeit. Aber wissen, daß es ein Spiel ist, heißt andererseits, ohne Bedauern darauf verzichten zu können, andererseits erfordert es, wenn man es mitspielt, Anstand, sowohl den anderen gegenüber, die vielleicht eine andere Auffassung darüber haben, als auch Vergnügen für sich selbst.

Später. Dieses ermüdende und traurige Dickicht von Höflichkeiten und Verbindlichkeiten, durch das man sich durchkämpfen muß oder mit dem man sich selbst umgibt – alles oberflächliches Geplapper. Und ob man durch diesen Hof von Geschwätz zum andern durchdringt? (Mit einem Freund spazierengehen und denken und kein Geschwätz austauschen, sondern sofort zur *Sache vorstoßen*.)
Wichtig für *Glas*: Geste des Die-Hand-in-den-Nacken-Legens (vgl. Cayrol, Bereich einer Nacht, S. 142).

22. November
Heute morgen in der Schlange vor *Jules und Jim* – plötzlich die Erkenntnis: nichts wird sich ändern, weder die Einsamkeit, noch der Tod, noch die Schmerzen der Liebe. Nichts

wird sich ändern, nichts ist zu hoffen. Aber: das unglaubliche, unfaßliche Glück eines einzigen Augenblicks. Die meisten Leute haben solche Angst vor der Freiheit, daß sie sich und die andern ihr ganzes Leben einsperren.

Letzter Tag im November. London. Allein sein, im englischen Haus, und über die Gärten kriecht schon die Dämmerung. Die Stille der Gärten, leicht verwildert, fast kahl, und dahinter die Rückseite der Half-Detached-Häuser gegenüber. Redbrick, weißumrandete Fenster, hohe Schornsteine.

Was mir gestern, in Hampstead, auffiel: das Vorherrschende der Vertikalen. Überall Pfeiler, an den Mauern, an den Toren, an den Eingängen die Säulen, die immer in die Höhe gezogenen Fenster, die in den Himmel gestoßenen Schornsteine. Alles ist höher als breit, strebt in die Höhe, ragt in die Luft – das gibt, neben dem Festungshaft-Trutzigen, der Architektur ein dramatisches Element, wie ein Fanfarenstoß, ein Fanal, ein Fahneschwenken.

Alleinsein in der Küche, und die Luft hinter der Glastür scheint zu vibrieren – das ist die gespiegelte Luft über der offenen Gasflamme auf dem Herd.

Stille – und nur das Geräusch des Wassertropfens hören, der ins Becken tropft, das gleichmäßige Zischeln der Gasflamme, und im Garten vor der Tür das Knacken eines Astes, wenn eine Schwarzdrossel sich im Gezweig bewegt.

Draußen ist es fast dunkel, die Schornsteine vor dem in der Dämmerung heller als die dunklen Häuser erleuchteten Himmel stehen wie starre Wächter.

3. Dezember, Putney
Wie ich dieses englische Haus liebe. Diese halbausgeräumten Zimmer, überall nur Reste-Betten, Decken, Matratzen, überfüllte Bücherregale, Bilder, Spiegel, wenige Lampen, halbkaputte Stühle. Dann: die Theaterdekoration: dunkle Samtvorhänge (in blau, weinrot), wilde Farben an den Wänden. Die gemütliche, dämmrige, weite Küche. Die Flamme im Herd. Der rotgekachelte Boden. Der große Eßtisch, die alten Stühle vor der Tür zum Garten. Dort sitzen und Teetrinken und in den Garten blicken. Die dämmrige Halle mit dem Marmorboden und dem geschnitzten Treppengeländer. Dann der Blick aus An's Zimmer: auf die reglosen Fassaden der Häuser gegenüber, die Rückseiten der kleinen Landhäuser von Putney, brown-brick, weißumrahmte Fenster und Verandatüren, hohe Dächer, viele schmale Schornsteine. Dazwischen die Gärten mit Büschen und Obstbäumen und Rosenstöcken, von Mauern unterteilt. Abgesehen von meinem Zimmer in der Mühle (das *reine* Natur war), der schönste Fensterblick, den ich je sah.
Und nun ist auch all der andere Ballast von mir abgefallen. Gestern mit B. bei seinem jüdisch-deutschen älteren Psychotherapeuten. Er spricht mein Problem mit B. an: Fesselung durch Symbiose ist der Tod der Beziehung. Wenn B. sich in diesem Punkt ändert, sind wir gerettet.

11. Dezember
Wozu schreiben? Wenn alles Schreiben nur Drumherumschreiben ist. Wenn alle Anstrengung darauf gehen müßte, nicht mehr zu fliehen, sondern das Verdrängte hervorzuholen und zu verarbeiten. Eine Mutter, die es versteht, mich noch mit 35 Jahren in ihre Selbstinszenierungen als Statistin hineinzuziehen. Eine Mutter, mit der ich wieder, immer noch, verkehre, ohne jemals eine Aussprache gehabt zu ha-

ben. Aus Ablehnung einer Rache, die mich selbst vergiften würde. (So bilde ich mir jedenfalls gern ein. Vermutlich aber ist es ein Mischmasch aus vielem. Vor allem aber auch eine *Schwäche*, unfähig, etwas anderes zu tun als dem Pfiff zu folgen, mich zu unterwerfen – selbst auf Kosten meiner Identität?) (Variation zur Haltung, später, meinem Vater gegenüber.) Dieses früh geübte Schema, in dem aller Widerstand ins Innere und in die Flucht in die Literatur verlegt wurde, ist das Hauptdilemma meines Lebens. Denn wenn der Mann, den ich liebe, ein Schwein ist, bin ich der Spielball.
Also: Krise. Wende? Selbsterkenntnis? Änderung?
Den ganzen Morgen nur Tränen. Waschweib. Ein Mischmasch aus hochgespültem Verdrängtem von früher. (Familie – die Ausrottung des Ich – immer noch nicht geschafft, dem zu entkommen.)

Cordelia Edvardson, Gebranntes Kind, S. 117f.
»Jahr auf Jahr verbarg die junge Frau den wilden Zorn, er erfüllte sie ganz, erstickte sie fast, aber die beiden, die Frau und ihr Zorn, wurden nie miteinander bekannt. Der Zorn war zu überwältigend, als daß sie es hätte wagen können, ihm zu begegnen, er hätte sie zersprengt, und er wäre zu einem blitzenden Messer geworden für den Stoß ins Herz der Mutter. Aber den Muttermord wagte sie nicht. Er hätte auch Cordelia ausgelöscht, die Auserwählte, Auserkorene, diejenige, die ihr Treuegelöbnis hielt.«

S. 113
»Man hielt sie für einen so lebensvollen Menschen. Wie war das nur möglich, fragte sie sich später. Lag es vielleicht daran, daß die Umwelt ein so großes Bedürfnis danach

hatte, daß diejenigen, die im Fleisch überlebt hatten, auch im Geist lebendig würden? Daß nichts unabänderlich sei und daß alle Wunden geheilt werden könnten?«
»Oder war es nur so, daß es ihr gelang, sie alle und sich selbst zu betrügen? Sie war gegangen im Spiegelsaal des Labyrinths und hatte den Ariadnefaden verloren, aber sie glaubte, je schneller sie lief, desto schneller würde sie herausfinden. Die Schlange biß sich in den Schwanz, doch die anderen sahen nur, daß sie lief, und deuteten dies als unstillbaren Appetit auf das Leben und ein bisweilen unbeherrschtes und rücksichtsloses Zeichen von Lebensfreude.«

17. 12., nachts
Zurück in Paris – diese wunderbare Stadt, meine Heimat und mein Entzücken. Ging heute ans linke Ufer, ins Photogeschäft in der Rue St. Sulpice und kaufte Doisneau und Ilse Bing (die Stühle). Dann in den Kinoladen in der Rue Champignolles, las *Les Yeux Verts* von Duras, was sie über *Noir et Blanc* sagt, ist ganz meine Meinung.
Spazierte im frühlingshaften Abendwind, leichter Regen, am Gitter des schon geschlossenen Jardin du Luxembourg entlang. Drinnen die unbeleuchteten Alleen und Statuen und der plätschernde Brunnen von Médicis und die entlaubten Zweige gegen einen wattig-wolkigen, rötlich gefärbten Himmel. Dazu die halbleeren Cafés gegenüber, Autos, Abendstimmung, Regenspritzer, laue Luft, alle Leute eilig.
Fand guten Anfang für *Nachtwind*.
Die ganze Theoretisiererei ist mir jetzt vollkommen egal. (Ausnahme: Schriften von Schriftstellern selbst zur ästhetischen Theorie, Robbe-Grillet, Sarraute, Duras, Paz.) Mir ist auch die Literatur egal. Wichtig nur noch: das eigene Schreiben.

(Zur Erholung: Studium von Kertesz, Atget, Doisneau, Brassaï.)

18. 12.
Traurig: der Verlust/Verzicht auf die Hoffnung nach dem *Ganz Anderen*. Als wenn ein Stück Fleisch aus meinem Herzklumpen gerissen wäre. Als wenn ein Stück Paradies endgültig verschwunden wäre. Erwachsen werden heißt: aufs Paradies verzichtet zu haben (was von jeder psychotherapeutischen Ratgeber-Tante zu erfahren ist). Für mich heißt es eher: zu versuchen, mit dem *Zwang* umzugehen, der einen ins Delirium, auf der Suche nach dem Paradies, ins Delirium der Phantasie treibt. Es gibt die Momente, in denen Paradiesisches ins tote Alltagsleben hereinscheint – man muß sie nur erkennen, wenn sie einem zufallen, und nicht erzwingen wollen. Ja, vielleicht ist es das: nichts erzwingen wollen. (Welch gelassener Tonfall, und wie sehr weiß ich doch, daß nichts den Motor des Begehrens bremsen kann.)
Der heitere Sieg: ich streife durch dieses dezemberliche Paris, das in einem Anfall von Clownerie sich in frühlingshafte Temperaturen geworfen hat, und ein weicher, duftender, feuchter Wind streicht durch die Straßen, die letzten Blätter und Platanenfrüchte, rund, versprenkeln sich übers nasse Pflaster; jeder Hauseingang ein Versprechen. Befreit vom Zwang, einem Phantom hinterherzulaufen, spüre ich eine betäubende Vitalität, Neugierde, Heiterkeit durch meine Adern rinnen. Wie neugeboren – aber nur fast. Ein Neugeborener, aber mit einer Kruste (Wunde) aus einem vorigen Leben.

Später
Delvaux in einem Interview: »Eine Zweidimensionalität wäre für mich nie in Betracht gekommen – ohne die magische Anziehung der Ferne.«
Das ist es, was alle meine Lieblinge – Maeterlinck, Apollinaire, Duras etc. – miteinander verbindet: die *magische Anziehungskraft der Ferne*. Ich nenne es sonst auch: Metaphysisches Temperament ohne Glauben an Gott.

Später, nachts
Ist der gesamte *Existentialismus* nicht viel besser – weil mit Leichtigkeit – in den frühen Filmen (1918, *Une Vie de Chien*) von Chaplin ausgedrückt: zum Beispiel in einer Tanzszene, in der die Tanzenden in einer Hotelhalle wie die wahnsinnigen, aufgedrehten, nur dem Pflichtsoll ihres Vergnügens manisch nachkommenden, aneinanderklebenden, kleinen Monster durch den Raum schieben. Hektik, Mechanismus, Vergnügungssucht und – Leere der 20er Jahre – viel Verbindung zu Scott Fitzgerald und Djuna Barnes. Die heben die Arme wie die Holzfiguren (Hampelmänner), an denen man zieht, damit sie Arme und Beine bewegen. Stereotypie der Bewegungen: rauf und runter.
Auch Beckett fällt mir bei Chaplin ein, *L'Expulsé*: der ewig Rausgeschmissene, die Stufen herunter Fallende, der ihm nachgeworfene Hut (auch in *Une Vie de Chien*).

20. Dezember
Größte Chance für den, der schreibt: beim Schreiben den Dingen jene Ernsthaftigkeit zu widmen, die ihnen angemessen ist, die aber im alltäglichen Umgang verboten ist.

21. Dezember
Im Fernsehen, als Nachruf gleichermaßen auf Marguerite Yourcenar, die letzte Woche mit 84 Jahren gestorben ist, ein hinreißendes Interview. Voller Geistigkeit – sie sagt, auf Bernard Pivots Frage, daß sie etwa *une douzaine* geistige Heimaten hat –, voller Erotik, Spannung, Witz, Heiterkeit, Belesenheit, Humor. Eine gelassene Frau, die die Seelenruhe der Stoiker und die Heiterkeit der Epikuräer zu haben scheint. Trotzdem wirkt auch das nicht zu gefestigt, weil hinter dem runden Clownsgesicht manchmal die Verletzlichkeit und Einsamkeit einer *jeune fille* hervorbricht. Gut: über den Vater, der immer, ob Tochter oder Sohn, dominierend ist. Über die Liebe: das absolut einsamste Geschäft.

Las wieder in Paveses Tagebuch. Was mir, mit zunehmendem Alter, um so schwerer erträglich ist, ist jede Selbstbeweihräucherung aufgrund einer Stilisierung des einsamen, besonderen, leidenden Anderen. Natürlich grenzt man sich ab vom Geschwätz und der Ideologie der Umgebung. Aber die selbstherrliche Geste – ist verlogen. Im Grunde sitzen alle im selben Boot der Leere, des Todes, der Depression, der Einsamkeit, der Liebessehnsucht, der Ängste. Nur: die Mehrheit überlebt, indem sie vorgibt, das in den Griff bekommen zu haben. Der Schriftsteller sollte, anstatt mit Verachtung, mit Seelenruhe und Weisheit auf dieses Geschrei reagieren – es ist ein krampfhafter Versuch, das Leiden zu überwinden. Nicht ich, der Erwählte, bin einsam gegenüber der Masse – wir alle sind einsam, das ist unsere einzige Gemeinsamkeit.

Immer noch läuft im Fernsehen das Interview mit Yourcenar, die immer öfter zum Glas greift. Ein ähnlich aufgeschwemmtes Gesicht wie Marguerite Duras. Warum sucht der Schriftsteller den Alkohol, bis zur Selbstzerstörung? Meine eigene Antwort: weil der Alkohol die einzige Form der Beruhigung einerseits darstellt, die den inneren Motor, der uns quält, entspannt, zur Ruhe bringt. Also: Sehnsucht nach Entspannung, nach Flucht vor dem Druck der inneren Produktion. Andererseits: der Alkohol als Mittel, Spannung herzustellen. Der Künstler ist darauf angewiesen, ständig besondere Augenblicke zu entdecken, zu produzieren, sich also ständig in *Empfangsstimmung* zu versetzen. In gewisser Weise das Gegenteil zu oben. Alkohol als Mittel, die besondere Stimmung herzustellen, ohne die das Leben schlaff wie eine Fahne in Windstille herabhängt. – Schließlich: die Verzweiflung. Der Schriftsteller greift nach der Flasche, um die Verzweiflung zu betäuben und gleichzeitig aus einem Todestrieb heraus, dem Wunsch nach Selbstzerstörung, der ein Wunsch nach Auslöschung des Bewußtseins ist.

Auslöschung des Bewußtseins – letzte Woche, als ich bewußtlos mit A. aus der Araberkneipe nach Hause ging – bis zur Lächerlichkeit entstellt, auf der Straße hinfiel – tiefe Sehnsucht nach Erniedrigung? (Wie oft hat man Marguerite Duras bewußtlos aus einem Lokal getragen.)

Die Bewußtlosigkeit, der Ausfall (die Paralyse) der sozialen Kontrolle ist der Preis, den man für die ständige Übermotorik zahlt.

Dieser köstliche Irrtum der Beständigkeit. Habe ich geglaubt, Seelenruhe erworben zu haben? (Früher war der Erwerb stoischer Seelenruhe – Seneca, Montaigne – für mich das höchste Vorbild. Heute finde ich es weiser, zu wissen, daß es nur *Annäherungen* geben kann. Die Erfüllung wäre der Tod des Herzens, des Lebens – der Mensch ist wankelmütig, und Gott sei Dank keine stets ausgeglichene Marionette. Was nicht heißen soll, daß man seinen Affekten ausgeliefert sein soll.)

27. XII.
Duras: »Wir schreiben nicht am selben Ort wie die Männer. Und wenn die Frauen nicht am Ort des Sehnens schreiben, dann schreiben sie nicht, sondern sie plagiieren.«
Die Gemeinsamkeit von Maeterlinck, Duras – wie auf den Bildern von Khnopff: das Statische.

10. I. 88
Das *Böse* kann in der heutigen Kunst nicht mehr der Ort der exklusiven Erfahrung sein – (das wäre epigonal, wie schon Klossowski Epigone von Schwob, Lautréamont, Rimbaud, Huysmans etc. gewesen ist) – dem Bösen ist spätestens mit Genet und Hannah Arendt die Exklusivität genommen und alltägliche, haufenweise auftretende Serienqualität zugesprochen worden. Deshalb wichtig für meinen Roman: der Inzest nicht als moralisches Problem, sondern als psychologisch-ästhetisches. Das Problem des Vergessens – Vergewaltigung der Realität durch den Autor.

Die Rolle des Bildes in meinen Texten ist eine doppelte. Einerseits die einer epiphanischen Situation – eine Türe, die im Leeren klappt, ein Finger, der sich auf den Mund legt – zum Stillstand gekommene Geste, Zeichen von metaphysischer Stimmung, ohne Metaphysik zu sein. (Das Bild, herausgehoben aus dem Fluß der Geschichte, wird zum magischen Zeichen – ohne Magie dahinter. Was aber ist dahinter, wenn nichts dahinter ist? Momente des Seins; des

intensiven Lebensgefühls. Das ist nicht der Kairos, der erfüllte Augenblick, sondern der katastrophische, existentielle, zerbrochene.)
Die andere Rolle: Das *Bild* löst den fiktiven Realitätscharakter, die Illusion von Realität auf, den die erzählte Handlung vorgaukelt. Das Bild weist immer wieder auf das Fiktive des Textes hin, ist Unterbrechung, Zerbrechung, ist: das Ästhetische gegen das Realistische. Ist Vergewaltigung der Wirklichkeit im Text durch das Fiktive.

11. 1.
Früher habe ich mir immer gewünscht, zu leben wie Simone de Beauvoir. Vollständig offen gegenüber und mit einem andern. Ich meine, in erster Linie: intellektuell. Jedes Projekt miteinander durchsprechen. Jeden Text einander vorlesen, miteinander durchgehen, sich vollständig öffnen.
Jetzt: wenn ich so leben würde, könnte ich keine Zeile schreiben. Schreiben heißt, sich in einen Raum hineinbewegen, wo man völlig allein ist, mit den Dingen, mit sich. Heißt, sich dem anderen gegenüber einen Raum von *Geheimnis* (das Gegenteil von Offenlegung also unmetaphysisch gemeint) bewahren. Heißt, immer einen Raum zu haben, den man mit niemandem teilen kann.
(Das Einzigartige mit B.: er akzeptiert das nicht nur so, sondern könnte es selbst nicht anders. Er sagt, er fände etwas zutiefst Indiskretes darin, mit mir über meine Sachen zu reden.)

17. 1.
Augenblick tiefster Niedergeschlagenheit. Monate verbracht in sinnlosem Ausagieren von Bewegungen: das eine wollen, das andere tun.

Alles ist gleichgeblieben. Jedes Wort zählt, nichts ist zurückzunehmen. Nur die Hoffnung ist verloren, daß wir etwas ändern können. Die Situation ist aussichtslos, bleibt aussichtslos, man kann nur freundlich sein, zueinander, und gedenken, und versuchen, vernünftig zu leben.
Was für ein Geschrei habe ich aber auch um meinen Kummer gemacht. Habe ich wirklich je eine ethische Konsequenz gezogen? Habe ich überhaupt jemals eine moralische Konsequenz gezogen, ohne mich immer, wie alle Leute, vor mir selbst zu rechtfertigen?
Und bin ich nicht immer einer *Vorstellung* vom intensiven Leben hinterhergelaufen, anstatt zu akzeptieren, daß die Menschen unzulänglich sind wie ich selbst und das Leben nicht ruhig? Aber wie das rechte Gleichgewicht finden? Einerseits das Leben akzeptieren, wie es ist, andererseits nicht zu resignieren? Mein ganzer Kampf geht gegen die Resignation, besteht auf dem Glück.

18. Januar
Manchmal sitze ich ganz still, ein Schlachtfeld, auf dem die Sehnsucht sich austobt und mich verwüstet zurückläßt. Es hört nicht auf, es hört nicht auf. Habe ich also einen Hang zum Masochismus, wie Kafka, für immer gefesselt an das, was mich quält? In diesem Tagebuch muß es um Wahrheit gehen, um das härteste Mißtrauen gegen mich selbst. Also: brauche ich die Verweigerung der Erfüllung, weil ich das selbstquälerische Leiden brauche, zum Leben und zum Schreiben? Hat es etwas mit der Kindheit zu tun, mit der aufgezwungenen, immer wieder eingeübten Haltung des *Aufschiebens*, des Triebverzichts? Ist mir diese Haltung unbewußt so in Fleisch und Blut übergegangen, daß ich eine solche Konstellation sogar suche?
Ich glaube es nicht, ich glaube, daß ich zum Glück begabt

bin und mich nach dem Leben sehne – und daß all mein Elend in dieser unglückseligen Kette von Lebensverweigerungen liegt: das erste Gefängnis Kindheit und Jugend, die Isolation, das Eingesperrtsein in einer hochneurotischen, post-faschistoiden Familie, das zweite Gefängnis: der Inzest, und die Unfähigkeit, mich da herauszuwinden, weil schon eingetreten war, was die Folge des ersten Gefängnisses war: die Isolation war meine Natur geworden, ich fand den fünf Jahre unterbrochenen Kontakt zu Gleichaltrigen nicht mehr, die Universität, das *normale* Leben ein Alptraum, so hielt ich mich versteckt – geborgen, falsch geborgen, weil *selbst entfremdet* –, weil mir grauste vor dem profanen Leben, in dieser inzestuös-familiären Enklave. Und die Wahl von B.? Es war die Wahl eines Außenseiters (so dachte ich), die Wahl des Zwillings, es war die Betonung von *einer* Seite meines Wesens, der kontemplativ-einzelgängerischen. Während die, die sich nach Lebendigkeit und Heiterkeit sehnt, zu kurz kommt. Andererseits könnte ich mit keinem anderen Mann leben – ich brauche nicht normale Hausfrau zu spielen, keine Kinder bekommen, keinen Brotberuf ergreifen, das heißt, all das, womit sich so viele Künstlerinnen so mühselig herumschlagen mußten, fällt weg, und dafür bin ich ihm dankbar.

19. I.
Die delirierende Phantasie. Bin ich zu lange allein, bin ich meinen Zwangsvorstellungen ausgeliefert. Die Isolation treibt in den Wahnsinn. Die Gesellschaft dagegen treibt in die Depression. Es geht weder so noch so.
Traum: sehr undeutliche Erinnerung an den Anfang. Etwa so: ich bin in meiner älteren (ersten) Familie (Mutter, Stiefvater). Es geht die Rede, daß man nach Hause müsse (man ist offenbar unterwegs), man habe vergessen, die Gas-

flamme abzudrehen. Ich weiß: über dem Herd hängt ein Vogelkäfig mit einem Papagei. Wir eilen nach Hause, aber Hindernisse über Hindernisse legen sich in den Weg, hauptsächlich in Form von Treppenlabyrinthen, die uns, über Höhen und Tiefen, durch immer wieder sich verzweigende Gänge führen, und die ganze Zeit habe ich das Bild des zu Tode geängstigten Vogels über der Gasflamme vor Augen und die brennende Hitze, die seinen Vogelkörper, von unten aufsteigend, immer mehr preisgibt / peinigt.
Als ich in die Küche stürze und den Gashahn abdrehen will, schießt die Gasflamme empor, schießt hoch bis zum Körper, und mit einem schrecklichen Schrei fällt der Vogel von der Stange tot in die Flamme auf den Boden des Käfigs.

Romananfang:
1) »Es beginnt mit der Farbe Rosa.« (Erinnerung an die Selbstentfremdung durch die Mutter)
2) »Es beginnt mit der Farbe Weiß.« (Die Gartenstühle im Garten)
3) »Es beginnt mit dem Geräusch.« (Sie die Treppe hinunter)

29. 1.
Man sollte sich öfter die eigenen Worte von einem andern vorsprechen lassen. Die eigenen Worte, wenn sie uns aus einem anderen Mund entgegenkommen, tönen entsetzlich aufgeblasen, hohl und leer – Phrasen. Ob man jemals etwas wird schreiben können, das vor dieser Sprachskepsis besteht?

1.2.
Was ist Abhängigkeit? Abhängigkeit ist Prozeß eines langsamen Tot-gestellt-Werdens. Verwandlung zur Puppe, die mit einem Schlüssel von fremder Hand aufgedreht wird. Abhängigkeit heißt Beraubung. Auflösung des eigenen Ich. Abhängigkeit ist die Verbannung zu vollständiger Reglosigkeit. Warten – wie der Hund auf den Wink des Herrn. Also: nur noch als *reaktives* Wesen zu existieren.
Abhängigkeit heißt mitunter auch Phase der Hektik – das steht aber nur in scheinbarem Widerspruch zur grundlegenden Figur der Reglosigkeit. Hektik als fremdgesteuerte, besinnungslos zerfahrene Bewegungsfigur, die in ihrem ständigen Wiederholungszwang nur die Kehrseite der Reglosigkeit ist.
Abhängigkeit – Selbstaufgabe, Unterwerfung unter den Willen eines andern.

12. Februar
»Das Leben ist uns doch aus der Hand genommen; es wird für uns gelebt, ein Teil von uns lebt es stellvertretend für den größeren anderen mit, der im Halbschlaf gehalten wird und sich in den kurzen Augenblicken, da er hellwach wird, in Sehnsucht verzehrt.« (Karoline von Günderrode)

Selbstentfremdung: Sieg der *Vernunft* über den Wunsch: »...Der Friede, mit solchen Opfern erkauft, war mir zu teuer, und ich konnte den Gedanken nicht mehr ertragen, mich teilweise zu vernichten, um mich teilweise besser erhalten zu können.«

17. Februar

Tatsächlich glaube ich, daß die Frauen, die schreibenden Frauen, viel mehr allein sind (als die Männer). Sie haben nicht dieses Refugium der *splendid isolation*, dieses strahlende, trotzige *ego* der Männer. Da, wo das Zentrum dieses *ego* sein müßte, ist – nichts. Eine Leerstelle, ein Ort des vertriebenen, ausgetriebenen Ich. Statt dessen nur Fragmente des Leidens, der Zerstörung, der Verunsicherung. *Versagerkomplex, Entwicklungshemmung* – so heißt es bei H. D. (Hilda Doolittle). Ständig das Gefühl der Unterlegenheit – sozial, psychisch. Mir fehlt der natürliche Selbstschutz, bzw. Eigenschaften, die man dafür braucht.

Und dann die Liebe – immer noch auf der Suche nach dem Absoluten. Das Absolute aber ist nur im Kopf, in der Abwesenheit, als Utopie zu denken. Deshalb ein ständiges Wundreiben.

Immer habe ich auf etwas gewartet. Die Erfüllung. Den Kairos. Das Glück.

Das war die erste Phase. Jetzt beginnt die Trauerarbeit. Das Schreiben dieser Erwartung läßt eine fürchterliche Leere zurück. Vielleicht besteht für die meisten Menschen das Leben aus dieser Leere, und sie gehen ihren täglichen Beschäftigungen nach, um zu vergessen, daß es sonst nichts gibt. Da aber mein ganzes Lebens-, Schreibkonzept beruht auf der Hoffnung auf das Unmögliche, muß ich sehen, wie ich es rette, ohne die Melancholie und Resignation zu verraten, aber ohne ihnen zu verfallen. Das würde zum Ressentiment führen.

Dazu: seit einiger Zeit, seit ich mit dem Schreiben einerseits ernst mache, mich in diesen Raum des Leeren hineinwage, eine zunehmende seelische Fragilität. Steigerung der Sensibilität bis zu Halluzinationen. Steigerung der Depression bis zu völliger Gleichgültigkeit, ob ich noch lebendig bin oder nicht. Je mehr ich eingeschlossen bin in den eigenen

Kreis meiner Vorstellungen, desto besser erkenne ich, wie schnell der Schritt getan ist, der ins Verrücktwerden führt.
Folge: fühle mich auch deshalb sozial unterlegen, wegen dieser Empfindlichkeit, dieser Unfähigkeit, die Dinge leicht zu nehmen. Der Schmerz höhlt mich aus. Nimmt mir den Lebensglanz. Stehe an der Grenzscheide: entweder fahre ich fort, dem Absoluten nachzujagen und zu leiden am ständigen Ungenügen und gehöre so zur tragischen Linie vieler Frauen, von Günderrode bis Sylvia Plath, die sich auch nicht um den Preis der Selbstentfremdung mit der Wirklichkeit abfinden konnten (um den Preis der Selbstzerstörung). Oder ich entschließe mich für die andere, die distanzierte und weisere Haltung der Einsicht in die Unzulänglichkeit alles Menschlichen. Alles menschliche Leben ist *unrein* – die Menschen entwerfen nur immer und ununterbrochen *reine* Gegenentwürfe und Anleitungen, die auch als Korrekturen tatsächlich eingreifen und wirken können, aber unter der Hand tobt eben unabhängig von allen hehren Vorsätzen und Ideen das *unreine*, unordentliche Leben.
Welche Haltung also? Vermutlich ein Amalgam aus beidem, und mal überwiegt die Verzweiflung, mal der Humor.

2. März, Paris
»Aber im Grunde ist das Dichten immer eine offene Wunde, wodurch die richtige Gesundheit des Körpers den Eiter ausstößt.« (Pavese, Tagebuch 29. XII. 1935)
Dieser rührend anmutende Wunsch nach Selbstreinigung des *Körpers* durch die Dichtung. Das ist aber zu einseitig (harmonistisch) auf Heilung, Abführung des Kranken und dadurch Selbsterhaltung gedacht. Denn die Wunde ist ja nicht nur in der Perspektive von Innen nach Außen zu denken – das Loch, durch das der für das Gleichgewicht schäd-

liche Ausfluß austreten kann, abgeführt wird –, sondern genauso umgekehrt. Das Loch ist nicht nur Wunde als Heilungsmittel, sondern vor allem Wunde als Schmerzempfänger. Die ständige Öffnung, ein Mangel an Selbstschutz, eine Hypersensibilität, ein übermäßiges Mitleiden an den Schmerzen der anderen – das heißt, die Wunde ist vor allem ein ständiger Schmerz an der Wirklichkeit.

Traum der vorletzten Nacht.
1) Ein Colloquium in einem Schwarzwalddorf. Man fuhr im Auto düstere, leere, regenverhangene, von Wald umstandene Straßen in sanften, aber häufigen Kurven entlang. Dann die Ortschaft. Man suchte die Wirtschaft, wo das Kolloquium stattfand. Es lag in einem Schwarzwald-Fachwerkhaus, neben einer Tankstelle. Dann stellte sich heraus: es war nur ein Eingang, der über eine Holzwindung zu ersteigen war, ähnlich den Windungen eines Kreisels. Also keine Treppe, sondern quasi nur ein Stab. Meine Höhenangst. Hinauf würde ich vielleicht kommen, aber wie wieder hinaus?
2) Ich war in den Saal gelangt. Wie, war nicht deutlich. Ich saß an einer langen Tafel mit den anderen Teilnehmern des Kolloquiums. Die einzige besetzte Tafel. Weißgeschneidertes Holz. Auch der düstere weite Raum: regenverhangen. Dann: während die Leute am Tisch heftig miteinander diskutieren – sieht man eine Figur im leeren Hintergrund des Saals wundersam tanzen, allein mit erhobenen Armen, heiter, sanft, zärtlich, versöhnlich. Als wollte sie durch ihren Tanz ausdrücken, daß sie mir zurufe, komm, und sei versöhnt, und streite nicht und laß uns tanzen.
3) Ich gehe am Ufer eines Sees entlang, regenverhangen. Ich bin weg aus dem Saal, nach dem ich mich zurücksehne, jemand, etwas, hat mich daraus entfernt. (Daraus und der

liebevollen Selbstverständlichkeit der Aufforderung.) Während ich die Schwierige, sich Sträubende war. Ich gehe und gehe, die Hände in den Manteltaschen. Der See, der Weg, die Tannen (seit je hasse ich Nadelbäume), der düstere Himmel – ein Niemandsland. Und irgendwo die Flamme – du mußt *gehen* –, denn am Ende mündet der Weg in die Ortschaft, und am Ende wird: verstehen und verzeihen.

(Und immer wird, im geheimen Zentrum meines Lebens, diese dunkle süße, sich mir verschließende Blume stehen – auch wenn ich, in plötzlichem Freiheitsrausch mit anderen, leichteren, reizenden Männern Tango tanze. Immer dieser dunkle, klagende, stumme Blick.)
(In anderen Zeiten würden Frauen in meiner Lage ins Kloster gehen oder sich einer wilden Libertinage hingeben, à la Brett in *Fiesta*.)

Ich: diese Mischung aus Freiheit und Gefangenschaft. (Ein geradezu koboldhafter, *romantischer* – im Sinne der romantischen Frauen Günderrode, Schlegel, die alle das Absolute im Sinn, im Blut hatten – Freiheitsdrang. Der *Luftgeist*, wie B. oft zu mir sagt – und gleichzeitig die »weiße, begrenzte Einsamkeit« (Clarice Lispector).)
Muß unbedingt etwas schreiben über die Terminologie des modernen Schriftstellers, die der Mystik (etwa bei Lispector und Teresa von Avila) entnommen ist. Der Versuch, das Außerordentliche (Absolute) an das Alltägliche (ohne Metaphysik) zu binden. Der Versuch, das Ekstatische zu retten in einer profan gewordenen Welt. Metaphysische Temperamente ohne Metaphysik.

7. März
»... Man kann fast sagen, daß es mit den Werken wie mit den artesischen Brunnen ist, nämlich daß sie sich um so höher erheben, je tiefer die Grube ist, die das Leiden in unserem Herzen ausgehoben hat... Immerhin wenn ein Wesen so schlecht eingerichtet ist (und vielleicht ist innerhalb der Natur dieses Wesen einfach der Mensch), daß es nicht lieben kann, ohne zu leiden, und wenn man leiden muß, um Wahrheiten zu erfahren, so wird das Leben eines solchen Wesens schließlich sehr ermüdend sein.« (Proust, VII, S. 347)

11. März
Kein artesischer Brunnen – eine ausgeleerte, löchrige Zisterne. Mit nichts gefüllt, weder zum Schreiben noch zum Leben.
An den Rand des Zerreißens geführt. Nicht an den Rand – ich bin zerrissen, zwei überdehnte, zerrissene, ausgeleierte Stücke Gummiband. Spannung – raus. Ein altes, verweintes Weib.
Wenn ich mich doch erneuern könnte.
Ich werde den Roman erst beginnen können am Ende des Schmerzes. Das Ende des Schmerzes wird der Anfang des Romans sein. Bis dahin – abwarten, jeden Tag ein wenig arbeiten, meine kleinen Geschichten schreiben, durch Paris gehen, Gesichter beobachten.

13. März
Ich lese die letzten Seiten und erschrecke über den Kreislauf, die Wiederholung. Keine Konsequenzen aus einmal gewonnenen Einsichten, sondern ausgeliefert der Mechanik eines vom Gefühl getriebenen Rotieren-Müssens?

15. März
Letzte Woche – alles Asche. Der Horizont verbrannt, aufgelöst, unsichtbar.
Jetzt, da ich beginne, und dieses Mal nicht mehr nur als Vorsatz, die Trauerarbeit auszuhalten und zu verarbeiten, öffnet sich der Horizont wieder. Gestern – in der Zurbaran-Ausstellung, in der Degas-Ausstellung, und später in der Dämmerung in der *Bar au Rêve* fing das Leben an, mich wieder, mit klopfendem Herzen, zu ergreifen. Der Tod – ist, wenn das Leben keine Entdeckung mehr bedeutet.
Diese Stimmungsschwankung von Woche zu Woche betrachte ich zwar einerseits als etwas, was, entgegen aller Behauptungen, eben die menschliche Natur ausmacht: die Willkürlichkeit alles Gefühlten. Andererseits ist es genau das Gegenteil, denn diese Schwankungen sind nur Amplituden eines Körpers, dessen Grundbewegungsrichtung sich nicht geändert hat.

Später
Ich habe etwas Unmögliches versucht – jemanden *gegen besseres Wissen* zu lieben.
Warum? Sicher, *ein* Motor war die eigene Sehnsucht. Viel wichtiger aber war, daß ich dachte, zum anderen vorzudringen heißt, die eigenen Egoismen hinter sich zurückzulassen. Die Sehnsucht, die Einsamkeit, die Angst – all die Gründe, weshalb man die Nähe eines anderen suchen mag, müssen zweitrangig werden. In diesem Sinne muß man sich selbst aufgeben, um den andern zu finden.
Aber wie sollte ich ihn finden, da ich doch immer noch so sehr in meine eigenen Tagträume verstrickt war. Und: *gegen besseres Wissen* – hätte ich nicht einfach einmal einen Sprung tun müssen, anstatt zu zögern und fortzurennen und wieder zurückzukehren, ohne aber jemals die Linie (jenseits der Vorsicht, des Mißtrauens) zu übertreffen.

»Die Liebesstrategie weiß man anzuwenden nur, wenn man nicht verliebt ist.« (Pavese, Tagebuch, 24. 10. 1940)

21. März
In einem frühen Brief von Sartre an Simone Jolivet zitiert er seinen Philosophielehrer Alain (aus: *Propos sur le bonheur*): »... Ein Wunsch, der sich nicht als Willen vollendet, fällt in sich zusammen. (...) Aber Denken heißt wollen.« – Ich, von nichts so überzeugt wie vom *hasard objectiv* in der Liebe, könnte ihn jetzt verfluchen.

23. März
Nachmittag, in meinem Zimmer. Aus dem vorderen Zimmer dringt die erregte Debatte über den *Fall* Paul de Man. B.s heftige, wie Revolverschüsse peitschende Stimme, dazu die (durch welche Krankheit) verstümmelte, würgende, röchelnde Stimme eines Schülers aus Bielefeld. Archaische Laute, die Sprache zurückgeworfen auf ein Ringen um Ausdruck.
Und ich sitze im Hinterzimmer, versammelt, und versuche, in der Stille eine dünne Spur aufzugreifen.

1. April
Ich bin aus dem Zwang ausgebrochen. Seitdem verändert sich auch mein Stil. Der somnambule, vibrierende Stil war nicht allein Technik, sondern Funktion meiner Einstellung zur Welt. Der Stil entsteht immer durch die Weise, wie der Schriftsteller Welt betrachtet, durch seine Welt-Anschauung. Zugleich ist der *Inhalt* eine Funktion des *Stils*. Diese armen und kargen Geschichten ohne Weltfülle – die Folge meines ewigen Eingesperrtseins. Ich dachte, daß nichts

mehr Wirklichkeit hätte für mich als die Situation des Eingesperrtseins.
Ich weiß nicht, ob es Bestand haben wird. Ich muß von neuem zu suchen anfangen. Oder das einmal Erkannte wieder aufgreifen: man muß die Gefühlstiefe des Symbolismus mit der Erfahrungsfülle des Realismus verbinden. Dazu der Lakonismus eines Chandler, die Melancholie und Wärme eines Pavese.
Schreiben ist Therapie gegen das Ungenügen am Leben. Schreiben ist Therapie gegen die Verzweiflung. Die Veröffentlichung ist nebensächlich.
Das Leiden? Ich wehre mich nach wie vor gegen die Legende, das Leiden sei die Voraussetzung des Genies. Es ist geradezu umgekehrt: das Genie entsteht gerade gegen und trotz des Leidens. Das Leiden ist ganz und gar nichts Idealisiertes. Wenn es auch manchmal ein momentaner Schutzmechanismus ist, in Augenblicken höchsten Schmerzes sich einzureden, kein Leiden sei verloren, kein Schmerz ohne Sinn – das sind Relikte religiösen Denkens. Der Schmerz ist ohne Sinn. Er mag die Erkenntnis schärfen. Aber das teilt er mit jeder anderen Erfahrung auch. Und ich wehre mich, den Schmerz zu legitimieren, indem ich ihm Sinn zuerkenne.
Trotz dieses Einspruchs gegen den Schmerz hat die Sache für einen Schriftsteller natürlich einen Pferdefuß. Der Schriftsteller ist der *absolute Beobachter*. Das heißt einerseits, er verwendet die Erfahrung des Schmerzes, um sie darzustellen. Der Schmerz bekommt nachträglich Sinn – den des Rohstoffs für die künstlerische Phantasie. Er war also nicht *umsonst*. Gerettet? Zugleich geschieht das nur um den Preis der Verdinglichung und Selbstentfremdung. Sich selbst als ein fremdes Objekt zu betrachten wie die anderen Menschen und Dinge, seine eigenen Gefühle zu sezieren und analysieren wie von fremder Hand – nach abendländischer Tradition heißt Selbsterkenntnis durch Abstand und innere

Distanz zu sich selbst *Selbstgewinn*. Aber die Gefahr dieser Methode ist Selbstverlust, weil in die Ideologie der Distanz zu sich selbst immer auch das gesellschaftliche Verbot des Unmittelbaren, des Chaos, von Gefühlen und Trieben, des Glücksstrebens im allgemeinen, verbunden ist.

14. April
Als weiblicher Schriftsteller befindet man sich, ökonomisch betrachtet, immer leicht ins 19. Jahrhundert versetzt – man hat keinen Brotberuf, weil man schreiben will, man hat kein Geld, weil man mit dem Schreiben nichts verdient, man hat, um den Preis der Abhängigkeit wie bei einer Ehefrau, einen Liebhaber/Mann als *Mäzen*. Abhängigkeit: man könnte nicht gehen, wenn man will, man könnte aber auch nicht bleiben, wenn man *will* – es gibt keine Alternative, keine Wahl. Ewiges Dilemma: Kampf zwischen Freiheit und Abhängigkeit.

Diese hochtönenden Worte vom 1. 4., was sind sie mir zuwider. Die ganze Empfindung des *Zwangs* ist von Anfang an falsch gewesen. Es ist meine freiwillige Sache, jemanden zu lieben oder nicht. Gleich was geschieht, ich höre auf, zu hadern, der positive wie der negative Überschwang sind der falsche Weg.

Das größte Problem mit B.: daß es nicht gelingt, mit dem Menschen, mit dem man am nächsten lebt, *ohne Lüge* zu leben. Vielleicht ist meine Idee von der vollkommenen Offenheit unmöglich, da sich dann andere Zwänge einschleichen, aber festzustellen, daß man auch den nächsten Menschen *behandelt* (aus Schonung, aus Selbsterhaltung?), daß das Gesetz der Entfremdung (und der Selbstentfremdung, denn lügen heißt, nicht ich selbst sein, sondern eine Rolle) überall durchschlägt, gerade in den intimsten Beziehungen.

Arbeit: Erkenntnisse des *nouveau roman* (Undurchdringlichkeit der Wirklichkeit, deshalb keine Innen-Psychologie, sondern fragmentarische Außenansichten des Geschehens) nicht aufgeben, aber mit realistischen Mitteln (Fülle von Wirklichkeit) verknüpfen. Leichtigkeit anstreben.

14. April
So ein Tagebuch hat nur dann Sinn, wenn die Schonungslosigkeit sich selbst gegenüber so weit geht, daß all dieser hochgespülte Müll der Seele (der falsche Idealismus, der Selbstbetrug, das Ressentiment) als ein Psychogramm der Selbstentlarvung dient – und damit doch einer Art der Selbsterkenntnis.

Was mich am meisten beschäftigt: der Widerspruch von *Rolle* und *Psyche*. Der Widerspruch von *Bild* und *Existenz*. Heißt das, daß ich versuche, die *Wahrheit* einer Person zu enthüllen und daß ich sie eher in der *Psyche*, in der *Existenz* vermute, als im *Scheinen*? Tatsächlich glaube ich, daß die tiefste Wahrheit eines jeden das Unglück ist (der Schmerz), und daß alle Kapriolen, Selbstentwürfe, Rollenspiele dazu dienen, darüber hinwegzutäuschen.
Spätestens bei Nietzsche aber wissen wir, daß auch im *Scheinen* Wahrheit wohnt – und deshalb schieben sich die verschiedenen *Wahrheiten* einer Person übereinander, und es gibt nie ein eindeutiges, sondern immer ein verwackeltes Bild.

7. Mai
Dieses Tagebuch ist nichts als ein einziger Brief. Ausschlachtung der Seele – das Ich umkreisend, das es angeblich nicht mehr gibt.
Ich sah eine Araberin, sie hatte ihr Kind auf dem Schoß und schlug dessen kleine Füßchen rhythmisch (wie Kesseldekkel) gegeneinander.
Die Steine, die schmutzigen grauen und braunen der Rue Lamarck, oder die strahlenden weißen der vornehmen Rue Caulaincourt, sind meine besten Freunde. Hier in den Straßen ein explodierender Mai. Überall das helle Grün der Akazien und das tiefe der Kastanien. Den Berg herabkommen und in der Abenddämmerung in dieses Meer von Menschen, von Blättern und verrückten Häuserfassaden mit der Aufschrift *Pompes Funebres* und einer Eisenwendeltreppe an der weißen Außenwand, die an Amerika oder an einen futuristischen Film erinnert, zu tauchen, ist Glück. Alles ist von vibrierender Lebendigkeit, und in dieser Stadt fühlt man die Isolation nicht nur schmerzhaft, sondern auch als Droge – sie betäubt, indem man abgekapselt zugleich teilnimmt. Alles spielt sich ja auf der Straße ab, im Café, in den Geschäften, im unaufhörlichen Dialog – wie in mediterranen Breitengraden und zugleich ist es eine nördliche Stadt mit einem Atlantikhimmel und nördlichem Klima und Melancholie und Häuservierteln wie Festungen.
Jamais réel mais toujours vrai, das ist das Losungswort. Ich sitze bei weit geöffnetem Fenster, und zwischen den Häusern pfeifen die Schwalben. Alles, was ich eben geschrieben habe, dieser Ausdruck der Seelenruhe, ist ja nur die Kehrseite der anderen, ist gar nicht allein zu denken. Die Kehrseite ist eine große Traurigkeit, eine Verzweiflung, die man nur in Alkohol ertränken kann und im Schmerz, an den man nicht denken darf, weil er sonst überwuchert.
»Bist du auch vergnügt?« – diese ewige Frage meiner Familie

fällt mir ein und das angelernte Ich, das tatsächlich immer die vergnügte Undine war. Um ehrlich zu sein: was dahintersteckt, ist ja nicht nur eine Lebenshaltung der Verdrängung und Angepaßtheit, sondern auch die der Diskretion und eine wunderbar altmodische und delikate Lebensform, sofern sie den einzelnen nicht erstickt und er wie eine Marionette schnurren soll. Wie ich darauf komme? Ich lese die Briefe von Jane Bowles an Paul Bowles und finde darin meine eigene Unsicherheit, die Zweifel, die schneckenhafte Langsamkeit beim Schreiben und die langen Pausen dazwischen, das ganz und gar Unglamourhafte und nicht von Erfolg und Eigenlob (Selbstsicherheit) Verwöhnte. Dazu dieses (weibliche) Ausgeliefertsein an Stimmungen, die Abhängigkeit von einem Lächeln von der Person, die einem am nächsten am Herzen liegt. Und dann die völlige, fast naturhafte (wenn das nicht unmöglich wäre, weil alles *geschichtlich* und materiell ist) Isolation: die urwüchsige Unfähigkeit, sich anzupassen, gute Laune zu zeigen, Konversation zu machen etc. Diese – gewisse – Bösartigkeit zur Umgebung, und damit auch der erbarmungslose, keinen falschen Trost spendende Blick der Schriftstellerin J. B. sind es, was mir am besten gefällt. (Vielleicht, weil mir der Mut fehlt, den menschlichen Schliff sausen zu lassen?)

Meine diversen Wünsche – nach einem Kind, nach Geselligkeit, nach einer Wurzel, nach einem festen Wohnsitz – sind sie nicht auch Ausdruck der Zerrissenheit? Sich ein Leben vorzustellen, das man bei den andern vermutet, das es in Wirklichkeit oder nirgendwo gibt. Der Wunsch, alles vereinigen zu können: Frau, Mutter, Geliebte, Schriftstellerin. Und manchmal genau zu wissen, daß das nur Seifenblasen sind, und daß das in Wirklichkeit nicht geht, vielleicht nicht einmal gewünscht wird.

15. Mai, Düsseldorf
Ich sitze auf dem Balkon der Wohnung von A. und J. Große alte Bäume (1 Weide, 1 Federahorn, 1 Pappel, 1 Kastanie), dazu Fliederbüsche und Haselnußsträucher, schwüles Gewitterzwielicht mit stechenden Sonnendurchbrüchen, ab und zu Wind im raschelnden Laub und Schwalben, die pfeifen.
Große Veränderung: noch nie habe ich so leicht und glückhaft geschrieben. Eine wunderbare Explosion findet statt: ich entdecke die Fülle der Welt, die Fülle meines Lebens – und jedes Detail ist ein Steinbruch fürs Schreiben. Unendliche Offenheit, Unbegrenztheit anstelle der früheren hermetischen Enge. Bei den früheren Erzählungen war es ein Kampf gegen das Schweigen, jeder Satz mühsam dem Schweigen und der Versteinerung abgerungen. Jetzt ist es ein Kampf gegen das Überfließen, aber da ich über eine geradezu nachtwandlerische Sicherheit verfüge, was den Sinn für Struktur und Gleichgewicht und Satzrhythmus betrifft, ist es ein leichter Kampf.
Ich lese Carson McCullers, Salinger, Jane Bowles, Capote, Jane Anne Philipps, alles durcheinander, und diese amerikanische Dusche in Leichtigkeit (damit meine ich: weg vom bedeutungsschwangeren, tiefsinnigen zeitgenössischen deutschen Prosastil) beschleunigt die Explosion.
Aus irgendeinem Fenster dringen jetzt, wie aufs Stichwort, amerikanische Sachen wie *Blue Spanish Eyes* und *My heart belongs to Daddy*, und dazwischen klopft, rattert irgendwo ein Specht (!) gegen einen Baumstamm.

Gestern abend erklärte ich Si. und B. beim Spargelessen, daß der Grundstein für meine Einsamkeitsthematik und meine eigene (aber nicht nur negativ besetzte) Verankerung in der Einsamkeit sicher in den ersten 1½ Jahren im Kinderheim gelegt worden ist. Ich war ein zurückgebliebenes, nicht sprechendes, ein Bein nachschleifendes Kind. Sie fanden, das träfe wahrscheinlich genau zu.

Ich glaube heute, was mich von Anfang an dieses Urvertrauen zu B. fassen ließ, war die Tatsache, daß er in mir zuerst die Seele und den Geist *begriffen* und *gewollt* hat und nicht die *attraktive Frau*. (Umgekehrt ebenso: der *seelischste* Mann, der mir je begegnet ist, und mir vollkommen gleich in seiner Priorität für das Geistige an Menschen.) Alles, was danach geschah, war Umweg und Entfernung von dieser Konstellation: die zwangsläufig erotisch-sexuellen Verwicklungen, Fehler, Mißtrauen etc.

30. Mai, Rückreise nach Paris
Schreiben: eine lange, harte und geduldige Arbeit, wie die eines Goldschmieds: das langsame und genaue Herausstanzen aus der Seele.

1. Juni
Was ist das Schlimmste auf Erden? Lebendig tot zu sein. Lese die Eintragungen des letzten Jahres, die Qual, die Heftigkeit des Wunsches – heute – alles erloschen, leer, ausgebrannt. Werde ich je diese leidenschaftliche Verzweiflung – und Zärtlichkeit wiederfinden?

4. Juni
Probleme des Stils: hin- und hergerissen zwischen dem des *Statischen* und dem der *Bewegung* (Lebendigkeit). Vermutlich zwei entgegengesetzte Komponenten meiner eigenen

Psyche. Ziel: die Leichtigkeit eines Pavese oder einer Carson McCullers, ohne in die oberflächliche Schreiberei mancher Amerikaner zu geraten. Auch nicht die Leichtigkeit eines Tabucchi – er ist zu glatt, seine Melancholie eine sich selbst genießende elegische Grundstimmung, ohne existentielles Problem (Aufschrei, Auflehnung, Schmerz, Knoten). Es muß so sein wie *unter Tränen lächeln* – und dann natürlich der Witz.

Wie lang soll das noch andauern – die *Nacht* der Liebe?

Die *Nacht* ist kein Schutz, sondern Hindernis, finster und undurchsichtig, und man verpaßt sich immer wieder. Manchmal könnte man schreien, und manchmal verliert man den Mut, und manchmal bekommt man Wut. Was sind das für *man*, die auf sich Jahre und Monate warten lassen, tausend Umwege ersinnen, anstatt zur Tat zu schreiten. Man wünschte, man könnte es sich aus der Seele reißen, aber man weiß, daß es nicht geht, solange noch irgendein Funken Hoffnung ist.

Alle leidenschaftlichen Zustände werden ja von uns selbst – auch wenn sie manchmal einem simplen chemischen Mechanismus zu folgen scheinen – widerspruchsvoll, aufrichtig und unaufrichtig geschaffen, mit heiligem Ernst und dem ganzen Pathos des Gefühls und dem Erschauern bis ins Tiefste der Seele im *einen* Moment und im anderen Moment, bei einer Kränkung etwa, mit leichtester Hand und Kälte und oberflächlicher Eitelkeit (verletzter Eitelkeit) wieder zerrissen. Dieser Widerspruch von Heiligem und Banalem, von Lächerlichem und Hohem, in den man unweigerlich verwickelt wird (auch wenn man natürlich nur das *Hohe* im Sinn hat), ist auszuhalten. Mit Schmerz, mit Scham, mit Resignation, aber auch mit Humor und Lachen.

8. Juni
Was man akzeptieren muß: die Unzulänglichkeit der Menschen und die Tatsache, daß ein Schriftsteller in einer anderen Welt lebt, als ein Kritiker etwa oder andere Intellektuelle. (Das ist nicht hochnäsig gemeint, vom erhabenen Punkt des Elfenbeinturms aus gesehen, sondern als psychisch-soziales Faktum.) Was man auch akzeptieren muß: daß man immer zwischen zwei Polen hin- und herfliegen wird und sich nicht entscheiden kann, und daß diese Unfähigkeit, sich zu entscheiden, keineswegs neurotisch ist, wie alle Welt behauptet. Daß bei mir diese Pole die Sehnsucht nach Lebendigkeit (Vitalität, Glück, Mann, Kind, soziales Leben, interessante Menschen) einerseits und andererseits die Sehnsucht nach Zurückgezogenheit sind. Man kann alle Herrlichkeiten von seinem Bett oder Sessel genießen, im Königreich der Phantasie, und darüber hinaus bewahrt die Literatur vor dem Dreck des Lebens und dem Ungenügen und der Verzweiflung. Nun kommt die Kehrseite: sie bewahrt zwar phasenhaft vor der Verzweiflung am Leben, aber nicht vor der Verzweiflung an der Literatur. Was tun, wenn das ganze Geschriebene nach Vollendung stümperhaft und gescheitert erscheint? Wie *dieser* Verzweiflung entgehen? Und die vollgeschriebenen Seiten nicht dem Papierkorb übergeben, sondern das Ungenügen als Motor nehmen, um Neues anzufangen? Aber dann tritt wieder der andere Pol ins Gesichtsfeld: alles, was wir erleben, ist ja nur in der Erinnerung schön und durch den Ausdruck dieser Erinnerung, und deshalb ist die Literatur *menschlicher* als das wirkliche Leben, weil in ihr die ursprüngliche Intensität der Träume, Wünsche, Hoffnungen, Sinneswahrnehmungen – kurz, das gesamte Spektrum menschlichen Fühlens – aufbewahrt und gerettet wird, während sie sonst verstümmelt und amputiert am Wegrand zurückbleibt. Auszudrücken, daß ein Baum schön ist oder eine Liebe die vollkommene Hin-

gabe, scheint einfach und ist doch schwierig. Denn der Baum stirbt ab, und die Liebe geht vorüber oder enttäuscht – während sie in der anderen Wirklichkeit des Textes neu, der Verwüstung entrissen, in der Inkarnation ihrer selbst wiederaufersteht. (Voraussetzung: das Gedächtnis vor der Verwandlung in ein Trümmerfeld bewahren und in einen blühenden Garten verwandeln.)

Ein Lieblingssatz aus Pessoa: »Weise ist, wer seine Existenz eintönig gestaltet, denn dann besitzt jeder kleine Zwischenfall das Privileg des Wunders.«

13. Juni
Zum *Verschwinden* des Subjekts. Seit 200 Jahren besteht das Problem darin, die Tag- und Nachtseite des Menschen getrennt zu denken anstatt zusammen. Das Subjekt besteht entweder aus Autonomie und Vernunft (aufklärerisch) oder aus (gegenaufklärerisch) Traum, Abwesenheit, Leere, Ekstase, Rausch, Taumel. Das Problem ist, daß die politische Linke die Autonomie des vernünftigen Subjekts (für die Politik unverzichtbar) auch in die Ästhetik hineinträgt, wo sich gerade das andere, dionysische, nietzschesche, bataillesche Ich, die sonst vom Sozialen abgedrängte Seite, austoben muß. Umgekehrt ist es ein Irrtum, aus dieser *Leerstelle* des Ich, die eine *Bewußtseinskategorie* außerordentlicher Zustände (des Schreibens, der Liebe, des Drogenrauschs, der religiösen Ekstase) ist, eine *soziologische* Kategorie des *politischen* Subjekts zu machen. Die Theorie vom *Verschwinden des Subjekts* ist soziologisch politologisch nichts als Anpassung und Unterstützung eines in den technischen Demokratien stattfindenden Prozesses, sie ist reaktionär, antihumanistisch, antigeschichtlich – und gibt sich entwe-

der naturwissenschaftlich (Luhmann) oder anarchistisch (Derrida). Die Rechte ästhetisiert so wieder einmal die Politik und die Linke politisiert die Ästhetik. Das Ganze ist ein unlösbares Problem: Politik und Kunst nicht getrennt zu denken (Kunst in den ungefährlichen Elfenbeinturm), andererseits nicht in den falschen Bereichen miteinander zu vermischen.

Kenntnisse über einen Menschen haben, heißt noch lange nicht, ihn zu *kennen*. Beispiele für *Kennen*: der Hund bei der Rückkehr des Odysseus.

18. Juni
Die Liebe entsteht immer aus einem (bewußten oder unbewußten) Gefühl des Mangels. Also aus einer als unvollständig erlebten *Situation*. (Die Situation führt zu Erwartung, Suchbewegung. Der Zufall tut dann das seine.) Sie sollte aber, unabhängig von der Situation, aus der Souveränität und Fülle (Überfluß) der Gefühlskräfte kommen. Über die Dauer und den Bestand einer Liebe entscheidet also, wie sehr das Element des *Situativen* in den Hintergrund tritt und der Andere als Anderer geliebt wird.

30. Juni
Alle Probleme im Leben eines Schriftstellers lassen sich so zusammenfassen: alles läuft auf einen Kampf zwischen Innen- und Außenwelt hinaus. Es geht nicht darum, die Außenwelt zu ergreifen, sondern die Innenwelt gegen sie zu verteidigen. Das erstere ist die Forderung der Tradition, das zweite die der Moderne. Ein Künstler wird gerade so stark sein, wie es ihm gelingt, seine persönliche Vision zu entwik-

keln und seine ureigenste Innenwelt, die seine Schöpfung und seine Zuflucht ist – ein Künstler lebt immer in seinen Träumen, wie ein Drogenabhängiger in/von seinen Drogen –, vor der Zerstörung, Korrumpierung und Zersetzung durch die Außenwelt zu retten.
Ein soziales und künstlerisches Problem, weil man immer zugleich Alltagsmensch und Künstler ist. Denn es heißt nicht Elfenbeinturm und l'art pour l'art, wenn man die Innenwelt verteidigt. Als Mensch sollte man der Einfachste, Herzlichste und Offenste sein, und als Künstler *das Leben, die Wirklichkeit* auf keinen Fall ausklammern. Aber *die Realität* ist immer die *Realität* der andern, also eine solche der Konvention und deshalb nur Anpassung und Unterwerfung duldend – dagegen gilt es als lebendes und schreibendes *Individuum* etwas zu setzen.

6. Juli
In der Liebe zählt nur Demut, ein sanftes Sichfügen. Wer rechnet, wer Vorteile abwägt und in der Taktik des Kampfes denkt (in der Liebe), kurz: wer seine *Seele* verrät an die Werte der Welt, ist tot.

6. Juli
Moralisches Niveau: Einer inneren Wahrheit gewachsen sein und die Konsequenzen tragen.

Wenn man jemandem sein Herz auf dem Silbertablett anbietet, und der jemand meint, zögern zu können – dann sollte man, ohne je so kleinlich zu sein, dieses Geschenk zurücknehmen, diesen jemand belehren, daß man einen solchen Moment entweder ergreift oder eine moralische Niederlage (als Charakter) erleidet.

9. Juli
»Jeder Künstler sucht den Mechanismus seiner Technik auseinanderzunehmen, um zu sehen, wie sie beschaffen ist, und um sich ihrer, wenn überhaupt, mit kühler Überlegung zu bedienen. Doch ein Kunstwerk gelingt nur, wenn es für den Künstler etwas Geheimnisvolles hat. Ganz natürlich: die Geschichte eines Künstlers ist die nach und nach erfolgende Überwindung der im vorliegenden Werk angewandten Technik mit einer Schöpfung, die ein umfassenderes ästhetisches Gesetz voraussetzt. Die Selbstkritik ist ein Mittel, sich selbst zu übertreffen. Der Künstler, der nicht ständig seine Technik analysiert und zerstört, ist ein armer Wicht.« (Pavese, 12. Dezember, 1939)

Später
Immer war mir jeder Mißbrauch der Kunst als Instrument sei's idealistischer, sozialistischer oder allgemein humanistischer Programme suspekt und abzulehnen. Andererseits: was ich von der *Inkommensurabilität* der Kunst erwarte, ist der Widerstand gegen jene gesellschaftlichen Normierungen und Prozesse, die jeweils bestimmte Seiten des Menschen unterdrücken. Es geht mir also nicht um den Widerstand der Kunst als l'art pour l'art, sondern letzten Endes um den *moralischen* – um eine Anti-Moral, die nicht amoralisch ist, sondern sich (von mir aus im a-moralischen Gewand des *Bösen*) gegen die normierte Moral der Allgemeinheit richtet und insofern eine tiefere, eigentlichere, menschlichere Moral ist.
In diesem Sinn kann ich dann auch akzeptieren, daß Kunst – im Gegensatz zu den billigen Gebrauchsanleitungen zum Leben, die man von Kunst als Programmusik erwartet – einem Menschen in letzter Not einen Weg weist.

Später
Bekannteste Einsicht, aber so schwer an sich selbst zu erlernen, daß die Moral eines Menschen sich nicht erweist in dem, was er sagt, sondern in dem, was er tut.

Später
Ich weiß nicht, ob es mir gelingen wird, den üblichen Realismus zu vermeiden, wo die Texte häufig nur Belege sind für das Gerede von der *Unmöglichkeit der Liebe*. Mich hat im Gegenteil gerade das utopische Moment der Liebe interessiert, das *Unmögliche*, wo es in seinen Umkreisungen, Annäherungen, Fragmenten immerhin existiert und noch im Scheitern auf die Liebe als auf einen der wenigen übriggebliebenen Bereiche des ganz Anderen hinweist.

17. Juli
Fange an, die Tagebücher von Gombrowicz zu lesen. (Me. Ka., die Rita Gombrowicz kennt, lieh mir die Ausgabe von 1970.) Was ich schon nach ein paar Seiten weiß: auch hier werde ich enttäuscht werden. Mich interessieren keine zeitgeschichtlichen Reflexionen, literarischen Panoramen, so brillant und wider den banalen Ton des Betriebs sie auch immer sein mögen. Mich interessiert nur die Leidensgeschichte eines einzelnen (Pavese), freilich sofern sie durch Reflexion exemplarisch wird.

Später
Gombrowicz: ». . .und im Grunde bin ich vor allen Dingen *kindlich*.«

Später
Weshalb ich fast lieber mit unserer Concierge rede als mit irgendeinem klugredenden Intellektuellen – das hat nichts mit geistiger Faulheit zu tun, sondern damit, daß die reine Ideenwelt der Intellektuellen immer ein Machtinstrument ist, für den, der *Bescheid weiß*, auf alle anderen hinabsieht und sich selbst zugleich gesichert fühlt (also nicht *ausgesetzt*). Auch damit, daß die existentielle Beziehung der meisten Intellektuellen zu ihren Ideen nicht existiert, die Debatte spielt sich im luftleeren Raum ab, mit schönen Formeln.
Ich will nicht – was unsere Feuilleton-Kritiker wollen – *einfaches Leben* erzählt haben, aber ich möchte, bei jedem intellektuellen Gespräch, die existentielle Vibration, die Beziehung *dieses Menschen* zu seinen Ideen spüren. Die Ideen sind für uns da, nicht der Mensch für die Ideen. Deshalb auch kann ich nicht an dem Kult des Schriftstellers als einem Schamanen der Gegenwart teilnehmen. Er setzt voraus, daß die Kunst etwas weit über uns Stehendes und der Künstler Priesterfunktion hat. Ich aber glaube, daß der Künstler kein Priester, sondern ein Mensch ist, der schreibt. (Wie er auch anderes tun könnte und tut.)
Wenn ich also gern mit der Concierge rede, ist das nicht aus einer wiederum falschen Verehrung für die Stimme des Kleinbürgertums etwa, sondern weil sie, und gerade sie, eine wunderbare Mischung von Beschreibung, Reflexion, Seelentiefe und Witz hat, die ich als (notwendige Voraussetzung) Spannung bezeichne.

19. Juli
Wir sitzen auf einer Bank, am Rand des hinteren Rosenparterres, an der Rückseite von Bagatelle. Der Park liegt in glänzender Sonne, der Himmel ist von tiefer, wolkenloser

Bläue. Spätnachmittag, Wärme in den Büschen, die Sonne steht hoch hinter den Baumwipfeln. Ein Springbrunnen steigt mit zartem Strahl in die Luft, fällt im Bogen herab. Lautlosigkeit. Windstille. Ein Pfau schreitet majestätisch durchs Bild.
B. fängt an zu sprechen. Angesichts der Schönheit dieses Tages zu wissen, daß es keinen Gott gibt. Zu wissen, daß man ins Nichts fällt. Zu wissen, daß die Menschen, die in diesem Park gehen, über die Gebeine von Jahrtausenden gehen, von Toten, die vergessen sind. Er sagt, die einzige Form, nicht zu sterben, ist das Gedenken der anderen. Wie der Abwesende, der, als Gesprächsthema, oft anwesender ist als die anderen. Die Toten leben, solange man von ihnen spricht. Er sagt: nichts beschäftige ihn so sehr wie der Tod.
Ich sage: es gibt nichts als Augenblicke wie diese. Es wird nichts bleiben. Denn die Erinnerung der anderen ist zufällig und unzuverlässig. Heere von Vergessenen.
Zugleich sage ich: doch, du hast Recht. Wir reden über Benjamin, über Hemingway, über meine Großmutter, als ob sie *lebendig* wären. Die Erinnerung allein ist wichtig.

Ich denke an meinen Vater, der eine ungebrochene Lebensbejahung aus der Tatsache zieht, daß er mit *Genuß* nach wie vor auf der Bühne vor/mit anderen agiert. Eine scheinbar nicht nachlassende Spannung aus dem Genuß der Selbstdarstellung. Bei B. und mir das Gegenteil. Vielleicht ist dies sogar der Punkt, an dem wir uns am meisten treffen. Der übermächtige Hang zum Alleinsein.
Widerspruch: meine gleichzeitige Suche nach *Leben*. (Ich denke, es ist ein hoffnungsloses Gesetz: immer am Ungenügen zu kranken.) Schreiben gegen den Tod? Vor allem: Schreiben gegen diese Verzweiflung (des Ungenügens.)

Prüfen: mein Unglück, ist es ein *normales*? (So wie eben alle Leute, kratzt man die Schicht ihrer sozialen Rollen, Meinungen und Zerstreuungsmöglichkeiten weg, irgendwo verwundet, hilfsbedürftig und unglücklich sind.) Oder ist es ein schwerwiegendes, tiefgreifendes und krankmachendes – Zeichen eines falschen Lebens, der *Selbstentfremdung* aus einer Mischung von Zuneigung, Bindung, Verantwortung, falschen Schuldgefühlen?

Größenphantasien kenne ich wie jeder andere. Aber man sollte seine Größenphantasien nicht in die Tat/ins Wort umsetzen: je ernster man die Literatur nimmt, desto klarer sollte man die Figur des Schriftstellers sehen: ein tragischer Clown, ein Paria, ein lächerlicher Weiser.
Zur Zeit schreibt man dem Künstler gern wieder Stellvertreter- und Priester-/Seherrollen zu, weil überall Individuen und Erfahrung im Schwinden begriffen sind, und beim Künstler sucht man, stellvertretend, den Ort, wo Individualität und menschliche Existenz noch vorhanden sind.

22. Juli
Stichworte: die *Ereignishaftigkeit* – strukturelles, entscheidendes Element jeder Erzählung – wird (in der Moderne) immer weniger in der äußeren Handlung vorgefunden und immer mehr in die Innerlichkeit der Ich-Figur verlegt. Das heißt: jedes erzählte *Ereignis* ist immer schon die reflektierte und damit die, durch das beobachtende Ich gesteigerte, stilisierte Realität.

Suche nach Identität im sozialen Alltag. Leben im Paradox: nichts so sehr wünschen wie Identitätsfindung im Alltag (das *Leben*, Freunde, Kinder, die Liebe, der Erfolg oder die Anerkennung), zugleich aber, durch das Scheitern dieser Suche, alle Identität in der Darstellung des inneren Lebens, im *Schreiben* suchen. Suchbewegung, die hin- und herschlägt, von einem zum andern, und niemals Ruhe findet.

Stichwort: Augenblick
An Benjamins Begriff der *profanen Erleuchtung* anknüpfend, interessiert mich der *Augenblick des Vergessens*. Augenblick des Glücks, der Ekstase, des Schmerzes, der immer *Selbstauslöschung*, Bewußtseinsverlust, Ichauflösung ist. Weiße Stellen (s. Prousts *Les Blancs*). Die *andere Zeit*.
Bei Sartre (beispielhaft für viele andere) ist der Augenblick dagegen der Augenblick der *Selbsterfahrung*.

28. Juli
Pessoa, 30 (167): »Aber immer ist die Sonne da, wenn die Sonne scheint, und die Nacht, wenn die Nacht einbricht. Immer ist der Kummer da, wenn der Kummer uns drückt, und der Traum, wenn der Traum uns einwiegt. Immer ist das Vorhandene vorhanden, und nie das, was eigentlich vorhanden sein müßte, nicht weil es besser oder schlechter wäre, sondern weil es etwas anderes ist. (...)« Eine bessere Definition kann ich mir nicht denken. Denn es geht nicht nur um das pure Abwesende, sondern um den komplizierten Fall des Abwesenden im Vorhandenen (Gegenwärtigen).
Ein wunderbares Beispiel spielt sich gerade, während ich das schreibe, mittags an der Fontaine de Médicis, gegenüber ab. Auf der anderen Seite des Wassers sitzt ein Paar. Ein ungleiches Paar. Sie, eine große stolze Frau mit üppiger

Mähne, der blassen gelblichen Haut und dem unnahbaren dunklen Blick einer Spanierin. Zwischen dreißig und vierzig, vermute ich. Er, ein altes Männchen (vielleicht älter aussehend, als er tatsächlich ist), bis auf die Knochen ausgemergelt, abgezehrt, mit wächsernem spitzem Gesicht. Auch Spanier, vermute ich. Sie haben die Stühle so gestellt, daß sie sich verschränkt gegenübersitzen. Während die Frau gelassen und locker in ihrem Stuhl sitzt, in der linken, von der Lehne herabhängenden Hand eine glimmende Zigarette, und gleichgültig und herrisch in der Gegend herumblickt, ist das Gesicht des Mannes eine einzige schmerzhafte verzehrende Inbrunst. (Hier wieder der Punkt: man kann nie genau das ausdrücken, was man fühlt, und auch nicht, was man sieht.) Die Frau sitzt da wie eine kalte Statue und läßt sich die Liebesbezeugungen des Männchens gefallen, die eben kein Geplänkel sind, sondern von flehentlicher Eindringlichkeit. Er küßt ihr die Hand, er vergräbt sein Gesicht in ihrem Haar, er schließt die Augen, legt den Kopf in ihren Schoß. Jede Geste ist zart und eindringlich zugleich, so als wäre es zugleich ein Abschied für immer, so wie ein Todkranker sich ausdrückt vielleicht, bei dem jede Geste die Schwere der Endgültigkeit hat, er aber trotzdem versucht, sie aus Takt *leicht* zu machen. Das Ganze hat etwas Abstoßendes (Krankhaftes) und Herzzerreißendes zugleich.
Und die Frau? Ganz anwesend, ist sie abwesend, und je länger die Szene sich abspielt, desto vergeblicher wirkt sein Werben und desto weniger lächerlich wirkt er – ein in die falsche Zeit verschlagener *Heros*, dessen Flamme abbrennt.

Später
Der Roman: Anfang: der Traum (»Es fängt an mit der Farbe

Weiß«). Dann langer Exkurs über das Vergessen. Dann Aufwachen aus der Narkose – der eigentliche Beginn. Rückschreitende Geschichte (linear). Dazwischen eingeschoben: das gleichzeitige Leben der anderen Personen in ihren *Geschichten* = Leben nur als Geschichten dieses Lebens (horizontal). Am Ende steht der Anfang.

Später
Über die *Unzulänglichkeit der Gefühle* – besser: aller menschlichen Beziehungen, auch der vollkommensten – s. Virginia Woolf (Lighthouse, S. 51).

6. Juli
Es wird ein statisches Stück sein. Die Personen erzählen sich und ihre Träume. Zulaufend auf den Punkt der Kristallisation (Titel: *Hortensien*).

Später
Jeder Künstler lebt immer am Rande des Durcheinanders von Kunst und Leben. Und die Tragik der meisten Künstlerleben rührt daher, daß sie weder mit dem einen noch mit dem andern noch mit dem Balanceakt zwischen beiden zurechtkommen. In Zeiten einer Krise, wie jetzt, leide ich immer unter der Zwangsvorstellung, vom *wirklichen* Leben ausgeschlossen zu sein – was natürlich Unsinn ist und nur eine Folge des hauptsächlich auf der kontemplativen Seite verbrachten Lebens, auf der man dann ein Ungenügen der aktiven Seite empfindet. Das heißt: aus Ungenügen (und Unsensibilität und Verwundungen), aus Mangel also, weniger aus dem Überfluß – dem Spieltrieb – am Leben wendet man sich der Kunst zu und aus Krisen mit der Literatur

wieder dem Leben zu. Dabei müßte es anders sein: so wie die Liebe zwar meist aus einem Mangel (einer Leere, einem Loch) entsteht, aber nur dann richtig ist, wenn sie aus Überfluß (Stärke, Gelassenheit, Liebesfähigkeit) geschieht, so müßte die Kunst dem Leben nicht das Leben entziehen, sondern verstärken und erweitern.

Zur Liebe: wenn *Kennen* die erste Voraussetzung dafür ist, dann bin ich ein schlechter Liebender. Aber ich zähle die Zeichen zusammen und versuche, daraus Rückschlüsse zu ziehen – nicht ob und wie jemand *mich* liebt, sondern wie er *liebt*.
Ver-rückung der Realität in eine Inszenierung: quer durch Paris sehe ich Figuren aus meinen Erzählungen. Doppeleffekt: unterhaltend und kathartisch: spiele die eigenen Ängste (Phantasien) so oft durch, bis du sie los bist. Zeichensystem total, Inkarnation der *Abwesenheit*.
Nicht daß ich – wie einmal behauptet – nur geliebt werden wollte anstatt selbst zu lieben – das heißt Energie und Aktivität zu entwickeln – nicht grundsätzlich ein sehr freundschaftliches Element immer in meinen Beziehungen zu Männern entwickelt habe, aber der Unterschied zur Freundschaft ist eben die *leidenschaftliche* Faszination.

Bei B. beruht es auf seiner Großmütigkeit, seiner extremen, asozialen Einsamkeit, seiner Lebendigkeit, seiner Verrücktheit.
In einem Punkt fühle ich mich allerdings unterschätzt – wie viele Fehler ich auch gemacht habe, um *geliebt zu werden*, so stark ist auch immer ein souveränes Element in mir, das dazu neigt, den anderen zu verstehen, wie Brodsky das in seinen *Erinnerungen an Leningrad* sagt, das heißt, auch

seine Gegner zu verstehen. Und dann ist da auch manchmal ein großer Rest an Gleichgültigkeit in mir, so daß ich die Dinge laufen lasse, auch wenn sie sich gegen mich richten, weil ich mich dann innerlich abgekoppelt habe. Aber diese Ungenauigkeit im Seelischen rächt sich furchtbar, weil sie Mißverständnisse produziert, die einen dann erschlagen und unter sich begraben.

12. August
Luhmann, Liebe als Passion, S. 14:
»...daß die Gesamtheit dessen, was konkret einen Einzelmenschen, seine Erinnerungen, seine Einstellungen ausmacht, für einen anderen zugänglich sein kann, schon deshalb nicht, weil sie auch für ihn selbst nicht zugänglich ist (wie man an dem Versuch von Tristram Shandy, seine Biographie zu schreiben, ablesen kann). Aber es gibt natürlich ein ›mehr oder weniger‹ dessen, was man vom anderen wissen und beachten kann.«

S. 30 (Liebe) »Sie ist Internalisierung des subjektiv systematisierten Weltbezugs eines anderen«; (*Verstehen*, *Kennen*) »Soweit es überhaupt um ›Geben‹ geht, besagt Liebe deshalb: dem anderen zu ermöglichen, etwas zu geben dadurch, daß er so ist, wie er ist.«

15. August
Was die Erzählungen vor allem behandeln: daß eigentlich Liebe aus Hoffen auf Liebe besteht; daß Liebe in erster Linie aus illusionären Zügen besteht; daß diese Illusionen mitgeliebt werden (mitreflektiert), und die Kraft der Liebe für stärker gehalten wird als das illusionistische Element.

Daß keine Liebe ohne Bezug auf Sexualität, als der heimlichen Garantie für diesen Mechanismus denkbar ist.

18. August
Luhmann: »Bei Intimbeziehungen wird doch genau diese Situation zum Text auf die Frage: handelt er so, daß er meine (und nicht seine) Welt zu Grunde legt?« (S. 42)

»Die angestrengte Beobachtung des anderen auf jedes Zeichen hin, das er (absichtlich oder unabsichtlich) gibt als Hinweis auf eine Möglichkeit, ihm ein Zeichen der Liebe zu geben, gehört zu den wichtigsten Vorschriften der klassischen Liebessemantik. Die dem zu Grunde liegende Einsicht lautet, daß nur kontinuierliche Aufmerksamkeit und Dauerhandlungsbereitschaft im Blick auf den anderen wirkliche Liebe zu symbolisieren vermögen.« (S. 44)

»Und dazu gehört, daß man gerade dem, den man liebt (und der sich selbst als dauerhaft weiß) bescheinigt, daß man durch ihn und durch die Liebe zu ihm das eigene Ich entfaltet. Identität muß also als Stabilitätsbegriff zugleich gehandhabt werden.« (S. 45)

»Die Interaktion der Liebenden muß mit für sie günstigen Besonderheiten ausdifferenziert werden. Neben der körperlichen Berührung ist ein Gespräch eine hierfür besonders geeignete Form.« (S. 45)

22. August
Das ständige *Schwanken*, aus dem, wenn ich dem Gespräch gestern auf dem schwankenden Schiff, bei der Überfahrt von Folkstone nach Boulogne, glauben darf, das *Leben* besteht, da es nie eindeutige Lösungen gibt, sondern immer nur ein Ausgesetztsein gegenüber dem Vagen und Offenen – beruht vielleicht weniger auf etwas Negativem, nämlich auf dem Dualismus von Emotion und Vernunft. Dieser Dualismus ist genauso falsch wie der von Sexualität und Geist, Sexualität und Gefühl etc., wie er die ganze christlich-abendländische Kultur durchzieht. Emotion und Verstand sind kein Widerspruch, sondern komplementäre Seiten der menschlichen Komplexität, die sich wechselseitig beflügeln und anfeuern und steuern – sich aber auch behindern, wenn die Niveauebenen in beiden Bereichen unterschiedlich sind. Konkret: im Emotionalen wie alle *Normalen* zuweilen auf die infantile Stufe zurückfallen mit der Sehnsucht nach Geborgenheit, Integration, Normalität. Zugleich aber dagegen und gegen die unterdrückenden Normen dieses Milieus opponieren.

Wie also einen Weg finden, der die Fragilität akzeptiert, ohne daß er deshalb die emotionalen Fähigkeiten der Wärme, des Humors etc. für andere, und die Fähigkeit zum Wünschen andererseits amputiert? Bei der Fixierung auf einen anderen, die als *Liebe* interpretiert und ausgedrückt wird, heißt das, in einem Paradox zu leben:

1. Schritt: das Unmögliche zu wollen und zugleich zu wissen, daß es nicht geht (das Endziel: das Paradies = der Tod = der Abbau von allen Spannungen = Stillstand).

2. Schritt: nicht das *Ziel*, sondern der Prozeß der Liebe selbst als das Eigentliche zu verstehen. Das Hin und Her zwischen dem Unwahrscheinlichen und dem Wahrscheinlichen nicht nur als schmerzlichen Widerspruch zu *erleiden*, sondern auch handzuhaben als eine gegebene Bedingung

des Lebens, die ja auch Steigerung des Lebensgefühls bedeuten kann.

Später
Aber was bleibt bei all dem übrig für die Sehnsucht nach Gegenwart.
Nichts mehr zu sagen.

24. August
Die Franzosen tragen ihre Gefühle auf der Zunge, sagte der Fremde (Alain) auf dem Schiff, auf der Überfahrt, sie machen sich ein Vergnügen daraus, sie beim Diner genüßlich zu sezieren. Die Liebe existiert bei ihnen nicht als tiefes Gefühl, sondern nur als Diskurs über die Liebe. Die Engländer dagegen scheuen sich, über ihre Gefühle zu sprechen und verbergen sie lieber. »Wenn du ein Korn hast, bedecke es mit Sand, um es im Stillen wachsen zu lassen« – dachte ich. In jedem Fall hat der indirekte Vorwurf gesessen. Aber *ich* bin nicht französisch, sondern sehr deutsch – »wes das Herz voll ist . . .« (ist er nicht sehr deutsch, dieser Mangel an *Taktik*?).

25. August
Man kann nicht wirklich mit zwei Männern schlafen. Entweder ist das eine Routine und bedeutet nichts, dann geht es vielleicht so lange, bis das andere auch nichts Weltbewegendes ist. Aber in dem Moment, wo man physisch auf einen Mann fixiert ist, geht es nicht – es sei denn, wie in literarischen Fällen (*Fiesta*, *Fangschuß*, *Lady Chatterly* etc.) – mit einem anderen. Das hat nichts mit Moral oder Treueethos zu tun, das ist wie eine Naturgegebenheit.

5. September
Wahre Liebe ist nur als poetische Liebe möglich. *Wirkliche* Liebe ist nur als vitaler Prozeß möglich, in dem Schmerz, Freude, Gefühl und Sexualität mit allen Veränderungen und Schwankungen erfahren und verarbeitet wird.
Wenn es nach Luhmann immer um die Kardinalfrage geht, ob der andere den eigenen subjektiven Weltbezug verinnerlicht, ob ich den subjektiven Weltbezug des anderen verinnerliche – wie weit haben wir das erfüllt und wo sind die größten Überschneidungen? Was die Selbstreflexion in der Liebe und die Reflexion über die Liebe betrifft – wo sind die größten Übereinstimmungen?
Satz von Ul. Oe.: »Eine Liebe ist nur dann eine Liebe, wenn sie von beiden als einzigartig und bedeutend verstanden und gelebt wird.« Hinzuzufügen ist: in jedem Moment die Liebe nicht als etwas Naturhaftes begreifen, sondern als *Projekt*.

Was mich selbst betrifft, so bemerke ich – nach dieser langen Krise –, daß ich für alle Zukunft nicht mehr gewillt bin, mich der *Regie* eines anderen zu unterwerfen. Man spielt entweder zusammen und ist sowohl Textschreiber, Schauspieler, Regisseur zugleich, oder man läßt es. Kurz: entweder decken sich die Wünsche, Vorstellungen, Handlungen annähernd von selbst oder man läßt es. Alles andere läuft entweder auf Vergewaltigung des anderen (wenn man selbst Regisseur spielt) oder auf Vergewaltigung seiner selbst hinaus (wenn der andere Regisseur spielt).

Später
Wie Schlemmer: weg vom Absoluten und das Transparente im alltäglich Sichtbaren aufscheinen lassen, in der nächstlie-

genden Wirklichkeit (s. Fensterbilder). »Heute, wo ich nicht mehr an das allein seligmachende picassible Abstrakte glauben kann und auch nicht mehr den Mut finde zu ehejenigen Modernen, geht mir in einer eigentümlichen Weise die Welt des Sichtbaren auf, in ihrer ganzen Dichte und surrealen Mystik.« (Brief von Schlemmer an Julius Bissier vom 11. Mai 1942)

Später
blatt / auf dem herz / leicht und schwer / sich regend / bei jedem atemzug / reglos

6. September
Spirale – (wie 24. August) –

7./8. September
Denkwürdige Nacht vom 7. zum 8. Zum ersten Mal seit Jahren vollkommenes Glück der Nacht. Wie viele Nächte hat es früher gegeben, in dunklen Zimmern, vor Spiegeln, vor Fenstern, und dahinter der Park oder der Mühlengarten und als Musik *I know why* und immer diese Mischung von Schmerz und Erwartung. Meine Kerzen brennen nun freilich umsonst diese Nacht. Aber es gibt keinen Grund zur Verzweiflung. Es wird für mich immer diese Nachtwachen geben – und im übrigen das Leben, das gelebt werden muß. Vielleicht habe ich es zu spät gemerkt – aber es wäre immer nur der Tod gewesen, der uns verbunden hätte, und nie das Leben. Gleichgültig, was wir fühlen oder wollen, und immer wird es nur eine Stunde geben, eine Geste, oder eine Nacht wie diese. Immer aber werde ich warten, in dieser finsteren Nacht, und niemand wird Erbarmen mit mir haben.

(Könntest du nach all dem noch darauf bestehen, daß die Liebe heiter und frei, schön und sinnlich und natürlich ist – und nicht tragisch?)

8. September
Als ich aufwachte, war das Fenster geschlossen. (Das ich vor dem Einschlafen offenstehen gelassen hatte.)
Zunächst: arbeiten und fröhlich sein und leben. Die Zeit der gewaltsamen Lösungen ist vorbei.

11. September
Much ado about nothing, sagte der Schwule auf dem Schiff zu mir. Als Lebensphilosophie genommen, stimmt das und stimmt nicht – es stimmt, als es meist viel Theater gibt und die Sache, um die es sich dreht, ist eine Seifenblase, es stimmt nicht, weil das Konzentrat des Lebens gerade in diesem *ado*, also *Theater* liegt, und eingerechnet des *Irrtums*, aus dem das Leben gerade besteht und den man wissend immer wieder begeht, lohnt das Theater allemal, ist möglicherweise das einzig Lohnende?
»Je suis rousse – et alors?« (Reklamespruch)

Eine riesige Mauer gegen den Mittagshimmel, südliche, trockene, von der Sonne unter dem Geruch nach Steineichen, Kastanien, Oleander, Thymian und Staub gesättigte Luft, ein träger Mittag in der Provinz. Tauben kreisen am Himmel wie Geier, über der Mauer. Die Mauer ist eine Wand, eine antike Bühnenwand aus riesigen Quadern, mit Nischen. Eine helle Augustusstatue in der Mitte, ein paar Säulenstümpfe aus Marmor, leere Nischen. Monumentale Leere, unter südlichem Himmel, Worte, gegen den Himmel geschleudert, aber die Götter bleiben stumm. Statt dessen Pop-Musik aus Lautsprechern, Werbespruchbänder über der leeren Bühne und ein paar deutsche Touristen.

Eine Zeitlang sagte ich mir, ich müsse leben. Täglich sagte ich es mir neu, und jeder Morgen war bleiern auf der Brust und der Himmel war grau. Diese Müdigkeit, und alles farblos, und das einzige Glück, wenn ich betrunken war. Das aber war ein nervöser Zustand der Angeregtheit, und am nächsten Morgen wußte ich nichts mehr.
Aber plötzlich, in diesem Sommer, geschah mir etwas, was den Gedanken an den Tod in den Hintergrund rückte und das Licht verfärbte: ich entdeckte, daß es jemanden gibt, der noch mehr vom Tod, von der *Angst* vor dem Tod, von dem Wahn, den er nicht abschütteln kann, der jede Handlung unter dem Licht der *Sterblichkeit* sieht, besessen ist als ich. Und so habe ich diese symbolische Reise gemacht – denn im Leben erwarte ich nichts mehr an normaler, nämlich nichtliterarischer Wirklichkeit –, um durch den Fluß Tod zu gehen (symbolisch, d. h. durch das Vergessen, den Schlaf, den Traum, die Leidenschaft), um meine Lebendigkeit, Vitalität, intensive Freude zu behaupten.
Also leben. – Und die Todesbesessenen (Sterblichkeitsbesessenen) sollen sich von meinem lebendigen Herz nähren, so lange es reicht. (Sie stiften die *Szenen* und ich das *Gefühl*. Also: Parasiten meines Gefühls.) Immerhin lautet das Lied des Troubadours heute, in Arles, unter Platanen, am Boulevard des Lices, mit Saxophon und Gitarre: *Take five* und *How high the moon*.

Ionesco, Tagebuch
»Das ist also, nach vielen anderen, eine neue Bestätigung

dafür, daß Unwissenheit die Ursache unseres Leidens, ja vielleicht sogar sein Wesentlichstes ist. Da wir nun einmal Unwissende bleiben müssen, gibt es nur eine Lösung: Ignorieren wir unsere Unwissenheit und haben wir Vertrauen, tun wir so, als wüßten wir.«

»Für mich ist Freiheit ein Lebensbedürfnis.« Diesen Satz in Ionescos Tagebuch lesend, in *Abgrenzung* zu der Frau, die ihn (Ionesco) liebt, in der Liebe aufgeht, für die es *nichts* gibt außer dem *Haus* der Liebe – also die Selbstaufgabe der Frau für ein Leben *second hand*, und gerechtigkeitshalber muß man sagen: kein *Mann* hat es von ihr verlangt, sie tut es freiwillig, weil diese masochistische Art der Weg ihres Glücks ist – wenn denn die Geschlechterteilung sein muß (aber nicht nur, weil die Männer es so wollen, sondern weil die Frauen es gern so haben), ziehe ich es vor, den männlichen Part zu spielen. – (Natürlich ist das Unsinn – dieser Geschlechterdualismus existiert nur in der öffentlichen Meinung, da es für beide Beteiligten so bequem ist, sich an das Rollenverhalten wie auf eine ewige – unhistorische – Wahrheit zu berufen.)

In diesem Moment, inmitten des Tourismus des Boulevard des Lices, mit Zigarettenkippen, Papierfetzen, Urinrinnen (die das Pflaster zeichnen), Leuchtreklamen, Schülertrupps etc. Ionesco: »Man will dir deine Haßliebe nehmen, man will dich lebendig schinden, man stößt dir das Messer ins Herz, und man verlangt von dir, daß du die Rechtfertigung desjenigen verstehst, der dich verwundet und tötet. Wenn ich sie verlasse, nehme ich ihre Haut, ihr Leben mit mir fort und meines auch. Wir beide werden dann Invaliden bleiben, ohne Hoffnung auf Heilung.« (S. 161)

Später
Vielleicht der wichtigste in der nächsten Zeit zu entwikkelnde Gedanke: Literatur als *Alibi*. (Weiter ausführen)

12. September
Der Morgen ist schön. Herbstlich frisch, sonnig. Im Garten zwischen Steinen und Blättern, Palmen und Steineichen. Weiße Gartenmöbel. Geschirrgeklapper, heißer Kaffee und offene Fensterläden. Sonnenflecken auf der Mauer. Säulenstümpfe im Gras. Morgen: Alyscamps.
In den offenen Sarkophagen welke Blätter und Pinienzapfen. Eine Allee der Seligen, eine Allee von Steinen und Bäumen. Ein fast menschenleerer Weg, im sanften Licht. Vogelrufe und Geruch nach Pinien und Lavendel. Sonst Stille. Und Abgeschiedenheit. Antikische Ruhe – keine 19.-Jahrhundert-Atmosphäre von gothischem Todeskult. Gelbes Moos an Sarkophagen. Die geschlossenen Sarkophage: Deckel aus Stein, wie mächtige Dächer mit Giebeln. Oder hohe Platten, tonnenschwer über der Leiche, wie ein zweiter, umgedrehter Sarkophag. Steinbänke dazwischen, auf Sockeln. Da sitz ich, Bein über Bein. Efeu über der Mauer.

PAX AETERNA
dulcissimae et insolentissimae
filiae . . . omni tempore
vitae suae desiderantissimae

Auf einem Sarg mit gedrechselten Bänken.
Leere Kapellen, Ruinen, Halbdunkel, Nische wie Fenster, leer, Kreuzgratgewölbe, quadratisch, und Glasfenster. Und Staub und eine offene Tür über Rundbogen ins Freie.
(Der Tod gewinnt sein heidnisches Antlitz zurück, die Vergänglichkeit strahlt durch die heitere Wärme des Tages, zwischen Steinen und Pinien seine ruhige Anwesenheit,

ohne Schrecken. Sonne und Licht und Tod. Im Stein, in den leeren Augen der Heiligen, im erhobenen Finger.)
(Sah eine Eberesche. Und viele Akazien.)
Die Arena: Schreckensgerüst unter tödlichem Himmel. Düstere Gänge, Verliese. Scherben und Abfall. Und Geruch nach Sägemehl.

Place de Forum. Platanen, eine schäbige Seite: ziemlich verfallenes Haus mit billigstem Neon-und-Papp-Verschlag-Vorbau à la Snack-Bar. Ein typisches 19.-Jahrhundert-Denkmal, von stolzem Nationalismus, Blick in die Ferne, großer Hut, Gehrock, Brust geschwellt (Pintral, der große Stadtheld). Dann: ein verfallenes, geschlossenes Belle-Epoque-Hotel mit brüchigen, splitternden Fensterläden, weißen Balustraden als Dachterrassenfries und einem tiefroten Vorhang, geschlossen, an dem Fenster, vor dem ein rostiger Gitterbalkon hängt. Die ideale Bühne für ein Freilichtmelodrama à la Romeo und Julia. An der Ecke ein fragmentarischer römischer Giebel mit Moos und zwei Säulen mit Akanthusblättern.

Ionesco: »Seither versuche ich alle Tage, mich an etwas Beständiges zu klammern, ich versuche verzweifelt, eine Gegenwart wiederaufzufinden, sie festzuhalten, zu weiten.«
(So bei mir äußerste Gegenwart an bestimmten Orten in Paris, z. B. Square Pecqueur. Schreiben ist nicht nur Flucht aus der linearen Zeit, die zum Tod führt, sondern Suche nach *Gegenwart*.)
Ionesco weiter: »Ich reise, um eine intakte Welt zu finden, über die die Zeit keine Gewalt hätte.«

In der Ruine des antiken Theaters Steinblöcke, Säulenreste, Torbögen, Treppenhalbrund, das alles überwachsen von südlichem Grün, Taxus und Feigenbäume. Ich sitze, gegen einen alten Gesteinsquader gelehnt, unter einem mächtigen Steineichenbaum, im Schatten darunter ein wild wachsendes Gärtchen vor Mauer und Laterne, Ruinen und Schatten, ein Wassergeriesel im Sand, der Nachmittagswind und bald ein Glas Côtes du Ventoux. In der Ferne über dem Treppenrund ragen zwei riesige Pinien, nicken im Wind.

Ein grausamer Drang nach Absolutem, nach Eindeutigkeit führt nur zu Zerstückelung. Ist Krieg – für ein Prinzip, im Namen der Klarheit – abgesehen von einer gewissen Konstanz der Gefühle. Jetzt muß man heilen – keine Destruktion.

Gegen sechs in einer Schaukel im leeren Garten auf der oberen Terrasse. Ein Balustradengeländer trennt von dem unteren Teil, darauf stehen alte Weinkrüge und Töpfe mit bunten Pflanzen. Kiesboden und Pfirsichbaum und Weinlaub und vor mir die gelbe Mauer des Hauptgebäudes und hinterm schrägen, rotgeziegelten Dach ein weißer Kirchturm mit Rundbögen und Wasserspeiern und ein anderes Dach, rot und sandgelb und kalkgrau mit gebogenen Ziegeln gedeckt. Dazu die abendliche Sonne und ab und zu das Flügelrauschen eines aufflatternden Vogels.
Es ist, als ob der Süden allen Schutt der Seele lockerte und ins Rollen brächte. Man müßte gelassener hier werden und liebesfähiger, statt *Schutt* könnte ich auch *Verknotungen* sagen, die im Norden entstehen wie die Melancholie oder verkrampfte Glieder.
»Ah, das Leben ist uns geschenkt, um gelebt zu werden.« (Ionesco)

Abends: auf der Place de Forum: eine Oper: Mimi hustet, das ist die Kellnerin, die Platanen duften nach Nacht, der Himmel ist samtblau, der Platz ziemlich leer – nur wenige Tische sind besetzt, und trotz aller Bekümmernisse ist es einer der schönsten Plätze, die man sich denken kann. Alte Laternen, südliche Stadthäuser, drei vor meinem Blick, aus gelbem Stein, mit schönen Fenstern. Ein Platz mit Platanen, mit Tischen, mit Lichterketten, mit alten Stadthäusern drumherum, mit alten Laternen, mit Laub auf dem Boden, Hunden zwischen den Tischen und wenig Leuten.
8.40 Uhr – und es ist dunkel. September.
In einiger Entfernung mir gegenüber ein Schwulenpaar – der eine sicher Mitte sechzig, Typ Roland Barthes und schütter-ironischer Bonvivant, der andere schlecht erhaltener Mitvierziger, sehr verlebt, hager, schlingt das Essen in sich hinein, trinkt, als ob er das Essen von dem anderen spendiert bekäme und lange nichts gehabt hätte.

Ein kleiner Hund spielt, an gelber Leine.

Thema: zwei Schwestern in einer Provinzstadt: sah sie heute mittag, jetzt am Abend wieder. Große Häßlichkeit, gepaart mit Overdressing. Provinzchic, zu sehr gestylt, B. würde sagen: *Tanten*.

Am Ende sitzt der wollige Pudel allein angekettet unterm Tisch, ununterbrochen die heftigsten Zerrbewegungen machend, weil ihm, wie einem Baby, etwas in die Nase gekommen ist, dazwischen mit ausgestreckten Vorderpfoten, geduldigen Blicks daliegend...
Nun aber eine irre Szene: ein Greis in schneeweißem An-

zug, ein Freund offenbar des Gastwirtpaars, kommt, nachdem er schon einmal dagewesen ist, wieder: in einem alten Stück Stoff trägt er ein Bild, oval gerahmt, auf Fuß. Das Bild einer Frau. Läßt sich einen Tisch herausbringen, stellt das Bild auf. Geht weg, kommt zurück mit einer Flasche Champagner. Setzt sich an den Tisch, holt sich ein Glas von meinem Tisch, sagt auf meine Frage: c'est ma mère, propriétaire de l'Hôtel Pinus (das ist das in meinem Rücken, das geschlossene Hotel). (Ich glaube natürlich kein Wort davon... der weiße Anzug... *Sommer*-Anzug...)

Dann gibt's Champagner, von dem Alten spendiert, der sicher ein Clochard ist, und mir erzählt, von guten Froschschenkeln, die es morgen im *Nougiant* gibt, um 21 Uhr...

Unter die Autokarosserien kriechen Katzen, ducken sich, lauern. Dann der Blick der Kellnerin, als sie sich hinhockt, vor den Tisch, an dem ein Mann sitzt, der ihr wohl gefällt...

Und bei all dem wieder die Abendserenade, angefangen mit *Take five*.

Ab und zu segelt ein welkes Blatt auf einen Tisch.

»Ich habe immer versucht zu leben, doch ich bin am Leben vorbeigegangen, das ist etwas, was die meisten Menschen empfinden. Ich habe mich nicht vergessen können. Um mich zu vergessen, müßte ich nicht nur meinen eigenen Tod vergessen, sondern auch vergessen, daß alle, die ich liebe, sterben werden, und daß die Welt ein Ende nimmt.«

22 Uhr: der Sektspendierer ist niemals etwas anderes als ein *Clochard*. Er ist zu *unterwürfig* – trotz des *feinen* Anzugs merkt man ihm seine Unterdrückung an – und auch seine Fürsorglichkeit für den Hund zeigt die Identifikation der Schwachen.

Und mit dem Holzgeruch, und mit dem Zigarettengeruch und mit dem Wind der Nacht... ob ich je vom *Geist* wegkomme? Es scheint, als geschähe es hier... so wie Benjamin geschrieben hat, die Individualität lockere sich wie ein hohler Zahn...

13. September, Avignon
Gleich beim Betreten der Stadt empfängt mich ein wunderbarer südlicher Boulevard, mit Wasserfontänen, großen Stadthäusern und schattiger Allee – mein Herz ist sofort entzückt. Dann ein schöner, in sanfter Schwingung verlaufender Square vor einer gotischen Kathedrale und einer Balustradenmauer mit 18. Jahrhundert-Figuren. Palmen, Trompetenbäume, Akazien, weiße Eisenbänke und Rosenbeete 2 m hoch, und die Häuser von südlicher Eleganz. Ich sitze in der Sonne, unter einer Bank eine Katze in Beobachtungsstellung, es ist früh, auf ein paar anderen Bänken schlafen junge Männer und Penner.

Rue des Lices: die Straßen haben kaum Bürgersteige: eng, voll Autoverkehr. In einer Nische über einem Haustor eine Madonna aus Stein. Place des Corps Saints: in allen Kirchen, so scheint es, wird gebaut. Baugerüste, Zementmaschinen, Schuttrohre. Dann in einer Seitenstraße *an einer Kirchenmauer* ein Relikt aus den großen französischen Zei-

ten, das mich ergötzt: direkt an der Mauer ein Stehpissoir, mit ein paar Eisenparavents davor, und man sieht die Füße und den Kopf dessen, der grad da steht, und das Ganze ist mit bunten Wahlplakaten für einen Kandidaten beklebt.
11 Uhr, blecherner Glockenschlag, und die Sonne wird langsam intensiv.

Die Rue des Teintureries – was man pittoresk nennt. Viel Kaputtes, Ockergelbes, rostige Balkönchen wie Käfige. Schön die Brücken über das winzige Flüßchen, die die Straße mit den Toren an der gegenüberliegenden Mauer verbindet. Zum ersten Mal begreife ich die Art, wie ein Mühlrad funktioniert – viel nasses Moos auf den Rädern.

Auch die kleine Kapelle Sainte Claire wird restauriert – sie ist ganz ausgehöhlt und im Hof nebenan rotiert die Zementmaschine. Hier diese offenen Fensterbögen und Durchbrüche verstärken den Eindruck von Helligkeit und Leichtigkeit, dazu der völlig *unpoetische* gelbe Sandstein – Petrarca müßte mit Lauras Erscheinen im wörtlichen Sinne seinen *Lichtblick* gehabt haben.

Todmüde gegen Mittag auf der Rue de la République, Place de la Préfecture. (Auf dem Klo ein gelber Tennisball.)

Papst-Palast und -Platz zu monumental. Das einzig Schöne das Haus Nr. 19 gegenüber: eine Dachterrasse mit Palmen, Efeu und Balustraden und weißen Gartenmöbeln.

Irre Müdigkeit.

Immer wieder trifft mich das Verfließen der Zeit wie ein Messerstich (seltsam: dies widersprüchliche Bild: Fließen und Stich, langsam, kontinuierlich und plötzlich, Sanftheit (aber auch Betäubung) und Brutalität (aber auch Erwachen): die *Bar au rêve*, wann habe ich sie entdeckt? Im Dezember? Zehn Monate – das Schlimme: es ist die *objektive* Zeit, nicht die *psychische*. Vielleicht könnte man sich sonst besser abfinden?
Die Stadt riecht nach Herbst. Nach Holzkohle, nach frischem wolkigem Morgen und kühlen Abenden. Überall welke, trocken knisternde Blätter. Plötzlich. Gestern noch Frühherbst, heute Ende der Saison. Auf dem Platz rasseln die Ketten – die Kellner stapeln die Stühle und Tische und ketten sie fest. Kehraus und nur traurige Reste. Aber am Ende der Gasse leuchtet eine Birne, und diese Reise ins Alleinsein und Zusammensein – das ewige Paradox, unlösbar – wird jedenfalls nicht *vergessen* sein. Also: gelebtes Leben.

»Wir werden sterben«, sagte er, »und die Zeit verrinnt und verrinnt. Und nur ab und zu, an einem Abend an einem Platz, erinnert eine Melodie daran, daß wir immer schlafen, das ganze Leben. Aber auch: daß wir *gelebt* haben.«

17. September
Amelia Rosseli: »Ich suchte das Unendliche: fand den Topasstein zwischen tibetanischem Granit.«

18. September
Giovanni Giudici: »Jemals ein gnädiges Gesicht in euch entdecken.«

19. September
Ein Schatten am Fenster zum Hof.

20. September
Baum, Stein, Hortensie, Garten, Straße, Licht, Fenster etc. sind in dem Stück (*Hortensien*) nicht Sehnsuchtsformeln der *Idylle*, sondern abstrakte Zeichen einer Lebenslage – einer existentiellen der äußersten Reduktion und einer poetischen in dem Sinne, als Dichtung nicht Poesie ist, sondern Leben (vgl. Eliot). In diesem Sinne sind die Formeln des auf Äußerstes reduzierten Lebens, sowohl Zeichen des Mangels als auch des Gegenteils – es sind wie die dürren gefrorenen Blätter der Hortensien die Orte, wo die Reste des Lebens sich sammeln.

22. September
Comédie humaine
oder

1) Sammy et Rosy s'envoient en l'air
2) Bagdad Café
3) Casanova
4) Blaubart
5) Amelia Rosseli
6) Reise in die Provence
7) Rot-Schwarz-Grün-Gelb
8) Acht
9) und sieben

10) der Tod
11) *alles nur Kino*
12) eine Liebe, die nicht paßt
13) eine andere Liebe, die auch nicht paßt
14) Händel
15) Hunde
16) T. S. Eliot
17) Löcher in den Rosen
18) Herzogin von Guermantes: = der Dorn in seiner Hose
sticht leider keine Rose
19) Geduld
20) Gabriel Marquez
21) Zug-Begleiter
22) Tränen
23) Katzen
24) Freundschaft
25)
26) ein Sandeimer
27) Luhmann
28) lebende Bilder
29) die sieben Fallen
30) älter als
31) Rosengarten
32) Voyeurismus
33) amour fou?
34) die drei Orangen
35) eine Selbstanalyse
36) Adieu – les Adieux
37) Laura mit 70
38) der *edle Verzicht*
39) Warten
40) *lebendig tot*

41) Mitleid
42) Amputation
43) nicht gegen ihn
44) *nicht mit dir und nicht ohne dich*
45) unablässige Revolte
46) *rette deine Haut*
47) *komm doch zu mir*
48) Nachtwind
49) Blätter
50) bis daß der Tod uns bindet
51) September
52) Verfließen der Zeit
53) Hof
54) Stein und Baum
55) Mörtel
56) Schaufenster, Spiegel
57) Projektionen
58) *das ist endgültig der letzte Akt*
59) immer da
60) unbelehrbar
61) Gedicht
62) Jahreszeiten
63) Kraft? Schwäche
64) Dankbarkeit
65) Unerfüllbarer Wunsch (hochtrabende Worte): »niemals jemand anderes Kummer sein«
66) Frage: »Kannst du das denn akzeptieren?«
67) »geh doch geh doch ich kann ja deinen Schmerz nicht ertragen«
68) Melodrama – Tragikomödie
69) Seifenblasen
70) »er schickt mir lauter Doubletten«
71) Jardin du Luxembourg
72) schwarze Pünktchen auf rotem Grund

73) Brief an N im Jahr
»was hast du doch für ein Hasenherz gehabt, daß du geglaubt hast, ich ...«
74) »ich bin die Rose und der Dorn«
75) Treue
76) Kiesel in der Welle
77) Geräusch des Regens am Morgen im Hof
78) Gehen
79) Aufhören zu warten
80) *Blau*
81) Birnbaum
82) Ängste
83) Kleine Begegnungen im Park
84) Frivolität
85) »Freiheit«
86) »die Außenphänomene in die Reihe kriegen«
87) »I'm on my way«
88) »Black is the colour of my true love's hair/his face is something wondrous fair ...«
89) Nachtwachen
90) Hunde
91) Hornbrillen
92) Stimmenimitation
93) Lichter
94) der Blick
95) Koketterie
96) fingierte Gespräche
97) »independance«
98) »different mentality«
99) ach du –... kleiner Feigling, meinst du wirklich, es machte mir was aus, wenn jemand am *Morgen danach* verschwindet?
100) der plötzliche Regen – der kommt dir wie vom Himmel

101) Kette (Strategie) der Verhinderung

Später
Jetzt kann ich Kafka verstehen, der immer im letzten Augenblick davor zurückgeschreckt ist – der Unterschied ist nur, daß ich bezweifle, ob er je *außer mit Worten geliebt hat*.

Und *wo* ist dein Leben? Immer dein Herz *unvollendet* gelassen, und deshalb nie gelitten, außer in Worten, nie geliebt, nie gefreut – *wo* also ist dein Leben: ». . . und von der Straße her kommt ein Geräusch, das war mein Leben.«

Wenn man wechselseitig zu der Ansicht kommt, daß der andere seelisch *amputiert* ist, sollte man das also nicht als Argument (Vorwurf, Entschuldigung, Rechtfertigung für eigenes Nichthandeln) *gegen* den anderen verwenden, sondern gegen sich selbst. Ich glaube, das Problem ist nicht die Verschiedenheit, sondern die Gleichheit der Amputation. Im Grunde aber existiert, was man sucht, nur im Kopf, und die *Liebe* ist die alltägliche Sache (die für den Alltag) – ich selbst bin zu dieser übermäßigen Aufopferung nicht in der Lage – zu egoistisch, was die Arbeit betrifft – ich glaube, ich will arbeiten und sehr menschlich sein und mich im Allerinnersten nicht tangieren lassen. So bleibe ich also in meiner traurigen Verpuppung und werde vielleicht gute Sachen schreiben und nicht glücklich sein. Aber wer ist das sonst?
Der ganze Kummer geht weniger um etwas Konkretes – das Übliche, die eine Geste, die fehlt – als um die plötzliche Gewißheit, daß man *im Leben eingemauert* ist. Im Grunde

ist dieses wenige *Leben* zu teuer bezahlt. Leben als Mumie.

23. September
Am Ende also das alte Literatenproblem. Alles – die Liebe, die Sehnsucht, die Erwartung, die Hoffnung, der Schmerz – spielt sich in Zeichen ab und auf dem Papier. Keine reale Tat. Also keine wirkliche Tat.

25. September
Ein Baum, ein Stein sind für mich niemals Refugium der Idylle. Sie sind Momente der Wahrheit. Einer Wahrheit des Lebens – und der Tod ruht in ihnen, aber nicht bedrohlich, barock, morbid, als permanente Tod*verfallenheit*, sondern wie ein aufgeschlagener Blick von Anwesenheit, die wir als Zeichen, manchmal vor dem Himmel sich abhebend, verstehen. Und der blecherne Klang der Kirchenglocke, über einem ruhig dahinfließenden Fluß, ist wie das Einstehen von Zeit – Erinnerung, Mahnung, das bloße Sein, ohne Metaphysik, das Leben trocken, ruhig, vielleicht grausam, aber vor allem *existierend*.

Klang der Kirchenglocke: Echo im Steinbruch der Seele. – Über der Mauer der Mond.

26. September
Die Sarkophage in den Alyscamps sind gebaut wie Schiffe, und die Toten überqueren mit diesen Schiffen den Styx. So jedenfalls schien mir heute die antike Todesmethaphorik mit dem in Stein Gehauenen übereinzustimmen.

Daß die Liebe sich aus sich selbst zeugt – das weiß ich an diesem denkwürdigen Tag. Wellen von Schmerz – aber kein Kampf. Und ungeheure Zärtlichkeit – in die Ferne.

Später
Das ruhige Herabbrennen einer Kerze vor einer Wand mit einem kleinen Spiegel Vermeerscher Prägung, der Schattenriß von Blumenkelchen auf einer weißen Tür in einem dämmrigen Zimmer – Einspruch und Siegel.

27. September
Baum und *Stein* in meinen Texten sind nicht im antiken Sinn *Einheit* des Menschen mit der Natur (die Natur, von den Göttern bewohnt), nicht empfindsam/romantisch (die Natur als Echo/Dialogpartner der Seele) und auch nicht im ontologisch-fundamentalistischen (Heidegger) Sinn gemeint. Es ist die *unmetaphysische* (weder Götter noch Gott), aber auch unexistentialistische (die Leere der Natur, der Mensch angesichts der Gleichgültigkeit des Nichts, das Schweigen der Natur auf das Rufen nach Gott etc.) Natur. *Baum* und *Stein* sind abstrakte Formeln, die in ihrer Abstraktheit Fragmente einer Erinnerung darstellen, der Erinnerung daran, was einmal *menschlich* war und zerschlagen ist – das Denken von *Baum* und *Stein* als Bestandteilen des *Kosmos*. Und das Sprechen/Schreiben von *Baum* und *Stein* ist noch in der fragmentarischen Formel Widerstand gegen den Zerfall der Welt, der Geschichte, der Geschichte des Menschen. Erinnerung also nur als Fragment, niemals als *Ganzes* – und *Baum* und *Stein* also kein Rückzug in die Neoidylle à la Grüne, sondern – wie übriggebliebene Säulenstümpfe eines antiken Theaters – verheißendes Siegel von etwas, das verloren, aber als Zeichen immer noch gilt – als *Rest*.

Später auf der Treppe an der Rhône sitzend, Nachmittagslicht auf dem Fluß, den weißen Ufermauern, Wind in den Essigbüschen an der Böschung, von fern Geräusche der Stadt, vom andern Ufer Klopfen von Zimmermannsarbeit. »Wo die Hoffnung fehlt, geht alles viel leichter.« (Brodsky, VIII) Aber ich war immer für die Revolte gegen die Aufgabe der Hoffnung. Je stärker die Wünsche, um so lebendiger. Resignation ist Sache der Verbitterten. Verbitterung ist Ressentiment gegenüber dem Leben. Gut, der Schmerz, die Unmöglichkeit und der *Staub* – sie sind da, und man kann nichts dagegen tun, aber unaufhaltsam sich trotz dieses Wissens dagegen auflehnen. Und es gibt Augenblicke wie diese – den Fluß zu lieben, der plötzlich blau ist und sein Schwarz verliert, den Himmel darüber und die Vögel darin, den Wind in den Blättern und die steinerne Ruhe der *Festung* im Licht.

22. September
Was für eine Orgie an Selbstmitleid vor einigen Tagen... Nun ja, auch diese Sentimentalitäten gehören wohl zu mir, und der Humor geht flöten.

27. September
Aus Liebe – jemanden gehn zu lassen. Nichts mehr wollen für *sich* – (was natürlich ist) –

Der Lauf des Flusses

Was übrig bleibt
sind drei Worte
vertrocknet im Mund

wie verschrumpelte Rosenbällchen
in ihrem Schrein der Zeit:
das Herz die Liebe die Weisheit

Jetzt weiß ich
Und der Kranke
wird nicht mehr ängstlich
den Himmel absuchen
nach Zeichen
wie Krücken.

Ich: gab die Seele
und Irrtümer
wie nach einer Klaviatur

Du: gabst die Luft
und den Flügelschlag
Tag und Nacht
wachend.

Aber im Schrank hängt ungenutzt
ein rotes Kleid
und jemand
leugnet den Lauf
der Rhône.

Wär es Liebe gewesen:
sie wäre zu Staub zerfallen
wie die Rosenmumien
beim Strahl des Lichts.

Verdorrt
unter der glühenden Sonne
dieses Südens

denn die Liebe überlebt nur
bedeckt
unter dem Schutz des Sandes.

Das Gesetz:
wer den Lauf des Flusses leugnet
stirbt.

Aber wär es Liebe gewesen
würde ich mit der Großmut der Liebe
dir alles verzeihen
mit einem Augenschlag
(wie du –)

daß die Stimmen der Freunde
sagen von überallher
daß sie wissen
und daß die Liebe
zu einer *Geschichte für andere* geworden.

Du hast mich geschält
Haut um Haut
und dich genährt
von meinem Geheimnis.

Aber im Gehen
sende ich dir über die Schulter
den Wind dieses Südens
und meinen warmen Atem
in das Eis deines Flußbetts

wachend
daß das Gesetz nicht eintritt

(Ohne Titel)

was bleibt:
das Fanal einer Lampe
in einem Zimmer
am Ende der Straße

Blutspur
entlang des Rinnsteins

bröckelnde Mauern
und tastende Hände

abgeräumte Tische
am Ende des Sommers
unter einer Lichterkette
an einem Platz zwischen Platanen

und ein Hund
der schwanzwedelnd
nach der Flöte
des Troubadour tanzt

von Ferne
von Nähe
ein plötzlicher Fensterschlag
wie ein Blatt
das sich regt
auf dem Herzen

wie die Erinnerung
an das was fehlt
die Wärme der Haut
über dem Puls

(Ohne Titel)

was bleibt
ist die Wärme der Mauer
die Einspruch erhebt
gegen die Trennung
von Norden und Süden

ein schwarzer Stuhl
auf einem Balkon
und meine Stimme
gegen dein Schweigen

29. September

(Ohne Titel)

unter der Zunge
ein Schlüssel

in der Hand
von jetzt an
alle Schlüssel
zu allen Zimmern
in denen du mich findest

In der Konstruktion, die ich bis jetzt für ausschlaggebend angesehen habe, steckt etwas Richtiges und Falsches zugleich. Der Leitsatz lautete: »Ich kann nicht über die Leiche eines anderen gehen.« Das *Richtige*: Ablehnung der Destruktion. Das *Falsche*: in der Liebe kommt es allein auf die Liebe an. *Gern-Haben* und Nächstenliebe genügen nicht.

Umgekehrt auch nicht ein vages Sich-Sehnen oder Verliebtheiten. Was aber *die* Liebe betrifft, scheint mir, daß die wenigsten Leute erfahren haben, was das ist – (s. als Schlüssel den Hinweis von mehreren Leuten in der letzten Zeit auf Luhmann und die »Liebe, die aus sich selbst lebt«) – und also auch ich nicht. Es gilt also, sich nicht an ein scheinbar sicheres Ufer anzuklammern, sondern sich dem Fluß anzupassen.

6. Oktober, Frankfurt
Sitzen in einem fremden Zimmer, mit rotem Teppich. Ein kleiner Heizofen, sich drehender Ventilator. Offene Kisten, verstreute Gegenstände. Schweigen über das, was die Seele bewegt. Statt dessen vertraute Zwiegespräche mit den Dingen: Antennen auf der Linie des gegenüberliegenden Dachs im Fenster, und der (dunstig) abgesättigte, nächtlich hellere Himmel der Großstadt.
Später: ein symbolischer Schatten, in der Tiefe gegenüber, an einem schwach erleuchteten Fenster. Ein Hund, der bellt.

8. Oktober
Marguerite Duras (aus: *Das tägliche Leben, Die Freuden des Sixième*) »Ich war jeden Tag gleich angezogen. Ich hatte nur ein einziges Kleid, ein schwarzes, aus dem Krieg, für jede Gelegenheit. Ich schämte mich wie viele junge Menschen, daß ich nicht ›mit der Mode ging‹. Eigentlich durchzieht die Scham aus verschiedenen Gründen mein ganzes Leben.«
Ich habe nicht nur ein *einziges* schwarzes Kleid, sondern auch eine *einzige* Lebensform. – Die äußerste Privatheit, immer wieder kristallisiert sich das sofort heraus, wo ich

auch bin. In einem Zimmer sitzen, mit Büchern, Musik, ein paar Gegenständen, und ab und zu aus dem Fenster die Straße betrachten. Manchmal Freunde treffen, sehr privat, sie empfangen oder zu ihnen gehen. Im entscheidenden Moment keine Lust auf Parties etc. (*Das* ist nicht die Form von Freundschaft und Austausch, nach der ich mich sehne.) Ich möchte auch keinen *Salon* halten. Ich möchte sehr gerne Menschen treffen, die mich geistig oder charakterlich anziehen, aber *privat*, nicht institutionalisiert – also etwa nächtliche Spaziergänge mit dem einen, Abendessen bei dem anderen, Tee mit dem Dritten, Spaziergänge auf dem Land mit dem Vierten, Kino mit dem Fünften, Restaurant mit dem Sechsten etc. Es muß doch erlaubt sein, *solche* Wünsche zu haben – und wenn das *Weltflucht* ist, dann ist das eben *meine* Bedingung, um zu denken. So sehr ich manchmal, in depressiven Phasen, meine, das *wirkliche* Leben sei anderswo – aber es ist hier, bei mir, bei dem von mir Gewählten – sicher, unter der Glasglocke, aber auch mit den fernen Klopfzeichen. In diesem Sinn ist *Schreiben* nicht nur eine Verdoppelung, sondern zugleich eine Verringerung der Isolation. Und letzten Endes kann ich mir nichts Besseres vorstellen – bei aller Quälerei, die dazugehört – als Schreiben zu können an einem ruhigen Ort, und dann, wenn es nicht geht, durch die Städte und Landschaften zu spazieren.

M. Duras: *Der letzte Kunde der Nacht*, ebd. Ich lese von M. D.s Wahnsinn an den Ufern der Loire. Das ist nun der Gegenpol zu dem, was ich eben schrieb. Vielleicht ist das, was sie beschreibt, *das Leben*. Aber ich weiß, von einigen sehr brüchigen Momenten meiner Vergangenheit, die bis in die Kindheit reichen, am äußersten Rand der Einsamkeit und des Ausgesetztseins, daß ich zwar die Liebe ertragen kann, aber nicht mehr diese *schwarzen* Pfade der Zerstörung. Vielleicht deshalb, weil die Liebe extreme *Zerstörung* für mich bedeutet *hat*, diese Überängstlichkeit, diese sorgsam errichteten *Gehege*. Die Zeit des *Heroischen* ist endgültig für mich vorbei.

Ich habe drei *kleine* Geschichten im Kopf – eine Kindergeschichte in der Bretagne, eine Ehegeschichte, eine Am-Morgen-danach-Geschichte. – Die Stauphase und Depression also hoffentlich beendet.

Wenn dieses Tagebuch irgend etwas zeigt, dann ist es das tägliche Schwanken.

10. Oktober
Immer wieder neu das Gefühl, noch in den *Kinderschuhen* zu stecken. In einem unentwirrbaren Geschlinge von Embryonalem. Je älter ich werde, desto stärker dieses Bewußtsein der *Unreife*.

Begreifen, daß das Schreiben ein Prozeß ist, dem man sich vollständig überlassen muß. Der sich am Schreibtisch vollzieht. Sich an den Schreibtisch setzen und anfangen. Nicht warten, daß etwas sich vorher im Kopf fix und fertig kristallisiert. Sich dem Prozeß überlassen. Anfangen. Jeden Tag.

Nicht mehr warten. Die Einsamkeit der Männer lieben, anstatt zu warten, daß sie die eigene auflösen. Jenseits der unaufhebbaren Trennung zwischen Mann und Frau diesen gemeinsamen Kern – *gemeinsamen*, gleichen – der Einsamkeit lieben.

Heute denke ich – und es geht mir besser bei diesem Gedanken –, es geht nicht mehr um *Schmerz* allein, sondern um die Erkenntnis des Unmöglichen, die eine Bestätigung dessen ist, was ich immer schon gewußt habe, seit ich neun Jahre alt war. Und es geht darum, daß jemand diesen Schmerz mitträgt. Weil er weiß, weil er diese Erkenntnis am eigenen Leib erfährt, weil er sie aushält, anstatt eine mögliche Lösung mit allen Mitteln durchzusetzen.

11. Oktober
Die *Selbstzerstörung* bei Frauen interessiert mich nur literarisch. Was mein reales Verhältnis dazu angeht – da hilft zur Selbstrettung nur der totale Rückzug.

Peter Brook, über Tschechows *Kirschgarten*: »Der extrem dichte Stil benutzt ein Minimum an Wörtern, ein bißchen wie Pinter oder Beckett.«
»Tschechow beherrscht die Technik des Filmschnitts. Er schneidet aber nicht, um von einem Bild zum anderen zu gehen – das heißt, vielleicht von einem Ort zum anderen –, vielmehr geht er von einem Gefühl zum anderen, kurz bevor alles ausgedrückt ist.«

Duras, *Das tägliche Leben*: »Ich glaube, daß die Liebe immer Hand in Hand mit der Liebe geht, man kann nicht für sich allein lieben, das glaube ich nicht, ich glaube nicht an diese verzweifelten Liebesgeschichten, die man allein lebt.«
Die *selbstlose* Liebe – das ist auf die Dauer der Gegensatz zum Leben, zur Lebendigkeit: *Stagnation*.

Oktober 1988 – März 1989

Weiß der Salzgärten
träumtest du
unter offenen Himmeln

von der Freiheit der Meere

verkrustet
liegst du
unter versteinerter Sonne

13. Oktober
Feuchtwanger über den Kirschgarten: »Seine Menschen – furchtbarer Verstoß gegen alle Grundregeln anständiger dramatischer Technik! – entwickeln sich nicht. Nicht um ein Quentchen. Sie sind am Ende genauso, wie sie am Anfang waren. Der Dichter begnügt sich damit, sie gewissermaßen um sich selbst zu drehen, sie transparent zu machen.«

E. Wendt über Tschechow/Beckett: »Beckett findet dann für etwas, das Tschechow im Bild des Kirschgartens, im Bild eines Salons, einer Garnisonsstadt noch scheinbar realitätsorientiert, naturorientiert formuliert, gerafftere Bilder. Sandhügel und eine Straße. Auch einen Bunker. Aber auch in Tschechows Salon wird ja mit einer Bunkerphilosophie philosophiert. Irgendeine Sehnsucht dieser Figuren, da – so Gott will – nie wieder raus zu müssen, steckt wohl unbewußt in vielen drin; der Abschied derer, die da endlich rauskommen, ist gar keiner; es ist eine Erlösung für die einen und für die anderen.«

Seit langer Zeit habe ich nicht mehr eine solche Illumination erlebt wie seit kurzem durch die Beschäftigung mit Tschechow. Es ist wie eine Wiedergeburt. Es ist, als ob endlich die ganze geistige Motorik wieder in Gang kommt, die Neugierde, das sezierende Auge, auf die Außenwelt gerichtet – und als könnte ich die zwanghafte Fixierung auf die Thematik der Erzählungen jetzt hinter mir lassen. In gewisser Weise finde ich dort das, was ich in Arles geschrieben habe, worauf es mir ankommt: auf die *Struktur*. Daß Baum, Stein, Strauch Verdichtungen, abstrakte Formeln sind, nicht naturalistische oder realitätsorientierte Bilder. Und dann die Leichtigkeit des Tragischen, die Andeutungen, die Nuance ohne Geschrei. Und dann die Stimmung (aber nicht impressionistisch, sondern psychisch, existentiell), wenn Varja leise das Fenster öffnet und sagt: »Die Sonne ist schon aufgegangen, es ist nicht mehr so kalt. Sehen Sie nur Mamočka: was für herrliche Bäume! Mein Gott, eine Luft! Die Stare singen!«
Hohl (Ludwig) hat gesagt, ein großer Schriftsteller müsse entweder die Zartheit oder das Gewaltige haben – Tschechow hat *Zartheit*.

Nicht vergessen: den Traum der letzten Nacht aufzeichnen.

18. Oktober
Aus einer Kritik von Michael Ignatieff (aus *Times Literary Supplement*, im *Merkur* nachgedruckt) über Depression und Bücher von Stanley W. Jackson und Julia Kristeva die wichtigsten Punkte:
I *Wahrheitsgehalt* der Depression: Depression nicht eine Pathologie, sondern eine Äußerung, in der sich *kulturkri-*

tisch das Unbehagen am Zustand der Gesellschaft, an der Verfaßtheit der menschlichen Existenz (in vieler Hinsicht, sowohl *Universum ohne Gott* als auch *grundsätzlich tragische Beschaffenheit der menschlichen Situation*) äußert. Bei Dostojewski, nach Kristeva, ist die Melancholie das »Nachdenken über die konstitutive Rolle des Leidens im menschlichen Empfinden« (gekoppelt mit Mißtrauen gegen nihilistische Phrasendrescherei).

II Die spezifische Form der Depression, die Kristeva vor allem bei Duras analysiert – und die deshalb so wichtig für mich ist, weil mein zentrales Thema des *Vergessens* gekoppelt ist mit dem Ich-Verlust der Frauen, mit einer Leerstelle im psychischen Apparat, bei mir noch mit einer *Ursache* begründet, nämlich einer *existentiellen Verletzung*. Die Verdrängung dieser Verletzung führt zu *Vergessen*, d. h. Verlust der Autobiographie, zu einem quasi wie weggebrannten Ich und in der Folge zu Reglosigkeit, Lähmung, Somnambulität, Abwesenheit – hier also die wichtigsten Punkte von Kristeva:

III Bei dieser Art der Depression wird nicht so sehr der Verlust der Mutter betrauert als der Verlust des Ich.

Bei einer narzißtischen Depression signalisiere das Gefühl der Trauer Verletzungen primitiver Anteile des Ichs, das sich unvollständig und leer fühlt.

Duras: Somnambule Welt weiblicher Depression.

Narzißtische Depression: sonderbare Hingabe an das Leiden, so als würde die Depression als Substitut für das verlorene Ich bereitwillig angenommen. Schmerzsubstitut für die verlorene Identität (in einen Spiegel starren, der kein Bild zurückwirft); Suche nach einem verschwundenen Selbstbild.

IV Ein Ich entsteht nicht durch Selbstbetrachtung, sondern im Zusammenspiel mit anderen, doch der Narziß ist nicht in der Lage mitzuspielen.

V Gewisse Formen der Depression können nicht geheilt werden, indem man das besagte Liebesobjekt aufspürt, sondern dann gilt die Trauer im Zentrum der Melancholie nicht einem bestimmten Objekt, sondern der Entfremdung des menschlichen Subjekts von der Realität an sich.
VI Trauer nicht um ein bestimmtes Liebesobjekt (Mutter, Vater etc.), sondern um *Realität*: Depression wurzelt in der Unstillbarkeit aller menschlichen Sehnsucht, im Unvermögen aller tatsächlichen Objekte, unseren Urwunsch, eins mit der Welt zu sein, zu erfüllen. Der *Normale* ergibt sich dem *Realitätsprinzip*, der eingeschränkten und angepaßten Befriedigung des Erwachsenenalters, der Depressive weist den Trost der Ersatzbefriedigungen ab: seine Schlüsselwahrheit: der Mensch ist sowohl unersättlich wie untröstlich. Depression ist eine qualvolle Meditation über das Paradies, die Weigerung eines Mystikers, sich mit Tod und Entfremdung abzufinden.
VII Sprachlosigkeit: Sprachlos zu sein ist zugleich Symptom und Ursache der Depression. Worte zu finden – der 1. Schritt zur Überwindung der Depression. Sprache ist Sisyphoskampf gegen die Nichtmitteilbarkeit von Traurigkeit, die Depression das Erkennen dieser Tatsache.
Kunst = Versuch, jene gelöste Vollkommenheit zu erschaffen, die wir von Kindheit an in uns tragen und die uns in der Depression quält. Melancholie besitzt Schlüsselfunktion in der künstlerischen Erkenntnis: zielt unter die seichte Oberfläche der Zufriedenheit, auf die härtere Wahrheit des Lebens.

19. Oktober
So wie in der Kunst keine Rückkehr zum Denken der Ganzheit, des einheitlichen, geschlossenen Kosmos möglich ist (inhaltlich und formal: Fragment, offene Form etc.), es sei

denn auf Kosten der Wirklichkeit und zugunsten eines von falscher Harmonie (und deshalb kitschigen – denn Kitsch ist falsches Denken) geprägten künstlichen Konstruktes, so gibt es keine Rückkehr zur Vorstellung der Liebe als einer sich bruchlos in das soziale System fügenden Beziehung wie in der Antike. (Vgl. das Kapitel *Liebe und Melancholie* in Lászlo F. Földenys: *Melancholie*.) Die Liebe *selbst* hat sich zwar nicht verändert (Sinnlichkeit und Geistigkeit sind in ihr nie getrennt, Liebe ist immer beides zugleich, wobei umgekehrt Sinnlichkeit nicht unbedingt Liebe sein muß), aber ihre *Stellung*. In der Antike: die Welt ist einheitlich, die Liebe fügt sich nahtlos in dies System, Liebe ist Erkennen der Ganzheit der Welt. Im Christentum: die Welt ist zweigeteilt, die Gesellschaft ist zweigeteilt, es gibt einen Bruch zwischen Individuum und Gesellschaft (Privatheit/Öffentlichkeit), der Mensch selbst ist zweigeteilt. Die Liebe hat 1) *keinen Standort* mehr in diesem System: sie weist über ihr irdisches Element hinaus, neigt immer zu Transzendierung, gehört aber andererseits nicht zum Himmel, da sie eine irdische Erscheinung ist. Sie ist 2) zur *Privatangelegenheit* geworden, zur Sache des Einzelnen, ist nicht mehr ein gesellschaftliches Ferment im sozialen Gefüge. 3) Sie ist nicht mehr wechselseitig, nicht mehr gemeinsames Erkennen von Welt, sondern einsam, absolut gesetzt, nährt sich aus sich selbst. Deshalb – Thema meiner Erzählungen – gibt es niemals ›die Liebe‹, sondern nur die Sehnsucht danach. ›Liebe‹ existiert nur als Vorstellung, als Wunsch, als offene Möglichkeit – das schließt die *augenblickliche Erfüllung* nicht aus, aber die Dauer (s. *Hiroshima mon amour*). Sie existiert also als Richtschnur, Orientierung fürs Glücksstreben im *Wunsch*, aber nicht in der Realität. Insofern ist Liebe als Insistieren auf dem Wunsch immer auch Korrektur einer als ungenügend erfahrenen Realität. Das *Unmögliche* der Liebe besteht also nicht in der Unmöglichkeit einer *Bezie-*

hung (es gibt sehr wohl eine Möglichkeit von *Wechselseitigkeit*, die dauerhaft ist, sie kommt aber der antiken *Zuneigung* näher als der Wirklichkeit der modernen romantischen Liebe), nur ist diese Form eben ihrem Wesen nach getrennt von der *leidenschaftlichen Liebe*. Vielleicht ist das der heimliche nagende Schmerz in jeder geglückten Beziehung, daß sie nur um den Preis der Zurücknahme von Leidenschaft möglich ist, zugleich aber die Sehnsucht nach dem Anderen immer besteht. Umgekehrt beruht die Leidenschaft immer auf dem Irrtum, einmal beide getrennten Möglichkeiten in einer zu vereinen. Für mich das Problem der Begründung, wie läßt sich *theoretisch*, nachdem die Epoche des Christentums vorüber, die Profanisierung der Welt wieder *eindimensional* ist (allerdings anders als in der Antike, nämlich ohne Götter, ohne Himmlisches *im* Irdischen), und die *Zweiteilung* damit wegfällt, nach wie vor begründen, daß die *Liebe ein Bruch* im gesellschaftlichen System, in der eigenen Biographie ist? Das heißt: nachdem die Zweiteilung in himmlische (erlaubte, Gott gefällige) und irdische (verbotene) Liebe wegfällt, die dazu führte, im Mittelalter, daß die Liebe nichts war als Sehnsucht, die ihr Ziel niemals erreichen konnte, nachdem also das *Verbot* wegfällt, das zur Kultur der Troubadours, zur Liebe als *Liebe aus der Ferne* (Minnesänger, Dichter von Petrarca bis Rilke) führte, läßt sich die Auffassung der Liebe als dem *Unmöglichen* nicht mehr von seiner religiösen Herkunft her begründen, als Paradox: daß 1) der Schritt zurück ins antikische Denken unmöglich ist. 2) gesellschaftlich: die als Bruch gedachte Liebe auch Ausdruck des *Entfremdungs*prozesses zwischen Ich und Gesellschaft, zwischen Ich vom Ich selbst ist, also der Ort der Einsamkeit schlechthin. 3) existentiell: die Liebe ist der Ort, an dem beides im Widerspruch nebeneinander besteht: die *Sehnsucht* nach Einssein mit der Welt, die Wechselseitigkeit, der Austausch – zugleich die *Erkenntnis* der unaufhebbaren Einsamkeit. Insofern ist *Liebe* wieder *Erkenntnisform*, aber nicht mehr, wie in der Antike, als Erkenntnis von *Welt*, sondern von der Situation des *Vereinzelten* (das, was Camus die »hoffnungslose Lage« nennt, deren Bild sich aufreißt im Augenblick der Liebe), sowohl der eigenen Verlassenheit als auch der des anderen, der in diesem Punkt ein verzerrtes Spiegelbild des eigenen Ich ist – sich selbst überlassen, starren sich die Liebenden über den Graben der Trennung an.

Begründung bei Földenys: die Welt strebt nach *Gesichtslosigkeit* – die Liebe nach Unauswechselbarkeit, Unvergleichlichkeit, Einmaligkeit. Also Liebe als Bruch, *gegen* die Welt.
Fazit: die Liebe ist das Erbe der Religion *ohne* Religion, aber Ort des *Absoluten*, wo das Funktionieren der Wirklichkeit auf dem Relativen beruht, auf Annahme der Schranken, der Anpassungen und Kompromisse.

Unterschied: *Zuneigung* beruht auf Wechselseitigkeit, auf *Kenntnis* des anderen. Liebe beruht auf Nicht-Faßbarkeit (unvollständiger Kenntnis) des anderen: das Einmalige, Ausschließliche ist mit dem *Vagen*, sich Entziehenden gekoppelt. Daher die *masochistischen* Unterwerfungsgesten – es gibt keine Gleichrangigkeit mit einem Liebesobjekt, die Gleichrangigkeit ist den *ausgeruhten* Formen der *Zuneigung* und Freundschaft vorbehalten (vgl. die *objektive* Diskrepanz zwischen Swanns Liebe und dem Gegenstand: Odette).
Földenys: »Der Liebende möchte die Abstraktheit und die fleischliche Individualität vereinigen, miteinander verschmelzen – und deshalb ist sein Schicksal immer tragisch.«

Der *Zustand* des Liebenden: ewiger *Zwiespalt*. Deshalb das Idol: die Ausgeglichenheit. Die Liebe: reine Bewegung und Sehnsucht. Keine geschlossene Situation. Zwiespalt: Sehnsucht nach Erfüllung, aber wenn die Sehnsucht sich erfüllt, ist es keine Liebe mehr. Liebe ist keine Beziehung, sondern ein einseitiges Sich-richten-Auf. Jede Beziehung setzt eine Art von Gegenständlichkeit voraus, im Falle der Liebe ist aber nicht einmal der Gegenstand ein *echter* Gegenstand, sondern Glaube, Illusion. Der Liebende ist deshalb notwendig einsam, und diese *Einsamkeit* ist neben dem *Leiden* die andere Ursache der Melancholie. Andererseits ist diese Einsamkeit ausgefüllt mit Glückseligkeit: der Liebende spürt, daß er durch seine Gefühle sich in einem intimen Gespräch mit dem Absolutum befindet, dem er wegen seiner Unbestimmbarkeit mit dem Recht des Verliebten den Namen Nichts zuordnet – und sich mit dem Absolutum zu unterhalten, verliebt zu sein, ist nichts anderes, als mit dem erkannten Nichts von Moment zu Moment zusammen zu sein und das Enteignetsein auf sich zu nehmen.
Nicht nur *Selbsterfahrung* des Liebenden (Erfahrung seiner eigenen Einmaligkeit, Unerschöpflichkeit und Unfaßbarkeit), sondern eine doppelte Erfahrung der *Weite in sich selbst*: positiv, als *Erweiterung* wie in Momenten des Glücks, negativ als Weiten ins *Unendliche*, als Weite, die nicht zu erobern ist. Die Erfahrung der eigenen Unendlichkeit ist sowohl Selbstfindung als auch Selbstverlust.

23. Oktober
Es geht nicht um Sieg oder Niederlage. Es geht nicht um Zerrissenheit, um eine (zum Teil selbsterrichtete) Mauer von Ängsten. Es geht nicht um Stolz und Verletzung und Unsicherheiten. Es geht nicht um Unglück als *fatum*. Es geht nicht um schiefe Projektionen und das Leiden an der

Verweigerung. Es geht nicht um das *Unmögliche* allein, sondern um das Mögliche. Es geht um die Liebe, das Leben und die Arbeit. Es geht nicht mehr um den schwarzgalligen Stau der Melancholie. *Alles in Fluß* –

24. Oktober
Komme mit B. aus der *Bar au Rêve*. Früher Abend, Lichter, Herbstblätter. B. sagt: »Also du mußt wissen, schöner kann das Leben nicht mehr werden als hier, jetzt, das ist es. Das mußt du wissen.«
Ich: »Oh ja, es gibt nichts Schöneres als die Rue Caulaincourt, am Abend, sieh nur.«
Ein Mann, mit Einkaufstasche, kommt mir entgegen, sieht mich an, fixiert mich, hört, was ich sage, sagt als Antwort im Vorbeigehen: »Regardez«.

Was mich interessiert, ist in erster Linie die *psychische Realität*. Bewußtseinszustände, Ich-Verfaßtheit, psychische Deformation, Ergründung der psychischen *Struktur*.

Ich will nicht bestreiten, daß historisch/existentielle Grunderfahrungen sich in Denkmodellen niederschlagen. So das berühmte Verschwinden des Subjekts in den theoretischen Schriften von de Man über Lacan und Derrida, aber auch bei Schriftstellern wie Goldschmidt und Duras und Cayrol. Man kann die Parallele ziehen zu der Erfahrung der Vernichtung in den KZ – der Mensch als *Lazarus* (Cayrol).
Da es aber eine lange Tradition in der Moderne gibt, die sich mit *Ich-Entfremdung* (Ich ist ein anderer, Rimbaud), *Ich-Auflösung* (Impressionisten, Wiener Schule, Mach), *Ich-*

Überschreitung (Nietzsche, Bataille, Michaux, überhaupt die Rauschgift- und Traumzustände der Surrealisten) und *Ich-Zerstörung* (von H. Doolittle über Sylvia Plath bis M. Duras) beschäftigt, wage ich zu behaupten, daß die theoretische Rede vom Verschwinden des Subjekts (da, wo es affirmativ als *Erkenntniswert* eingesetzt wird, die *Leerstelle* bei Foucault z. B. und nicht gesellschaftskritisch wie in der Frankfurter Schule als Verlust des aufgeklärten, autonom handelnden verantwortlichen Subjekts) eher auf diesen Traditionsstrang zurückgeht. Der Fehler in dieser Verabsolutierung: 1) ein gesellschaftspolitischer – die Affirmation dessen, was mit der zunehmenden Ent-Geistigung, Barbarisierung in der Gesellschaft ohnehin geschieht. 2) ein bewußtseinstheoretischer: die Zustände des partiellen Selbstverlusts, wie sie im Traum und im Rausch (Alkohol, Drogen) und in der kreativen Abwesenheit vorkommen, sind notwendige Komplemente zur *taghellen* Seite des Bewußtseins. D. h. – so wichtig es ist, auf diesen Zuständen, da sie aus dem alltäglichen, genormten Ich-Bild herausfallen, zu bestehen, sie zu beschreiben, so falsch ist es, sie einseitig und ausschließlich als größere Wahrheit der menschlichen Psyche oder als besseres Erkenntnisinstrument zu feiern. Diese Zustände des Ich-Verlusts sind nur in dialektischer Spannung sinnvoll, ebenso wie umgekehrt die Tagseite des Bewußtseins nur sinnvoll in der Spannung zur Nachtseite denkbar ist. Aber so wie die *Aufklärung* den Traum etc. gleich wieder auf seine *realen* Elemente reduzieren will, so befeinden die Anhänger eines Textes ohne Subjekt die Tatsache, daß es immer ein individueller Autor und dessen *taghelle* Arbeit ist, die das Ungeordnete ästhetisch fruchtbar macht. Texte korrespondieren nicht mit Texten, sondern verweisen aufeinander – das aber ist organisiert (oder verdankt sich dem Assoziationsfundus des Autors).

24. Oktober
Studium der Manipulation. Abhängigkeit, Unsicherheit, Machtgefälle als Mittel im Prozeß der Manipulation. Der Druck wird von *außen* in die Psyche der Subjekte selbst verlegt, das ist die letzte Stufe von *Außengelenktheit*. (Das Labyrinth der Zeichen – der Manipulierte stolpert herum und deutet *mutmaßlich*.)
Stufen: Verwirrung, Unterwerfung, Identifikation mit dem Aggressor, Aufstand, Aggression – gelungener *Ausbruch* oder psychische Deformation.
In Liebes-Machtverhältnissen: es ist unmöglich, jemanden zu lieben, der zeigt, daß er die totale Kontrolle, sprich *Macht* über den anderen hat. Das wäre die Einwilligung in die eigene Vernichtung.
»Der schweigende Analytiker nimmt eine Machtposition ein, der sich der zum Reden gebrachte Analysand unterziehen muß. Eine Ichregression wird erzwungen. Dies führt zu Unterwerfung, eventuell mit Versuchen, die Situation aggressiv zu durchbrechen oder umzukehren. (...) In manchen auf diese Weise fortgesetzten Analysen wird der Analysand zum hochbesetzten Selbstobjekt, dessen Abhängigkeit der Analytiker narzißtisch genießt, auch wenn er über die lange Dauer der Analyse klagt. (...) Der Mächtige ist am stärksten allein. Wenn er nie sagt, was er tun wird, sich in keinen Dialog einläßt und nur seinen Interessen gemäß handelt, stumm bleibt, wenn alle anderen reden, klagen, anklagen – dann etabliert er ein Machtgefälle, das seinen materiellen – ökonomischen, institutionellen, polizeilichen – Mitteln eine psychologisch große Wirksamkeit verleiht. Freilich muß der Machthaber dann selber auf Austausch, auf vertrauten Umgang verzichten, auf die libidinöse Besetzung von geliebten Objekten und sogar auf die Befriedigung des Hasses gegen seine Feinde. Die Voraussetzung ist Einsamkeit, unsere Vermutung ist, daß narzißtische Befriedigungen die auf Objekte bezogenen kompensieren.

(...) Die Besetzung wird schrittweise (von dem Objekt der Libido) abgezogen, bis ein genügendes Maß an Unabhängigkeit erbracht ist, eine Unabhängigkeit, die eine Freiheit mit sich bringt, Beziehungen zu manipulieren, aber auch eine Erstarrung: die Unbeweglichkeit des narzißtisch besetzten Selbst.« (Aus Parin/Goldy Parin Matthey, *Psychoanalyse der Macht*, in *Merkur* 475/476.)

Es lebe das Leben, die Liebe, die Arbeit. Ab und zu sollte man sich vom Müll befreien.

Daß es Diktaturen gibt, Zwangssysteme bis ins Private – aber man macht jemanden, vor dem man auch nur die geringste Achtung hat, nicht zum Gegenstand der Beobachtung und Überwachung. Überwachung ist Unterdrückung und erzeugt immer nur Revolte oder Lüge als Selbsterhaltungsmethode, als Unfreiheit. Es gibt auch *keine* Form der Überwachung als *Schutz*, wenn dieselbe Person, die die angebliche Heilung als Ziel hat, durch sein eigenes *neurotisches* Verhalten (anonyme Anrufe z.B.) das abweichende Verhalten erst hervorgerufen hat. Sowohl das eine (die anonymen Anrufe) wie das andere (die Überwachung, total, wie in der Psychiatrie) ist ein *feindlicher* Akt. (Beispiel: Spionagefilm mit Humphrey Bogart und Ingrid Bergman. Im Augenblick der Umarmung entdeckt man, daß der andere der Feind ist.)

26. Oktober
(Wie soll man schreiben, wenn man nie allein ist? Wenn jemand *immer da* ist?)
Aus Peter Brook, *Ereignis entsteht im Brennen*: »Eine wich-

tige Sache muß man verstehen, und die betrifft den Charakter der Zeit auf dem Theater, die m. E. mit dem Konzept des *leeren Raums* verbunden ist. Der leere Raum, das ist das *Ausmerzen des Überflüssigen* als Gegenstück zur ständigen Verschwendung, die das Leben bereithält, das uns unaufhörlich Tausenden von Eindrücken aussetzt. *Das Theater reproduziert das Leben nicht, sondern suggeriert es*, indem es den Raum, der die Handlung umgibt, freilegt. In diesem nicht gefüllten Raum ist die Zeit nicht die lineare Zeit des äußeren Lebens, die Zeit des Pendels, der wir unterliegen. In diesem vom Überfluß befreiten Raum ist es möglich, mehreren Zeiten zugleich zu folgen, der linearen Zeit der Erzählung, und simultan dazu kann diese Linie prismatisch von anderen Zeitdimensionen als deren Echo durchschnitten werden, als deren Vexierspiele, die in Shakespeares Theater zu finden sind, oder auch der Zeit des inneren Lebens – Erinnerungen, Zukunftsängste –, der Zeit des Traums, der psychologischen Zeit, diese im Leben nicht sichtbaren Dimensionen können im leeren Raum Gestalt annehmen. All diese Aspekte der inneren Zeit äußern sich um eine Grundlinie herum, die die lineare Zeit der Erzählung bildet (...)«

28. Oktober
Wie befreit man sich von einer fixen Idee oder: Ovid *remedia amoris*.

3. November
Ich habe noch nie an die Realität der Realisten geglaubt. Die Realität ist weder nur das Augenscheinliche, so wie das Phantastische niemals nur das Wunderbare ist. Aber wenn die Liebe sich auf die Gefühlslage der Realisten be-

schränkte, wäre es keine. Denn es gehört immer der Glaube dazu, der Berge versetzt. Die Wirklichkeit der Liebe ist deshalb eine wirklichere Wirklichkeit, weil sie nicht auf das scheinbar Eindeutige (das sowieso nur in den Köpfen der Pragmatiker existiert, als Setzung, als Glaube, der ebenso irrational ist wie andere Glaubenskataloge) reduziert ist, sondern Wirkliches und Wunderbares miteinander verschränkt. Die Wirklichkeit des Herzens.

Alles ist Sprache. Bleibt Zeichen. Wird Sprache.

9. November
Bis Brüssel in einem fast leeren Zug. Brüssel – immer düster – trotz der vielen grau- oder schneeweißen Gebäude –, die Straßenschluchten voll rätselhafter Stille, die Häuser entlang der Schienen mit rußigen, zerschlagenen Fensterläden, geräumte Häuser wie Ruinen, hohl, und man sieht im Vorüberfahren vom Zug aus in die leeren Zimmer, Küchen, Bäder, durch die der Wind pfeift – kurz, Brüssel immer die *verlassene Stadt*.
Und vorher das stille Industriebelgien, an schlafenden Kanälen mit alten Schleppkähnen vorbei. Belgien, vom Zug aus, scheint ein menschenleeres Land zu sein.

Zwischen Brüssel Nord und Brüssel Midi fährt der Zug durch einen langen Gleistunnel mit vielen Schienensträngen und schmutzig trüber Beleuchtung. Da las ich *Die Dame mit dem Hündchen*: »Sie verziehen einer dem anderen, wessen er sich in der Vergangenheit schämen mußte, verziehen alles Gegenwärtige und fühlten, daß ihre Liebe sie beide verändert hatte.«

Motiv des In-den-Garten-Gehens und dann von draußen durch das Fenster sehen, was sich im erleuchteten Zimmer abspielt.

12. November
Alles Mitleid, das man den Eltern zukommen läßt, entzieht man sich selbst. Das soll kein Argument gegen das Mitleid sein, im Gegenteil. Aber es ist nötig zu wissen, daß alles Verständnis die eigene (kindliche) Selbstbehauptung schwächt. Solange das Denken der Eltern nur in der Selbstrechtfertigung beharrt, kein Erkenntnisprozeß möglich ist, ist das Mitleid der Kinder, sonst Selbstgewinn und Selbstüberwindung, auch Selbstverlust. Das Dilemma: Sprechen führt zu nichts, Schweigen ist Lüge. Wird als Zustimmung gedeutet. Muß auch als Protest deutbar sein.

Möglicherweise wird das Schwanken zwischen Glück und Unglück, dies *empfindliche Gleichgewicht*, nicht eine wiederkehrende *Phase* sein, sondern Grundkonstante. Aber dann wird es trotzdem mir gemäßer sein, als mich nach *vernünftigen* Richtlinien zu richten, in dem Bereich, in dem man, wie beim Schreiben, allein ist, in der Liebe also. (Freundschaftliche Stützen nützen da nichts, ich empfinde sie eher als Bevormundung und ziehe mich zurück.)

17. November
Weniger in meinem *Unglück* kreisend. Schöne Reise durch bereifte Landschaft nach Boulogne. Gegenüber ein englisches Ehepaar, das aus einem Roman von Henry James stammen könnte. Er von vollendeter Höflichkeit, im rosaweiß gestreiften altmodischen Hemd. Eine Zurückhaltung,

die möglicherweise in einer Ehe katastrophal wäre. (Sehr sympathischer, neugieriger Blick.) Sie, mit leichter Arroganz und Unzufriedenheit im Gesicht, die fröstelnden Schultern im Pelzkragen. Er liest die meiste Zeit Zeitung, sie schläft in den Mantel gehüllt, ein bißchen unberührbare Prinzessin. (Vielleicht aber sind sie überhaupt kein Ehepaar – worauf die Gewohnheit, Vertrautheit im Umgang deutet –, sondern ein feines, älteres Geschwisterpaar – das erklärte die Distanz.) – (Man sieht, ich betätige mich als Voyeur.)
Nach Amiens wunderbare Wälder, mit gelben Blättern wie leuchtende Münzen, über den Boden gesprenkelt.

18. November
Was mich beschäftigt: die (altbekannte, aber immer wieder selbst zu erfahrende) Unausdrückbarkeit der eigenen Gefühle – selbst wenn man per Sprache versucht, sie auszudrücken, wird der andere sie immer um eine Nuance anders verstehen. In diesem Sinne ist ein alltäglicher Sprachgebrauch, wie in einem Brief z. B., genauso untauglich, weil vieldeutig, wie die Sprache eines Gedichts.
Gedichtbeispiel: mein Gedicht *Bahnhof. Die Schrecken des Abschieds* sind die Schrecken über die Unaufhaltsamkeit des Lebensflusses, über jeden Abschied, der, weil er unwiederbringlich einen Abschnitt beendet, schrecklich ist, unzumutbar, unerträglich. Einfacher: der Abschied ist der Schrecken selbst. *Die Zeit* (*rollt aus dem Blick*) heißt: das gelebte Leben, der vergangene Lebensabschnitt. In diesem Sinne korrespondiert *die Schrecken des Abschieds* mit dem Begriff *Zeit* in diesem Text. Daneben gibt es aber noch eine andere Ebene, auf der *Zeit* mit *geträumte Bilder* korrespondiert. Zu *geträumte Bilder*: der reale Abschied, die Realität, ist so *schrecklich*, daß er wie ein Traum ist, also unwirklich.

Anders: die Brutalität der Vergänglichkeit ist unmenschlich, unwahr – das Leben deshalb ein (schrecklicher) Traum, und der Abschied ein (Alp-)Traumbild. Da, wo die Realität ambivalent wird, zwischen Wirklichkeit und Unwirklichkeit hin- und herpendelt, nämlich im *Schrecken des Abschieds*, verliert auch der Blick die Unterscheidungskraft für reale und irreale Zeit – *die* (festgesetzte, geklärte) *Zeit* (als das Maß der Realität überhaupt) *rollt* (verliert sich) aus dem Blick.

Problem des Schreibens: man flüchtet sich ins Schreiben, um auszudrücken, was auf normal-kommunikativem Wege nicht geht, oder nur bis zu einer gewissen Grenze. Man stößt wiederum beim Schreiben an mehrere Grenzen: 1) Es gibt nur Annäherungen an das, was man ausdrücken möchte. 2) Der andere interpretiert immer als eigenes Subjekt, das heißt von seiner eigenen psychisch-geistigen Struktur her, er legt in die Interpretation also immer Teile von sich selbst. 3) Der Schriftsteller organisiert die Mehrdeutigkeit des Textes durch Wort- und Bildphantasie, Kenntnis und Kombination rhetorischer und kulturgeschichtlicher Muster, und schließlich bei der Figurenzeichnung durch *Empathie*, d.h. so weitgehende Einfühlung in fremde Charaktere, daß er sie zunächst verinnerlicht, bevor er sie wieder, als Literatur, ausstößt. (Ein anderes Problem ist dann, daß diese Figuren den Dichter dann, wie der Zauberlehrling, der die gerufenen Geister nicht wieder los wird, hinterrücks erschlagen.)

18. November

Zu viele Schuldgefühle. Man lebt.

Meine tiefe Gemeinsamkeit mit B. – das wurde mir gestern in einer Fernsehdiskussion mit George Steiner und Annie Cohen-Solal klar; bei einem dieser intelligenten Gespräche, das in mir eine Mischung von Vergnügen und Ablehnung hervorruft – Vergnügen an der intellektuellen Vitalität, Ablehnung gegen die Begriffsraster, gegen den Ton von Bescheidwisserei, der, und ich nehme mich selbst da nicht aus, unwillkürlich entsteht, weil unsere Wertungen damit verbunden sind, die das spezifisch Tastende, Fragende, Offene eines literarischen Textes zuschütten. Fazit: als Schriftsteller lebt man auf der anderen Seite, nicht auf der der *Kritiker*, auch so guter *Kritiker* wie Steiner und Cohen-Solal. Obwohl B. kein Schriftsteller ist, versteht er dies Problem besser als jeder andere, macht es zum Teil zum Thema seiner Arbeit.

Es geht auch um die *andere Seite*, auf der, jetzt autobiographisch gesprochen, man sich den *Regeln vom guten Leben* entzieht, obwohl ich selbst zugleich immer wieder dafür optiere, z. B. während B.s Schlaflosigkeitsphase und Krisen-Diskussion – es bleibt ein *Schwanken* zwischen *Angliederung* und *Ausgliederung*.

(Fazit: dieses *Schwanken* muß mir belassen bleiben, zwischen Rückzug und Öffnung. Ich will kein Eingliederungsprogramm, ich gehöre *für mich allein*.)

St. John's Avenue, Blick über die Straße in die Gärten. Eine Stille, wie von unbewohnten Häusern. Stille, Frost, und schwarze Vögel auf den Kaminen. Seagulls am Himmel. Frühe Dämmerung, die Stille von Wintertagen. »My landscape is a hand with no lines.« (Sylvia Plath)

B. hat Recht: was in der Pariser Wohnung fehlt, sind *Fenster* – da ist die Straße und der Hof. Man braucht einen Blick in die Weite, wie hier, oder zumindest in einen Garten, aber in der Stadt. Wenigstens ist die Zeit reif – nächste Woche werde ich *Nachmittag auf dem Eis* wiederaufnehmen. Und das Stück wird auch geschrieben, aber ohne Symbolismus und Emphase, und die Dreiecksgeschichte wird anders geordnet.

20. November, Putney
Der Ort: Das Café, Ecke Putney High Street, postmodern, mit Marmortischen, Palmen und ohrenbetäubender Popmusik. Ra. erzählt mir ihre Geschichte. Im Sommer beginnt sie eine Liebesgeschichte mit einem gleichaltrigen Mann, Exil-Bulgare, als politischer Redakteur bei der BBC. Nach knapp zwei Monaten macht er ihr einen Heiratsantrag.
(Ich erinnere mich an ihre Stimme, im Juli, am Telephon: zum ersten Mal »richtig verliebt«, sagte sie, und: »so ein gutes Gefühl hatte ich noch nie, es stimmt diesmal«.)
Ab September beginnt das Abbröckeln: der Freund fuhr allein nach Italien und Frankreich, traf eine frühere Geliebte dort aus Bulgarien. Seit seiner Rückkehr blockt er ab. Hüllt sich in Schweigen, lehnt Treffen ab, schläft nicht mit ihr. Darüber hinaus: seit je weigerte er sich, Leute zu sehen, wollte immer mit Ra. allein sein, weigert sich, ihre Freunde kennenzulernen, z.B. Weihnachten in Deutschland, hat Phasen schwerster Depression. Kurz: Ra. leidet unter dem Widerspruch von Gesagtem und Verhalten, unter der Verschlossenheit und Blockierung. Frage: Kann man überhaupt einen Menschen an sich binden, wenn man nicht bereit ist, auf ihn einzugehen?
Am Ende gingen wir durch die Schwingtür nach draußen, es war längst Abend, dunkel und frostig, wir gingen also durch die Schwingtür, nach London verschlagen, was wir uns nie hätten träumen lassen, und ein Teil *desillusioniert*.

1. Dezember
In diesen Heften – *mein verstecktes Herz*.

Las wieder das Tagebuch von Pavese (1. Januar 1940): »Künstler wie Dante (der *stil nuovo*), Stendhal und Baudelaire sind Schöpfer *stilistischer Situationen*: es sind Menschen, die nie in die schöne Phrase fallen, weil sie die Phrase als Schöpferin von Situationen fassen. Sie überlassen sich nie dem Ausbruch, weil für sie eine Seite zu füllen bedeutet: eine geistige Situation schaffen, die sich auf einer Ebene abspielt, gebaut und, da sie innere Gesetze hat, verschieden ist von der des Lebens.«

»Die Leute, die mir liegen, sind große Einsame, sind Asketen, sie verlangen vom Leben nichts weiter als die Verwirklichung ihres formalen Traums (von Kunst, von Moral, von Politik), während jene anderen vom Leben die *Erfahrung* verlangen, und diese Erfahrung spiegeln sie wieder in den Tagebüchern, die ihre Werke eigentlich sind.«

Mein *formaler Traum*: die Reduktion. Die magische Spannung – wie die Pausen von Maeterlinck, von Duras, von Beckett – durch die Reduktion. Reduktion ist eben die von Pavese gemeinte Askese. Es kommt nicht darauf an, *etwas* zu erzählen, *sich* zu erzählen, sondern die »geistige (stilistische) Situation« zu schaffen.

19. Dezember

Wie hieß noch der Maler, dem beim Anblick der Farbe Blau das Herz zerplatzte in einer *lautlosen* Explosion?

Ein höchst kindisches, aber offenbar unvermeidbares Verhalten bei mir, in Gefühlsmomenten die Flucht zu ergreifen.

Die Vergangenheit hat aufgehört, wie ein steinharter, unauflösbarer Knoten in mir zu hocken, der Groll hat aufgehört, das Unglück und das Selbstmitleid.

Am Nachmittag, im Mineralmuseum, beim Anblick von *Bleiglanz* platzte ein Knoten.

Man erkennt nicht den, von dem man meint, er sähe dem, den man meint, ähnlich. Man erkennt nicht den, der gemeint ist, weil man meint, er sähe ihm unähnlich.

20. Dezember
Ich hasse, wer meine Gefühle wie Literatur behandelt. Ich hasse versteckte Klagen. Ich hasse Erziehungsmaßnahmen. Ich hasse Vorsicht. Ich hasse, wer mich quält. Ich hasse die Abwesenheit. Ich glaube nur, was ich glauben *will*. Ich hasse Feigheit. Ich hasse den Erziehungskurs: »Lerne, dich zu wehren«. Ich hasse Indiskretion. Ich hasse es, an die Imagination festgenagelt zu sein. Ich hasse es, daß man mir *Bedingungen* stellt, weil ich die Vorstellung habe, daß man keine stellen darf.

Stendhal: »In der Liebe liebt man nur den holden Wahn, den man sich selbst schafft.«

23. Dezember
»Kristallisation« – es könnte kein besseres Wort geben als dieses von Stendhal. (Nachdenken: über den Unterschied von Kristallisation und Versteinerung.)

27. Dezember
Darin ist also selbst ein Stendhal Franzose: in der Taktiererei (s. das Kapitel über die *Eifersucht* – um die Geliebte eifersüchtig zu machen, empfiehlt er, einer anderen den Hof zu machen). Ich glaube aber, daß jede wirkliche Leidenschaft viel zu stolz und wahrheitssüchtig ist, als daß sie sich selbst so verleugnete. Denn in der Liebe kommt es *nicht* auf Sieg

und Besitz an, sondern auf Wahrheit des Gefühls – lieber also zöge man sich schweigend zurück oder litte oder stünde als Trottel da, als solche Manöver zu erwägen. Es liegt weiß Gott mehr Größe und Seelentiefe in einem ausgehaltenen (oder selbst: abgewiesenen) Gefühl als in einem auf falschen Wegen zum Ziel gekommenen.

3. Januar 1989

Die Einsamkeit der Silvesternacht. Wir gingen über den Berg, um ½ 2 Uhr, der Himmel war rötlicher Brei. In den Häusern lebendiges Gewimmel, auf den Straßen kamen uns angetrunkene Touristen entgegen. Wir gingen die Rue Caulaincourt hinauf und sprachen wenig. Plötzliche Fremdheit, in der Silvesternacht.

Man kann wechselseitig einen Kult aus sich machen und sich nicht kennen.

Zwei Tage später – ich kehre aus der Rue de Saintonge noch einmal, am Abend, in die Rue Lapeyrère zurück, um meine Koffer abzuholen. Auf dem Weg – von der Métro-Station nach Hause, merke ich, wie blitzschnell ich schon hier nicht mehr zu Hause bin. Ich betrachte alles fremd und verwundert – die ewige Frage: hier hast du gelebt, was ist übriggeblieben davon als Spur in deinem Herzen. Und die ewige Antwort: daß es immer zu wenig ist, die Spur schon verschüttet und der Wechsel, das Leben darüber hinweggerollt. Dann aber plötzlich: jeder Schritt, jede Häuserzeile, jeder Straßenzug, die bekannten Ecken, die Kirche, der Platz vor der Mairie – ein Schmerzensstich. Keine Bitterkeit, sondern 17 Monate gelebt auf Nadeln. Die Füße auf Nadeln gegangen, das Herz, mit einer Nadel gespickt.

Wie schafft man die Trauer ab, wie lernt man, bei einem Gefühlsanspruch, von dem man meinte, daß er sich gegen *das Leben* durchsetzen würde, mit der Trauer zu leben.

In der Nacht Tränen. Tränen, die keine Erleichterung mehr bringen, wie früher. Tränen um dieses unauflösbare Gewirr von Bindungen und Trennungen.
Ich sitze in einem kleinen Zimmer mit weißen Wänden, einem Lichtschacht und einem Fenster mit Balkongitter. Ein blauer Vorhang. Ein Fenster zum Hof, zu einem runden, gegenüberliegenden Torgang zur Straße. Von fern dringen Geräusche – das Quietschen der Haustür, das Klappern des Mülltonnendeckels im Hof, manchmal Schritte, Stimmen im Haus. In der Nacht sah ich im gegenüberliegenden Fenster die vertrauten Lichter und Farben, später hörte ich die vertrauten Klopfzeichen. Heute morgen fand ich im Waschbecken eine Spinne, ich nahm sie mit dem Handschuh und trug sie in den Lichtschacht.

4. Januar
So wunderbar auch Tschechow ist – auch er spricht letzten Endes, in den Erzählungen, *über* die Figuren – (bei den Stücken ist das etwas anderes) –, mir aber kommt es darauf an, daß die Figuren *sich selbst sprechen*, daß sie sich aus sich selbst entwickeln, aus ihrer Sprache, ihren Gesten. Die Geschichten müssen immer etwas Tastendes haben – die Figuren werden *eingekreist*, nicht erfaßt –, die Geschichten sind der Prozeß einer Suche, nicht einer Gewißheit.

5. Januar
Durch Paris gehen in der Nacht, durch den Westen, durch den Osten, auf den Eisenbahnbrücken stehen, an den Kanälen entlanggehen und spät, sehr spät in einem leeren, fast leeren Bistro fürchterlich viele *Ballons* trinken – über den schwarzglänzenden Asphalt gehen unter dem weißen Laternenlicht – nur einmal, bis an den Stadtrand gehen, das Saxophon im Ohr, den Regen im Gesicht.

6. Januar
»Was ist denn Kunst anderes als das Auffinden verlorener Dinge, als die Verewigung von Verlusten.« (M. Zwetajewa, *Mutter und die Musik*, S. 98)

7. Januar
Nachts im Marais gehen – Regenguß, sanft / Lichter hinter den Fenstern, Stangen – und Kleider. Busstation, gelb – und Abfall: blaublau. Leere Straßen und Herz / ausgeleiert wie eine Kuckucksuhr / von Ferne ein klappernder Schritt / Hund, der nach einer Orange schnappt. Métrostation: Papier Zigaretten und Rauch / Erbrochenes auf dem Perron und Reklame *Ours*. Schienenstrang, Stadt wie ein Fluß – die Lethe übergehen.

Fang

zieh ich mir
den Dorn
aus dem Herz

werf
das Herz
hinterher

kein Fisch
auf dem Sand

10. Januar
Ich habe mich benommen wie eine Katze, die man an die Wand geschleudert hat und die deshalb der Schüssel mit

Milch, die man ihr hingestellt hat, grundsätzlich mißtraut, die sie nur bei Nacht vorsichtig umkreist, immer zum Sprung, zur Flucht angesetzt und jeden, der sich nähert, anfauchend.
In einem Blumenladen sah ich einen Orangenbaum. Ich las in Colettes *Lehrjahren*: »...gewöhnte ich mich in meiner kleinen Parterrewohnung an den Gedanken, daß ich an dem Ort angekommen war, wo mein ganzes Leben seinen Sinn ändern mußte, wie sich das Bukett des Weins je nach dem Abhang ändert, auf dem die Rebe wächst.
(...) Falls ich eines Tages meine Erinnerungen an den ›anderen Abhang‹ schreiben sollte, scheint es mir, daß das Keuchen der Anstrengung, der Schmerzensschrei dem Ganzen einen festlichen Klang geben werden und daß ich nur mit glücklichem Gesicht an diese schwere Zeit zurückdenken kann.«
Im *Etoile* gibt es einen Hund mit einer Wunde an der Flanke und eine Katze, die liegen friedlich ineinandergerollt auf den Fliesen.

11. Januar
Ich taste im Labyrinth, im Spiel, das Ernst ist und umgekehrt. Überall sehe ich Maskeraden, Schauspieler, Boten, Motive, Szenerien – das durchgängige Lehensmotiv der Maske, die schützt und bloßlegt, die versteckt und offenbart. Manchmal ist es schwer, die Dinge auseinanderzuhalten – ein bißchen wie in Hofmannsthals *Lucidor* – der bei Nacht die glühendste Liebe und bei Tag die kühlste Zurückhaltung zeigte, freilich erfährt der Held erst am Ende, daß es sich um zwei Personen handelte und nicht um eine einzige janusköpfige. Denn die Wirklichkeit ist zu prüfen und zu wenden wie ein Stoff, der immer auch die andere gewebte Seite hat, und hinter jener Wirklichkeit, die man sich so

schön zurechterklärt, um überleben zu können, zeigt sich plötzlich eine andere. Zeichen aber sagen nur dem Baudelaireschen *leidenschaftlichen* Herzen etwas – da die Leidenschaft alles auf sich bezieht –, objektiv aber sind sie leer.

12. Januar
Heute ein Tag ohne heftige Emotion. Paris ist kalt, ich meine die Temperatur. An manchen Häusern hängt noch der Weihnachtsschmuck. Mein Herz ist müde des Wartens und der versteckten Zeichenspiele. Ich lese Colette und versuche wie immer, mich allein aufzurichten. Freunde zu sehen, ist unmöglich, das Herz ist wundgerieben, und ich muß arbeiten.

Später
So windet die Seele sich in einem einsamen Monolog – häutet sich plötzlich, springt heraus aus der Haut – in den Tag.

Wunderbarer Spätnachmittag/Frühabend. Überall Pfützen – zum Hineinspringen. Funkelndes Pflaster, blau, gespiegelter Himmel nach Regen. Machte einen Spaziergang durch mein neues Quartier, das Marais, zum *Bazar de l'Hôtel de Ville*. Die Häuser leuchten seltsam weiß im Zwielicht, davor die kahlen Bäume, ich ging durch die Rue des Archives in Richtung Seine, guckte in jedes Geschäft, kaufte später Fleisch und Wein und traf auf dem Rückweg auf der Treppe eine Hausbewohnerin, die ein Gespräch mit mir anfing. Diese tausend Szenen, Bilder, Erinnerungsfetzen von 18 Monaten Paris haben sich mir so eingeprägt – nein, habe ich mir so einverleibt, wie das vergleichbar niemals in

Deutschland früher möglich war. Paris ist auch eine Schule in Realität.
Die letzten Monate (seit August) waren wie der Introitus zu *Blaubart*. Das Paar starrt sich, nach der ersten Begegnung, über den Abgrund hinweg an und befragt sich: wie war *dein* Leben? Sag mir *mein* Leben. Wie war *mein* Leben? – Zu einem stummen Fragenden hinsprechen – ein Prozeß der Selbsterforschung, ein Hochkommen von Vergessenem, der Wunsch nach Selbstinterpretation – ein wirres Knäuel und die Erkenntnis, wie *unerledigt* das Vergangene immer ist. Der Prozeß der Selbstbefragung als Prozeß des Selbstzweifels ist nie abgeschlossen – wohl aber der der Selbstaufgabe.

16. Januar
Ich meine: jeder gebe mir zu verstehen, daß er meine privatesten Texte kenne und sie ironisiere, indem mir jede Art von Intimität genommen wird.

17. Januar
Eine Photographie von einem Baum ist keine etruskische Maske, ist keine Stellvertretung, sondern Erinnerung.

Sammlung für *Bilder einer Ausstellung* (Erzählung) frei nach Mussorgsky/Ravel. Es wird ein Riesenstichwortkatalog.

19. Januar
Weg nach M. Eine scheußlich *verödete* Landschaft, durchsetzt mit Kleinindustrie. Zugleich ist es die typisch trostlose

Januarlandschaft – die Kahlheit ist nicht mehr die pure, strenge Winterlandschaft, die nur aus Linie, Umriß, geäderten Flächen besteht, sondern die kraftlos verschwommene des Brachlands. Viele verlassene – wirklich menschenleere – kleine Bahnhöfe, durch die der Zug fährt.

Auf der anderen Seite gibt es plötzlich einen Feldweg, eine kahle Ulme auf einer Wiese – ein *Natur-Bild*, das plötzlich eine Kette von Assoziationen und Erinnerungen auslöst – an den Feldweg im Januar 1978, im Regen, mit dem Hund, der in der Rübenmiete wühlte und sich in der Jauche wälzte, als ich mir geschworen hatte, eine *berühmte Schriftstellerin* zu werden.

Die Kirchtürme sind hier wie im Badischen – spitz, am Fuß gefältelt zu vier Giebeln über der Turmuhr.

Dann gibt es Ortschaften, nicht Dorf, nicht Stadt, sondern zu Vorortschaften degradierte ehemalige Dörfer – da sehe ich ab und zu eine Eckkneipe, die mich an die Kneipen zu Hause erinnert mit ihrem köstlichen, unvergleichlichen trostlosen Charme der Ruhrpottpinten – am schönsten nachmittags, wenn kein Mensch dort ist, abgesehen vielleicht von einem chronischen Säufer-Stammkunden. Ich liebe diese Mischung von grauenvollem Kitsch und so einer Art von Ruhrpottverkommenheit.

Vor allem aber liebe ich es, zu reisen – und strecke vorsichtig meine Fühler aus, um die neugewonnene Freiheit zu prüfen. Im Nachwort zu Gombrowicz' Tagebüchern: »... daß nämlich auch *hehrste* Überzeugungen – und gerade sie – unentwegt in Gefahr sind, von der Lebenswirklichkeit blamiert zu werden.« Wie wahr, wie wahr. Jetzt, 11.17 Uhr, auf einer Wiese zwei *Störche*. Voilà die Lebenswirklichkeit. Gerade wollte ich ansetzen zu einem Selbstporträt zwischen entsagender Liebender, dem Geist Geweihter, der Freiheit Geweihter, zugleich den Demütigungen der Liebe Ausgelieferter, der ängstlich Flüchtenden und der frivol Neugierigen, *das Gute* auf das Banner geschrieben und trotzdem heimgesucht von tausend Schwächen. Dazu die Differenz zwischen *Person* und Stimmung, diese unterschiedlich gedeutete Polarität bei Schiller (ästhetische Erziehung) und Frühromantik (Günderrode), kurz, meine sekundenlangen Anfälle für den Idealismus – aber wirklich nur sekundenlang, denn ich liebe die Franzosen wegen ihres Materialismus, wegen ihres unerreichten genauen Blicks auf das, was *ist* und nicht, was sein soll.

Gombrowicz: »Ich versuche mich in verschiedenen Rollen. Nehme unterschiedliche Haltungen an. Verleihe meinen Erlebnissen die verschiedensten Bedeutungen – und wenn eine dieser Bedeutungen von den Menschen akzeptiert wird, fixiere ich mich darin. Nicht ich allein verleihe Sinn. Aus dem Konflikt dieser Interpretationen entsteht ein dritter Sinn, der mich bestimmt.«
Je est un autre-Thematik. Ich-Schwäche, Ambivalenz. Spaltung, Zerrissenheit, Entfremdung. Bei Gombrowicz jedoch nicht das Leiden daran – dieses ständige Auf und Ab zwischen einer scheinbar eindeutig angenommenen Haltung und ihrer *Zerstörung* durch die Lebenswirklichkeit –, sondern Genuß. Woran *ich* leide – an dem Spiegel, den man mir vorhält durch die falsche Interpretation meiner Gedanken und Handlungen durch die anderen, an meiner eigenen *schwankenden* Identität, die eine Identität des Trotzdem, eine immer wieder aufrechterhaltene ist, *gegen* ihre Verflüchtigung – an der Existenz als Schauspiel, das für Gombrowicz lediglich Faktum ist. »Menschsein heißt Schauspieler sein, die einzige Aufrichtigkeit ist die, zu bekennen, daß Aufrichtigkeit uns verwehrt ist.«

25. Januar
Es gibt einen moralischen Rigorismus, der tötet alle Spontaneität, alle Sehnsucht, alle Fehler und menschlichen Schwächen. Es gibt ein Prüfen und Bescheidwissen-Wollen, das forscht und forscht und zerstört jedes neue Pflänzchen von Vertrauen.

26. Januar
Lese bei Gombrowicz: »Geist entsteht aus der Imitation von Geist, und ein Schriftsteller muß Schriftsteller spielen, um schließlich ein solcher zu werden.«

27. Januar
Natalia Ginzburg hat über Pavese geschrieben, er habe sich in die Liebe immer wie in eine Liebeskrankheit gestürzt, und wenn sie scheiterte, sei er unendlich langsam wie von den Toten wiederauferstanden.
Schule des Gefühls – Fehler, die man aus Leidenschaft begeht, sind sie (vielleicht unmöglich, lächerlich, kindlich, aber) verzeihbar?
Das Verrückte: analytisch genau zu wissen – aber emotional, anders als die Erkenntnis sagt, zu handeln.

28. Januar
Und weiter in der Analyse: versuchte gestern in meinen Notizbüchern 87/88 zu lesen. Wenn man das im nachhinein liest, denkt man, eine Verrückte oder ein neurotischer Typ wie Kafka wäre am Werk. Einerseits das ständige *verbale* Betonen der Sehnsucht, andererseits jeder *reale* Schritt unmöglich gemacht. Man (Philister) könnte dieses seltsame, widersprüchliche Verhalten auch nach dem Schema Schrift-

steller-Monade definieren: Angst, im *real gelebten* Gefühl seine ewig gefährdete *Identität* zu verlieren.

30. Januar
Daß die Grenze zwischen *Normalität* und *Wahnsinn* wirklich für *jeden* fließend ist, erfuhr ich Samstag, Sonntag. In der Nacht hatte ich Alpträume und Verfolgungsängste. Ich bildete mir ein, ich würde systematisch in diesem Zimmer in der Rue de Saintonge isoliert – ich könnte mit niemandem mehr wirklich telephonieren, weil immer Stimmennachahmer, aber nicht meine Freunde, am Apparat wären. Auch meine Post würde zensiert, meine Briefe umgeschrieben, um den Eindruck der psychisch Kranken und Gefährdeten zu erwecken. Ich bildete mir ein, ein unbekannter Monsieur X, der ein sadistisches Verhältnis zu Frauen habe, wolle mich systematisch verunsichern, mich immer weiter auf die falsche Fährte locken.
Fazit: laß einen Menschen, der in einer Krise steckt, lange genug allein, und alle Ängste fangen an zu wuchern wie exotische Pflanzen.
(Die Isolationshaft in Stammheim, ohne ein Geräusch, ohne Ausblick, ist wohl eine der unmenschlichsten Erfindungen unserer ach so demokratischen Gesellschaft. Über die mittelalterliche physische Folter regen wir uns heute auf – aber daß diese *psychische* auf andere Weise mindestens genauso grauenhaft ist und ein Bild von der Unmenschlichkeit unserer angeblich fortgeschrittenen Gesellschaft gibt, sollte klar sein.)
Ich fuhr also unter Tränen zu B. in die Rue Lapeyrère, um mich seines *menschlichen* Vertrauens zu vergewissern, und wir verbrachten den Tag miteinander. Während wir auf den Eiffelturm stiegen, mit dem Boot auf der Seine fuhren, vom Invalidendom zu Fuß ins Marais gingen, dort in *La Perla*,

einem südamerikanischen Café, Wein tranken und am Abend in dem Restaurant am Quai de la Tournelle saßen – überall begleiteten mich phantastische Figuren in rot-grün-schwarzen Farben, unter einer Seine-Brücke gab's sogar ein Saxophonkonzert, und in der Nacht zogen die Gestalten vor den Fenstern von *La Perla* vorbei.
Was geschieht – ein Durchspielen meiner Imagination, die ins Leben überkippt? Eine *Therapie* also, verknüpft mit einem Wunsch? (Wenn mein Instinkt mich in dieser Interpretation nicht trügt, dann hat mein *Instinkt mich von Anfang an nicht getrogen*, selbst wenn es auch um Freundschaft und nicht nur um Leidenschaft, Zärtlichkeit, Projektion, wirkliche Liebe, Gerüchte, Treue, Geduld, Leben als Theater und Film, um Aufarbeitung der Vergangenheit, um Verrat und Betrug – eben um die ganze Bandbreite der Existenz geht.)

31. Januar
Gestern abend, im Restaurant *Julien*, mit B., ein gutes Gespräch. Ich erzählte ihm die psychische Problematik, die dadurch entsteht, daß man sich in seine erfundenen Figuren verlängert, also während des Schreibens teilweise durch Empathie eine andere Identität annimmt, daß dann, wenn man wieder in sein eigenes Ich zurückschnallt (ich gebrauche das Bild eines Gummis, das man im Schreiben ausdehnt und spannt, und das hinterher in sein ursprüngliches Maß zurückschrumpfen muß), plötzlich Probleme auftauchen: man fühlt sich schuldig für seine Empfindungen, sie erschlagen einen sozusagen hinterrücks. Da man teilweise an ihrer Identität partizipiert hat, ist man selbst auch die Figur. Man will aber nicht die Figur sein, sondern *Ich*. Was für moderne Schriftsteller ausagiert und benutzt wird, das *Je est un autre*, ist für mich also ein psychisches und moralisches

Problem. Du holst die Figur aus dir heraus wie Adam die Eva aus seiner Rippe – es ist also beim Schreiben ein ganz anderer Prozeß als bei der Bildhauerei z. B., weil du nicht das *objektive*, von dir *getrennte* Material vorfindest.

2. Februar
Gestern Abend mit Me. Ka. in *La Perla*, einem südamerikanischen Café. Wir setzten uns an die Bar und kamen nach kurzer Zeit mit einem Holländer, der seit zehn Jahren in Paris lebt und neben uns saß, ins Gespräch. Es fand nun das typische Kneipengespräch statt, das heißt ein in der angetrunkenen Rede *Ausagieren* der eigenen Lebensprobleme. Das fängt immer mit der Erzählung der *Biographie* an: Großvater Franzose, er Holländer, Großeltern jüdisch, er Abschluß in Philosophie, Studium in Aix-en-Provence, dann der Wunsch und Druck, *business* zu machen, Wechsel, heute Besitzer von 4 *Boutiquen* in Paris, verkauft saumon und foie gras.
Kurz: in der Erzählung der *Rechtfertigungstrieb*. Rechtfertigung des Lebens *im Reden*. (Seht nur, wie großartig mein Leben ist...)
In der Erzählung: der *offenliegende* Wunsch. Nach einigen weiteren Gläsern eröffnete er uns, daß er Autor eines grandiosen Romans sei, ein verhindertes Genie also, und dann folgten die Details.
In der Erzählung der *Chauvinismus*: er versuchte ständig, uns gegeneinander auszuspielen. Ein Spiel, an dem ich mich nicht beteiligt habe, weil es in so einer Situation niemals angeraten ist, einfach aus dem Druck des *Narzißmus* heraus, um den anderen zu *werben*. Die Retourkutsche kriegte ich auch am Ende zurück – mit dem typischen Pathos der Trinker – ich hätte, in diesen 1½ Stunden unseres Gesprächs, seinem Leben nichts *hinzugefügt*. *Chauvinismus*:

die Überheblichkeit, über zwei wildfremde Frauen zu urteilen, allein nach der äußeren Erscheinung, ihre Eitelkeit zu *reizen* durch das Interesse und die Deutung, und sie gleichzeitig zu verletzen durch das *Richterspruchhafte*, das einem Mann = Sprecher/Deuter/Täter gegenüber der Frau = Objekt/Betrachtete/Gedeutete in seinen Augen zukommt. Soweit der Abend.
Was die Urteile betrifft – das »on dit« – darüber, was *bürgerlich* ist oder nicht, was *ich* tun sollte oder nicht, so ist mir das egal. Der Ratschläge waren genug, sie werden auch weiter auf mich einprasseln, da ich in einer *ungelösten* Situation lebe, die das offenbar herausfordert.

Was den *Roman* betrifft: früher dachte ich immer, der therapeutische Effekt verhindere die literarische Qualität. Vielleicht aber wird es mir helfen, mich von dem Druck zu befreien, und vielleicht gelingt es auch, einen *guten* Roman zu schreiben. Es geht dabei einzig um das Recht, meine *eigene* Wirklichkeit auszudrücken und zu behaupten. Es geht auch um Distanzgewinnung.
Das Problem ist ein technisches: lege ich es chronologisch an, hänge ich die einzelnen Kapitel an *Worten* auf (jeweils ein zentrales Wort aus der erinnerten Geschichte) oder jeweils an einem *Erinnerungsbild*. Letzteres läge mir sicher am meisten, könnte aber zu statisch geraten. Also: Erzähl*segmente* oder Erzähl*fluß*?

4. Februar
B. hat Recht, man kann sich zu Tode analysieren und objektiv mustern, damit muß man in der Liebe sehr vorsichtig sein. Es kommt allein darauf an, was mir B. von *Herodes und Mariamne* sagte, das *Wesen* des anderen mit einem Blick zu erfassen und ihm nicht Unrecht zu tun.

5. Februar
Die Glasglocke ist zersprungen. Ich habe keine Angst mehr vor den Dingen, die mich in den letzten Monaten so verstört haben. Man kann einem Menschen erst dann helfen, wenn er sich selbst hilft. Das alte: »Du mußt dein Leben ändern«. Wer Mißtrauen sät, erntet Mißtrauen. Wer einem Freund hinterherspioniert unter dem vorgespiegelten Grund, er sei *gefährdet* und man müsse sich kümmern, der bekommt keine Freundschaft zurück. (Von Liebe gar zu schweigen.) Wer Vertrauen will, muß selbst welches geben. Überwachungssysteme sind Diktaturen, sind Ausgeburten der Angst. Ebenso die Gerüchte über die sexuellen Angewohnheiten, Neurosen oder Probleme von anderen. Trotzdem ist die Welt voll von solchen Gerüchten – die *Sexualität, die in den Köpfen stattfindet*. Das schadet und gehört zugleich zur comédie humaine.

7. Februar
Diese *kleinen* Geschichten müssen alles *Monologe* sein. Hart, in sich geschlossen, durchkomponiert – wie kleine feste Kristalle.

8. Februar
»Longue lente chute de neige / le temps à pas de voleur / dans la cour du temple.«

So bleibt der Dorn denn im Herzen und zeigt die Uhrzeit an.

Regel für Freundschaft: man kann Ratschläge geben, wenn man gefragt wird – Todsünde: *Kommentare* (denn meist dienen Kommentare nur zur *Selbst*rechtfertigung, nicht zur Hilfe für den andern, kurz: sind vom *Ressentiment* gefärbt), man muß *Unterstützung* und *konkrete Hilfe* geben (Beziehungen, Geld, berufliche Unterstützung, eine Wohnung zur Verfügung stellen etc.), aber man darf sich niemals *einmischen*. Denn man *meint* nur, genau zu wissen, was sich hinter den Kulissen eines anderen Lebens abspielt. Indem man sich einmischt/kommentiert, bringt man dieses Wissen dem anderen gegenüber als Überlegenheit zum Ausdruck – und zerstört dadurch die Freundschaft. Einem Freund zu sagen: »Ich weiß alles über dich«, ist also der Todesstoß. Zerstörung und Achtung der Autonomie des anderen.

Natürlich braucht man die seltenen Glücksmomente. Ich brauche aber vor allem einen Menschen, zu dem ich Vertrauen habe – diesen winzigen *Humus* an emotionaler Ausgangsposition. Wichtig ist die *Gegenwart* und wichtig ist der Alltag. (Absage an hysterisch-dramatische Literatenliebschaften.) Das heißt nicht, daß ich dem *Geträumten*, das in jedem Leben ist, den Sinn abspreche. Es muß einen offenen Raum geben für Wünsche, Hoffnungen, Glücksvorstellungen. Aber es ist ebenso wichtig, wie ein Gedicht über den *Wind* zu schreiben, mit wem man seine Kartoffeln ißt.

Gombrowicz: »Das *Ich* ist kein Hindernis im Verkehr mit den Menschen, *Ich* ist das, was *sie* begehren. Wichtig aber ist, daß dieses *Ich* nicht eingeschmuggelt wird in eine verbotene Ware. Was erträgt das *Ich* nicht? Halbheit, Ängstlichkeit, Verschämtheit.«

Im großen und ganzen richtig. Falsch ist nur die Dualität zwischen großartigem Ich und den psychischen Gebrechlichkeiten (Ängstlichkeit etc....). Ein starkes *Ich* ist nicht deren Antipode, sondern der immer wieder errungene Phönix aus der Asche der Fragilitäten. Ein starkes *Ich* weiß, daß es genauso gut wie aus den hehren Eigenschaften aus den weniger feinen besteht. Daß es nur darauf ankommen kann, zu lernen, wie man damit *umgeht* (mit der Ängstlichkeit, der Abhängigkeit, dem Schwanken), nicht aber ein für alle Male loszuwerden. Das Gombrowiczsche *Ich* hat etwas vom Übermenschen – dieses von allem Schutt gereinigte Ich, *ungebrochen, unangefochten, unverführbar* – es kommt aber darauf an, Einsicht zu haben, daß die menschliche Existenz diese *Melange* ist. Das heißt, man muß in erster Linie *Materialist* sein (d. h. *von der Materie ausgehen*) und die *Realität* der menschlichen Psychen wahrnehmen, erkennen und tolerieren. *Idealist* kann man da sein – und nur *für sich selbst* –, wo man bestimmten Aspekten (von mir aus *Tugenden*) nachstrebt.

Plötzlich fällt mir jener unsägliche Morgen ein, im Januar 1974 in Heidelberg, an dem mir H., nachdem R. das Haus verlassen hatte und zur Schule gegangen war, das *Kopfkissen aufs Gesicht drückte, damit die Nachbarn mich nicht hörten*. – Das war ein übler Morgen, regnerisches Januarwetter, als ich, im Wind, über die Brücke, über den Neckar zum Bahnhof ging. Damals fand ich H. gräßlich spießig und klein in seiner, wie ich fand, erbärmlichen Ängstlichkeit – anstatt zu *leben*. Heute sehe ich das etwas gerechter. Oder besser: es ist eben nicht jeder + bei jeder Gelegenheit für die *Leidenschaft* gemacht.

9. Februar, abends
Während ich in *Nachmittag auf dem Eis* über *Macht* und *Fischweiber* schreibe, fällt mir unerklärlicherweise Jens Peter Jacobsens *Frau Marie Grubbe* ein – irgend etwas Atmosphärisches muß sich im Unterbewußtsein aus diesem Roman festgesetzt haben und diese Idee von Fluß, Markt, Fisch, Fischweibern und ehelicher, unverstandener Liebe in dieser Geschichte beeinflußt haben. Beispiel, daß nicht nur das Leben, die Wirklichkeit, sondern eben die Lektüre, früh angelerntes ästhetisches Instrumentarium, das eigene Schreiben prägt. Das Verrückte: ich weiß, daß dieses Buch mich damals sehr beeindruckt hat – mehr als Niels Lyhne – ich glaube, es war diese Idee von Kühle und Prunk und Leichtigkeit – und dann die Zerstörung – und dann die Einfachheit. Aber ich kann mich überhaupt nicht mehr an den *Inhalt* erinnern.
Genauso, wie ich weiß, *daß* mich Salingers *Fänger im Roggen* und *Franny und Zoey* irre beeindruckt/beeinflußt haben, ohne daß ich den Inhalt noch wüßte.

Da haben wir wieder die Seite, für die ich meiner Mutter dankbar bin – die frühe Lektüre von all dem.
Zugleich fällt mir die Geschichte ein, wie ich, gerade aus *Jena* zurückgekehrt, aus den Ferien (60/61?), Heimweh im Herzen, in der Küche auf der *roten Küchenbank* saß. Ausnahmsweise, denn ich saß immer auf einem Stuhl. Ich hatte eine – sicherlich scheußliche – Babypuppe mitgebracht, von der Großmutter geschenkt. Meine Mutter machte nun – aus Eifersucht – diese Puppe so herunter, wie häßlich sie sei, sie müßte weg aus ihrem Haushalt – und ich weinte nicht mal, weil ich (fast) nie weinte, aber ich hing eben an der Puppe, und die Puppe war Symbol für alles, was mir fehlte, und typisch war, daß meine Mutter die Häßlichkeit der Puppe nicht auf sich nahm und sie mir ließ.

Vielleicht ist auch das ein Anteil meiner – falschen? – Beziehung zu B. (abgesehen vom reinen Gernhaben): daß ich die *Puppe* und die *Mutter* zugleich bin und niemals jemandem etwas wegnehmen will, was dem anderen *Puppe* ist, also *woran sein Herz hängt*.

13. Februar
Der kleine fette Sartre – so in A. C.-S.' Biographie – wurde durch die unglückliche Liebe zu Olga »mager wie ein Hahnrei«. Eine seltsame Formulierung – schließlich war er nicht der Ehemann, sondern der nicht erhörte Liebhaber. Im übrigen knüpft diese Formulierung an die alte Vorstellung des *Von-der-Liebe-geschleift-Werdens* an, an die Vorstellung, daß die unsichtbaren Leiden sich im Sichtbaren, in der Körperreaktion (Abmagerung, Schlaflosigkeit) ausdrücken müsse, um wahrhaftig, existent zu werden. Die Veränderung ist dann der Beweis des inneren Leidens – Imitatio-Christi-Motiv, abgewandelt. Man müßte aber eine Figur erfinden, die diesen Beweis gerade unterschlägt, die sich nach außen durch kein Zeichen etwas anmerken läßt von dem, was im Innern vorgeht, die nicht das Schauspiel des *Sieh-wie-ich-leide-Motivs* bietet; kurz, die das Kommunikable und Selbstinszenatorische auch des Unglücks verweigert und verschließt in der totalen Normalität.
(P. S.: daß das natürlich nicht geht – oder nur mit einem Identitätsproblem endet, weiß ich aus eigener, anderer Erfahrung.)

14. Februar
Ich muß dieses Trauma loswerden, sofort ein so monumentales Buch zu schreiben wie *Vergessen*. Es ist besser, wirklich anzufangen, als nie. Deshalb: Plan zu einem kleinen, in

sich geschlossenen Roman, den ich in den Griff bekommen kann. Mir schwebt etwas vor in Richtung *Fänger im Roggen*.

Nachmittag auf dem Eis – das ist nicht nur *innerer Monolog*, sondern, fest ineinandergewebt, *zwei* Stimmen: die eigene und die erinnerten Redeweisen des anderen. Das alles, zweistimmig, in einem einzigen Fluß.

16. Februar
Das alte Thema, ein Geheimnis bewahren, indem man es öffentlich spazierenführt. Irreführung der anderen durch scheinbare Bloßlegung – im Glashaus leben. (Das für den 2. Roman.)

Später, nachts
Heute, Gespräch mit B. über *Gelächter*.
Er »Gelächter, Lachen ist also das Diskontinuierliche?«
Ich: »Nein, beides. Diskontinuierlich ist das Gelächter (des Schreckens, der Tragödie, der maßlosen Freude etc.), das sich dem Anblick des Abgrunds stellt. Kontinuierlich ist das Gelächter (des Humors), das den Abgrund überbrückt.«
Natürlich haben wir in einem Punkt beide unrecht. Dieser starre Dualismus von Kontinuität, Diskontinuität stimmt ja so nicht. Bei B. ist Diskontinuität immer im (an sich negativen, künstlerisch-bewußtseinspsychologisch aber positiven) Sinn von *Zerstörung* gemeint. Nur aber, wenn man heimlich unbewußt auf Kontinuität fixiert ist, kann man *Diskontinuität* so fassen. Am Beispiel: im diskontinuierlichen Gelächter wird etwas unterbrochen, um zugleich etwas Neues zu schaffen – etwas Neues, Atmosphärisches,

Sinnliches, Geistiges, Menschliches etc. – das heißt: Diskontinuität ist das Lebensgesetz generell, janusköpfig, weil es nicht nur zerstört, sondern vor allem: *erneuert*, d. h. Lebendigkeit schafft. (Bataille hat Recht, wenn er schreibt: Der Mensch ist ein diskontinuierliches Wesen, das sich nach *Aufhebung der Diskontinuität* – z. B. im Eros oder Todestrieb – sehnt. B. geht umgekehrt immer von einer naturgegebenen gesellschaftlichen Kontinuität aus – sie ist jedoch in erster Linie Ideologie.)

17. Februar
Manchmal denke ich an jene Frau, die im Oktober 1986 voller Illusionen und Leidenschaft nach Berlin fuhr. Einerseits bin ich froh, wieder im Besitz meiner selbst zu sein. Andererseits ist es traurig, daß diese so naive und erwartungsvolle Frau nun für immer verschwunden ist – und mit ihr dieser ganze Tumult von Gefühl.
(Ich muß versuchen, das eines Tages, im Text, wiederauferstehen zu lassen, wie S. d. B. das kleine Mädchen, das sie einmal war, in den Memoiren einer *Tochter aus gutem Hause*.)

Rilke, portugiesische Nonne Marianna Alcoforado: »Mein Leben, meine Liebe hängen nicht mehr davon ab, wie er mich behandelt.«

21. Februar
Satz von Jacques Rivette: Anordnung deckt zu, Ordnung deckt auf. Das gilt als Programm gegen jede psychologisierende Kunst, die die eigenen Emotionen und Erfahrungen unvermittelt mitverarbeitet.

Knapp drei Monate habe ich es durchgehalten *in die Schule* (Französisch) zu gehen – bestärkt von der Meinung Dritter, *Objektivität* täte mir gut. Ich brauche aber keine Objektivität, die nur ein Fetisch ist, ich brauche eine kleine Operationsbasis – sprich: menschlichen *Humus* –, wenn das stimmt, die Beziehung zu B. und die zu den wenigen Freunden (aber nicht auf *therapeutische*, sondern natürliche Art), dann ist das Alleinsein nicht nur nicht schädlich, sondern sogar notwendig.

Später
Ein Spaziergang in der Dämmerung, auf dem Quai d'Orléans, Île St. Louis. Der Quai war fast menschenleer, die Fenster erleuchtet. Am anderen Ufer spielten Hunde, und altmodische Schleppkähne fuhren schnell die Seine hinauf. Gegen den Himmel zeichneten sich die kahlen Platanen ab mit ihren runden Kugelfrüchten, und die Quaimauer vom typischen Pariser Hellgrau wirkte mit wachsender Dunkelheit fast weiß. In der Ferne fuhren Autos über die Sully-Brücke, die auf mich, in ihrer flachen, eleganten Eisenkonstruktion Art-Déco-mäßig wirkt. Es war kurz vor sieben, und zuvor hatte ich einen Falsett-Sänger gehört, der hinter mir über die St.-Louis-Brücke ging und italienische 17.-Jahrhundert-Arien sang – singend durch die Île St. Louis ging. (Oder hatte er ein Tonbandgerät mit und ließ es anlaufen und unterbrechen wie *natürlichen* Gesang ...?) Jedenfalls war das ein typisch pariserisches *Erlebnis* (s. der Jogger im Jardin des Plantes und die John-Donne-Rezitation). Als ich also allein über den Quai d'Orléans ging und die Seine betrachtete, hatte ich einen dieser wunderbaren Augenblicke, in denen man vollkommen autark und *bei sich* ist – *bei sich* und bei den Dingen, und bei keinem Menschen. Die Abendstimmung in der schon weniger verkehrslauten Stadt

war so, daß ich mich plötzlich ungeheuer privilegiert fühlte, an einem Tag, an dem andere sich mit Alltagssorgen herumplagen müssen, spazierengehen zu können, ein halbes Gedicht im Kopf, und noch einmal, am Ende des 20. Jahrhunderts die verändert/unveränderte Atmosphäre dieses stillen Quais zu genießen. Solche Augenblicke wiegen viele Verzweiflungsmomente und *Löcher* auf – oder: beides gehört zusammen.

22. Februar
Es gibt zwei Arten, das Selbstmordmotiv in der Literatur zu verwenden: die einen (wie Pavese, Améry) spielen *vorher* in ihren Texten durch, was sie *hinterher* in die Realität umsetzen. Die anderen (s. Goethes *Werthers Leiden*) schreiben den Selbstmord und befreien sich dadurch sowohl davon als auch von der Geschichte, die der *Anlaß*, natürlich nie der *Grund*, der liegt in der Psyche selbst, gewesen ist. Ich glaube eher, ich gehöre zur letzten Sorte. Schließlich kann man nicht dauernd damit umgehen, mit dem Gedanken daran, meine ich, sondern nur punktuell – man schreibt es auf, und es ist weitgehend erledigt.
Was meine Depression in den letzten zwei/drei Jahren angeht: verstrickt in einen absurden Mechanismus von Hoffnung und Verhinderung. Die innere Auseinandersetzung mit meinen Texten, die Suche nach *Stil*. Der Komplex von psychischer Lähmung und intellektueller Hemmung. Jetzt, wo die Seele gereinigt ist, geht's auch wieder mit dem Schreiben.

Später
Die Liebe kann man gewinnen – oder verlieren. Es gibt Leute, die vergessen, daß man sie verlieren kann und daß,

wenn sie einmal verloren ist, nichts sie zurückholen kann. Das ist sozusagen ein *Naturgesetz* und außerhalb der eigenen Macht.

Später
Im 19. Jahrhundert war die Sitte, die Schauspielerinnen, die man verehrte, hinter der Bühne aufzusuchen, in der Pause oder nach der Vorstellung – besonders geeignet, wenn das Stück Marivaux' *Triumph der Liebe* war.
Umgekehrt wäre die Schauspielerin dem Anbeter niemals zuerst auf den Pelz gerückt: in die Wohnung. – Er mußte dazu schon einige Überredungskünste und unterstützende Taktiken anwenden.

23. Februar
Die Schraube wird weitergedreht. Aus dem Französischunterricht bin ich ausgetreten, weil ich keine Lust hatte, mich weiter dem Schul-, Klassen- und Gruppenstil zu unterziehen.
Ängste: weiterhin die der Manipulation – Freunde, die Informationen sammeln, *Big Brother is watching you*, ein Rund-um-die-Uhr-Beobachtungssystem, ausgelöst durch den Anruf der Mutter, deren Sätze suggerieren, daß sie sieht, was ich in jener Sekunde gerade mache, Spiegelszenen und -sätze, die mir von Hausbewohnern (dem Mann gegenüber) entgegengehalten werden – kurz: Verunsicherung total. Weiterhin sehe ich überall Rot-Schwarz-Figuren. In der ganzen *Inszenierung* gibt es einen Widerspruch: den freundschaftlichen *Trost* und die *Totale Überwachung* (Foucaults *Überwachen und Strafen*). Und das Ganze – wie Bigotterie – unter dem Vorwand, etwas Gutes zu tun. Unter diesem Vorwand sind in der gesamten Geschichte die größten Verbrechen begangen worden.

Dann die Vorstellung, über meinen Kopf hinweg könne über mich entschieden werden – über mein Glück etwa (Gedanke des Zwischen-Funkens zwischen B. und mich.)
Nachts ein Verzweiflungsanfall wegen der telephonischen Suggestionen.

25. 2.
Marina Zwetajewa: *Dichter und Kind.*
»Oft vergleicht man Dichter und Kind aufgrund seiner Unschuld. Ich würde es aufgrund seiner Verantwortungslosigkeit tun. Seiner Verantwortungslosigkeit in allem, außer im Spiel.
Wenn ihr an dieses Spiel mit menschlichen (moralischen) und gemeingültigen (gesellschaftlichen) Kriterien herangeht, so stört ihr es nur oder setzt ihm ein Ende.
Durch Einbringung eures Gewissens – trübt ihr das unsere (schöpferische). ›So spielt man nicht.‹ Nein: genau *so* spielt man.
Entweder wird das Spiel grundsätzlich verboten (wir verbieten's den Kindern, Gott, uns), oder jede Einmischung unterbleibt.
Was für euch ›Spiel‹ ist, ist für uns das einzig Ernsthafte auf Erden. Ernsthafter als der eigene Tod.«

25. Februar
Am Wochenende des 19. März 1972 passierte folgendes: ich hatte – welch seltenes Wunder – die Erlaubnis bekommen, ein paar Tage bei meiner Großmutter, wo auch mein Vater war, zu verbringen. Mein Vater hatte damals bereits das Haus neben meiner Großmutter gemietet. An jenem Samstagabend gingen wir also nach einem gemeinsam mit Spaziergängen verbrachten Tag in seine Wohnung. Ich war

damals nicht gewöhnt, regelmäßig zu trinken, wir hatten viel Wein getrunken, und auch das lockerte mir die Zunge. Wir saßen in dem unteren Zimmer. Vor dem Fenster stand ein weißer langer Tisch als Schreibtisch mit zwei großen weißen Porzellanlampen mit gelben Schirmen. Dann: das gelbe Sofa meiner Großmutter und zwei Sessel. Mein Vater saß im Sessel neben dem Schreibtisch und ich auf dem Sofa. Irgendwann fing ich an zu erzählen, was sich zu Hause abspielte – der psychische Terror der Mutter, der physische des (Stief-)Vaters – und mein Vater erinnerte mich/sich daran, wie er, ein halbes Jahr zuvor, in die Kaiserstraße zitiert worden war, um einen Brief vorgelesen zu bekommen, der von Harvey, einem Jungen, der in mich verliebt war, an mich geschrieben war. Ich selbst saß dabei und mußte diese öffentliche Lesung eines privaten Briefes mitanhören – das Ganze ging darum, mir den Umgang mit dem Jungen zu verbieten, der sowieso in einer Weise eingeschränkt und kontrolliert war, daß es erstaunlich war, daß der Junge überhaupt noch an mir festhielt. Kurz, mein Vater sagte mir jetzt, innerlich habe er vollkommen auf meiner Seite gestanden – diese familiäre *Gerichtssitzung* sei die Zerstörung jeglicher individueller Freiheit gewesen, oder besser: die Demonstration.

Irgendwann im Laufe des Gesprächs sagte ich, das Schlimmste an der Situation sei, daß alle von außen von der Intaktheit und Integrität dieser Familie überzeugt wären, daß vor allem meine Mutter so als überzeugende und moralische Person wirke, daß niemand mir glaube, wenn ich von der psychotischen Struktur dahinter erzählte. Außerdem wäre meine Überlebensstrategie die *äußere* Anpassung an dieses System, weil jedesmal, wenn ich mich gewehrt hätte – wie zum Beispiel meine Flucht 68 und 71 –, wären noch weitere Restriktionen die Folge gewesen. Mein Problem bestünde auch darin, ob ich diese Spaltung in zwei Ichs, in ein

inneres wahres und ein äußeres falsches, je überwinden würde/könnte. Irgendwann kniete mein Vater sich dann vor mich und umarmte mich und sprach von dem *Attraktivitätsschock* und *Bezauberungsschock*, den er schon lange durch mich gehabt hätte, wenn wir uns gesehen hätten, und auch davon, daß wir eine *Vertrauensbasis* aufbauen müßten für uns und für die Dauer des nächsten Jahres, bis ich mein Abitur gemacht und mündig geworden wäre.
Schließlich brachte mich mein Vater ins Bett, das heißt, in Puckus späterem Zimmer stand eine Gästecouch, nebenan im Zimmer zwei Feldbetten. Ich zog mich aus und legte mich ins Bett, dann kam mein Vater im Morgenrock und setzte sich an mein Bett. Wir redeten, und irgendwann küßten wir uns. Ich war nicht im geringsten in ihn verliebt, aber ich war auch nicht erschreckt, sondern eher in einem Mischmasch von Überdrehtheit, Bedrücktheit (wegen meiner familiären Situation) und Erleichterung, in meinem Vater einen Verbündeten gefunden zu haben.

(Was wichtig ist: die Sexualität an sich hat mich nie erschreckt. Wenn ein Mann offen auf mich zutrat, hatte ich nicht die geringsten Probleme. Mein Problem war, daß ich ein höchst romantisches Liebesideal hatte und sporadische Sexualitäten mir nichts bedeuteten. Das heißt, neben der Geschichte mit meinem Vater war ich immer auf der Suche. Indirekt gibt es aber natürlich ein sexuelles Problem, weil ich *unbewußt* das Verhältnis zu meinem Vater als Mißachtung meiner *Person* (Identität) empfand, weil ich umgekehrt unbewußt dadurch die Sexualität als zentralen Punkt meiner Bedeutung für ihn sah. So vertrackt es klingt: hätte ich mich von ihm *geliebt* gefühlt, wäre mein Identitätsproblem anders ausgefallen.)

Mein Vater legte sich dann zu mir ins Bett, wir verbrachten die Nacht gemeinsam mit dem, was man *Petting* nennt. Später stellte sich heraus, daß er annahm, ich hätte mit dem Jungen geschlafen, der den Brief geschrieben hatte. Er jedenfalls wollte in der Nacht nicht mit mir schlafen, fragte mich aber, ob ich wolle, und ich sagte ja. (Ich glaube, vor allem wollte ich meine dämliche Jungfräulichkeit loswerden, was bis jetzt ja immer durch die Verbote und Einschränkungen zu Hause nicht möglich war.)

Am nächsten Tag fuhren wir zu dritt: Großmutter, Vater und *Kind* nach Schloß Georgshausen. Dort gingen wir allein (Vater + Tochter) spazieren, bevor wir alle Tee tranken im Schloß, und mein Vater sagte, was geschehen sei, sei geschehen, es käme allein auf die Vertrauensbasis zwischen uns an und eine Art geheimen Paktes.

Während des nächsten Jahres sahen wir uns selten und meistens nur zu kurzen Stadtbesuchen allein. Zu Weihnachten schenkte er mir den blauen dreieckigen Saphir an der goldenen Kette, den ich natürlich als Talisman trug. Diese wenigen Treffen waren, solange sie nicht in der Familie Kaiserstraße oder Mühle stattfanden, von der Thematik unserer Vertrauensbemühung und von der Ausformulierung unserer wechselseitigen Attraktivität erfüllt. Darüber hinaus mein absolutes Versprechen und der Wunsch, ihn vor meiner Mutter zu schützen, die niemals etwas von der besonderen Beziehung erfahren durfte.

Es kam mein Abitur und das Drama meines Studienortes (s. Ra.). Schließlich bot sich mein Vater an, mich mit nach Heidelberg zu nehmen, wo ich mich immatrikulieren sollte. Das wurde genehmigt, und wir fuhren los. Zwei Ecken später stieg H. dann noch dazu, die bereits in Düsseldorf wohnte. Am Abend in Heidelberg gingen wir in ein Weinrestaurant zu dritt, und beim Hinausgehen drückte ich die Zigarette an einem fremden Tisch aus, und er behauptete, ich sei *lasziv*. In der Nacht hat er mir dann den Kopf gehalten, als ich mich übergeben mußte – vor Aufregung und Alkohol.

Nachdem mein Heidelberger Semester herum war, verbrachte ich die Semesterferien in der Mühle. Wir machten viele einsame Fahrten im Volvo, vor allem an die holländische Grenze, unter dem Vorwand, der Vater müsse sich um die neue Tochter kümmern, ihr Zuwendung zeigen, Neues zeigen, erklären etc. Tatsächlich geschlafen haben wir dann am 24. November zusammen, im gelben Zimmer oben, nachmittags. Ca. war in Hamburg (oder mit Pu. an der Nordsee, das habe ich vergessen), und danach ging ich rüber und trank mit Omi Kaffee. Sexuell habe ich nichts davon gehabt, es tat nur weh und mein Vater bekam die Defloration voll mit. Daß ich anfing, Lust zu haben, war erst später, kurz vor Weihnachten, in Bonn.

Die Struktur sah also so aus: einerseits Familienleben, andererseits unsere exklusive Vertrauensbasis und geistiges Gespräch. Drittens, bei Gelegenheit, Sexualität. In der Mühle nur, wenn C. weg war, also sehr selten. In Bonn öfter, er kam zur Rektorenkonferenz oder zum DAAD, nahm sich immer, fast immer, ein Zimmer im Schloßhotel und verbrachte nachmittags oder nachts einige Stunden bei mir. Gekoppelt war das immer mit ausgiebigen Gelagen. Manchmal nachmittags stand Fr., der Fahrer, im Wagen vor der Tür. Schließlich: auf Reisen zu zweit: etwa nach Tübingen oder Colmar oder Bodensee, Reisen, die wir manchmal vor der Familie verschwiegen, manchmal nicht.

Vielleicht täusche ich mich schon wieder, aber ich meine, nicht das Tabu der Sexualität an sich ist das Problem gewesen, sondern das *Doppelleben* und, nachdem ich die sexuelle Beziehung 1979 abgebrochen habe wegen meiner Liebe zu B. (nach Marburg), die Feststellung, daß mein Vater dann auch die exklusive Freundschaft aufgab, besser, sich weiter nicht für mich interessierte – so daß ich mir am Ende sagen muß, daß die Sexualität mit ihm von mir aus auch eine Schutzsuche und ein Bindungsmittel war.

27. Februar
Ein gewisses, mehr oder weniger ausgeprägtes Moment des A-Sozialen gehört nun mal zum Schreibenden. Keine heile Welt von *Berufskontakten*. Alle Künstlergruppen waren sachlich und emotional/freundschaftlich oder feindlich verbunden. Es gibt keine Regel. Es gibt solche, die, wie Pavese oder Robbe-Grillet, in Verlagen gearbeitet haben oder an der Schule, beim Rundfunk, was weiß ich. Aber es gibt eben auch die anderen, wie Chandler – und Hofmannsthal wurde eben schlechter, kunstgewerblicher, als er *Familie* hatte. Es gibt keine Regel – man muß die eigene Lebensform nur akzeptieren, so wie sie sich nun einmal herauskristallisiert hat.

1. März
Manchmal fühle ich mich nicht mehr *wirklich* bedroht, sondern nur im Durchspielen meiner Ängste.

Vor allem: B. behauptet mehrmals, ich sei, in meiner völligen Themenkonzentration, wie Brentano. (Mein Verhältnis zu B. ist aber *real*, und ich würde ihn nie so stilisieren wie Brentano Sophie Mereau.) Aber angenommen, es wäre so: da müßte sich nun B. beweisen, daß er kein Savigny ist. B. kann nie Savigny/Creutzer sein – vom Geist. Aber er hat Ängste vor den Abgründen der Phantasie – meiner, und in Ängsten sind Tropfen von Abwehr enthalten. *Wind, Staub* schreibend merke ich, daß ich weniger das alte Chandos-problem, was ein Problem der Ästheten, d. h. nicht der Schriftsteller, ist, habe – aber das romantische und surreale Projekt der Ineinanderschiebung von Realität und Traum: das ist weniger ein psychisches Problem als ein intellektuell-ästhetisches Konzept. Kunst – Literatur – braucht, a-religiös geworden, eine immanente diesseitige Transzendenz, alles andere ist Tautologie, deshalb: mehrere Realitäten ineinanderspiegeln und das Moment von *Unsicherheit* einer eindeutigen Realität gegenüber variieren. Deshalb auch mein Mißtrauen gegen *engagierte Literatur* – da wird eine zuvor *feststehende* Realität nur ausgefaltet. Keine im Schreiben erst zu suchende.

2. März
Noch mal konkreter: das Chandos-Problem ist das des Realitäts*verlusts* – das, was ich meine, ist das einer Realitäts*erweiterung*, einer Realitäts*suche*, d. h. die bekannte Realität wird undurchschaubar, mit Ungewißheiten aufgeladen – so wie sich tatsächlich mein Leben in den letzten Monaten in einen *Roman* zu verwandeln *scheint*, mit Lichterzeichen, offenstehenden Fenstern, Saxophonmusik in der Stadt, Händel, rot-schwarzen Pünktchengestalten, drolligen Hunden und pulsbeschleunigenden Tropfen im Wein ... alles *Szenen* und eine Verunsicherung auf allen Ebenen. »Du kannst deinen Augen nicht trauen.«

3. März
Ein Apfel fällt *dumpf* zu Boden – wie aber fällt ein Pinienzapfen?

Was mir zur Zeit vorschwebt – Erzähl-, Geschichten*ausschnitte* (wie bei der klassischen Kurzgeschichte), und zugleich eine fließende, subjektlose Prosa. Das, beides miteinander gekoppelt, könnte der Stilentwurf für den *Roman* sein.

5. März
Weshalb ich Virginia Woolf so liebe – weil sie ihrer ganzen Schwerblütigkeit, den Nervenkrisen und den Momenten des Ausgeliefertseins diesen *leichten* Stil und die Zärtlichkeit (was etwas anderes ist als das schwere *Liebe*) für das Leben abgewonnen hat.

Pavese, Tagebuch, 16. April 1940
»Die Dichtung entstammt nicht dem *our life's work*, dem normalen Ablauf unserer Beschäftigungen, sondern den Augenblicken, da wir den Kopf heben und mit Staunen das Leben entdecken. (Auch das Normale wird Dichtung, wenn man es zur Betrachtung machte, das heißt, wenn es aufhört, das Normale zu sein, und Wunder wird.)«

Das ist genau der Punkt: man kann (ich will) noch den langweiligsten bundesdeutschen Fischmarkt zu Literatur machen, wenn man plötzlich eine leicht verfremdende Sehweise darauf hat – ich meine nicht *erhöhen*, *verklären*, sondern den leicht besonderen ver-rückten Blickwinkel, der notwendig ist, um ein Sujet zum Literarischen zu machen. Die alte Geschichte: man muß »sich aus den Dingen etwas machen« – nicht eine Realität (das Normale) tautologisch wiederholen.

6. März
Ich schreibe an *Nachmittag auf dem Eis*, und während ich es überarbeite, kommt mir die Idee des Lebens als einer Kette von *tableaux vivants* wie ein Ausfluß der Mühlenideologie vor, in der der richtige Manschettenknopf oder die geschlagene Sahne in der Silberschüssel wichtiger als das *wirkliche psychische Leben* von uns war, das unter der Fassade – *Familienleben à la Keyserling* verborgen war.

Aus der Wohnung über mir dringt *I am calling you*, die Filmmusik aus Percy Adlons *Bagdad Café* – den ich nicht so umwerfend fand wie alle Welt.

(Habe es satt, ständig Reminiszenzen und Bruchstücken aus meinen Texten und meinem Leben zu begegnen. Es ist, als lebte ich in einer Spukwelt – seit August 88. Beobachter, die das *Eingesperrttrauma* inszenieren.)

Mittags stieg ich an der Métro-Station *Filles du Calvaire* aus. Ein wirklicher Vorfrühlingstag, und die Leute gingen über den sonnenglänzenden Boulevard du Temple, als eilten sie nicht zur Arbeit, sondern schlenderten müßig daher. In der Rue de Saintonge standen Leute, als kämen jetzt alle aus ihren Häusern, vor den Türen und redeten, und die ganze Straße war verwandelt, ein flimmerndes Licht wie flüssiges Wasser an den Wänden, eine weiche Luft und (da Montag) Quartiers-Verschlafenheit.

7. März
Ich fühlte mich, als hätte ich den Körper voller Hormone –

matt und mit Ödemen unter den Augen und schrecklichen Schmerzen im Bindegewebe –

Virginia Woolfs Thema: zu zeigen, daß das Subjekt unaufhörlich im Fließen begriffen ist, sich unaufhörlich verändert, wandelt, dann die Myriaden von Sinneseindrücken, die sich in jeder Sekunde, ein ganzes Leben lang, ins Subjekt wie in Wachs eindrücken, auf die es ständig reagiert und sich im Reagieren verändert – kurz: noch immer das alte Thema der Moderne von der Auflösung des *Person*-Begriffs, von der der 19.-Jahrhundert-Roman gezehrt hat. Bergson spielt da eine Rolle – viel mehr als bei Proust, da Proust ja nicht an die unaufhörlich im Unterirdischen weiterrollende *durée* glaubt, sondern an die Plötzlichkeit eines wiedergefundenen Augenblicks, d. h. das *Leben* hat keine *durée*, der Schriftsteller schafft sie erst im Text, im *Aufheben* des erinnerten Moments –, da die (synästhetischen, impressionistischen) Eindrücke bei V. W. an der Oberfläche wirken, im Untergrund aber so etwas wie ein unaufhörliches Fließen des Lebensstromes stattfindet, das zwar, nach dem Tod, die einzelnen Personen aufhebt, sie aber auch (vgl. *Mrs. Dalloway*) eingehen, sich auflösen läßt in diesem allgemeinen Lebensstrom, der alles miteinander verbindet, auch Straßen, Bäume, Autos etc.
Und *heute*? Heute geht es nicht mehr darum, das Zerfließen der Person und Wechsel der Identitäten zu thematisieren – heute müssen sich die Figuren erst *suchen*, ihre Umrisse zurechtklauben aus Erinnerungsfragmenten, Dingen, die sie umgeben, Verdoppelungen; einem Prozeß des Fragens, Suchens, der Unsicherheiten, mehreren Möglichkeiten (wichtig: immer die *Täuschung* der Erinnerung, der Sinneseindrücke etc. War es so? Ist es so? Oder war es so? Ist es so?). Kurz: der Prozeß einer langsamen Selbstvergewisse-

rung bei V. W. ist abgelöst durch den Prozeß einer in der Schwebe gehaltenen *Selbstbefragung*.

14. März
Probleme für B.? Ein halb unbewußtes und nicht klar durchdachtes Gefühl der *Bedrohung* durch mich (ich vermute, durch meine psychische Problematik, d. h. ich bin keine *einfache* Frau, wie er gedacht und anfangs erlebt hat; durch das, was er meine *Reflexivität* nennt, d. h. sowohl das Intellektuelle an mir als auch das Gründliche, Insistieren auf Durcharbeitung von Problemen. Im Grunde habe ich Schuldgefühle wegen meiner Psychoprobleme. Eins ist klar: unser Verhältnis – es gibt Abhängigkeiten, die nicht nur stabilisieren, sondern auch destruktiv sein können – ist nach wie vor ein starkes Abhängigkeitsverhältnis. Möglicherweise bin ich gerade destruktiv für ihn, ohne daß wir das wissen.

Las einen Aufsatz von Wyatt über *Anwendung der Psychoanalyse auf die Literatur*, der mich jedenfalls in einem Punkt restlos überzeugt hat: daß Literatur nicht nur – wohin ich tendiert habe, um ideologische Grundschemata der Bedeutungsstruktur von Texten abzulehnen, schon allein wegen der *Mehrdeutigkeit* – ein formalen Gesetzen gehorchendes Gewebe ist, als das es auch der *New Criticism* zum Beispiel betrachtet. Ich glaube, es ist sehr schwer, einerseits auf der primär ästhetischen Seite von Literatur zu beharren, ohne andererseits die geschichtlichen und individualpsychologischen Aspekte zu *leugnen*. Zum zweiten hat der Aufsatz mich in der Auffassung bestätigt, daß die berühmte Aufhebung des Subjekts im Handwerk des Schreibens, also a) der eindeutigen Schriftstellerindividualität und b) der verschwundenen Personenidentität der fiktiven Figuren, wie sie z. B. im *Nouveau Roman* oder bei Foucault/Deleuze etc. propagiert wird, nichts ist als eine Fiktion (Annahme, These), eine Antwort freilich auch auf gesellschaftspolitische Tendenzen der technokratischen Gesellschaft, insbesondere was den Verlust an kollektiver und individueller *Erfahrung* betrifft. Was den Schriftsteller betrifft: es sind nicht *Texte*, die sich über das Medium des Schriftstellers miteinander beschäftigen, es ist auch nicht *Es*, das schreibt, sondern im *Es* wird vorbereitend angelegt, aber *Ich* schreibt letzten Endes, wenn es kein wilder Tagtraum ist, den fertigen Text.

Las letzte Nacht in Gombrowicz' Tagebüchern. Die Auseinandersetzung mit der polnisch-epigonalen Kultur interessiert mich weniger, dafür um so mehr seine Beschreibungen und seine antiidealistische Einstellung zu *kulturellen* Ereignissen (Konzerte, Ausstellungen, Gespräche mit kulturbeflissenen Aristokraten und Künstlern selbst).

Thema Größenwahn: ein Schriftsteller *muß* einen gewissen Größenwahn entwickeln, d. h. ein inneres Bild von sich selbst entwerfen, das mit dem seiner Umgebung nicht übereinstimmt. Gleichzeitig gibt es so etwas wie eine soziale Regel der Bescheidenheit (die Leute, die behaupten, ich will nur schreiben, um zu schreiben, machen sich etwas vor, denn daß man schreibt, weil man muß, ist ohnehin selbstverständlich). Darüber hinaus aber ist Schreiben auch in einem sozialen, nicht nur existentiellen Sinn Selbstrettung und Selbstbehauptung: der Schriftsteller verdoppelt sich in eine imaginierte Figur von sich selbst (U. G. als Schriftstellerin, nicht als Tochter, Geliebte, Freundin, Schwester, oder

was man sonst noch für Rollen hat) und ordnet dieser Figur von sich selbst alle anderen möglichen Selbstbilder unter. (Dieses Gegenüber seiner selbst ist auch notwendig, um in der Einsamkeit, die mit der Schriftstellerei nun mal verbunden ist, einen fiktiven Gesprächspartner zu haben, so wie man andere fiktive innere Figuren aufbaut, meist ältere Dichtervorbilder.)
Fazit: mißtraue jeder dick aufgetragenen Demutshaltung. Umgekehrt auch der Götterposehaltung. Denn der notwendige *Größenwahn* darf sich nur auf sich selbst beziehen, aber nicht auf einen Anspruch eines Dichter-Sehers in der Gesellschaft. Man steckt im Paradox: einerseits zum Größenwahn zu stehen, andererseits darüber zu lachen.

Thema Exil
Was ich neulich in einem Fernsehinterview mit Brodsky schon so angenehm fand: die *Entsentimentalisierung* des Exils für den Schriftsteller. Bei Brodsky ist das Leben in einer anderen Sprache eine »Herausforderung«, bei Gombrowicz eine ohnehin gegebene existentielle Situation des Schriftstellers in der Gesellschaft. Leser? Beziehungen? Kulturbetrieb? Das *Werk* entsteht nur durch das Individuum Schriftsteller, nicht durch die Position Schriftsteller. Und Erfolg beruht immer auf Mißverständnissen.

Ein Freund ist ein Freund, weil er ein Freund ist. Man verzeiht ihm seine *Fisimatenten*, wie man im Rheinland sagt, seine großen Töne, seine unsinnigen Reden, seine unangebrachten Späße – man legt sein Tun und Reden nicht auf die Goldwaage.
Das jedenfalls ist, wenn auch mit dem berühmten *Unterschied ums Ganze*, gemeinsam mit der *Liebe* – den andern

nicht nach einem abstrakten Schema von eigenen Wertmaßstäben beurteilen. Warum? (Macht man es doch bei jedem *Bekannten*, jeder Neubegegnung so – das Be-Urteilen.) Weil es so etwas wie eine voraussetzungslose Übereinstimmung gibt; die läßt sich nicht konstruieren und die läuft über das deutsche *Herz* (das in Wirklichkeit nie vom *Geist* getrennt ist).

19. März
Wie nennt Gombrowicz sein Tagebuch? Das kleine Hündchen seiner Seele. Nun, mein Hündchen, so wisse denn – B. hat wirklich das, was man Gemüt nennt.
Geschwätzigkeit der Tagebücher?
B., eben am Telephon: »Wir sehnen uns beide nach Integration.« Hat er das gesellschaftlich gemeint, stimmt das für ihn gewiß nicht. Hat er es gemeint als Ziel unser beider Zusammenleben, im Gegensatz zu der Destruktion anderer Paare, hat er recht.

30. März
Ein sonniger warmer Tag, und in der Sonne und Mittagsstille wirkt auch die Rue de Saintonge zum ersten Mal weniger finster und hat fast den Charakter einer etwas ärmlichen Provinzstraße.
Ich sitze auf dem Square Leopold Achille und korrigiere meine Fahnen.
Zuckerbrot und Peitsche, die alten Ängste. Das *Zuckerbrot* sind die schönen Fahnen, die Reihenfolge der Geschichten, wie ich sie vorgeschlagen habe, *Peitsche* ist ein *Druckfehler* (Zusatz zum Text) auf S. 105: »Hurenkind unter der Seite.« Zuerst bekam ich einen riesigen Schreck und kramte in meinem ewigen Reservoir an Schuldgefühlen – aber dann interpretierte ich es als heilsamen Choc, und damit Schluß.

März 1989 – Juni 1989

30. März
Ich fange ein neues Heft an, und doch möchte ich nichts anderes, als endlich ein Heft zu beenden. Ich möchte allein sein mit B., mit meiner Arbeit, und endlich diese unselige Affäre vergessen. Wie aber soll ich das, wenn mir ununterbrochen die *Zeichen* geschickt werden, die längst kein Trost mehr sind, sondern ein immer tiefer bohrender Dorn. Ich wünschte mir nichts sehnlicher, als daß das endlich aufhört, daß ich wieder allein bin und ein neues Leben anfangen kann.
Ich weiß nicht, was ich noch tun soll, um den Spuk zu vertreiben – ich bin zu B. zurückgekehrt, ich habe ihm mein Buch (*Nachtblind*) gewidmet –

Die Gedichte der Zwetajewa sind das, was sie über die Liebe schreibt (in *Endgedicht*): »Die Liebe – ein Bogen, stark / gespannt: überspannt: vereitelt.« Besser ausgedrückt: sie ist stark gespannt, fast überspannt, aber in dieser bis zum Zerreißen angelegten Spannung – die sehr von den Gedankenstrichen, Ausrufezeichen und Doppelpunkten, wie M. Z. sie verwendet, herrührt – gehalten, getragen. Das Verrückte ist: es gibt Anklänge an den Telegrammstil der Wiener Jahrhundertwende, an den Expressionismus, an klassische Oden (Hölderlin) – aber eben nur Anklänge, Verwendungen, und es ist ganz und gar ein eigener psychisch-ästhetischer Stil.
Dagegen Achmatowa: viel *schöner*, ruhiger, glatter, getragener, klassischer – aber warum reagiere ich darauf, bei gleichzeitiger Faszination (= Verführbarkeit durch das Klassische – d. h. in diesem Fall auch: Fin-de-Sièclehafte und Idyllische) so unwillig?
Man könnte sagen, Zwetajewa ist die *hysterische* und Achmatowa die *normale* Dichterin. Das ist natürlich Unsinn.

Eher ist die *Spannung* der Zwetajewa *romantisch* und die Ruhe der Achmatowa *klassisch*. Ich glaube, es hängt damit zusammen, daß ich ein tiefes Mißtrauen gegen das *Elegische* habe, und der Tonfall der Achmatowa ist der des *Elegischen* – nicht der der Elegie. Das Elegische ist der Tonfall einer Haltung zur Welt, die immer schon von allem Abschied genommen hat, ein Blick, von sanfter Trauer und Nostalgie getrübt – da gibt es keinen einzigen wirklichen Schrei, und alles schon immer in schöne Verse aufgelöst.
Das soll kein Plädoyer sein für den *Schrei* und das *Authentische*. Aber der Zugriff zur Welt muß erst das *Erlebte*, Erlittene, Erfahrene sein und dann das literarisch Gefaßte. Nicht umgekehrt: daß der literarische Blick schon von vornherein das Erlebte faßt wie eine Agraffe, das Erlebte also im Ornament erstarrt.

1. April
Was auch immer werden mag – ob wir unsere unterschiedlichen Integrationsprobleme und alles andere nun bewältigen oder nicht – ich habe B. das Buch gewidmet (*Nachtblind*), weil ich es so wollte, und weil er mich in seinem Abschiedsbrief während unserer Trennung darum gebeten hat, sozusagen als Zeichen, daß irgend etwas von unserer Vergangenheit sich objektiviert.

2. April
Aus einem Aufsatz von Yves Bonnefoy über Borges (Akzente 6/88): »Welch bewundernswerte Metapher für die Existenz eines Wesens, dessen einziges Unterscheidungsmerkmal einige Züge sind, die man nur schwer erkennt, wenn man ihm begegnet! Und welche Wahrheit in der Beschwörung des Schriftstellers, der dem Mitmenschen die

Wirklichkeit abspricht, der versäumt, diese Wirklichkeit zu befragen, und der dennoch von ihr besessen ist, doch ohne ein wahres Gespräch mit ihr beginnen zu können; und so sieht er sie denn als etwas Verschlossenes, etwas, das nur seine eigene Einsamkeit widerspiegelt und bedeutet; und in der derart vereitelten Begegnung lauert der Wahnsinn.«

Experiment: da das Zitat von Bonnefoy, wie mir scheint, sehr wohl auch meinen eigenen Fall charakterisiert, werde ich versuchen, eine Geschichte zu schreiben, die wirklich eine *fremde* Figur behandelt – *fremd* soweit eine Figur überhaupt abgelöst von der eigenen Psyche sein kann –, ich will versuchen, aus dem Kreis meiner eigenen Problematik herauszuspringen, auch keine mir bekannte Figur zu porträtieren – sondern wirklich ein anderes *tableau* herzustellen.

4. April
Ich habe in der Rue Rambuteau, in der Buchhandlung kurz vor der Rue Beaubourg, eine Photographie von Cortázar gesehen. Ein Altersbild, ein Krankenbild, vollkommen abgemagert, hatte er, da die Magerkeit nicht zu dem Knochenbau, zu der einstigen Vitalität paßt, die sich im üppigen langen Haar und im großen Kopf noch immer ausdrückt, etwas vom Zigeuner. Ich kenne andere Photos von Cortázar: den rasend gutaussehenden jungen Mann mit dem rabenschwarzen Haar und der Zigarette im Mundwinkel – ganz existentialistischer 50er-Jahre-Stil – den mächtigen, finsteren Kopf des späteren Cortázar, der etwas von Orson Welles und etwas von Buñuels südamerikanischen Großgrundbesitzern hatte. Die Photographien dieser beiden Epochen waren mir, obwohl ich seine Bücher liebe, nicht sehr sympathisch. Aber dieses – und: wie kann ein Gesicht

sich so verändern? Nichts mehr von Finsternis im Gesicht, und der Blick hat fast etwas Bittendes wie der Blick mancher Clochards. Aber vor allem ist das Gesicht wie vom Alkohol und vom Schmerz gezeichnet, bekommt dadurch bei aller Verwüstung etwas Kindliches, Fragendes. Auf dem Schoß, zwischen seinen großen, von Leberflecken übersäten Händen, hielt er eine Katze – »Adorno«? Ich kann mich nicht erinnern, daß mich je ein Künstlerphoto so erschüttert hat – by the way: ich mag keine *Künstlerposen*, weder das Selbstgefällige noch das Vereinsamte, und im Grunde auch nicht das konzentrierte und denkende Gesicht, ich empfinde es, glaube ich, als Indiskretion, aber das Verrückte ist, daß ich mit den Bildern von M. Zwetajewa etwa oder V. Woolf oder Colette nicht diese Pose-Schwierigkeit habe. Erschüttert, warum? Weil dieses Photo nichts von Pose und *Schriftsteller* und *Bedeutung* hat. Es ist ein Mensch zu sehen, der etwas vom A-Sozialen an sich hat, und wenn Benjamin schreibt, das Entscheidende in Prousts Gesicht sei das irrsinnige Glücksverlangen in seinen Augen – dann ist dieses Gesicht ein Schon-jenseits-des-Schmerzes und zugleich Im-Schmerz-Sein, aber nicht pathetisch oder expressionistisch, kein *Schrei* von Munch, das ganze Bild hat nichts Expressives, auch nicht das Gegenteil, nichts still Leidendes, es ist der Ausdruck von Schmerz, der nicht schreit, sondern sich mit etwas Kindlichem, Rührendem mischt – wie der Ausdruck bei manchen Jazzmusikern, die, durch Drogen immer eine partielle Absenz im Gesicht, auch diese Mischung von Kindlichkeit und Verwüstung haben.

5. April
In Paris trinkt man neuerdings alles dünn: den Whisky und die Cocktails. Dafür haben letztere schöne Farben und noch schönere Namen – Blue Lagoon!

Gestern ging ich mit Me.Ka. ins Café – auch darüber bin ich nicht mehr geängstigt, ob alle Freunde meine Geschichten und Motive aufgreifen, ich vertraue einfach mal darauf, daß es nicht gegen mich gemeint ist, erzählte ihr von dem Film, den ich vorgestern sah: *To have and have not* von Hawks, mit Bogart und Bacall. Was mir bei dem Frauentyp wie Bacall oder Kathrin Hepburn so gut gefällt, ist, daß sie bei aller Erotik (sie sind keine Nonnenfrauen!) zugleich nichts Weibchenhaftes haben, sondern ein kameradschaftliches Gefühl für ihre Männer – in diesem Film kam das besonders gut heraus. Ich meine, ich halte nichts von Kumpelbeziehungen, wo die Erotik völlig fehlt, aber ich mag eben nicht den weibchenhaften Frauentyp, sondern den warmherzigen und kameradschaftlichen. Vielleicht verstehe ich mich mit Me.Ka. auch deshalb so gut, weil sie diese Auffassung teilt – das heißt, sie findet diesen Frauentyp auch viel emanzipierter als den französischen Weibchentyp.

»All I have is a voice.« (Auden)

6. 4.
Virginia Woolf: wahrscheinlich kann ich nicht ermessen, wie krank sie war – aber ich meine, wenn sie L. oder wen auch immer wirklich geliebt hätte – seelisch und körperlich –, hätte sie sich nicht umgebracht. Wenn sie jemanden geliebt hätte, wäre sie lebendig gewesen. (Allerdings kommt mir so vor, wenn ich alle Menschen erwäge, die ich kenne, als liebte keiner von ihnen jemanden so wie ich das meine – ohne diese ewigen Wenn und Aber und Egoismen und ewigen Libertinagen aus Selbstbestätigungstrieb.)

7. April
Undine oder: der universelle Beziehungswahn.
Wie traurig ist doch diese ganze Phantasterei – hat mich fast an den Rand gebracht.
Ach, die traurigen Phantastereien. Ich weiß, es sind ja alles meine eigenen Phantasien. Aber wie soll ich sie denn vergessen, wenn mir Tag für Tag das Gift der Phantasie eingeträufelt wird? Das ist wie bei E. Th. A. Hoffmann. Und ich sehe, ich finde keine RUHE. Warum? Weil die Unruhe in mir selbst ist, die Sehnsucht, die Wünsche und Hoffnungen. Also muß ich es in mir selbst, allein für mich austragen. B. kann mir da nicht helfen, im Gegenteil, und wie man sieht, bis jetzt auch die Arbeit nicht. Aber das ist der einzige Weg.

B. sagt: Es geht nicht um Seelen*ruhe*, sondern um Seelen*stärke*.

Ich glaube, dieses Tagebuch ist überhaupt kein Tagebuch, sondern ein einziger Brief. Weiß Gott kein Liebesbrief – es sei denn, man bezeichnet dieses Herumwühlen im eigenen Seelenabfall als jenes: sieh her, so bin ich, das alle Liebesgeschichten begleitet.

Was mir so wichtig bei der Art des Erzählens ist: daß es nie *die* Wirklichkeit von Personen gibt, sondern Umkreisungen, Vermutungen – deshalb wird auch immer von anderen über sie oder von der Person selbst über sich erzählt – durch diese verschiedenen *Erzählungen* einer Person bleibt eine gewisse Offenheit erhalten, d. h. die Problematik in der Benennung der Realität. Deshalb mag ich auch keine (auktorialen) Beschreibungen wie: große Nase, tiefliegende Augen, glattes Haar, fliehendes Kinn etc. Einerseits sind solche Beschreibungen scheinbar eindeutig, andererseits besagen sie gar nichts. Sie besagen nur dann etwas, wenn sie nicht Ziel (= Beschreibung/Eindeutigkeit), sondern Funktion der Beschreibung sind.

Die Antwort auf seine Frage, ob ich mir vielleicht nicht doch eine größere Wohnung, ein Kind – kurz, weniger existentielles Auf-Knochen-Gehen wünsche, ist die: ich kann mir sehr wohl so ein Leben vorstellen – beim Kind bin ich aber nach wie vor der Meinung, das müssen *beide* genauso wollen und vertreten. Aber ob man nun so lebt oder ohne das und auf andere Weise – es kommt doch wohl nur an auf – ja was? – die Liebe natürlich. Und dann kommt es darauf an, sich nicht von den Pflichten unterjochen zu lassen, sondern umgekehrt, eine Lebensform (mit Kind, ohne Kind, wie auch immer) sich anzupassen, und nicht sich einer Lebensform.

Lese wieder die *Liaisons dangereuses* – das Verrückte ist, nachdem ich mich eingelesen habe: diese Art von Schachbrettspiel-Erotik, in der jeder Schritt ein kalkulierter Zug ist, dessen Erfolg allein die psychologische Meisterschaft entscheidet, finde ich nicht skandalös, sondern sehr *französisch* (die *Darstellung*). Die Sache selbst ist ja weniger erotische Kunst als psychologische: die Unterwerfung des Gesellschaftslebens unter den Primat des Kampfes/Turnier. Das Ziel, das hier verfolgt wird, ist weniger, den anderen, das Opfer, zu ruinieren, als sich selbst einen raffinierten Genuß zu verschaffen – und der andere wird eben wie ein zu manipulierendes Tierchen präpariert, malträtiert, verführt.

8. April
Zu dem Problem des Ein*kreisens*, nicht Ein*fassens* von Wirklichkeit gehört, das merke ich jetzt (beim Lesen von Tschechow, aber auch von Susan Sontag, die das in *Debriefing* durch Aufsplitterung geschafft hat), auch die zeitliche Begrenzung, d. h. meine Geschichten spielen sich meist an einem Abend, in einer Nacht etc. ab, und die zeitliche Dimension wird nur durch Rückblenden erreicht. Das heißt, es gibt, in der Gegenwartsgeschichte, keine Entwicklung durch Aktion, sondern durch *Reflexion*.

10. April
Die Sache ist einfach die, und da liegt, glaube ich, das ganze Problem, daß ich im Augenblick und seit längerer Zeit tatsächlich B's. bester Freund bin. Nicht mehr, aber auch nicht weniger. Wirklich, das ist der Punkt – mein liebster Mensch, mein ältester einziger Freund, aber eben *die* Liebe fehlt. Das ist auch der Grund, weshalb ich ewig zögere, ihn zu heiraten.

Heute war zum erstenmal ein wunderbarer Tag. Im Louvre sah ich auf einem Nature-Morte-Bild von Chardin, *Les Attributs de Musique*, neben Mandoline, Kerze, Korn – was? – ein Buch und: einen Flaschenhals. Zu den *Attributen der Musik* gehören also Kerze, Buch und Weinflasche. Ein wunderschönes Bild, leider hängt es zu hoch. Dann sah ich zwei schöne Landschaftsbilder von Boucher, der mir als Salonmaler nicht so liegt. Dann sah ich ein Hündchen auf einem Bild von Guardi – vor dem Dogenpalast.
Der Louvre war, je weiter ich ging, und ich bin hingegangen, um die Spanier zu sehen, zwei, drei schöne Porträts von Goya, zwei Enfant-Bilder von Velasquez, immer lee-

rer – und draußen ein wolkiger Regenhimmel über Seine und Tuilerien.
Danach in die *Tartine* – übrigens: der neue Glaspavillon im Hof des Louvre ist nicht schlecht, sie hätten nur auf dem Platz nicht so sparen sollen – Betonplatten sind für Parkplätze. Man hätte schwarzweißen Marmor oder ganz blassen Ziegelstein, eingefaßt wie auf den Renaissancebildern dahin legen sollen.

13. April
Benjamin in dem Aufsatz über Proust: daß der Mittelmäßige dem Genie nicht die Leichtigkeit verzeiht, sondern nur duldet, was mit Schweiß und Arbeit erworben – nicht das im Flug der Eingebung Erhaschte. – Das fiel mir gestern im Picasso-Museum ein und bei den Reminiszenzen dort an die Verbindung zu Breton (*la beauté sera convulsive ou ne sera pas*) – denn 1) war Breton ein leidenschaftlicher Gegner des Arbeitsethos (was nicht heißt, daß er nicht gearbeitet hat) und 2) ist Picasso sowohl Zeugnis wie auch Widerlegung von Benjamins These – die Variationen zum *Déjeuner sur l'herbe* sind eine einzige Katastrophe, obwohl er daran gearbeitet hat, und die Bilder aus dem Umkreis der *Demoiselles d'Avignon* sind ganz groß, weil er daran gearbeitet hat.

14. April
Das Traurige ist, daß ich immer wieder Ansätze mache, zu vertrauen – das ist übrigens der wichtigste Punkt meiner Probleme: das gestörte Vertrauensverhältnis zu meinen Mitmenschen. Gestört, zerstört? Ich glaube nicht, daß man jemanden von der Angst heilt, indem man ihn noch mehr ängstigt, also: den Teufel mit Beelzebub austreibt, sondern indem man ihm Vertrauen einflößt. Ich glaube auch nicht,

daß man das Selbstbewußtsein eines anderen stärkt, indem man vor anderen großartig liebenswürdig ist und im stillen die Ängste erst recht provoziert.

15. April
In der Wohnung gegenüber wird Billie Holyday und danach Barockmusik gespielt. Das kommt mir vor wie in der *Fontaine de Médicis* – Zeichen, denen der Ich-Erzähler blind folgt. Soll die Diagnose heißen, ich leide an einem absoluten Phantasieüberschuß? Ich weiß aber allein, was ich *fühle*.

17. April
Der beste Satz aus den *Liaisons dangereuses* ist: »Liebe und Eitelkeit schließen einander aus.«
Das heißt, man kann ein echtes Gefühl von einem falschen daran unterscheiden, ob der Liebende zu seinem Gefühl steht, *ohne* an seine Reputation zu denken.
Apropos Glück: ja, ich halte absolut an der Idee des Glücksstrebens fest – ein Moment der Aufklärung, ein biographisches –, natürlich nicht als alleinseligmachende Heilslehre, aber mein Charakter schon macht es unmöglich, das Leben als eine Kette von Leiden zu akzeptieren.

Gespräch mit B. beim Mittagessen. Thema: der Schriftsteller und die Liebe. Meine These: der männliche Schriftsteller setzt die Libido häufig allein ins Schreiben um – kann keine Frauen um sich gebrauchen (es sei denn bessere Haushälterinnen). Bei vielen weiblichen Schriftstellerinnen sieht die Sache total anders aus. Das Schreiben ist immer nur *ein* Mittel einer (grenzenlosen) Lebenssehnsucht. Deshalb ist parallel dazu immer ein Liebesentwurf oder der Versuch einer gelebten Liebesutopie zu finden. Die Libido wird also nie ausschließlich vom Schreiben aufgesaugt, sondern ist nur der *eine* Zweig von zwei gleichwertigen Lebenszweigen. (Daß das meistens scheitert, ist eine andere Sache. Es geht um die innere Einstellung, die *Haltung* – und die ist eher eine positive.)

20. April
Die falsche Sehnsucht nach Integration aufgeben. Gombrowicz: »Heimat« ist nicht das, wo man herkommt, ist keine Familie, keine Gruppe etc. Sie ist allein das, wo ein lebendiger Mensch ist.
Ich kann meine Lebensgeschichte nicht mehr umkehren – und wenn sie anders gewesen wäre, würde ich nicht schreiben.

B.? Das – der Grad der Nähe – kommt darauf an, wie er zu meinem *Kopf* stehen wird in Zukunft. *Los* komme ich ja sowieso nicht von ihm, ganz. Das *Vertrauen*. Da gibt es keine Alternative. Unsere (falschen) wechselseitigen Abhängigkeiten – da muß es eine Änderung geben. Es gibt produktive und destruktive Abhängigkeiten.

Einübung in die Wirklichkeit – was sind die Dinge, die ich liebe? Im Marais: der Square an der Rue Pavée, die Place des Vosges (natürlich aber spätnachmittags, abends, nachts), das südamerikanische Café *La Perla*, das Bistro *La Tartine*, die ganze enge Rue Vieille du Temple, das Restaurant/Bistro *Cheval blanc*. Der Blick durch die Rue du Perche, wenn ich aus der Rue de Saintonge komme und dort einbiege in Richtung Rue Charlot; am Ende links ist ein Hof, zwei Seiten zu den Straßen hin durch Gitter abgegrenzt, die anderen Seiten werden von einem feinen Haus, aber nicht 17. Jahrhundert-Haus, wie hier häufig, gebildet (einer ehemaligen Schule, Konvikt?), in dem Hof stehen Platanen, und jetzt, im April, hängen die Blätter und Platanenkugeln über das Gitter in die Straße. Das Marais hat – trotz 17. Jahrhundert-Dominanz – etwas *Gothisches*, in die Höhe Strebendes, auch Ärmliches (die vielen Hinterhöfe mit kleinen Werkstätten und Topfblumen vor den Parterrefenstern), dann das Finstere, Überbleibsel der Atmosphäre der Templerorden.

Meine Bekanntschaften: An der Ecke Rue du Perche, Rue Charlot, just vor dem eben beschriebenen Hof, treffe ich häufig drei Clochards – zwei Männer, eine Frau. Es sind besondere Clochards: im Gegensatz zu den im üblichen Sinn *sitzenden* Clochards, hier treffe ich sie immer stehend an (oder gehend, in einer der umliegenden Straßen). Die Flasche steht entkorkt gegen die Mauer gelehnt, die Frau macht stets einen melancholischen Eindruck, hat das bleiche, graue Gesicht der Säufer und trägt in ihrer Lederjacke, auf dem Bauch, stets ein kleines schwarzweißes Kätzchen. Der jüngere Mann, mit halblangem, schwarzem Haar, hat, trotz bleicher Haut, etwas Indianisches, er ist stets ruhig und beobachtend. Der dritte, ältere, ist der Clown und Wortführer. (Auch der Schauspieler: er steht, mit gottserbärmlichem Gesicht, vor den Markthallen in der Rue de Bretagne, hält ein kleines Pappschildchen vor sich – »j'ai faim«.) Als ich ihnen das erstemal begegnete – gleich fand ich, die drei hätten etwas Verschwörerisches, Betrügerisches, Abgestumpftes und Witziges wie der Menschenschlag aus *Beggars Opera* –, lud mich der Theatralische zu rosa Champagner ein – ich sagte, ich sei *si pressée*, erkundigte mich nach dem Namen des Kätzchens, erfuhr, daß es Mistinguette hieß, bekam eine Jeremiade zu hören, daß er keine Strümpfe habe – und tatsächlich steckten die rotblau gefrorenen Füße nackt in den Schuhen. Ich gab ihm zwanzig Francs und fragte: »ça suffit?«. Worauf der Clochard-Clown die Münzen hin und herwendete, daß er nicht reinbiß, wie früher, um zu prüfen, ob es echte Goldstücke seien, war alles.

Geht man die Rue Vieille du Temple in Richtung Seine und überquert die Brücke Louis Philippe in Richtung Île St. Louis, so hat man, jetzt im April, gegen Abend, den schönsten Blick auf den Quai linker Hand (Quai de Bourbon, Quai d'Anjou). Am Hang des Seineufers wachsen, bis über das Niveau der höhergelegenen Straße, Bäume – jetzt: maigrün, licht, was man in Deutschland das »junge Grün« nennt. Die Strecke zwischen Pont Louis Philippe und Pont Sully, an der Spitze, und, in umgekehrter Richtung, auf dem Weg zurück die Strecke am Quai de Bethune, mit dem Blick aufs linke Ufer, mit alten am Ufer liegenden Lastkähnen, das sind nie vielbesuchte, schönste Straßenspaziergänge von Paris.

Andere Bekanntschaften: im Haus, rechts neben dem Eingang, gibt es ein arabisches, von zwei Arabern geführtes Café. Ich habe noch nie viele Leute dort essen sehen, meist nur an zwei der vorderen Tische, und die anderen Tische stehen gedeckt und mit spitz zusammengerollten Papierservietten in den Weingläsern, leer – ein leeres, kleines, *gedecktes Café*. Die Theke, die Espressomaschine an der Wand, die Flaschen und ein Automat, aus dem man für 2 Francs Pistazienkerne ziehen kann, machen einen schäbigen Eindruck, aber nicht verkommen. Ich ging mehrmals zum Express oder abends zu einem Glas Rotwein hin – im Radio dudelt

Musik, auf einer Wandtafel wird Couscous und Plat du Jour angepriesen, und man trifft dort nur Männer. Eine Männergesellschaft, die sich hauptsächlich aus Stammkunden zusammensetzt – z. B. der Besitzer eines Restaurants um die Ecke – Männer aus dem Quartier, die entweder hier wohnen oder arbeiten, sehr einfache Männer, mit schwarzen Zähnen, oder ein leicht blöder, dicklich, der immer grinsend herumsteht und zusieht, wenn die anderen würfeln oder Karten spielen. Der Besitzer des Cafés ist mein Nachbar, ein kleiner Mann mit bräunlicher Haut, Schmerbauch, ein Algerier, der seit 30 Jahren in Paris lebt und seit sechs Jahren das Café hat. Ich glaube nicht, daß es ihm viel einbringt, aber nachmittags hält er zufrieden Siesta, so daß ich ihn durch die Wände schnarchen höre. Das ganze Café hat ein bißchen noch die Staub-, Sand- und Fatalitätsatmosphäre des *echten* Nordafrika – so wie ich es nur aus den Büchern von Jane Bowles kenne –, es fehlt nur noch der Vorhang aus Perlenschnüren im Eingang, ein bißchen Kiff und arabischer Singsang.
Heute erzählte mir der Patron, daß früher in dem anderen kleinen zum Hof gelegenen Restaurant (*Les Feuillantines*, wo alles in Blätterteig gekocht wurde, die süßen Mandelnachspeisen wie der Salm und das Kalbsbries, was mir deshalb nicht zusagte, weil's mit dem Kochen wie mit dem Denken und Leben ist: versucht man alle disparaten Dinge in ein und dieselbe Haut zu stecken – Blätterteig –, ist das wie eine Diktatur, eine Einheitspartei, lebensvermindernd, genußschmälernd, stumpfsinnig, ein totales System) eine *usine* war. Dort hat es den ganzen Tag gehämmert, gesägt, geschliffen. Ein unbeschreiblicher Lärm, und im Hof lagen die Werkzeugteile herum. Das ist das alte arme handwerkliche Marais – nun gibt's dort *plats à emporter*.

Ich las in Gombrowiczs Tagebuch die Beschreibung seines Tageslaufs: 11 Uhr Aufstehen, Frühstücken, Schreiben. Rasieren, ins Café gehen, Zeitung lesen. Berufsschreiberei für Presse etc. Um 8 Uhr Ausgehen. Nachts: Lektüre.
Was mich zutiefst befriedigt: der Mann steht um 11 Uhr auf – dagegen bin ich ja noch ein Frühaufsteher, meistens gegen 10 – und schreibt, ich meine *Literatur* höchstens drei Stunden am Tag. Mit etwas mehr Konzentration auf die Sache und weniger fixiert auf die eigenen Probleme wird das auch jetzt besser werden. Aufstehen demnächst 9.15. Schreiben von 10-1 Uhr. Waschen, anziehen, ausgehen, essen etc. Alles andere wird sich finden. Rasieren muß ich mich ja nicht, wovor es Gombrowicz immer grauste, dafür steht bei mir die Gesichtstünche auf der Tagesordnung.

21. April
Las morgens B.s Aufsatz über *Identität als Selbstverlust*. Bei gleicher Problematik sieht die Lage trotzdem anders aus: ich sehe nicht, wie man den Subjektivitätsbegriff, radikal gedacht, heute noch heroisieren kann. Da ist keine Goldgrube mehr für den Dichter. Warum? Weil die Subjektivität sich als derartige Sackgasse erwiesen hat, zugleich aber auch eine Rückkehr zum klassischen Persönlichkeitsbegriff eine Flucht wäre, weil man bewußtseinsgeschichtlich nicht rückläufig machen kann, was einmal erworben ist. Das wäre dieselbe Flucht wie die Brentanos in den Schoß der katholischen Kirche. Man muß ohne *Kirche* auskommen, zwischen Skylla (*Subjektivität*) und Charybdis (*Persönlichkeit*) wie Odysseus hindurchsegeln und einen anderen Begriff von *Individualität* entwickeln.
(Immer mißtrauisch sein gegenüber den eigenen Sehnsüchten nach *Geborgenheit*. Geborgenheit, Sicherheit existiert nur da, wo man sie für andere herstellt, und daraus kann

man dann vielleicht so etwas wie eigene Stützpfeiler zurückgewinnen.)

26. April
Wirklichkeit ist nicht Tagesaktualität. Wirklichkeit ist Gegenwart. Gegenwart ist nicht Tagesaktualität. Gegenwart ist Zeitgenossenschaft. Zeitgenossenschaft ist nicht Tagesaktualität. Zeitgenossenschaft ist Gegenwart. Gegenwart ist Verschränkung von Jetzt-Zeit und Ewigkeit. Von historischer Zeit und Über-Zeit. Über-Zeit ist in der Zeit ein Moment des Außer-der-Zeit. Ewigkeit ist keine Dauer. Ewigkeit ist nicht. Ewigkeit wird erfahren als Loch in der Zeit, als Öffnung, Ausblick, Innewerden. Ewigkeit ist Überschreitung des Bewußtseins von sich selbst zur Auslöschung des Bewußtseins. Gegenwart ist Erfahrung dieser Verschränkung. Gegenwart ist nicht Fluß des Alltäglichen. Gegenwart ist die Erfahrung des Alltäglichen im Ich gespiegelt, und umgekehrt. Gegenwart ist Moment des Seins. Wirklichkeit ist Gegenwart. Wirklichkeit ist Moment des Seins. Wirklichkeit ist nicht – feststehende, statische – Realität.

28. April
Ul. gestern beim Abendessen im Drouot – hat seltsame Überlegungen angestellt. Thema: Selbstmord. Daß sie, als junges Mädchen, als Motiv des Selbstmords die Aggression gegen die Eltern als treibende Kraft sah. Rache (für zu wenig Liebe) als Motiv für Selbstmord? Halte ich für absolut undurchführbar. Man bringt *sich* nicht aus Rache um – man bringt sich überhaupt nicht aus einem *überlegten* Grund um – auch wenn von langer Hand vorbereitet wie bei Pavese oder literarisch umstilisiert (*Erlösung im Tod*) wie bei

Kleist – man bringt sich allein um (ernsthaft, natürlich nicht die halbgemeinten Erpressungsversuche), weil man nicht *leben* kann (aus was für einzelnen Gründen auch immer, Geld, Isolation, Liebe, Exil etc.)
Mit Ul.s Lebensanschauung des Leidens, des Lustverzichts, der Arbeit kann ich mich so nicht abfinden. Und wenn ich dabei krepiere, lieber scheitere ich damit, als daß ich etwas anderes anerkenne als das: dem Realitätsprinzip ist zu zollen, was notwendig ist – aber ein gelungenes Gastmahl für Freunde, ein Spaziergang im Bois de Boulogne und ein einziges gutes Gedicht (auch *hingeworfen*, wenn's gut ist) ist mehr wert als alle Kriecherei im Alltag. Ich behaupte ja nicht, daß die Kriecherei nicht manchmal aufgezwungen wird vom Leben – aber wenn es mir schlechtgeht, sage ich: mir geht's dreckig, und greife nicht als Legitimation und Lebenshilfe zu allgemeinen Betrachtungen, die das eigene Elend als Normalfall erscheinen lassen. Ich bin nicht bereit, das Elend anders denn als *Ausnahmefall* gelten zu lassen und nicht auf dem Glücksstreben zu bestehen. (Ich bin in der Gesellschaft von Breton, Cortázar und Henry Miller, um nur drei zu nennen.)
Konkret: wenn es mir jetzt schlecht geht, weil ich kein Geld habe, ist das meine soziale Schuld – ich werde deshalb aber mein Leben nicht ändern, sondern weiter meine 150 Seiten pro Jahr zustande bringen und hoffentlich immer besser.

29. April
Niemals zustimmen, daß die Wirklichkeit nur versteht, wer das Realitätsprinzip hochhält. (Ich glaube, daß ich lebendiger bin als die meisten Realitätshengste.)
Lebendig sein heißt: das Leben lieben, mit allen Sinnen und allem Verstand. Vom Herz zu schweigen. Es heißt nicht, diese Banalität zu lieben, die die Leute *Alltagswirklichkeit*

nennen. Die *Alltagswirklichkeit* ist eine Schutzformel, um das Elend der Normalität in etwas Positives umzustilisieren. Das Elend bleibt aber das Elend und verwandelt sich nicht in Gold, wenn man ihm einen andern Namen gibt.

Bleibt die Einsamkeit. Bleibt, daß man sich auf eine tiefe Weise nur mit toten Dichtern versteht. Bleibt, daß alle um mich herum wie ich eingeschlossen bleiben, und nachts über ihren Papieren sitzen und ihre offenen Pulsadern verströmen.

2. Mai
Heute in der FAZ ein Artikel von Pascal Bruckner über die Situation der zeitgenössischen Literatur. Fazit: alle große Literatur erhebe Einspruch gegen die *Realität*.
Zugleich ein Verriß – ein genereller Verriß – des Gesamtwerks von Marguerite Duras. Am Beispiel des *Matrosen von Gibraltar* erläutert er – besser *entlarvt*, wie er, der Kritiker sich einbildet – das Grundthema der Duras: die Sehnsucht nach der absoluten Liebe. Das ist nun wahrlich keine neue Erkenntnis, daß die Duras tatsächlich dieses Thema immer wieder variiert hat. Genauso könnte man Beckett vorwerfen, daß er über nichts anderes als über die von Gott verlassene Welt schreibe.
Die Duras hat viel Kitsch geschrieben – das ist das Problem ihrer Schreibweise. Aber ihre guten, ganz auf der Reduktion, der Schwingung jedes Wortes, der Wiederholung, der *Intensivierung* anstatt der *Stoffausbreitung* beruhenden Bücher sind so unendlich viel besser als das, was zum Beispiel ein Kundera schreibt. Das Problem des heutigen Schreibens ist ein Bewußtseinsproblem. Schriftsteller wie Kundera oder auch Nizon *benennen* ihre Figuren (etwa: »runzliges

Gesicht«, »fahle Haut«, »müde Mundwinkel« – und dergleichen mehr).
Aber spätestens seit André Bretons Hohn über eine Schreibweise des »Die Marquise ging um 5 Uhr aus«, spätestens seit dem Chandos-Brief von Hofmannsthal (und dann bis zum *Nouveau Roman*) ist Schreiben ein *Erkundungsvorgang* und kein Definierungsprozeß mehr. *Die* Realität wird nicht mehr als gesichert aufgegriffen und beschrieben, sondern in einem höchst schwierigen Prozeß umkreist, erkundet etc.
Die Schwäche der Duras zeigt sich da, wo ihr *Thema* wie eine Zwangsjacke ist (z.B. in *Blaue Augen, schwarzes Haar*), d.h., wo sie aus dem *Erkunden* zurückfällt in ein *geschlossenes System*, in dem von vornherein die Dinge feststehen (z.B. der liebesunfähige homosexuelle Mann).
Die guten Sachen (z.B. *Moderato Cantabile*, *Zerstören, sagt sie*) sind von einer Höhe wie die gleichzeitige abstrakte Kunst. (These: vom Symbolismus zur abstrakten Schreibweise Becketts.)
Sprache, Stil, Bewußtsein, Psyche sind hier ein einziger Teppich.
Für heute gilt: man kann den Weg der Duras nicht *nach*gehen. Eher gilt wieder Paveses Vorschlag von der *Verbindung* von Symbolismus und Realismus. Aber man kann sich keinerlei Gedankenkitsch erlauben und wieder ins Erzählen zurückfallen. Wenn das Erfassen der Realität als *Ganzes*, auch in unserer Einbildung, nicht mehr möglich ist, kann man auch die *Figuren* nur umkreisen, aber nicht als durch und durch analysierte feststehende Psyche behandeln.

Bleiben Leute wie Kiš, mit seiner *Erinnerungsarbeit*. Aber er gehört a) einer anderen Generation an, in der die Erinnerung lebensrettend ist, da die Dinge, Menschen, Zusammenhänge für ihn zerstört sind. Und b) hat er einen Prosastil des Fragments, besser eine Kette von fragmentarischen Bildern – eine hervorragende Technik übrigens.

Als Schriftsteller befindet man sich also in dem Paradox, einerseits etwas *retten* zu wollen (die *wahre Wirklichkeit*, die *Reste*, die Erinnerung, die fragmentarischen Lebensstücke) und zugleich etwas *zerstören* zu wollen – die Selbstgerechtigkeit der Leute, die an *die* Realität glauben und den nach wie vor gefeierten Stil des *Realismus*.

Zurück zur Duras: der Kritiker erwähnt gerade mal flüchtig die *Sprache*. Ich kenne keine Prosa, die – bei aller poetischen *Vagheit* – so *klar* ist. Da ist nichts Verschwommenes, wie es in dem allseitig so beliebten *barocken* Stil fast zwangsläufig vorkommt (auch z. B. bei Nizon). Das Verschwommene entsteht durch die Anhäufung der Worte.
Warum diese Philippika? Weil es eine schriftstellerische für mich ist. Klarheit, Vagheit, Erkundung sind alles meine eigenen Ziele. Und dazu: die Bewußtseinsproblematik (was *die* Wirklichkeit angeht), die Subjektproblematik (was das Bestehen auf dem *Subjekt* angeht, gegen Strukturalismus und Spätfolgen, und zugleich die Verabschiedung der festumrissenen *Figur* des realistischen Romans) – und schließlich: die Verarbeitung von existentiellen Problemen, radikal. Bei Nizon gibt es keine *Liebe*, weil es keine *Liebesproblematik* gibt. (Die Texte gerettet in die Paradiese der wonnespendenden Huren.) Und so bei den meisten Schriftstellern. Der Realismus der *Beziehungsschreiber* geht vom Scheitern an der Realität aus. Das Problem liegt aber in der *Spannung* zwischen Realität und Utopie. Die Liebe oder einfach: Liebe entsteht nur da, wo ein sprachlich durchgeformtes Ideal bereits vorhanden ist – ebenso wie Literatur nicht im

Schreiben entsteht, sondern nur auf dem Boden eines bereits im eigenen Kopf mit anderen Texten gewebten Netzes. Man liebt nicht und man schreibt nicht *einfach so*.
Warum ist Liebe überhaupt so interessant als Sujet? Weil sich in sie, wie in die eigene Biographie, die *Zeit* (die historische) einschreibt. Liebesformen wie in *Notre Cœur* von Maupassant z. B. wird es nie mehr geben – und die der depressiven Frauen der Duras? Sie sind *Realität*, auch wenn ein drittklassiger Kritiker ihnen eine verkitschte Symbolik zuschreibt.

18. Mai, Düsseldorf
Ich sitze in der Wohnung am Kaiser-Friedrich-Ring, wieder ein strahlender Mai wie schon letztes Jahr, und vom Balkon seh ich in all das erholsame Grün.
Morgens traf ich Mo. – der flößte mir, unter all den Hysterikern, viel Ruhe ein, weil er selbst es ist. Da sind eben keine der bedrohlichen Existenzsorgen mehr, die mich quälen.

27. Mai
Immer wieder neue Räume, neue Zimmer, und Fenster mit Aussichten. Von der *Luxuswohnung* am Kaiser-Friedrich-Ring in die (heute schön empfundenen) Mietskasernen um die Grafenberger Allee. Zwei Zimmer, Ikea-Möbel, schöne alte Türen, ein Balkon – Mietshaus-Balkon, an deutsche Großstadtkultur der 30er Jahre erinnernd, schöner berlinischer Hinterhof, eng zunächst gegenüber, mit Blumenkästen und Wäscheleinen, und weiter dann um die Ecke mit Pappeln und roter Kasernen-Backsteinwand.
Und immer wieder offene Koffer und unausgepacktes Waschzeug, provisorische *Toilette* am Morgen und die Erkundung der fremden Bücherregale.

B. sitzt im Nebenzimmer, liest mir eine Passage aus einem Tagebuch-Essay von Manthey vor. Bemerkungen zur Professionalität von Fernseh-Moderatoren, eine Satire über Manfred Frank als idealistischen Gelehrten-Prototyp. Was mich wie immer stört, das Bemühen, das hinter solchen Texten steht. Eine Tagebucheintragung muß spontan und geistreich sein – nicht auf ein Ziel hin thematisiert, das verleiht ihm diesen unsäglichen Tenor des Bedeutungsschwangeren. Die Welt ist aber nicht bedeutungsschwer – das Bedeutungsschwere verleiht ihm erst der grübelnde Kopf, der sich über die Erscheinungen beugt. Deutscher Tiefsinn. Es ist viel schwerer, die Phänomene zu beschreiben, die sich in der Welt, der Wirklichkeit vorfinden, als sie sogleich mit einem interpretatorischen Netz zu überziehen. (Ich sage B. aber nichts von meiner Allergie gegen *Interpretation*, er will den Text für den *Merkur* ja drucken.) Zwei Zimmer zum Hof – Hinterhof mit Kleinbürgergardinen, Bügeleisen und Bäumen, ein Schuß Brinkmann-Aggressivität (eben Köln, das griechische Restaurant um die Ecke, die Ausfahrtstraßen-Atmosphäre, träge, triste Großstadtsonntage) liegt auch darin. Zum Denken, Lesen, Schreiben ist das so viel besser als das Luxuskabinett meiner Mutter – warum? Leben tat ich ja sehr gern dort auf dem Balkon. Leben – ja. Aber der Springquell im Kopf (Geist) wie zugeschüttet – eingeschmiert mit Pralinenfüllung.

1. Juni
An., gestern, beim Mittagessen: »Wie kann man sich in jemanden verlieben, der einen nicht wiederliebt?«
Ich: »Wieso, das passiert doch dauernd.«
An.: »Aber das, was die Liebe ausmacht, ist doch, geliebt zu werden ... und wenn das flachfällt ...«
Ich: »Nein, nein, darauf kommt es gar nicht an, man ver-

liebt sich nicht in ein Abstraktum *geliebt werden*, sondern in Hände oder Augen oder Gesten usw.«
An. (Pause): »Ich verstehe, wie man sich in meinen Vater verlieben kann. (Pause) Er kann sehr nett sein. (Pause) Im Gespräch. (Pause) Aber wenn man ihn näher kennt – «

Ich denke an jeden von uns allen, der da meint, Regie zu führen, und, in seiner kleinen Welt, auch nur geführt wird. Das ist wie der *Reigen* oder ein Karussell. Ich komme immer wieder auf den alten Punkt zurück – ein Freund müßte jemand sein, dem ich vertrauen und der mir vertrauen könnte.

Das autobiographisch bezogene Schreiben ist da, wo es Kunst ist und nicht authentische Schreiberei, so viel besser als das objektivistischere – Sylvia Plath, Mansfield, Woolf –, warum sind sie als Künstler besser als etwa Beauvoir, Lessing, Atwood? Weil der Stachel, den man systematisch in die Seele treibt, beim autobiographischen Schreiben offenbar einen so hohen Druck erzeugt (einen viel höheren, als schriebe man über *Verhältnisse*, gesellschaftliche Zustände etc.), daß auch die Sprache, unter diesem Druck erzeugt, eine unvergleichlich viel größere artifizielle Qualität erhält.

Woher kommt dieser Drang zum Kommentar, zum Dreinreden, zum Mangel an Toleranz, zum Urteilen, zum Ressentiment, zum Bevormunden, zum Moralisieren, zum Predigen, zum Besserwissen, zum Klagen und Jammern schließlich, das immer mit der überheblichen Seite verbunden ist? Antwort: weil die meisten von uns an irgendeinem Punkt mit ihrem Leben nicht zufrieden sind.

Daraus Motiv für eine Geschichte (aus der Anfälligkeit und Manipulierbarkeit von Menschen aufgrund ihres Unglücks) – ein Mann, der seine Frau benutzt (ihre Unzufriedenheit aufgrund ihrer kaputten Beziehung, kaputt – total kaputt, vor allem sexuell), um sich an einer anderen Frau zu rächen, sie kaputt zu machen, zu zerstören, ihren Glanz, ihre Lebensfreude zu vernichten etc.

4. Juni
Ein windiger Sonntag. Ab und zu reißt der Himmel auf, der Platz vor dem Hotel Lutetia ist sonntagsleer – *Lutetia*, das Zentrum der Faschisten wie der Befreiung – ich lese die Pariser Tagebücher von Jünger.
Idee für das Buch, das vorläufig *Das blaue Zimmer* heißt – ein Paris der Ausländer, das eine geschichtsferne Monade inmitten der pulsierenden Pariser *Gegenwart* ist – eine abstruse *Geheimgesellschaft*, eine *exzentrische Idylle*. Langsam formiert sich die Geschichte dieser Erzählung in meinem Kopf, es geht jetzt darum, die Bausteine zusammenzutragen.

In dem *weißen Zimmer zum Hof* installiere ich mich, mit Koffern, Radio und weißen Päonien (Päonie: wieviel schöner ist der Klang dieses Worts als Pfingstrose).
Blättere in meinem alten Notizbuch für den Plan des Romans *Die Besetzung*. Da entdecke ich lauter Notizen (die Polizeisirenen, das Klopfen in den Mauern etc.), die ich jetzt in der Realität erlebe. Ich erinnere mich an ein Gespräch mit M. Krüger im Verlag, in dem ich ihm von dem Leserbrief eines Priesters an mich erzählte, in den Zitate aus *Ein Bild der Unruhe* eingeflochten waren – und wie fremd mir, als Zitat gegenübergestellt, diese eigenen Worte vorge-

kommen wären. So ist es: was man einmal niedergeschrieben hat, verselbständigt sich, löst sich ab, ist nicht mehr Material vom eigenen *Ich*. Und deshalb erkennt man auch die eigenen Worte nicht mehr, die eigenen Phantasien. Beleg für die *Differenz* zwischen Künstler und Kunstwerk.

Ein pseudofreiheitliches Konzept lehne ich ebenso ab wie die Reproduktions-Ideologie. Wenn man auf diesem Gebiet nicht kompromißlos übereinstimmt – getrennt arbeiten, gemeinsam leben, ohne Terror der Nähe und ohne falsche Distanz –, sollte man es sofort aufgeben. Bei B. habe ich es nicht aufgegeben, aber so langsam kommen wir an den richtigen Punkt. Das nicht zuletzt durch dieses *eigene* Zimmer.

Ich bin anders als vor zehn Jahren – ich betrachte die Gesellschaft als einen sozialen und menschlichen Kriegsschauplatz. Ich möchte nicht kämpfen, sondern mich schützen – wie es meine Vorbilder Proust, Joyce und andere Schriftsteller von Rang auch versucht haben –, sofern die Geschichte ihnen keinen Strich durch die Rechnung gemacht hat.

5. Juni
Im Hof in der Rue d'Assas wanderte eine weiße Taube am Morgen auf der Mauer.
»Will ich in mein Zimmer gehen, will mein Schreibheft holen, sitzt schon ein klein Männlein da – hat die G'schicht gestohlen.«
»Wiegt in meinen Blumen sich, beißt vor Wut sich in den Zeh, spuckt die Geschichte wieder aus, tat ihm gar zu weh.«

14. Juni
Produktionsprobleme. Natürlich sind literarische/fiktive Figuren immer ein Konglomerat aus mehreren. Trotzdem sollte doch Blok in erster Linie Züge von Mo. und Franziska die von C. tragen. Nun habe ich aber während des Schreibens festgestellt, daß ich durch diese allzu große Nähe der Figuren zu ihren Vorbildern zu sehr ins *autobiographische* Schreiben hineinkomme. Und das Autobiographische macht *mein* Schreiben schlechter. Versuche jetzt, die Perspektive umzudrehen und aus der männlichen die Geschichte zu erzählen – da wird der Mann nicht so ein bloßer Popanz und die Frauen das Opfer, sondern ich kann bei jedem die jeweilige eigene Variation von Identitätsproblem und Verdrängung darstellen.
Wie verhält sich das zur Eloge auf *autobiographisches* Schreiben vom 1. Juni?
Das eine ist Poetologie, das andere die Grenzen der eigenen Fähigkeiten.

25. Juni
Schwüle. Die Blumen, Levkojen und Schleierkraut, welken in der Vase schon nach einem Tag.
Frühstück mit B. am Boulevard Raspail auf der Straße. Montagmorgen, viele Läden haben geschlossen, der Verkehr ist nicht stark. Schönes, schon von der Straße verstaubtes Licht in der Allee, die sich nach Montparnasse hochzieht.
Wir reden über Cohn und die *Liebe*. Daß sie eine Illusion ist – aber die letzten zwei Tage denke ich: vielleicht kriegen *wir* es doch noch wieder hin. Ich meine das, was Cohn die *Beziehung* nennt.
Was mich kaputt macht, ist nicht meine Vergangenheit, nicht meine Gegenwart, nicht der Liebeskummer von vor

zwei Jahren und nicht das Beziehungsproblem mit B., sondern das Telephon. Was mich kaputt macht, ist das zutiefst Miese, Schlechte, Bösartige, das ich dahinter spüre und das nichts mit B. oder mir zu tun hat. Anrufe, ob anonym oder mit verstellter Stimme. (In der Nacht der Buchmesse vom 2./3. Oktober 1986 fing die Sache mit der verstellten Stimme an.)

27. Juni
Wichtig: das Wichtigste: ungeachtet der komplizierten Lage und der vieldeutigen Assoziationen, die jedes Schreiben wachruft, ich muß schreiben ohne innere Zensur, ohne Rücksicht auf die *Stimmen von anderen*. Schreiben – nicht, um jemandes Liebe zu gewinnen (Eltern, Geliebte, Freunde etc.), sondern um mich selbst am Leben zu erhalten.

Juni 1989 – Januar 1990

27. Juni
Im Jardin du Luxembourg sitzen ein paar Männer in den abgekühlten Wegen und lesen Zeitung. Die meisten Stühle stehen unordentlich herum, als säßen Gespenster auf ihnen und sprächen miteinander; sie sind leer.

B.s *Plötzlichkeit* ist nicht mein *Vergessen*. Die einzige Gemeinsamkeit ist die, daß beides *Bewußtseinszustände* sind.
Plötzlichkeit ist die Plötzlichkeit der (ästhetischen) Erfahrung, des *Eindrucks*; auch des Geistesblitzes; auch: die Diskontinuität der Zustände des Subjekts.
Vergessen ist: Aus-der-Zeit-gefallen-Sein; Somnambulität; Innerlichkeit; Erinnerungs- und Realitätsverlust; Depression; Poetischer Zustand; Abwesenheit; Horchen.
Vergessen ist: der Widerstand gegen klassifizierte Erfahrungsnormen. Ein Suchen im Bereich jenseits der *normalen* Realität.
Vergessen ist auch: der verdrängte Schmerz. Ein Leben in *zweiter Linie*; ein von sich selbst entfremdetes Leben.
Plötzlichkeit und *Vergessen* haben noch etwas gemeinsam: es sind Kategorien für Bewußtseinszustände, für extreme Bewußtseinsbereiche. Es sind keine realisierbaren Lebensformen.
Als Kategorien sind sie nur denkbar durch ihren Gegenpol: Plötzlichkeit mit Dauer; Vergessen mit Erinnerung. Beide Bereiche jeweils für sich allein genommen (ohne Bezug auf den komplementären) sind totalitär.

Seit zwei Tagen habe ich das Gefühl, auf der anderen Seite des Tunnels zu sein (des Schmerzes). Ich sehe dieselben

Dinge, aber von der anderen Seite (Mutter, Vater etc.). Ich erinnere sie, ich weiß sie, aber ich bin nicht mehr gebannt durch sie wie beim Anblick der Medusa. (Deshalb habe ich die *Muttergeschichte* in meinem Buch auch als *Märchen* schreiben können.) Kein Vergessen (Verdrängen) mehr, aber auch keine Klagen/Anklagen. Alle meine Freunde und Familienmitglieder kommen mir vor wie sprechende Puppen, durch die dieselbe Stimme spricht. Aber meine Phantasien beschäftigen sich nicht mehr mit *Zeichen*. Als wäre die ganze Welt voller Zeichen und die Realität ein dunkler Wald.

28. Juni
Leiris, *Mannesalter*: »...kehrte ich zurück und hatte wenigstens eine Legende zerstört: jene vom Reisen als Möglichkeit, sich selbst zu entfliehen.« (...) »Was ich dabei (bei der Ortsveränderung) gelernt habe, ist vor allen Dingen dieses: selbst wenn die äußeren Erscheinungen auf den ersten Blick so abweichend sind wie möglich, findet man sich doch immer wieder mit sich selbst identisch; in jedem Leben gibt es eine Einheit, und alles, was man auch tun mag, läßt sich auf eine kleine Konstellation von Dingen zurückführen, die man unter verschiedenen Formen unzählige Male zu reproduzieren trachtet.«

So, wie ich schon Montag abend mit B. auf der Place St. Sulpice das Gefühl hatte, über eine Grenze gegangen zu sein – ich sah den Platz, seine Schönheit, die Nacht über dem Brunnen und dem angestrahlten Laub, die vereinzelten erleuchteten Fenster, und fühlte nichts, nur eine große Traurigkeit, daß mich das nicht mehr bewegte wie früher –, an der ich meine *Illuminationsfähigkeit* eingebüßt habe, meine Freudens- und Leidensfähigkeit, und statt dessen eine *Stumpfheit* des Herzens eingetreten ist, so fühle ich mich mit jedem Tag matter werden, stumpfer, als lege sich ein dumpfer Schleier über mein Gehirn und verlöre ich Schritt für Schritt meine alte Freudensfähigkeit, meine Begeisterungsfähigkeit, die doch das eigentliche *Pfund* war, mit dem ich immer wuchern konnte. Ich habe einen Schleier im Gehirn und einen Abstumpfungsschild auf der Seele, als ob man mich langsam zu Tode betäube und *ruhig stellte* – wie der glatte Mord, der schleichende Mord an meinem Wesen.

Zugleich habe ich immer das Gefühl, in einer Prüfung zu sein – da hält mir Ul. einen Montblanc-Füller hin mit umgekehrter Feder, so wie ich früher geschrieben habe. Lauter Erinnerungszeichen – als übten im nachhinein die Eltern noch einmal den Mord an mir, indem sie mit *ihrer* Realität (denn woher sonst kämen die Informationen über diese Lebensdetails?) meine eigene erlebte zum Schweigen bringen.

Die Erinnerung setzt sich aus verschiedenen Komponenten zusammen: den *vergessenen*, durch synästhetische Reize aus dem Unbewußten hervorlockbaren Erlebnissen, den bewußt erinnerten Erlebnissen und einem Grundstock an psychischer Erfahrung, sozusagen der *Farbe* einer Lebensepoche, die sich als Gesamtkomplex ins Bewußte und Unbewußte verankert hat. (Wenn diese Grundkomponente in *beiden* Familienepochen die einer radikalen Unterdrükkung/Unterwerfung gewesen ist, dann ist diese Erfahrung ja der *Extrakt*, der sich hinter all dem schönen bürgerlichen Schein verbirgt.)

Ich lese ein paar Seiten in Leiris und sehe, wie viele psychische Verknotungen er für sein Schreiben produktiv macht. Ich glaube, das komplementäre Element zu den unlösbaren Psycho-Knoten ist diese wunderbare *überspannte* Erwartungshaltung und Illuminationsfähigkeit, ohne die ich nicht schreiben könnte. Wenn nicht diese Spannung in mir wäre, wenn ich ausbalancierter und gleichgültiger wäre, könnte ich nur Erbsen zählen.

Die Liebe kann sich nur im Ausnahmezustand halten, wenn beide über eine solche seelische und geistige Dynamik verfügen, daß die Spannung nicht nachläßt. (B. hat sich aber phasenhaft so verkapselt, daß quasi eine Negativ-Spannung dabei herauskam.) Was mich an ihn bindet, ist der gemeinsame ästhetische Fundus, die gemeinsame *Herkunft* – auch wenn wir vom geistigen Temperament her ziemlich verschieden sind, gibt es eine vorsprachliche Übereinkunft und Verständigung, die ich mit niemandem je gehabt habe, und auch nicht habe. Man kann das nicht auseinanderpflücken und analysieren, es ist etwas Vor-Theoretisches.
(Woran ich mich immer wieder reibe, ist diese unsichtbare Mauer, es fehlt etwas für meine Vorstellung von Übereinstimmung, aber vielleicht liegt das ja an mir oder ist das Fazit aller menschlichen, auch der Liebesbeziehungen: die *Grenze*.)

10. Juni
In Prousts *Freuden und Tage* finde ich ein wunderbares Motto von Emerson: »Die Lebensweise des Dichters sollte so einfach sein, daß die alltäglichsten Einwirkungen ihn erfreuen; seine Fröhlichkeit sollte die Frucht eines Sonnenstrahls sein können, die Luft sollte genügen, ihn zu inspirieren, und das Wasser sollte genügen, ihn zu berauschen.«

2. Juli
Aufsatz im *Merkur* über Mozarts Opern und das Prinzip der (vgl. den Begriff der *goldenen Lüge* des Mittelalters) Wahrheit in der Lüge – ganz fabelhaft. Vor allem am Beispiel der Liebesverwicklungen, Duelle, Täuschungen, Verwechslungen, Lektionen zeigt sich zweierlei:
a) das Moralische: die Fragilität von menschlichen Bekenntnissen, gesicherten Wahrheiten, Lügen, Liebesdiskursen etc.
b) der *reale* soziale Diskurs als *Spiel*. Nicht mit den bleiernen Füßen der Wahrheit die Wahrheiten sagen, sondern als *Ernst im Spiel/Spiel im Ernst* handhaben als soziale Strategie (vom ästhetischen ganz zu schweigen).
Was bei Troje fehlt, der Rekurs auf das Banale – die *Tradition* der Verwechslungsspiele, der commedia dell'arte – kurz, daß das Ganze, bei da Ponte jedenfalls, weniger den lebensphilosophischen Hintergrund der These Trojes hat, sondern ziemlich traditionelles Abhaspeln einer nur variierten Vorlage ist.

3. Juli
B. ist der größte Schauspieler unter der Sonne – die wahren (wahr gelogenen) Gefühle.
Für die Ferien: spanische Gitarren. Toledo – Springbrunnen und maurische Bogengänge (Arkaden); Bücher: Jimenez, Lorca, Machado – und Alberti. Natur: Olivenhaine; (Ölbäume); Zikaden; Wein: Rioja, natürlich. Musik: Tarrega: *Caprice Arabe*. Farbe: olivgrün, maurisches Rot, sandgelb.

4. Juli
Wirklichkeit: was mich interessiert, ist die Wirklichkeit des

Dazwischen, eine psychische Wirklichkeit, die die wahrere Wirklichkeit, die, die in Nuancen und Zwischentönen angesiedelt (verborgen) ist. Eine Wirklichkeit der Zwischenbereiche und Grenzübergänge, da wo es Spalte im Eindeutigen gibt.
Weniger interessiert mich die Wirklichkeit des *Materials*. (Obwohl die *Dinge* eine große Rolle spielen, aber nicht, ontologisch, als Aussage über und Garant der Welt, sondern als in sich geschlossene und voneinander isolierte Eigenwelten.) Das *Material* ist für das Auge des Zeichners, für den Poeta doctus, den Philosophen und den Moralisten. Das Material ist eine Schule (des Sehens, Verstehens, Aneignens). Ich aber neige zum *Visuellen*, wenig zum *Optischen*. (Ich benutze die *Dinge im Text* auch: als Signale einer psychischen Realität.)

6. Juli
Im *Merkur* eine Glosse von Manthey, in der er das am Militärischen geschulte Härte- und Leidensideal speziell der deutschen Dichter (Benn, Hölderlin, Novalis) aufspießt. Wie richtig. Das Leiden ist kein Ideal, sondern ein Faktum. Warum die Künstler stets das, was ein Mangel ist, ins Positive umlegitimieren?
Ich halte es mit Büchner: solange auch nur ein einziger in der Gesellschaft unschuldig leidet, ist nichts in Ordnung. Das Leiden hat keinen *Sinn*. Auch nicht, wie Pavese meint, um es literarisch fruchtbar zu machen.
Habe ich für die Leidensideologie (wie für die verlogene Arbeitsideologie) kein Verständnis, so um so mehr Mitfühlen für die Leidenden. Das ist der Unterschied. Und – Leiden hin, Leiden her, ich halte fest an der alten Glückssuche. Der Mensch ist nicht *zum* Leiden geboren (sondern *im* Leiden), sondern *zum* Glück: hin, zu (Richtung).

Verstehen im Sinne von Hannah Arendts an Jaspers geschulter Kategorie: sich einfühlen in einen lebendigen Menschen. Verstehen = ein Mit-Sein (Hindernis: bei neuen Menschen kann ich nur verstehen quasi im Schutz eines herabgelassenen Visiers. Das ist die Schüchternheit hinter der *Rolle*). *Verstehen* auch: Widersprüche bestehen lassen. *Verstehen* = etwas *Neues* beginnen.

In den Straßen ist es warm und stickig. Im Jardin du Luxembourg saß ein alter Priester neben mir, im schwarzen Talar. Als er sich die Nase schneuzte, hatte ich wieder dieses scheußliche intensive Gefühl von physischer Empathie, das mich manchmal überfällt – die Anstrengung war so groß, daß ich dachte, er schneuzt sich die Eingeweide aus dem Leib – oder Blut, Auswurf, kurz: etwas Gefährliches.

Lese die Zwetajewa-Biographie von Maria Razumowsky – nicht sehr tiefschürfend, zu plakative Urteile, keine wirkliche Analyse. Aber: sagenhaft die ständigen Liebesromane der Marina; denn es sind in erster Linie *Romane*. Sie verliebt sich in Menschen, die sie nicht nur nicht kennt, sondern auch nicht kennenlernen *will*. Sie braucht einfach den inneren Liebesüberschwang (Monolog). Sie sagt: die liebste Beziehung ist ihr die indirekte: 1) im Traum, 2) im Briefwechsel.
Und dann überschüttet sie einen Ahnungslosen mit ihren Gefühlsergüssen und erschlägt sein eigenes Recht, zu antworten, zu suchen, zu fragen ...

Keine Verschwörungsängste, keine Mißtrauensorgien – im Jardin du Luxembourg ist es schattig und schön, und meine

Seele ist friedlich wie die der dreckigen Taube, die unter meinem Stuhl herspaziert. Ich liebe alle meine Tiere, mit denen ich mich ab und zu auf das artigste vor einem Schaufenster unterhalte.

7. Juli
Körpersprachen: meine Mutter, die den Kopf des Hundes, der zwischen uns auf dem Bett liegt, zu sich wendet. (Es ist mein Hund, zu mir mußt du dich wenden.)
B., der plötzlich, als ich ihm meinen Traum von meiner im Meer ertrunkenen, wie ein Stück Holz treibenden Großmutter erzählte, und von Sil., die das Ganze, spielerisch, aber meine Großmutter überfordernd (das Herz, der Kälteschock), initiiert hatte, seinen Arm wegzog, den er unter meinen Nacken geschoben hatte (wir lagen noch im Bett).
Welche Schlüsse ergeben sich aus solchen Betrachtungen?

11. Juli
Gestern, der Don-Giovanni-Film von Losey, die Donna-Anna-Episode brachte mir den Einfall einer neuen kleinen Geschichte. Ende: »Als man dachte, daß alles gut ausgegangen sei und alle Figuren wieder, oder zum ersten Mal, an ihrem Platz stünden, sprang er am Hochzeitstag vom Kirchturm. Ihr weißer Tüllschleier, den er in der Hand gehalten hatte, bauschte sich in der klaren Luft wie ein Fallschirm.«

Liebt man im andern die *Seele*? (Im idealistischen Deutschland: ja.) Man kann sich in eine Maske = den Fremden verlieben. Man kann sich aber nicht in einen Geliebten *in* einer Maske verlieben. Der *fremde* Körper, das falsche Aus-

sehen ist die *Barriere*. Der eigene Körper sehnt sich nicht nach dem maskierten Körper, auf den er nicht reagiert, sondern nach dem, dessen Erinnerung er trägt.
Nur so funktioniert die Täuschung à la Mozart: entweder verliebt sich die Frau/oder der Mann *von vornherein* in die fremde Maske (und betrügt damit den Ehemann etc.), oder sie verliebt sich in die *Maske* des Geliebten, unter der sich ein Fremder ihr nähert (und erliegt damit der Täuschung).
Täuschung: wenn ein Doppelgänger, Zwillingsbruder, Ähnlicher auftaucht.
Dieses begrenzte Spiel gilt natürlich nur, wenn das Herz bereits besetzt ist. Das heißt nämlich: einer sagt: ich will den und den und keinen andern. Aber nur so wie er ist; das Herz wird ihn auch in der Verkleidung entdecken, aber der Körper will nicht den fremden.

Im Kino: *Der Fall Paradin* von Hitchcock. Schwarzweiß der 50er Jahre: hier ist die Leidenschaft, die Erotik, die schwarze Frau und das Böse – da ist die Liebe, die Treue, die blonde Frau und das Gute. Sexfeindlichkeit der Zeit wie im 19. Jahrhundert. Liebe und Leidenschaft sind getrennt (nach Hitchcock).
Gestern im *Don Giovanni*, heute im *Paradin*: die Sieger sind die *stillen* Helden – der Ehemann (von Donna Anna) und die Ehefrau (von Gregory Peck alias Kaine). Ein Plädoyer für die *wahre* Liebe? Oder idealistischer fauler Zauber? (Glauben wir insgeheim nicht alle an diese *constantia*?)

Über dem Haus steht ein Stern am Himmel, und die Luft riecht (bei hellem staubigem Nachthimmel) so nach Sommer, daß alle vergessenen Hoffnungen wieder aufsteigen. (Das *Leben* besteht aus: Gegenwart und – begrabenen Hoffnungen.) Der Hof ist fast dunkel und die Blätter bewegen sich im Wind.

12. Juli
Rilke: »Die Psychoanalyse ist eine zu gründliche Hilfe für mich, sie hilft ein für alle Mal, sie räumt auf, und mich aufgeräumt zu finden eines Tages, wäre sogar noch aussichtsloser als diese Unordnung.«

13. Juli
Ich strecke meine Nase aus dem Fenster: es ist kühl (da wird man sich warm anziehen müssen für die Straßenspektakel am 14. Juli), die Blätter bewegen sich leicht im Morgenwind, und der Hof riecht wie ein Hof in der ländlichen Provinz am frühen Morgen – nach frischer Luft, Moos, Brot und Grün. Dazu die Gräser, Blätter, Moose, weiße Farbflecken auf der Mauer, die die beiden Höfe trennt – keine klinisch-aseptische Mauer, sondern eben: ein Stück Materie, in dem sich Natur und Bebautes miteinander verbinden. (Das ist es auch, was an den Supersiedlungen so krank macht: daß keine Unordnung – Lebendigkeit – zugelassen ist – Gräser, die aus den Mauerritzen sprießen.) Dieser 13. Juli hat den Charakter eines Provinzmorgens. Ausschnitt einer Idylle.

17. Juli
Das Leben findet nicht *in* der Literatur statt. Das Leben findet *aus* der Literatur statt (aus: heraus; herausragend, herausreichend, übersteigend; heraustretend; verlängernd).

Vom Leben zur: Literatur. Von der Literatur: zum Leben. Beides ist nicht zu trennen.

21. Juli
Ich bin zurückgekehrt zu der ursprünglichen Idee, daß das Buch eine Folge von *Bildern* (Situationen) sein muß – wie *Aufblendungen* (jedes Kapitel eine), und dazwischen Lükken, weiße Stellen, die *blancs*. Das heißt den Anfang des 1. Kapitels umschreiben.

Gestern abend im Palais Royal. Unter der Arkadendecke, über den Geschäften, muß es Wohnungen geben – da gibt es halbmondförmige Fenster, manche standen offen und waren bereits dunkel, hinter anderen lief der Fernsehapparat oder man hörte Leute beim Essen. Diese Wohnungen – kein Tageslicht – sind noch seltsamer als die Wohnungen in Passagen. Es sind Höhlen, Kästchen – nicht für Menschen, sondern für Märchenfiguren. Wer kann da leben?
Kurz nach zehn sind die Arkaden fast leer – die Anlage schließt um 22.30 Uhr – und Breton und Aragon hätten ihre Freude gehabt. Es gibt diese Orte, die plötzlich (wegen ihrer Architektur, ihrer Verlassenheit oder einer anderen auffälligen Eigenschaft) irreal wirkten. In diesem Fall kommt es vom gelblichen Licht der Laternen. Kurz: das *Wunderbare* ist der *Sprung*. (Es gibt es nicht, es existiert, wie das Einhorn, nur im Bewußtsein.) Aus der Realität der Dinge in die Psyche und umgekehrt.

War es Klossowski, über den Marianne Kesting einmal einen Aufsatz geschrieben hat – der *Schwätzer und Voyeur*?

Blok muß eine *Kunstfigur* werden – ein Mann, der sich einbildet, keine Eigenschaften zu haben, und, auf die simpelste Weise, von diesem Irrtum aufwacht.
Auch das Paar – Skrupel und Enthusiasmen.

27. Juli
»Gleiche Begabung der Seele und des Worts – das ist der Dichter. Deshalb gibt es keine Dichter, die nicht schreiben, noch Dichter, die nicht fühlen. Du fühlst, aber schreibst nicht? also bist du kein Dichter (wo ist das Wort?), du schreibst, aber fühlst nicht, also bist du kein Dichter (wo ist die Seele?).« Zwetajewa, *Der Dichter und die Kritik*

25. Juli
Lichtzeichen, offene und geschlossene Fenster, Gedichte in Zeitungen, Lesezeichen in Büchern – ich sehe das alles und grüble darüber nach. Aber ich hüte mich, dem eine andere Bedeutung zuzumessen als die eines Zufalls. Die Macht der Zeichen ist dann gebrochen, wenn ich ihnen keine Bedeutung über mich, für mich mehr einräume. (An *Gott* habe ich nie geglaubt – nur an den *Über-Bruder*; watching.)

Warum habe ich Bataille gemocht? Weil er sich dem System, dem systematischen Denken verweigert. Weil er, immer wieder von einem anderen Punkt ausgehend, von außen nach innen fortschreitend immer wieder dieselben Themen neu um-schreibt, umkreist.
Was stelle ich fest bei mir: daß das Denken eine Spirale ist: ich komme immer wieder, in zeitlichen Abständen, auf gewisse Grundthemen zurück, aber auf einer anderen Ebene. (Spirale: Linienbewegung und Kreisbewegung, Auf- und

Abbewegung, Vor- und Zurückbewegung, sich weiterschraubende Drehbewegung um eine unsichtbare Achse – in einem.)

Das Schwierige bei dem ganzen Text: Die Dinge sich *langsam* entwickeln lassen, die Architektur im Auge behalten und die Personen *richtig* ineinandergreifen zu lassen.

Vorgestern zeigte ich B. im Louvre meine geliebten Stilleben von Chardin – wenige Dinge, reduziert auf eine stumpfe, eher in dunklen Farben gehaltene Plastizität, auf ihre Essentialität, die *klare* Linie. Da gibt es kein *höfisches* Arrangement, keine funkelnden Trauben und matt glänzenden Gläser, kein Damast und keine irisierenden Farbeffekte, und genau das gefällt mir wie auf den Stilleben von L. Melendez. Das gefällige und artifizielle Arrangement tritt zurück hinter den Dingen selbst, die Bilder stehen unterm Gesetz der Zurücknahme, nicht des Überflusses. Auch die kleinen Personenbilder gefallen mir (wie die von Pieter de Hooch oder Vermeer): das Statische, Kontemplative, Konzentrierte (statisch = ohne Lebendigkeit), Ruhige, Versammelte. Das Vorherrschen der Vertikalen und weniger abgestumpfter Farben – alles andere als diese hellen, durchsichtigen *Bewegungs*kompositionen von Boucher.
(Die Luft in der Chardin-Abteilung war katastrophal, da waren wohl die Ventilatoren ausgefallen. Meine Luft heute ist ambrosisch: ich kaufte auf dem Straßenmarkt auf dem Boulevard Raspail so ungefähr 40 Rosen, kräftige, stabile, weißliche Freilandrosen mit dicken Dornen und mehreren Knospen an einem Stengel.)

Es ist wie in einer Filmkomödie: alle Menschen in meiner Umgebung werden plötzlich *gut*, d.h. fleißig und moralisch ... Me. spricht, Handke zitierend, von *Weiterkommen*, von der Faulheit von Sa.; Si. schreibt einen Artikel und malt fleißig ihr Huegenpoet-Bild, Ul. sucht sich eine Stelle und schreibt wie wild, As. arbeitet an einem Beitrag für eine Fischer-Anthologie, Ra. geht den zielstrebigen Weg durch die Provinz – und ich? – so *streben* wir alle – was würde nur Gombrowicz Bissiges über uns verlauten lassen?

Da habe ich nun schon bald 3 Jahre mit einer Romangestalt verbracht – das ist an sich schon *literaturreif*!

29. Juli
Las noch einmal in einem Zug die 2. Hälfte von *Mrs. Dalloway*. Zu *dünn lavierte* Personen? Zu wenig Außenkenntnis? Zu sehr das Produkt einer Upper-Class-Insiderin? Proust abgelehnt und das meiste Zeitgenössische? – So oder ähnlich stand's in einem Artikel von Schostack. Stimmt alles nicht. In der Hogarth-Press hat V. W. Zeitgenössisches gefördert (bei aller Eifersucht auf K. Mansfield: sie hat sie gedruckt), von Proust war sie sehr angetan, nein, er war wichtig wegen der ihr ureigenen Thematik von Verhältnis der Sinneseindrücke, der Augenblicksempfindungen und Psyche, wegen des *Fließenden*, eben: der Zeit, der Psyche, der *Persönlichkeitsaufsplitterung*, des *Lebens* – alles in ununterbrochener Bewegung und Veränderung.
Es stimmt auch nicht, daß *Mrs. Dalloway* der Roman ihrer (Clarissas) Perspektive und Innenansicht wäre – gut, sie ist die Hauptfigur, aber das Kunststück ist doch, wie ein sich weiterdrehendes Kaleidoskop durch die Innenleben (Gedanken, Gefühle) verschiedener Figuren zu wandern, sie

schafft damit eine Perspektivenvielfalt, denn die Figuren erscheinen alle von innen, nicht wie bei Proust aus der Perspektive der Ich-Figur oder des auktorialen Erzählers – und *dazu* sollte keine Kenntnis der Realität nötig sein? Gut, es fehlt vielleicht das äußere Panorama eines Henry James – aber sie: geht in die Tiefe, nicht in die Breite, und holt unglaubliche Vielfältigkeiten der Psyche hervor. (Vom Ressentiment und Neid über Snobismus, Lebensfreude, Resignation, Leidenschaft, Trauer – na ja, das sind solche Schlagworte, was ich meine, ist, daß V. W. eine Erbin des englischen 18. Jahrhunderts ist – kein falscher Idealismus, kein Schwulst, sondern Menschenkenntnis, Humor, Resignation, Relativität.) Was mich besonders berührt hat, ist ihre Faszination vom *Lebendig-Sein* (wenn man sich überlegt, vor welchem Hintergrund das geschrieben wurde), es kommt oft vor auf diesen Seiten - schon der Anfang ist ja eine Ouvertüre in Lebensfreude – sie versteht was davon, weil es so schwierig ist.
Dieses Buch ist zweifellos eins meiner liebsten Bücher.

5. August
Momentaufnahme
Am Telephon erklärt die Tochter, im Beisein der Mutter, dem Mann, mit dem sie zusammenlebt, sie wolle am nächsten Tag zu einem anderen fahren.
Die Mutter zündet die Kerzen an.

Handbewegung
Ein Streitgespräch über die Unterdrückungsmechanismen der Kirche. Große Worte fallen über Nächstenliebe und Bergpredigt. Genaugenommen: daß etwa die Psychoanalyse die Unterdrückungsmaschinerie der *Opfer*ideologie aufgedeckt hat.

Die eine, ironisch: »Aber Freud war ja auch Jude.« (Kann also gar keine Wahrheit herausgefunden haben für einen selbstgewissen Katholiken.)
Die andere, prompt: »Und überhaupt, die Psychoanalyse...« – und winkt mit der Hand ab.
(Kommentar: falsch gelaufene Affirmation.)

Überlegung, nicht sehr originell, aber persönlich jedes Mal neu zu erfahren: was ist mein Haupteinwand gegen den Katholizismus meiner Verwandtschaft?
Daß er, wie *common sense* oder *Moral* Ideologie ist – in einem solchen Gebäude fühlt man sich sicherer denn als einzelner. (Das ist kein Einwand gegen die Sache selbst – sofern sie eben nicht die Selbstgewißheit einer Weltanschauung hat.)

Zitat, Sloterdijk: »Intelligenz beginnt da, wo das Reagieren aufhört.«

Blok – der Mann *mit* Eigenschaften – hat auch etwas vom heutigen *Ich*: im Zentrum der Perspektive ist eine Leerstelle.

6. August
Eine Debatte zwischen Elisabeth Badinter und Annie Le Brun in Pivots Sendung über de Sade brachte mich auf einen Schlüssel: sie stritten nämlich, ob man de Sade im 1. Grad (auf der Realitätsebene, als wörtlich zu nehmenden Text) oder im 2. bzw. 3. Grad (als metaphorischen Text) lesen müsse, um ihn *richtig* zu lesen. Natürlich hatte Annie Le

Brun recht – fiktionale Texte auf der 1. Ebene zu lesen, ist Schwachsinn. (Bei de Sade deshalb so schwierig zu entscheiden, weil seine politischen Entwürfe – Utopien – mit in den Romanen stecken.) Der Streitpunkt hieß: *Freiheit*. Welche Art Freiheit ist bei de Sade gemeint? Die des mündigen, aufgeklärten, seine Leidenschaften unter Kontrolle habenden Subjekts – oder die der Bejahung einer radikalen Subjektivität, die sich vom gesellschaftlichen *Normalen* nicht *einschränken* läßt und ja sagt zur radikalen Erfahrungserweiterung bis zur Bejahung der sexuellen Unterwerfung bis zur eigenen Auslöschung.

Im letzteren Sinne ist Sade ein Vorläufer, Wegbereiter der *modernen* Literatur, in der die radikale *Selbsterfahrung* (bis zum Drogenrausch, Wahnsinn etc.) zum Zentrum der literarischen Thematik wurde.

Heute aber sieht die Sache für einen Schriftsteller anders aus: diese beiden Stränge der Moderne – das vernünftige, selbst- und weltaufklärende Subjekt und das rasende, nach Grenzerfahrung strebende Subjekt – landen, beide für sich genommen, in einer Sackgasse. Das auf Vernunft pochende, in Sterilität (*und instrumenteller Vernunft*) und *Zerstörung* des Ich und der Umwelt, das auf Ich-Erfahrung pochende, in Wahnsinn und *Zerstörung* wie oben. Das ist *ein* Grund, weshalb die Moderne nicht tot ist, weil die zwei Stränge auf allen Gebieten sich bekämpfen, anstatt nach Dialektik oder besser Ambivalenz zu streben, weil die Synthese, die zur Dialektik als Bestandteil der *Rechenoperation These – Antithese* fest gehört, in Wirklichkeit ein (noch) ungelöstes Ziel ist und, im letzten Fall, die beiden Stränge sich miteinander *verflechten*, in zwei verschiedenen Farbsträngen, und nicht zu einem einfarbigen Zopf werden.

(Grübelt man über die Gründe nach, weshalb die Menschen sich immer mehr nach dem Schema *Entweder-Oder* verhalten, so fällt mir als erstes die Unfähigkeit des einzelnen ein, außerhalb einer Gruppe zu leben. Es gibt eben die Entweder-Gruppe und die Oder-Gruppe, und man hat nichts Eiligeres zu tun, als sich einer von beiden anzuschließen und von da aus andere zu bekriegen.)

Philosophisch hat Ambivalenz den Geruch der Unverbindlichkeit, und moralisch, gedanklich und lebenspraktisch ist nichts schwieriger, als zwischen beiden Polen hin- und herzuwandern, und jedesmal von Neuem zu entscheiden, welches im gegebenen Fall das Notwendigere ist.

Da ich selbst nach der Aufklärer-Epoche (Bonner Zeit) den anderen Strang (Bataille etc.) identifikatorisch durchexerziert habe, gehen mir heute radikale Schriftsteller-Exzesse gegen Gesellschaft, Familie, Kritik – kurz, das Pochen auf die eigene Selbstherrlichkeit – genauso auf den Wecker wie die, ebenso selbstherrliche, Gruppe der Objektiven, die sich andauernd um Stadt, Land, Fluß Sorgen machen.

Wenn es überhaupt noch irgendeinen Grund gibt, weshalb Schreiben heute sinnvoll ist, dann deshalb, um zu versuchen, den schwachen Punkt des *Entweder und Oder* in der intellektuellen Strategie zu halten, ohne die zu spielerischer Freiheit aufrufende Formel von Feyerabends *anything goes* zu wiederholen (weil wir gesehen haben, daß dieses Spielerische eine nicht zu verwirklichende Methode ist) oder in den kulinarischen Zynismus der *Postmodernen* zu verfallen.

Problem der Realitätsdeutung: wir wissen pauschal, Kunst und Leben sind getrennt. Heißt das, um im Beispiel des Lesens im 1. oder 2. oder 3. Grad zu bleiben, Kunst ist im 2. und 3. Grad, nämlich als *Übersetztes* zu lesen, und Leben im 1. Grad?

Aber auch im Leben erschöpft der 1. Grad nicht die Wirklichkeit. Der 1. Grad, zum Beispiel, ist ein kühles ironisches Gegenüber, und der 2. Grad bietet ein Spektrum leidenschaftlicher Gefühle. Das heißt, der 1. Grad ist psychologisch (auch politisch) das, was man unter *Norm* versteht (ob von außen oder selbst gesetzt, ist egal, auch der Exzeß eines Malers auf einer Party entspricht einer Norm), und die Wirklichkeit erfordert Archäologiearbeit durch mehrere Schichten.

Zum Wahnsinn: wenn man ständig in einem selbstbezüglichen System von Zeichen lebt, das selbstherrliche Ich zugleich *konzentriert* und *aufgelöst* in alle Zeichen, Geschichten und Leben von anderen, dann ist eben die Grenze von Kunst und Leben, die an anderer Stelle, wie gerade gezeigt, fließend ist, in falscher Weise aufgehoben.

Was stört mich an der Figur der Maga in Cortázars *Rayuela*? Daß sie Trägerin einer Idee ist – der nämlich von einer frei vagierenden *prärationalen* Existenz. Sie ist antipodisches und regressives Wunschideal des wissensüberfütterten Oliviera. Die Figur des Oliviera aber ist, auch wenn man einwenden könnte, daß sich in dem Duplex intellektuell/präintellektuell (= lebendiger) eine alte 19. Jahrhundert-Konstante wiederholt, echt, während die der Maga halt konstruiert wirkt. (Das ist die größte Gefahr bei *philosophischen* Romanen. Von mir sowieso zu schweigen.)

War-Requiem: was wir im anderen hassen, hassen wir – wahrscheinlich eben genau das – häufig in uns selbst. Frieden: den anderen nicht überwinden zu wollen, sondern zu überzeugen. Problem: wenn der andere uns zu überwinden sucht, wie sich wehren, ohne mit denselben Mitteln vorzugehen?

Das Thema *Lösung* und *Übergangslösung* ist so, daß alle sich daran abarbeiten (vor allem Blok, Fernanda, Fanny – Franziska ist sozusagen im negativen Sinne schon *jenseits*), und während sie das tun, also: während der Roman-Zeit, lösen sie sich wechselseitig ineinander auf, die Ich(s) kreisen durch alle drei anderen Figuren, und diese Kreisbewegung, durch den Kreis der anderen hindurch, ist das Thema. *Identität?* Nur momentweise zu erfahren in der *Nicht-Identität*, d. h. im Moment des Rollentauschs. Medium ist natürlich oder Schubkraft – die Liebe, in ihren negativen, gescheiterten und nur noch um Besitz kreisenden Formen und ihren positiven (wobei natürlich beides sich vermischt).

7. August

Habe das Kapitel über das Unbewußte im Buch von Bry gelesen. Hervorragende Beispiele, einleuchtende Analyse: daß die Psychoanalyse nicht von ihrer praktischen Heilwirkung anzuzweifeln sei, sondern als Weltanschauung.

Nebenbei gesagt, mir fällt immer auf die Nerven, wenn eine *Methode* zur Weltanschauung stilisiert wird; ob es die Familie als Institution, das Junggesellenleben, das Heiraten und Kinderkriegen, die Wohnungseinrichtung oder: jede ideologische, snobistische Untermauerung im Geschmacksbereich, ob es bestimmte wissenschaftliche Methoden, sei es Strukturalismus, Existentialismus, Marxismus, ob es die Religionen sind. Wenn man einmal aufmerksam darauf gemacht wird, sieht man, daß alle Lebenspraxis einen weltanschaulichen Hintergrund hat. Es kommt halt nur auf die Balance und die Selbstreflexion und den Grad an Machtkampf und Fanatismus an, der damit verbunden ist.

Was mich betrifft: meine (fanatische) Weltanschauung ist vor allem die *Kunst* und der *Künstler* – ich meine, einerseits bin ich sehr wohl gegen die Selbststilisierung der Künstler zum Seher und, wie Susan Sontag sagt: *exemplarisch Leidenden*. Andererseits aber neige ich auch dazu, vom Künstler als dem Einsamkeits-Heroen zu sprechen. Ich glaube, als Schriftsteller muß man das Paradox aushalten: einerseits dem Bereich der Kunst sehr wohl eine gegenüber allen anderen Lebensbereichen andersartige Bedeutung zuzusprechen – andererseits aber nicht *die* Kunst und *den* Künstler unter ein bestimmtes Raster zu legen. Der Widerspruch: ich bin gegen die selbstüberhebliche Polemik eines Gombrowicz z. B. Ich bin umgekehrt gegen falsche Harmonie und Versöhnung. Aber ich neige trotzdem dazu, im Künstler die Spuren des Opfers und gesellschaftlich Verfolgten zu sehen. (Nach Bry ist das ein Beispiel dafür, im eigenen Leben ein Trugbild für die Wirklichkeit zu nehmen.) Mehrere Gründe fallen mir dafür ein: *Ängste*, die aus meinem früheren ›Doppelleben‹ resultieren – in der Kindheit: Vernichtungsangst, Verbot, zu sein, wie man ist, Leben zugleich auf der Realitäts- und Phantasieebene (Tagtraum). *Wünsche*, die sich aus meiner Symbiose mit B. ergaben (aus Mangel an seelischer Einfühlung und Zugewandtheit durch B., aus Mangel an wirklichem Interesse an dem, was mir so wichtig war, dem Schreiben, aus Mangel an Sanftmütigkeit und abwägender Haltung im Alltag, aus Mangel an Lebenszugewandtheit und sozialem Leben). Der Narzißmus und die Selbstbeschäftigung, durch die ich partiell B. gegenüber dieselben Fehler gemacht habe wie er mir gegenüber – Wissenschaft und Wissenschaftsbetrieb waren für mich von geringerem Interesse, oder anders, ich habe keinen Zweifel daran gelassen, daß ich der Kunst für mich einen höheren Rang einräumte.

Frage: warum sind wir alle lieber Opfer als Täter? Warum ist es so schwierig, genau auseinanderzuhalten, welchen Anteil man selbst hat an dem, worunter man leidet?

Mein augenblickliches Problem bei dem Roman: daß mir

diese Erkenntnis quasi in die Hand fällt – schließlich will ich ja zeigen, wie jeder eines jeden *Opfer* ist.

8. August
Daß im Beruflichen Krieg herrscht (kein freier Wettkampf) – auch hier geht es weniger um *Überzeugen* als um *Überwinden* mit allen Mitteln. Im Privaten kommt der Krieg aus den Deformationen der Psyche. (Den falschen Geltungsdrang – von innen her überwinden.)

9. August
Das Problem: daß bei den meisten Menschen der Ehrgeiz in keinem ausgewogenen Gleichgewicht zu ihren tatsächlichen Fähigkeiten steht. Menschen danach beurteilen, wie sie sich selbst sehen.
Idealismus führt zum Kitsch. Für den Schriftsteller heißt das – wie David, der die Toten mit einer gewissen Emotionslosigkeit ansehen mußte, sonst hätte er sie nicht zeichnen können –, die Deformationen zu zeigen bis in ihre tiefsten Verästelungen, denn wo anders als in der Kunst könnte dieses Wissen und diese indirekte Analyse besser ihren Ort haben, da die moralischen Bindungen und Verblendungen und Verstrickungen des Alltagslebens nur da aufgehoben sind? (Kunst, die Rache ist, Ressentiment, Abrechnung, wird, wenn sie nicht wirklich genial ist, zur bloßen Monomanie.) Entscheidend ist allemal die Macht der Bilder und die indirekte Analyse, die in ihnen aufgehoben ist.

15. August
Gestern gemeinsam in *India-Song* von Marguerite Duras. Der Mittelteil wunderbar, der Schluß (auf der Insel, im Ho-

tel) angekletscht, der Anfang und eine Szene, in der A. M. Stretter (Delphine Seyrig) mit zwei Männern auf dem Boden liegt im Zimmer, von jenem Pathos, das kitschig wird. Das Gute: die Anstrengung für den Zuschauer, die Langsamkeit, die Wiederholung, die Intensivierung durch Verdichten (Wiederholen), nicht durch Zerstreuen. Gut auch: die *Geschichte* als Stimmkörper, in dem sich die Stimmen mischen, das löst die *Geschichte*, die eindimensionale, auf, auch die *Person*, deren Gegenwart eben Gegenwart der verschiedensten vergangenen Momente ist. Gut auch: die Differenz von Spiel und Sprache (die Schauspieler spielen stumm und sprechen aus dem Hintergrund den Kommentar bzw. erzählen, was zugleich und danach geschieht. Schlecht: der Ästhetizismus, die Feier von *Kunstdingen* (Interieur, Rosen, Kerzen, Weingläser, Kleider). Im Gegensatz dazu gelang es, sehr wohl *Dinge* als Sammelpunkt des Psychischen darzustellen, z. B. das Fahrrad, das an den Tennisplatzzaun gelehnt ist. Fazit: hüte dich vor *exklusiven* Dingen, nimm alltägliche, beiläufige, versteckte. (Gegen Gebrauch der Dinge als reines Ornament, für Aufladung durch Psychisches.)

Unerträglich: die Stagnation. Diese Stagnation kam nicht aus der Stagnation einer Gesellschaftsschicht (Tschechow), sondern aus der zur Permanenz erhobenen Unmöglichkeit der Liebe. Ich weiß, daß es der Duras – wie mir, bescheidenerweise angezeigt – um Transzendenz geht, um Übersteigen, Überschreiten, um einen Spannungsbogen, um den *Wunsch* als Regulator, als Offenhalten des *Anderen*, und dazu ist die Liebe das Vehikel.

B. nun fuhr gleich mit Kanonengeschütz und in einer Massivität auf – aber ich hatte halt selbst den Eindruck eines halb gescheiterten, halb gelungenen Projekts *Symbolismus*, und das war für mich interessant genug.

18. August
Eins hat sich herausgestellt – ich kann weder über meine Mutter noch über meinen Vater noch überhaupt über meine Familie schreiben, weil der Text mich ganz anderswohin trägt, weil mich das Identitätsproblem an sich viel mehr interessiert als irgendwelche alten Geschichten, weil das *Erfinden* mir viel mehr liegt als das *Aufzeichnen*, kurz, einen autobiographischen Roman wird es von mir nicht geben – es gibt nur immer wieder Bruchstücke von Personen, aber die sind schon im Schreiben so bearbeitet worden, daß auch da keine *Wahrheit* mehr übrigbleibt.
Identität, Selbstzerstörung, Illumination, Ich-Verlust, das Fragment einer Intellektuellen-Problematik, Paris, die Dinges, die Liebe, die Gewohnheit, die Ideologie, die Selbsttäuschung – das Leben nicht als ein Traum, sondern eine Kette von Selbsttäuschungen – der Traum, das Wunderbare, die verhinderte Metaphysik, das In-der-Zeit-Sein und das Aus-der-Zeit-Sein, all das interessiert mich viel mehr als Autobiographisches und kristallisiert sich zu eigenen Bildern.

30. August
Notizen zu Fautrier (Ausstellung im Musée d'Art Moderne)
Schon aus den Bildern mit toten Tierkadavern entwickelt sich in den 20er Jahren (parallel zu den figürlichen Bildern) die Abstraktion. Tote, aufgeschnittene, aufgehängte Kadaver (Lapin), rohe, kalte Tiere (Fische, Vögel), Seen und Gletscher. Das Klima ist eisig; eisblau, eisgrau, eisgrün herrschen vor neben dunklen Erd- und Todesfarben. Ein eisiges Klima, wie in einem Sphärenreich.
Darüber hinaus: die Gegenstände dieser 20er-Jahre-Bilder (Fische, Vögel) sind häufig im Zentrum des Bildes wie ein-

geweckte Embryos verpackt, in einer Schicht aus Eis und Gallerte. (Dabei fällt das *Kosmische*, das Kreisstruktur-Element auf – in der Mitte des Bildes eine organische Masse wie ein Mutterkuchen. Plasma, org. Formen, auch im Auseinanderlaufen.)
Nach dem Beschriebenen ist klar, daß diese Bilder mir überhaupt nicht liegen – auch wenn ich sie sehr *anregend* und assoziationsgeladen finde.

Les Fleurs Noires – ein Blumenstilleben.

Im nächsten Saal: eine 12er-Serie von *Nackten*. Hier ist das Klima nicht mehr eisig, die Farben sind stumpf, dunkel. (Der Mund in den Gesichtern, die hängenden Schultern und Brüste erinnern an Munch – dabei fehlt aber das Expressive, Pathetische von Munch, das Verzweifelte, Melancholische, Verlorene der Figuren ist *statischer*.)
Stilleben: Fautrier ordnet häufig die Früchte, die Bäume, die Blumen nicht zum Stilleben an, sondern stellt eine schwankende Reihe her, die Objekte nebeneinander. Das führt zu *Auflösung* des Stillebens. (Anders die Stilleben aus den 30er Jahren.)

Die besten Bilder sind die aus den 40er Jahren (danach die 20er). Wieder taucht das *Paket* in der Bildmitte auf, doch diesmal nicht als *Gegenstand in Aspik* (glasig gallertschichtig überdeckt), sondern als pastoses, borken-krustenartiges Geschwür mit Rissen und Brüchen, auf dem Hintergrund *erhoben*. Diese Bildmitten-Masse ist häufig wie Gesichter von Gegeißelten, Verstümmelten, Gefolterten. *Le massacre* – tote Gesichter, flache Runen, schweben wie Töne einer Todesmusik im Raum.

Wunderbar: die kleinen Skulpturen. Vor allem die Köpfe. Das Besondere: die Gesichter sind flach wie Mondscheiben, nur zweidimensional. Und Augen, Nase, Mund sind kaum erhoben, fast wie eingeritzt.
Les Yeux – was sind die Augen? Nichts – riesige *Löcher*.
Die Augen sind Plastiken *ohne* Augen. Angrenzung zur Maske. (Er hat auch viele Maskenplastiken gemacht.)

18. September, Port de la Selva
Erziehung zur Einfachheit. Sätze mit drei Worten. Sätze wie der Glockenschlag der Kirche. Klar und metallisch und *unbefragt*. Ein Regenschauer. Im Hafen schaukeln ein paar übriggebliebene Boote, die Fischkutter sind ausgelaufen oder anderswo geankert, und das Café an der Kreuzung schiebt die Glaswände vor.
Lese Rilkes Briefe über Cezanne – bei seiner Herleitung des *Blaus* von Cezanne: über das 18. Jahrhundert, Chardin, und eine Abschweifung über das Schwarz bei Guardi bis Manet – schlägt er vor, eine Monographie nur über das *Blau* zu schreiben. *Blau* – und seit Wochen die andalusische, spanische Trockenheit, erdgelb, braun, staubgrau, staubgrün; Siesta und Berge und Ebenen, und das Klatschen der Wellen. Daneben wirkt das Thema *Blau* wie *die* Kulturfarbe schlechthin, und die Wahrheit liegt in der Farblosigkeit und Trockenheit der in sich verschlossenen Steppen-Mondlandschaften.

19. September
Rilkes Briefe über Cezanne: die Verwandlung, die er *davor*, in ihrer Anschauung durchmacht: das Abstreifen des Literarischen (bei der Betrachtung von Bildern oder Natur), das Abstreifen des *Stimmungswerts*, des seelischen Bezugs;

stattdessen der Versuch der Annäherung an die Sache, *davor* (nicht mehr in-Bezug). Die Sache ausdrücken, nicht sich vor der Sache. Dann: der Arbeitsbegriff. Das Nur-der-Arbeit-verpflichtet-Sein. (Darüber bin ich anderer Meinung, aber dazu später.)

Gegen Mittag zieht sich der Himmel zu, und nur vereinzelte Berghänge liegen in einem plötzlich durchbrechenden absurden, schwefelgelben Licht.

23. September
Cortázar auf S. 455 ff. seines Romans *Rayuela*: hier liefert er die ästhetische Theorie, das theoretische Gerüst seines Buches: Plädoyer für den Anti-Roman, gegen die *geschlossene* Ordnung des traditionellen Romans, für den offenen Text; dann: der Text als Selbsterschaffung des Autors, der Roman nicht als Sinnstiftung, als Botschaft: es gibt keine Botschaft, es gibt nur Botschafter, so wie es keine Liebe, sondern nur den Liebenden gibt; Plädoyer für den *komischen* Roman, den offenen; für den Leser als *Komplizen* – nicht als Belehrten oder sich Identifizierenden mit den Romanfiguren; für die Auflösung der Figuren, für Anti-Psychologie im Roman etc. etc.
Ich lese dies alles (was einmal auch meine Auffassungen waren) und merke, daß ich die Radikalität (Cortázars und all der *Modernen* und meine) rührend finde. Auch in diesem Anti-Programm liegt eine Gewißheit, Hoffnung, ein kämpferischer Durchsetzungswille, der mir heute (vielen anderen auch, vermute ich) abgeht. Ich glaube nicht, daß das etwas mit dem Relativismus der *Postmodernen* zu tun hat. Auch nicht mit dem fröhlichen *anything goes* von Happening + fluxus + Camp etc. Die Zweifel sind einfach größer gewor-

den und keine Richtung mehr denkbar (die man mit Verve verfechten könnte).
Vielleicht sollte man ganz kleine verschlossene Romane schreiben, in denen die *Geschlossenheit*, die Cortázar angreift, nicht mehr Ausdruck eines Denksystems, eines Weltbildes (+ Personenbegriffs) ist, sondern Funktion des Artistischen.
(Fußnote: auch des Klaustrophobischen, denn der Zustand der Gegenwart ist alles andere als *offen*; ich meine nicht die Entwicklung in den Ostblockstaaten, sondern die Gleichmacherei und damit die Abgeschlossenheit – oder *Angeschlossenheit* der verschiedenen europäischen Gesellschaften zu einer einzigen Computer-Gesellschaft. Kein Unterschied zwischen Barcelona + Lyon etc.)

24. September
Schreiben ist wie das Stopfen und Aufreißen eines Lochs im Wollstrumpf. Eine anachronistische Tätigkeit; ein schiefes Gitter über der Leere – und hier verlor ich den *Faden*, weil B. an den Cafétisch stieß, an dem wir sitzen.
Heute morgen kurze Verwirrung. Wir wußten, daß die Sommerzeit letzte Nacht aufgehoben und die Uhr eine Stunde zurückgestellt wird. Auf Nachfrage (bei der Zeitungsfrau, im Café) deuteten die Antworten jedoch darauf hin, daß in Spanien die Uhren zwei, statt einer Stunde zurückgestellt werden. Verwirrung, Empörung, Rätselraten über diese *Sonderregelung* auf unserer Seite. Am Ende erwies ein zufälliger Blick auf die Uhr im Café, daß alles ein *Mißverständnis* (ein Scherz mit uns?) war: die Uhr war, wie überall in Europa, um eine Stunde zurückgestellt. So waren wir, für kurze Zeit, *außer der Zeit* – und um eine Stunde *zurückgeblieben*.

In einer Rezension (über den Terminus *Selbstvergessenheit*, bei Kafka, Brecht, Mann, in einem Essay von Baumgart) erklärt Hartung am Schluß diktatorisch, diese Art von Künstlern gäbe es nicht mehr in Zukunft, weil es ihre Art Selbstvergessenheit nicht mehr gäbe. (Zitat Kafka: »Nicht Wachheit, Selbstvergessenheit ist die erste Voraussetzung des Schriftstellers.«) Liest man gerade, in derselben FAZ, Herta Müller (*Reisende auf einem Bein*), liegt ein jüngstes Gegenbeispiel (von Duras z. B. sowieso zu schweigen) vor: *Selbstvergessenheit* vielleicht nicht mehr als Auslöschung der realen Person durch die Autorperson (nur Autor sein wollen wie Kafka oder Rilke, kein *Schicksal* haben), aber als *Zustand* des Schreibens und des Textes – die Dialektik von Wachheit und Selbstvergessenheit, d. h. *Wachheit* registriert kritisch *Realität*, aber nur durch den Tunnel der *Selbstvergessenheit* (Verlassen der ausgetretenen Pfade des Denkens) wird die wache Seite sichtbar, kann sichtbar gemacht werden.

Cortázar, S. 460 (82) Prozeß des Schreibens parallel zu den somnambul-inventorischen und improvisierenden Bewußtseinszuständen des Jazzmusikers. Voraussetzung: kein *Gedanke*. Statt dessen: Fetzen, Impulse, Blöcke. Nächste Stufe: das alles sucht seine Form. Nächste Stufe: Rhythmus kommt ins Spiel.

Nochmal: 1) konfuse Situation. Ausgangspunkt ist nicht das Denken. Ausgehen von diesem *Halbdunkel*. 2) Dann setzt der *swing* ein, eine *rhythmische Schwingung*, durch sie, nicht durch das Denken, formt sich die ungeordnete Materie zum Satz, zur Seite, zum Kapitel. (Der Rest des Kapitels 82 ist mystagogisch, ontologisierend. Da wird von *Mandala*, von *Mitte*, von *Gang zu den Müttern* geredet – da kommt die schwache Seite von Cortázar zum Ausdruck.

Was bleibt – der Versuch, Schreiben mit dem Kompositionsverfahren des Jazz zu erklären, ein interessanter Vergleich, was Cortázar betrifft, und dessen Jazz-Besessenheit auch erklärt, wie er seine Jazz-Begeisterung ästhetisch nutzt durch Übertragung auf den eigenen Bereich. Andererseits auch die Schwäche dieses Verfahrens gleich mit enthüllt – wie auch die der écriture automatique etwa –, Sprache vom Denken *so* zu trennen.)

6. Oktober
Motiv des *Verrats* in der Liebe – funktional eingesetzt ist es spannungssteigernd; moralischer Aspekt: Desillusionierung. Liebesaspekt: Destruktion oder Vertiefung.

12. Oktober
Wie können wir Gewißheit erlangen, wenn die Wörter vieldeutig, die Realität schwankend und die Psyche in einer Schicht von Maskeraden versteckt sind?

»Trage dein Herz niemals auf der Zunge, du könntest es verschlucken, auch wenn du es schon gegessen hast.«
Replik: »Lege einen Stein unter die Zunge, damit du besser, nämlich schwerer redest.«

Mißverständnisse: »Laß sie schwären, bis sie aufbrechen. Das wird heilsamer sein, als sie im Keim zu ersticken.«

25. Oktober
Lese Maurice Blanchots *Die wesentliche Einsamkeit*. (*Ein-*

samkeit meint hier nicht die *existentielle* Verlassenheit, sondern den Rückzug ins Schreiben als *Sammlung*.)
Einmal: der Gedanke des Unendlichen (das *Werk* ist niemals abgeschlossen, nur der unvollkommene Abschnitt, das Buch).
Dann: das *Geheimnis*. Der eigene Text ist fremd, sobald er den Schreibenden anblickt, ist nicht mehr Echo und Ausfluß des schreibenden *Ich*, sondern Text als Abwesenheit von Zeit, als Stille. Das Ich ist als Nicht-Ich im Zentrum der Sprache – in der Stille – aufgehoben. Deshalb kann der Schreibende im Text niemals seine Identität suchen, finden oder ausdrücken (auch keine anderen *realen* Personen), weil der Text – der eigene, enteignete – das Andere ist, das Fremde. Im Schreibprozeß drückt sich das so aus, daß Schreiben kein Definitionsprozeß, sondern ein Lauschen und Einkreisen ist. (Das Andere, was in ihm spricht, durch ihn spricht.)
Problem: Schreiben ist ein *Auseinanderreißen* von *Subjekt* und *Ich*. Das *Subjekt* ist die identifizierbare Person, deren geistig-psychische Bedingtheiten unverwechselbar Stil, Ton, Form eines Textes prägt. (Deshalb mein Widerstand gegen die Theorie von der Auflösung des Subjekts als Autor: es ist nicht beliebig, ob der Name Balzac, Flaubert oder Trakl ist, das ist nicht einfach eine Warensache.) Andererseits die Auflösung des *Subjekts* in das fremde *Ich*. Das durch das andere des Schreibens aufgelöste *Subjekt* ist also das mit einem einmaligen Namen zu bezeichnende Künstler-Subjekt, ein Autor-Subjekt, ein künstliches, ein Kunst-Figur-Subjekt. Also: Nicht-Identität von Subjekt und Autor-Subjekt wegen/durch die Umwandlung des Subjekts in das fremde Ich, in das Andere des Textes.
Mein Problem: daß ich versucht habe, über/durch Schreiben eine Ich-Identität herzustellen, zu suchen – gegen besseres Wissen – oder besser: auszudrücken. Es ist aber eine

immer wieder einzeln durchzumachende Erfahrung, daß der Schreibende nicht *sich* ausdrückt.
Eine andere Sache ist, daß Schreiben trotzdem eine Suche sein kann nach dem eigenen Ich, ein Versuch, Nähe herzustellen durch den Text, ein freies/unfreies Verströmen von ureigenen Wünschen und Ängsten; besser: es kann dieser Prozeß sein. Was ihn am Ende anblickt, ist dann aber nicht der getreue Spiegel seines Inneren, sondern der Text.

13. November
Gide, *Stirb und werde*, S. 22f.: »... und als ich wieder in meinem Bett liege, verwirrt sich mir alles Denken, und vorm Einschlafen empfinde ich dumpf: es gibt eine Wirklichkeit und es gibt Träume, und außerdem gibt es eine zweite Wirklichkeit.
Ein unbestimmter und undefinierbarer Glaube an irgend etwas *Anderes*, an etwas neben dem Wirklichen, Hergebrachten, Zugestandenen Existierendes, hat mich viele Jahre lang nicht verlassen. Und, vielleicht habe ich mir Reste dieser Anschauungsweise bewahrt bis auf den heutigen Tag. Diese Vorstellung hatte nichts gemein mit der Zauberwelt der Feen, der Hexen und der bösen Geister, ebensowenig mit E.Th.A. Hoffmanns Gespenstergeschichten oder Andersens Märchen, die ich übrigens damals noch nicht kannte. Nein, es lag darin mehr ein unbeholfener Drang, dem Leben einen Sinn zu verleihen – ein Drang, dem späterhin die Religion auf erfahrenere Weise entgegenkommen sollte; und ferner eine gewisse Neigung, das Vorhandensein verborgener Dinge zu vermuten.«

6. Dezember
Langsam schrumpfend – von der Omnipotenz. Langsam wachsend – von der Impotenz.

Notizen zu Schiele, Ausstellung in München in der Hypogalerie.
Männerakte, Körperbilder: die Diagonale oder die Kreuzform in Verschiebung.
Augen? Geschlossen, aufgerissen.
Die weiße *Aura* (in *Selbstakt*, 1910; in *Hockender weiblicher Akt*, 1910).
Die aufgerissene (farblose) Körpermitte (wie bei den Photographien der *chinesischen Folter*).
Androgynität: runde Kreise als Männerbrüste. Geschlecht, männliches: häufig als Spalte deutbar, jedenfalls nicht eindeutig unterscheidbar; weibliche Requisiten wie Umhang (in der Selbstdarstellung von 1911) und weiblich theatralische Gesten oder Kopfhaltung à la Sarah Bernhardt.
Frauenakte: *einfarbiger*, plastischer (als die hageren, *körperlosen* Männerakte), wenn auch abgeschnitten an den Gliedmaßen, als Rumpf mehr *aus einem Guß*.
Ähnlichkeit mit Klimt: etwa Moa, die Tänzerin, die Frau in seitlich/dreiviertel-Haltung, bis zum Kinn in fließende Stoffe eingehüllt.
Umarmungen (Paarbilder) (*Papst und Nonne*, *Frau und Mann*, 1911) haben etwas Phobisches und Zärtlich-Beschützendes zugleich.
Mutter und Tochter, 1913: Mutter in Rot, Tochter nackt. Hier hat *Mutter* die Männerposition, weil der Mann in den Paarbildern immer der Höherstehende (so auch in *Liebespaar*, 1914), sich Herabbeugende ist, die Frau (Tochter) die Schutzsuchende (in Rückenansicht) *verschwindet in seiner Umarmung*. In *Liebesakt*, 1913, sind die Körper vollkommen bei der Sache (sie unter ihm, hochgeschlagene Röcke, umschlingende Schenkel, umschlingende, fast krampfende Hände), während die *Gesichter* (ihres: melancholisch, seines fragend) aus dem Bild herausschauen, nicht einander zugewandt sind.

Die Frauen sind muskulöser, runder, plastischer, während die Männerakte staksiger (wie *Staketen*), körperloser, *geistiger* sind. (Klischee der Zeit: *Geist und Geschlecht*.)
Die entblößte Frau: der nackte, emporgereckte Hintern der Frau; Frau kniend, mit nach vorn geworfenem Kopf.

Auf einem Stilleben von Nicolaus van Gelder (in der Ausstellung des Warschauer Nationalmuseums in der Alten Pinakothek): eine *Taschenuhr*, aufgeklappt, daneben die Lederhülle – zwischen Trauben, Hummer, Weinglas. Die *Zeit* im Stillstand der *Nature Morte*. (Vanitas)

15. Dezember
Experiment: in der erzählten Rede direkte und indirekte miteinander wechseln zu lassen. Das heißt: die Geschichte dem in der Vergangenheit wie entrückten, angesiedelten Fluß des Erzählens (der Zeit) entreißen und sie, durch Einsprengsel direkter Rede, in die Gegenwart zurückholen. Ich erhoffe mir mehr Lebendigkeit davon, das Durchbrechen der Erzähl*glätte*.

7. Januar, morgens um 7, Gare du Nord
Auf dem Bahnhof ein Kind mit einem blauen Luftballon und einer grünen Thermosflasche, auf der steht *Spirit*. Besser könnte man die zwei Pole – *Illusion* und *Geist* – meines Lebens nicht auf die Schippe nehmen. Manchmal wünsche ich mir Gombrowicz' Witz und Sarkasmus, in schlaflosen Nächten wie der letzten. (Stichwort: Barriere: manche haben eine innere Barriere, die sie hinter einem gnadenlosen Skeptizismus ver-schranken.)
Bei Namur: die Stadtrandsiedlung, Häuserblöcke, nicht

allzu hoch hintereinander gestapelt, weißgekachelt, dazwischen abgetretene Rasenflächen. Trotz dieser Sterilität haben die Bewohner es fertiggebracht, dieser Siedlung den *Todeshauch* (weiße Kacheln) zu nehmen – in einem Fenster hängt eine Frau und schüttelt einen fadenscheinigen Gebetsteppich aus, der an einigen Stellen in wunderbarem, seidigem, golddurchwirktem Rot glänzt. In einem Fensterspalt liegt eine rötliche Katze wie eine lange Wurst, den runden Kopf läßt sie neugierig die Wand herunterhängen und wendet die Augen nach einem Paar, das in Windjacken (es ist belgisch-graues Windwetter; Wetter, das die Farbe von Kalksteinbrüchen hat – kalkig, schmutzig, weißgrau) mit einem Kind Nachlaufen spielt. Auf einem Balkon steht, hoch oben in der Luft, ein Fahrrad geparkt, auf einem anderen häufen sich leere Blumentöpfe, auf dem dritten hängen schmal gestreifte Handtücher – kurz: ein *Lebens-Raum* zwischen Supermarkt und Heimfahrrad.
Kurz darauf eine alte Villa mit einer die ganze vordere Längsseite entlanglaufenden Säulenfront, die eine ebenerdige offene Veranda abstützt, roter Backstein, Stil? 20er Jahre, wilder Wein rankt sich, ein verwilderter Garten, eingeschlagene Fenster – so dicht neben der Eisenbahnstrecke *verfällt der Wert*, der unsichtbare, der von der Skala einer anderen Geschichtssituation geprägt war.

10. Januar
Plot: man schickt dem Gefangenen falsche Freunde, falsche Zeitungsmeldungen, falsche Bücher, falsche Musik etc. – Entwicklungsbeobachtung, Psychotest – was wird er tun? – *sein wie immer* natürlich. Immer dieselbe Fliege beschreiben, in tausend Variationen, am Ende ist es nicht einmal wichtig, ob die *Fliege* existiert (s. *Schachnovelle*).

Die Form von Freiheit dann: »Wer nichts zu verlieren hat« etc. (Frage: Wenn diese Form erreicht ist, schlägt sie wieder um: es ist besser, man hat noch *etwas zu verlieren.*)

23. Januar
Zum Thema: Eigen/Selbstkommentar (bei der Lektüre von Gombrowicz' Tagebuch): der Selbstkommentar ist nicht nur Ausdruck der Selbstbeschäftigung (sei es narzißtisch, sei es im Sinne des *nosce te ipsum*, also der klassischen Selbsterforschung), sondern vor allem Ausdruck, Spur der Kämpfe. Im übrigen: das, was der Künstler als Manifeste über seine Ästhetik, seinen Stil, die Form etc. schreibt – deckt sich zumeist nicht mit dem im Text tatsächlich Erreichten. Beides weicht voneinander ab, läuft parallel, überschneidet sich selten – überflüssiges und notwendiges Zusammen-Spiel zugleich.
Gombrowicz: »Indem ich bei jeder Gelegenheit den Grundsatz proklamiere, daß der Mensch über seinen Werken steht, schaffe ich die Freiheit, die unsere verkrümmte Seele heute so sehr braucht.«

Abwehraffekte. Immer verwickelt in einen Strudel von *Abwehraffekten.* – Geschichte, von M. Spies auf die Frage, wie sie W. Spies kennengelernt habe: »Er wollte mich vor dem Ertrinken retten und konnte selbst nicht schwimmen.« Pointe: Gott sei Dank stand er am Ufer.

24. Januar
Ein Text ist keine (verschlüsselte) Botschaft. Er ist (verweisender) Ausdruck.

Ausstellung Kupka. Die Bilder sind zum Teil so verschieden, als wären sie von verschiedenen Künstlern. Es gibt:

Impressionismus, Fauvismus, Symbolismus, Jugendstil, Expressionismus und und und. Da ist Böcklin und Runge, dann Bonnard, Matisse, Marc, Renoir, ein bißchen Fuessli, vielleicht, Monet, Kandinsky – ist das tatsächlich der Weg vom *Gegenständlichen zum Abstrakten*?
Die abstrakten Bilder im vorderen Teil: sind nicht *Geist*, Form, Linie, Farbe, sondern Dekorationsmuster.
Interessant, wie Kupka signiert – ein Schriftzug wie gemalt, mit Schnörkeln, als befinde man sich im Boudoir eines zukkersüßen Dämchens.
Je länger ich die abstrakten Bilder betrachte: Gardinenmuster (mit religiösem Touch; z. B. *Conte de pistils*, s. Titel wie *Cosmos*, *Amorpha-Serie*).
Mondrian steckt auch darin (Geste à Musique, 1946; Serie C, 1946). Dann: Russischer Formalismus, Malewitch (Serie: *Abstraktion Moderne* 1930) (dies ist bis jetzt für mich das Beste); Kreis, Kreissegmente (Spirale auch), Dreieck, Zylinder, rechtwinklige Balken.
Sehr schön: *Etude proche de la Série. Jazz-Hot et du Bach Syncope*, 1928-1935. Ein Aquarell, rechteckig, klein. Collagencharakter. Rechte obere Bildhälfte: Kreissegmente, übereinandergestapelt wie zerbrochene Plattenteller; links die Musik: Messer, Trompetenstöße, Synkopen, schwarzes Negro-Feld (formal: rechts Kreissegmente, links Flächen, Geraden), Scharniere wie Armkugeln, eine Großstadtsilhouette eingeblendet.

Im Ganzen sieht man, wie schwer es ist, eine eigene abstrakte Formsprache zu entwickeln, da ist zu viel aus dem abstrakten Kubismus hergeleitet (*La Douceur de Vivre*, 27-29, z.B.: Verschiebungen von Tortenstücken, dazu ein Treppensegment und wieder die Gardinenmuster-Kreise der 50er-Jahre-Haushalte, das reicht nicht).

Januar 1990 – August 1990

30. Januar 90
Theoretische Systeme – etwa Psychoanalyse, Marxismus, Strukturalismus, Existentialismus – sind nicht weniger, aber auch nicht mehr als das jeweils der Epoche am meisten angemessene Interpretationsmodell. Das heißt: die Systeme sind *Instrumente*, sie sind für Menschen da, nicht umgekehrt, der Mensch für die Systeme, Utopien etc. Was jetzt in der DDR versucht wird, ist die alte menschenfeindliche Unterwerfung des Menschen unter ein Prinzip: *Sozialismus mit menschlichem Antlitz*, soweit es die Idealisten ums *Neue Forum* z. B. betrifft, und unter Machtdenken, soweit es die alte SED-Mischpoche betrifft. Wenn Künstlern überhaupt noch eine *ethische* Aufgabe zukommt, dann die, immer nur Korrektur, Gegenentwurf zu sein, im Selbstverständnis des *Intellektuellen*, wie er sich in der Dreyfus-Affäre herauskristallisierte. Der Künstler als Politiker (Vaclav Havel, Dinescu etc.) ist kein Künstler mehr, kein *Kritiker*, sondern ein, wie gut auch immer, *Macher*.
Der Künstler, der verborgene Aspekte des Lebens, der Wirklichkeit, der Psyche aufdeckt, erforscht, kann das nur so lange, indem er – nicht unbedingt sozial, aber vor allem intellektuell – ein Außenseiter vor allem der aktuellen Denksysteme bleibt, sich immer die Kritik an ihrer (notwendigen) Schablonenhaftigkeit bewahrt, am Schubladendenken, an einfachen Lösungen.

Im Roman: weit ergiebiger, als menschliche Beziehungen auf ihre Sexualneurosen abzuklopfen, ist der Zerfall der seelischen Bindemittel (und damit, neben dem Verlust von *Gesellschaft*, vom *anderen*): Vertrauen, Loyalität, Dankbarkeit, Aufmerksamkeit, Fürsorge, Treue, d. h. die berühmte

Bindungslosigkeit ist als Thema weder vom Existentialismus noch umgekehrt von Poststrukturalismus + Simulationstheorien *erledigt*.

Die tiefe Verlogenheit der deutschen Presse, die je nach Brille aus Dichtern Polithelden oder Feiglinge macht – Christa Wolf, entweder Freiheitskämpferin oder Opportunistin; Havel, Dinescu Helden der Stunde (das wird sich ändern, sobald sie etwas tun, das ihren Claqueuren ein Dorn im Auge ist). Es gibt keine Helden, und das Gerede davon desavouiert sich selbst als Beifall zur krampfhaft gesuchten Selbstbestätigung in der *richtigen Gesinnung*. Wo immer Journalisten lauthals Kritik oder Beifall verkünden, fehlt genau das, was immerhin möglich ist: Bewunderung, Anerkennung. Das einzige, was es gibt, ist ein zu einer bestimmten Stunde angemessenes Verhalten – derselbe Typ kann sich am nächsten Tag völlig dämlich benehmen – das wäre dann ein *Vorbild*. Sobald aber das Vorbild zur Inkarnation eines Halbgottes wird – ist ein Teil seiner Freiheit schon *verfallen*. (Inflation des Freiheitskämpfers. Auch Rosa Luxemburg z. B. hat Briefe geschrieben, die auf *wunderbare* Weise ihrer Idolisierung widersprechen.)
Kurz: Heldenclaque sollte durch Bewunderung ersetzt werden. Bewunderung aber zollt gerade kein lautes Lob. Aber ein dauerhaftes.

14. Februar
Zwei Tage im *Loch*.

16. Februar
Zeichensystem total. Freunde, Eltern, Zeitungen, Radio,

Fernsehen, B. – überall, d. h. die Aufhebung der Bedeutung durch Totalität. Aufhebung der *idée fixe* auch, hoffentlich.

20. Februar
Die fatale Struktur: die Verknüpfung von Erotik und Abhängigkeit? Wenn sie nicht materiell bedingt ist, ist es psychische oder projizierte Abhängigkeit, die Selbsteinstufung als *höher* oder *tiefer* (der Abhängige ist zugleich der Dominierende und umgekehrt), die Ausklammerung des *gleich*. Bin ich von B. abhängig? Nein. Das Ganze ist das Wiederholungsschema Abhängigkeit, Ausnutzung, Selbstzerstörung, Fremdzerstörung, symbiotische Liebe, Überverantwortungsgefühl und konstantes Schuldgefühl, das in der schiefen Situation wurzelt.
Fazit: *Abhängigkeit* (und die Kehrseite) ist eine neurotische Projektion, ein *Selbstbild*, das so lange auch *real* funktioniert, wie man die bevormundende und Selbstbewußtsein unterminierende Strategie über sich ergehen läßt bzw. nicht durchschaut und an etwas *Rätselhaftem*, nämlich Un-Durchschautem leidet.

21. Februar
Wenn der Tod ohnehin feststeht, ist der Verzicht auf Schreiben seine Verdoppelung. Wer wüßte von Achmatowas Gedichten, wenn sie, dem gesellschaftlichen Druck nachgebend, Krankenschwester geworden wäre? Im Wirbelsturm der sich widersprechenden (pluralistischen) diktatorischen Meinungen gilt nur eins: sich schreibend ein Grab schaufeln und zugleich daraus entkommen.
Zeichen sind Instrumente des Totentanzes. Sie als solche erkennen – und nur der Spur der Schrift vertrauen.

23. Februar
Einer sagt: »Ich interessiere mich nur für meine Arbeit.«
Ein anderer: »Ich, ich interessiere mich nur für mich selbst.«
Ein dritter: »Ich interessiere mich nur für die Liebe – nicht für den andern, nicht für mich.«
Ein anderer: »Ich werde dir nie verzeihen. Wenn ich dir verziehe, würde ich dich noch lieben.«
Der Nächste: »Treffen wir uns im Kino.«
Ein Weiterer: »Er war ihr so *ergeben*.«
Ein anderer: »Als er, nach Stunden, aufhörte zu weinen, war es auch vorbei – die weg-schwemmende Macht der Tränen – weg: den *Grund*.«
Der Achte: »Mein Lieblingsgetränk war damals Vittel Menthe, wegen der grünen Farbe.«
Ein Dazugekommener: »Alles ist Inszenierung.«
Der zehnte kleine Neger: »Alle sind tot außer mir.«

Notizen aus Spanien.
Die roten Hutschachteln in den Wandregalkästen des Hutgeschäfts (in Murcia).
Der Randzonenstrand. Zerdrückte Plastikflaschen, Algen, Zigarettenkippen, Cola-Dosen im Wasser wie aufgedunsen treibende Leichen.
Schweigende Paare in Glasrestaurants.
Ein Paar auf dem Balkon nebenan.
Das Kind.
Das Café nachts gegenüber: die Beine.
Das Puzzle von all dem, aus dem sich die Story herauskristallisiert.
Die Fischer, die ihre Netze flicken.
Eine Zitrone im Tee. Eine Zitrone, schon ein wenig bräunlich im Fleisch, deren bitter-süßer Geruch, wie eine *Wolke*,

ihr plötzlich in die Nase weht. Die anderen Gerüche waren nicht scharf, nicht beißend, nicht gewürzte Luft, nicht süß, nicht bitter – es waren die Gerüche, die in lauwarmer Luft entstehen: matschige, dumpfe Gerüche – Rührei, Kartoffeln, Suppe mit Ei, Kohlrabi.
Es geht nicht um *Wirklichkeit*. Um die Prozesse ihres Erkennens im Untertauchen.

6. März
In der Wand das leise Geräusch fließenden Wassers.
In den Zeitungen Gewäsch. Nach der Euphorie jetzt die Laufstall-Zänkereien. Selbstanklagen, Anklagen, Urteile, und die rechte Journaille triumphiert über die Schwächen von *allen* (s. Schriftsteller-Verband-Tagung).
Kritik? Nur eine. – Selbst-Kritik.
Was sind Stasi-Leute?
Der Normalfall.
Leute, die über andere Akten anlegen. (Legitimation: immer vorhanden. Eine findet sich immer.)
Macht die Geschichte ihnen den Prozeß?
Nein, denn, am Ende angekommen, wäre es zu aufwendig, umgekehrt über sie dieselben Akten anzulegen.
Der Prozeß besteht darin, daß plötzlich nicht mehr legitimiert ist, was es vorher war, es ist ein kläglicher Sieg des Moralischen. (Kläglich, weil er den Leuten nicht mehr hilft, die bespitzelt worden sind. Kläglich, weil vorauszusehen ist, daß bei nächster Gelegenheit dasselbe geschieht unter einer anderen Fahne.)

Und der Witz: Nichts findet sich in den Schubladen der Schriftsteller. Keine Jahrhundert-Romane, keine Gedichtzyklen, nichts. Ob sie sich schämen, angesichts der bei

ihnen gedruckten Mandelstam, Achmatowa, Brodsky, daß sie der äußeren Diktatur nichts *entrissen* haben? Gehirnwäsche total. Leere im Kopf. Geschrieben nur, was *zensiert* erschienen ist.
Nichts *für sich* geschrieben. Das heißt: Auslöschung des Individuums. Was sagt Herta Müller? Jede Gesellschaft versucht, das Individuum auszulöschen. Was wäre, wenn sie auch nichts geschrieben hätte, und die anderen da?
Warum klappte wieder einmal nur bei den Deutschen das Verbot total?

Gestern, im Zug nach Paris. Im Abteil ein Geruch wie in den letzten Jahren im *Biedermeier*-Zimmer der Großmutter, Altersgeruch, Krankengeruch. Mitreisende erzählen *Familiengeschichten* (der Bruder in Kanada, der Sohn, die Tochter, die Mutterseite, die Vaterseite, der Swimmingpool, der Schüleraustausch etc. und das alles im *Brustton der um Solidarität ringenden Gemütlichkeit*).
(Früher dachte ich bei solchen Geschichten, wenn ich sie im *Biedermeier*-Zimmer hörte: und davon leben sie nun alle?)

Das Subjekt ist nicht, es wird.

7. März
Interruptionen, Verzögerungen, Aufschübe – so baue ich meine Sätze zur Zeit, den Bogen spannen durch *Einschübe* (das sind nicht *Verschachtelungen*, denn Verschachteln heißt ein und denselben Satz mäandrisch ineinandergreifen zu lassen, das Ineinanderrollen von fremden Sätzen in den Basis-Satz.)

(Hemingway, den ich gestern las, mein Lieblingsbuch, *Paris, ein Fest fürs Leben*, kommt mir zur Zeit ganz flach vor mit seinen engen Adjektiven: gut, schön, wunderbar. Das ist mir nicht *einfach* genug, es kommt mir zur Zeit vor wie der *Nachdruck* des Einfachen.)

15. März
Die Trennung von Kunst und Leben liegt im Unterschied, in dem man ein erfundenes Fädchen symbolisch oder real als Spur (Knäuel oder Ariadnefaden) legt.

16. März
Arbeiten wie eine Auster – den Fremdkörper umwickeln, bis die Perle herauskommt.

18. März
Ein Text ist so gut, wie er sich von den Figuren, Phantasmen und Ideen, an denen sein Entstehungsprozeß gebunden sein mochte, ablöst und für sich besteht.

19. März
Bei den DDR-Wahlen Sieg der CDU.

»... aber der Wunsch war für ihre Kräfte bereits genug, eine Verwirklichung wäre bei weitem zuviel für sie gewesen.« So aus der Recherche I, eine Charakterisierung der Tante Leonie. Solche Art von *Originalen* findet sich heute nur noch als Clochard, d. h. in der negativen Seite der Medaille. Bei solchen Passagen denke ich immer, wie zutreffend Benjamins Proust-Aufsatz ist – daß nämlich das Glücksverlangen im Zentrum der Recherche steht und daß eben einem auf Leistung und Pflichtethik getrimmten Bewußtsein das *Glück* als anstößig gilt – alles muß *verdient* sein, nichts *in den Schoß gefallen*.

Widmer, *Subversion des Begehrens*, S. 142: »Der grundlegende Seinsmangel, Subjektivität überhaupt, läßt sich weder durch eine noch so ausgedehnte Güterproduktion noch durch gerechte Verteilung beheben, wie Utopien.«

Nein, aber auf eine andre Ebene transferieren und durch die Transferarbeit bewältigen (etwa ein Stück von Chet Baker).

Im Jardin du Luxembourg vor zwei Tagen: Wer eine Sache nur halb will, den will auch die Sache nur halb – Schreiben, Lesen, Reisen, Lieben, Arbeit – kurz: jede Tätigkeit.
Stimmt das? Das Gesetz der Gleichheit, d. h. des Ausgleichens? Natürlich nicht, sonst wäre alles eine Mathematikaufgabe.

Am Telephon sagt jemand: »X war grün vor Neid.« – Regel: Was einer vom anderen behauptet, auf ihn selbst anwenden.

20. März
Gestern abend, Sombart, auf dem Spaziergang zur Île St. Louis: »Ich habe zwei Jahre in dem Zimmer im Hotel

Henri IV an der Place Dauphine gewohnt, in dem Du(!) gewartet hast.« Mit »Du« meint er die Frau in der *Place Dauphine*. Der Witz ist: *ich* habe nie in diesem Hotel gewohnt.

Musil, Tagebücher: »Man schildert nie aus einer allseitigen Vorstellung von einem Menschen heraus, sondern immer nur aus einem Gefühl von diesem Menschen.«
Das ist der eine Punkt. Der zweite ist, warum ich nichts von allzu ausführlichen Skizzen vor dem Anfang einer Arbeit halte, sondern einerseits eine lose Stichwortsammlung und andererseits theoretische Überlegungen vorziehe: weil eine Skizze den Schreibprozeß einengt, weil die Ausführung grundlegend anders wird als die Skizze, kurz, der Text entsteht im Schreiben, und alles, was vorher dazu gesammelt, überlegt, gesagt wurde, ist wichtig als Sammelphase für den Schriftsteller, mehr nicht. – Der letzte Grund: die Energie: ein Schriftsteller muß sich zusammenziehen, zusammenkugeln in den kleinstmöglichen Ball, das größtmögliche Konzentrat, immer von der kleinsten Zeiteinheit, dem kleinsten Raum ausgehen, d. h., er muß davon ausgehen, daß er nicht mehr als, sagen wir mal, ½ Stunde alle drei Tage etwas, was Bestand hat, produziert. Wenn es anders kommt, tant mieux, aber diese kleinste Zeiteinheit als Ausgangspunkt ist die Basis. Das Konzentrat. Für mich würden allzu ausführliche Skizzen diese Zeiteinheit nicht erweitern, sondern sprengen. (Im Verhältnis zur Malerei und Skulptur tritt das Handwerkliche beim Schreiben zurück, es hat nicht diesen Vorrang. Deshalb sind Verbesserungen stets Neuschreibungen, nicht Kleinmeisterei.)

Menschen: wenn aus jeder Pore das Ressentiment schwitzt.

Ab und an sollte man bei sich zu Hause im Mantel auf dem Sofa sitzen und lesen. Altes barockes Thema: bei sich zu Gast. Wartesaal.

Geschichte: »Sie ging in alle Richtungen, sternförmig, aus dem Kreis. Dabei hätte sie ins Zentrum des Kreises gehen können, wo eine einzige Stimme sprach.«

Konkurrenz. Mit der Konkurrenz beim Schreiben ist es wie mit der von bevorzugten Frauen (oder Männern) bei den Liebhabern – sie ist nur dann ein Problem, wenn man die Überlegenheit nicht anerkennen kann. Und auch das Nicht-Verstehbare dabei – wie der eine eine Verrückte oder eine Platinblonde oder eine dicke Tonne oder eine dünnlippige Kühle vorzieht, so steht der andere auch, unbegreiflicherweise, auf, was weiß ich, Süskind vor Bernhard oder Beckett. *Chacun à son goût*, auch beim Schreiben und Lesen.

6. April
Edith Sitwell: »Ich habe niemanden angegriffen, der nicht zuvor mich angegriffen hat.«

Die verlogene Freundlichkeit. Verlogenheit des Sprichworts: »Wie man in den Wald hineinruft, so schallt es zurück.« Dagegen: »Wenn man im Deutschen freundlich ist« (d. h. Rücksicht nimmt auf die Verletzbarkeit von anderen), »so lügt man.«

Proust mißtraute am Ende sogar der Freundschaft. Wie seltsam wäre ihm der Satz erschienen: der Mensch ist keine Insel. Er war ein gnadenloser Materialist und wußte, daß beides *zugleich* ist, die Akzeptanz des Alleinseins (das Gegenteil ist reine Sentimentalität) und der Versuch des Zusammenlebens trotzdem. Das heißt, der Versuch ist kein Dementi des Bewußtseins vor der Inselhaftigkeit, sondern die komplementäre Grundbedingung. Nur Dummköpfe erwarten die komplementäre Deckungsgleichheit von Bewußtsein und sozialer Realität, deshalb faseln sie soviel über *Gemeinschaft*, *Gemeinsinn* etc. Die Gemeinschaft ist kein schöner Begriff, sondern ein Faktum, und das Alleinsein ist Faktum *und* Begriff. Wenn zwei Gegensätze sich nicht ausschließen, sondern sich bedingen, sind es Komplementärformen. Nicht: entweder allein oder gesellig, lautet die Formel, sondern: in der Ursache gesellig, im Grund allein.

Entlassung der Leibwache (Geschichte). (Spielt im Museum.)

8. April
Seit zwei Tagen drösle ich an einem *autobiographischen* Bericht für das Goethe-Institut. Am Ende entwickelt sich die Struktur einer *fiktiven* Geschichte, am Faden (an der Leine) des Autobiographischen, aber eben: *übersetzt (übergesetzt). Studie im autobiographischen Stil.*
Dahinter entdecke ich zweierlei: die Lust an der Ich-*Form*,

bei gleichzeitigem Widerwillen gegen das Ich-*Sagen*. Und dann die alte Sache, daß im Fiktiven mehr *Autobiographisches* ausgesagt wird als im Autobiographischen.

10. April
Exaltation – zum Schreiben gehört, sich mehr aus den Dingen machen als Leute, die nicht schreiben, den Bogen immer bis zur Grenze der Überspannung straffen. *Exaltation* – das kann sehr still vor sich gehen. Sich aus den Dingen etwas machen, heißt, Bedeutung verleihen, heißt, Bedeutungen stiften, heißt Selektion, Hervorhebung. Das hervorgehobene Alltägliche – die Art, wie der Araber in der Epicerie an der Ecke hundert Gramm Pistazienkerne abwiegt und in eine Tüte füllt, immer witzig, gutgelaunt, fast frivol, während der in der Rue de Tretaigne, oben im 18., ein wortkarges Leidens- und Mißerfolgsgesicht macht und selbst die eingelegten Oliven diesen Geschmack angenommen zu haben scheinen; auch ist er eine Ausnahme, während die meisten als Junggesellen hier arbeiten, sieht man bei ihm die Frau, eine träg und stumpfschöne üppige Mischung von Matrone und Suleika hinter dem Vorhang zum Hinterzimmer, und ein etwa vierjähriges, dünnes und unterdrückt wirkendes Kind sich zwischen den Regalen herumdrükken.

Variationen desselben Themas sind des Schriftstellers gutes Recht – s. Queneau mit seiner Bus-Geschichte.

14. April
Was sagt Lacan? Sprechen bedeutet Halb-Wahr-Sagen. Wer die Differenz zwischen Gemeintem und Gesagtem stets

mitreflektiert, kommt der Wahrheit näher als der, der *die* Wahrheit forciert. Deshalb ist Verschlüsselung als Aufdekkung in der Verschlüsselung der Ort wo sich *Wahrheiten* ansiedeln, der Ort auch, wo das *Ich-Schreiben* möglich ist.

Vergleiche Zwetajewa und Djuna Barnes: *überspannt* sind sie beide, aber während der *überspannte* Stil bei Zwetajewa ins Romantische, Märchenhafte, in die *Tiefe* geht, geht es bei Barnes in die *Höhe*, ihr Phantastisches ist nicht märchenhaft, sondern utopisch, futuristisch, gewalttätig wie das Peitschenknallen eines Dompteurs (vgl. d'Annunzio), üppig-dekorhaft (Dekadenz – Byzantinismus – elisabethanisch?). Bei Zwetajewa ist selbst da, wo sie verspielt ist, jedes Wort konzentriert. Bei Barnes gibt es Passagen des *Hohen Stils*, die wie die *Hohe Schule* voller barocker, steifer, gravitätischer Pompositát ist, prunkend, todesstarr. Wenn Zwetajewa Männerrollen ausprobiert, ist sie Page, Barnes Dandy, in beiden Fällen das androgyne Element. Bei Barnes gibt es keine Zärtlichkeit, nur Schrecken, Schmerz, und ein Humor, der so verdreht ist, daß er wie die ständige Schraube der Selbstverteidigung (nein, nicht Humor, Ironie als Schutz) sich immer weiterdreht. Aus dieser Spannung (Spannung in der Spirale) kommt die Dynamik vor allem der Kurzprosa, der Sprung vom Banalen ins Phantastische und zurück. Bei Zwetajewa gibt es keinen *Sprung*, sondern – Gedankenstrich. Was die Liebesthematik betrifft: Barnes schreibt über die Leidenschaft als *Versteinerung*, Zwetajewa als *überspannter Bogen*. Barnes entwickelt die Figuration von zwei Leuten (und ist deshalb *tragisch*), Zwetajewa das Gefühl von einer Person, das *Gefühl an sich* (und ist deshalb *literarischer*). »... würde man ein Herz auf einem Teller gebären, es würde sagen: ›Liebe‹ und zucken wie ein abgetrennter Froschschenkel.« (Barnes, *Nachtgewächs*) Das ist das Komödiantische, im Witz steckt das Gegenteil, in diesem Element, in der Groteske, in der Verzerrung und im Clownesken ist Barnes vielleicht *moderner* als Zwetajewa. (Aber was heißt das?)

27. April
Denkwürdiger Moment. Spätzündung. Vor zwei Tagen, kurz vor seiner Abreise nach Deutschland, sagte B. irgend etwas in einen Satz verpackt, was ich wie üblich nur halb realisiert habe: das Liebste, das du hast, wird täglich in der Zeitung verhackstückt. Das Liebste ist das Schreiben keineswegs, aber – ein Wichtiges.

10. Mai
2. Fassung von *Vertreibung aus dem Labyrinth* – es kommt mir auf die *Erweiterung* an, das Poème-en-Prose-Element, in die Handlung eingefügt als Brüche für die Bewußtseinsprozesse.

Wie lange es dauert, bis man beim Schreiben kein Schuldgefühl mehr hat, keine Angst vor den *schmutzigen Händen*. Was man intellektuell weiß – radikal schreiben, ohne Rücksicht – dem fällt die Psyche dann immer wieder in den Arm. Dasselbe mit dem Gespenst des Scheiterns. Beides muß man heraufbeschwören, um es zu überwinden, nein, um damit umgehen zu können, in *Zukünften*.

Morgens wache ich auf, als hätte ich in der Nacht alle Ängste erlebt, durchlebt, durchgespielt, die wie schlafende Hunde, nein, bellende Hunde in mir schlafen. Dazu fühle ich mich, kopfschüttelnd, während im Haus die Leitungen für die Treppenhausbeleuchtung neu verlegt werden, wie in *Lucidor* (die Stimme).

Es ist ein Widerspruch in diesem Text – man könnte es auch positiv als *Spannung* ausdrücken –, zwei gegenläufige Bewegungen, die sich zerstören und gegenseitig hervorbringen: Vergessen und Erinnern. Denn im Vergessen (Franziska, Fernanda) gibt es *per* Blok Erinnern, im Erinnern gibt es Vergessen = Lücken, und im Grunde sind beide komplementäre Bewegungen um das uneinkreisbare Zentrum, die Lücke, das Loch, eine Methode, Geschichte und Personen einkreisend, aber nicht fassend, auferstehen zu lassen – sie sind faßbar nicht im Kern der Lücke, sondern nur in den sie umkreisenden Bewegungen.
Vielleicht kann man Texte nur noch so schreiben: nicht in *eindeutiger* Richtung, sondern zwischen zwei gegenläufigen Richtungen.

Es gibt eine Wahrheit des Romans, die unter allen Umständen gesagt werden *muß*.

Häutung – alte Bindungen abgestreift.

13. Mai
Ängste entstehen im Zusammenprall einer äußeren Willkür mit einer inneren Erwartung, die den willkürlichen Erscheinungen die negativen Bedeutungen der *Erwartungsangst* unterlegt.

Ein nächtlicher Bus auf der Rue Alésia. Ein hellerleuchteter Bus, ein schilfgrüner Kasten mit Glasfenstern, hinter dem wenige Personen, ihre Gesichter, die Körper zu erkennen sind, ein Bus wie ein Schiff, das durch den Dschungel rast, gleitet, denn die Akazien in der Rue Alésia haben in der Dunkelheit etwas Verschlungenes wie Affenbrotbäume, Palmen, ineinander verflochtene Pflanzenhaare, -seile, kommen uns entgegen. Ein Bus der *Nachtschwärmer*, und an den Bushaltestellen wartet niemand und steigt auch keiner aus, nur die Signallampe *Demande d'Arrêt* leuchtet rot hinter dem Sitz des Fahrers.

15. Mai
Der *Beobachter* wollte am liebsten nur aus Augen bestehen – für Seele und Körper schämte er sich, sie mußten, wie Nase und Mund, hinter einem *Schleier* versteckt werden, dem halben Gesichtsschleier der Araberinnen, der nur die Augenschlitze freilegt – weshalb der *Beobachter* ein Relikt, ein Rückfall ins Mittelalter, in die Zeit der Unterdrückung ist, das Bild des Gesichtstuchs verrät es.

16. Mai
Schleif-Bewegungen in den 70er Jahren, das Goethische, Klassische, die sog. Clarté, die Vernunft, das Ausgewogene etc. Dann, durch Selbstschule: Surrealismus, Moderne, *Ich ist ein anderer*, Zersplitterung des Ich, Fragmentierung der Texte, die Passion nicht gegen, sondern mit der Vernunft gedacht, d. h. die Kunst der Moderne nicht des Irrationalen, was eine Kehrseite ist, da die Moderne, die die *Nachtseite* enthüllt, ein notwendiger, parallel zum Vernunftsdiskurs, verlaufender Befreiungs- und Emanzipationsprozeß ist, Traum, Wahnsinn, Entgrenzung, Überschreitung – und

jetzt wieder der Bogen, die Kritik des Romantischen, Surrealistischen etc. wird mir geboten, Erinnerung wachrufend an die vielen *Schulen*, die ich durchlaufen habe, ja, ich erinnere mich, an Gide, Valéry, Curtius auch, aber, es bleibt dabei, das *Klassische* mag mir als Fingerübung einer Novelle vorschweben, aber die andere Seite kommt in den künstlerischen Mitteln, in der Umkreisung von Personen und Szenen der Wirklichkeit, in der Kategorie des *Bruchs* jener Wahrheit näher, die Kunst, unbewußt, auch mitschreibt. Dem steht nicht mein Ideal der *Klarheit* entgegen, es ist ein Irrtum, daß nur das *Klassische* klar und luzide sei, im Gegenteil, ich muß nur den Gebrauch des Worts *klassisch* überprüfen – es heißt für mich (unabhängig von der – ideologisch-stilepochalen Bedeutung) einfach: leicht, luzide, durchgeformt, aber nicht: auf Geschlossenheit, Ganzheit, Harmonie aus. Satie zum Beispiel ist für mich: klassisch.

17. Mai
Ein Text sucht sich selbst, ist niemals Ausdruck (Selbstausdruck) des Schreibenden. Konsequenz: Deshalb wird die *Vertreibung* weder Autobiographie noch *Dichtung und Wahrheit*; er ist dem Thema unterwegs entlaufen und geht seine eigenen Wege. Deshalb ist ein *Text* keine Botschaft wie ein Brief.

Sprung in die *Normalität* ist Sprung über das, was zurückgelassen werden muß.

Der *unmögliche* Wunsch – Bedingung und Motor des Schreibens oder Behinderung?

Für die *Initialzündung*, wie ich sie verstehe, bedarf es eines bestimmten seelisch-körperlichen Amalgams – die seelische Attraktion allein reicht zu lang, die sexuelle allein reicht zu kurz – daß sie so selten auftritt, spricht nicht gegen, sondern für die Schwierigkeit der Sache.
(Warum immer wieder die großen Konflikte auftauchen, wenn entweder nur gemocht oder nur begehrt wird – kann man das *Eintreffen* des Amalgams doch nicht herbeizwingen.)

Deutungen über die eigene Person von außen sollte man mit Vorsicht begegnen – man könnte in Versuchung kommen, Züge zu entwickeln, die der Deutung entsprechen.

Gestern las ich einen Satz, der sprach von: *sich selbst mit Einbildungen/Imaginationen impfen*. Gedanke dazu: zum Schreiben ist ein bißchen Selbst-Impfung ganz gut, zum Leben ganz unmöglich. (Die Identitäten *von außen*.) Es gibt eine *Form von Wahnsinn*, die nichts anderes ist als das Verrücken der Grenze zwischen Realität und Einbildung. Ich glaube, meine *Verschiebung* hatte ihren Grund weniger in meinen Lektüren als im Realen, den Problemen mit B.

Der Text baut sich immer mehr auf aus Wort-Brücken, die Kristallisation des *Themas* passiert *unter der Hand*.

Las neulich in Weiss' *Der Schatten des Körpers des Kutschers* – das ist ein Text, weil er vollkommen auf jedem Wort basiert.

In einer Biographie über Virginia Woolf: »Sie brauchte das Schreiben, um leben zu können« – was sind das für Sätze, auch wenn sie wahr sein sollten.

Ich glaube, der letzte gute, neue Film, den ich sah, war *Liaisons Dangereuses*? Der letzte gute Rotwein, den ich trank, ein Irancy, Sonntagabend? Das letzte gute Essen, Spargel am Dienstag? Der letzte schöne Spaziergang? Eine Busfahrt? Ein schönes Schaufenster? Gutes Wetter? Ein sympathischer Mensch? Die letzte gute Nacht? (Die letzte war wieder unterbrochen, durch Geräusche geweckt, Licht-Zeichen, aber die Zeichen erreichen mich nicht mehr, sie erreichen keine Wartende mehr – das Warten ist ein literarisches, ein *existentielles* Thema, wie B. sagen würde, von Tschechow, Gogol bis Beckett, es ist nicht mehr das Thema meines Alltags. Abgesehen davon, daß ich immer noch eine leichte Empörung habe über die Telephonzeichen von 86, die diesen ganzen *Wahnsinn* erst angeheizt haben.)

Draußen ist ein wunderbarer Tag, ein Tag für Bagatelle. Statt dessen werde ich mir jetzt die Haare waschen, dann arbeiten und am Nachmittag in Me.s Atelier gehen und mir ihre *Steine* ansehen.

Zwei Geschichten im Kopf. Die eine: Variation der *Kindergeschichte* in der Unterführung. Die andere, bei der sich am Ende herausstellt, daß die ganze Geschichte eine Versuchsanordnung war – Gegenteil von *gehütetem* und *durchsichtigem* Geheimnis. Diese Gegenläufigkeit des Vom-Ende-her-Lesens, ohne daß es eine Rückblende wäre, dazu die Technik/Form finden.

Unbedingt noch mal lesen: Christian Enzensbergers *Größerer Versuch über den Schmutz* – ein wunderbares Plädoyer gegen Sterilisierung, Sauberkeits- und Verdrängungsstrategien der Gesellschaft, eine Gesellschaftskritik, wie ich mich erinnere, ohne erhobenen Zeigefinger.

Verrückte Geschichte: als ob ich alle *Gewißheiten*, die ich mir mühsam erobert hatte (über mein Schreiben, meine Lebensvorstellung, mich, die Liebe, die Familie etc.), plötzlich, unter dem Ansturm der Attacken, wieder verloren hätte, im Angriff wich meine Meinung der des anderen, ob es nun um Tabucchi, Duras, Beckett, Barnes, Kinder, Bahnhöfe, Buchläden, Mode, kurz, was auch immer, ging.

17. Mai
Brief an die Obrigkeit
(Stilübung nach K.)
Sehr geehrte Herren!
Hiermit lege ich untertänigst mein Wort ein für jenen Hunger- und Verwandlungskünstler, von dessen Schicksal mir berichtet wurde. Weder von Herkunft noch von Gesicht noch von Charakter wurde er mir oder irgendeinem vorgestellt. Trotzdem dauert mich sein Geschick. Geben sie ihm, was er braucht, zum Leben und zur Abendvorstellung, setzen Sie ihn in Amt und Würden wieder ein, sofern dies meine Kreise nicht berührt. In der Hoffnung, dieser Brief gelangt am Türhüter vorbei – in Ihre Hände, verbleibe ich unterwürfigst
Ihr Josef K.

Gestern bei Me. K. im Atelier. Sie hat ein graues Relief gemacht mit Sandspuren und einer *eingelegten* Säule. Fragmentarisches Profil am Rand und zwei aneinandergestellte Säulen davor.

18. Mai
Fensterflügel sind wie Augen. Schräg gegenüber sehe ich ein geschlossenes und ein offenes – der Zustand, in dem man meistens durch die Welt geht.

23. Mai
»Setzen Sie das Stück nun zusammen«, sagte der Regisseur und klatschte begeistert in die Hände.
Er ließ Papier und Bleistift unter dem zahlreich erschienenen Publikum verteilen und wiederholte seine Aufforderung: »Sie haben das Stück gesehen, Sie kennen seinen Anfang, sein Ende, und auch das, was dazwischen liegt. Schreiben Sie, schreiben Sie, der Zuschauer als Künstler, jedermann ist ein Künstler«, und er verdrehte die Augen zur Kuppel des Theaters, wo in schöner Einträchtigkeit zwei durch die Lüfte schwebende, von Blattgold übersäte Karyatiden den Lüster hielten. »Die Spielregeln sind einfach. Man nehme die Invarianten, die Zutaten: Jazz, Zitronen, Ente, Kalbskopf, Baudelaire, Gartenkünste, Rosen, Max Ernst, Mode, Chanel, Nescafé, Kirschen, Rußland, Fin de Siècle, Benjamin und Pariser Postkarten, dazu die Natur, Flüsse und Berge, auch Bäume. Man setze diese Invarianten in ein jeweils neues Verhältnis zueinander, und heraus kommt – vielleicht nicht Kunst, aber eine für einen regnerischen Sonntagnachmittag, wie heute, köstliche Unterhaltung, ein Performance-Puzzle, und jeder darf sich einmal als Künstler fühlen, mit Stempel, denn die Theaterleitung hat sich

bereit erklärt, jede neue Variante mit einem eigens hierfür geschaffenen Stempel zu versehen, einem oval gestochenen Stempel in Sepia-Farbe, als Emblem ein Aktenschrank, denn jede Variante des Stücks, das heute gespielt wurde, bekommt die Ehre, mit den anderen in diesem Kunst- und Kultschrein (= Aktenschrank) aufbewahrt zu werden, aufbewahrt, aufgehoben und, da die Wände des Schranks aus Stahl sind – aber was sage ich, fangen Sie an, schreiben Sie, nicht dieses Rentierstempo, legen Sie los und ihrer Phantasie keine Zügel an, denken Sie an die Aufnahme in den *Kunstschrein*, diese höhere Weihe, höher als die Aufnahme in die Académie und den Schrein mit den Reliquien der Heiligen Drei Könige.« In diesem Augenblick fiel das Licht im Theater aus, und die Zuschauer machten sich bei grüner Notbeleuchtung über das Papier her.

23. Mai
Märchen vom armen Waisenkind, das wegen eines Handicaps gemieden wurde.
Konversation als Märchenerzähler – Märchen wörtlich nehmen, das ist der einfachste Weg durch den Wald.

26. Mai
Jedes Nur-Vögeln heißt Dominanz des Todestriebs – der Schrei: ich will sterben; nicht: du sollst sterben, sondern Selbstzerstörung. Deshalb ist Anonymität, Auflösung der Grenzen des Ich, Regel der schieren Sexualität. Liebe ist Gegengewicht, Szene, Regulator, Quadratur des Kreises. Deshalb ist die *freie Wahl* (bedenkt man die Bedingtheit der Wahl, natürlich als Irrtum) ihre Grundlage wie im andern Fall Anonymität, das heißt: keine Wahl. Anonymität, Vergewaltigung etc., da, wo die berühmte bürgerliche Errun-

genschaft des *selbstbewußten Ich* außer Kraft gesetzt wird, heißt eben die Unterwerfung, das Abhängig-Machen, das zum Käuzchen-der-*Geschichte-der-O*-Machen, das Hören-Machen (= Hörig-Machen). Es ist der anarchische Gegenpol, der blutige Untergrund der Gesellschaft, der, wo er in Erscheinung tritt, zeigt, wie dünn und schwach die Umrisse der freien Subjekte sind. (Dem, der es mir als *Person* antäte, wünschte ich den Tod.)
Im *Bild der Unruhe* geht es um die Suche nach der Grenze der Ich-Auflösung, da, wo Leben in Tod umschlägt, *am Rande*, wo Sexualität in Todestrieb umschlägt, *unterwegs*. Im *Labyrinth* ist diese Grenze überschritten, bevor der Text einsetzt, die Ich-Auflösung und Bildung wird vom entgegengesetzten Pol inszeniert, als *Rekonstruktion* nach dem Schattenreich.

Weshalb ist die *Quadratur des Kreises* das Ziel und nicht die Sexualität? Weil Sexualität Unglück heißt, Sexualität in Reinkultur ist damit gemeint.

29. Mai
Dinge, die mich irritieren (Zeichen): auf der Rückseite des *Pariscope* entdecke ich heute mit blauem Kugelschreiber an dem Gesicht eines Mannes (in einer Werbung für Winston) rechts und links vom Kopf zwei gemalte Knäuel, wie Wollknäuel, auch die Nasenspitze als Knäuel, dann einen Schnurrbart wie ein Zickzack. Wer hat das gezeichnet – ich nicht, und nach B. sieht das auch nicht aus.

Seit einiger Zeit wieder die Vorstellung, daß nachts jemand in mein Zimmer kommt und mir im Schlaf Geschichten

einflüstert, die ich dann im Schlaf als reale durchleben muß. Und die Horrorgeschichten sind. Eine Geschichte, daß jemand Spuren angelegt hat für etwas, das ich nicht begangen habe, der sagt: am Dienstag werden sie dich schnappen. Oder: ein Mann in einer Trümmerlandschaft vor dem Dom steht auf einer Pappkiste und hält Reden. Er trägt einen Anzug und hat ein weißgeschminktes Gesicht mit roten Streifen. Dann renne ich hinter dem Mann her, er verschwindet im Bahnhof, ich suche die Gleise ab, und jemand sagt, Othello hat den Zug genommen. Oder: jemand hat den Schlüssel weggenommen zu jemandem, den ich nicht erreichen darf. Oder: das Gesicht von Moby erscheint, ich sage, hallo, da bist du ja, da sagt er, ich bin es nicht mehr, geht in die Allee. Am Ende der Allee wendet sich jemand ab, der wie Sombart aussieht.
Einfache Träume, die man immer hat, aber meistens vergißt? Inquisitionsfragen: für wen ich *Nachtblind* geschrieben habe z. B.

Mir hat es nichts genützt, als mein Vater mir kein Geld mehr gegeben hat, ich bin unter anderem aus Geldmangel in sein Haus gezogen, habe in blödsinnigen Modeboutiquen rumgestanden, anstatt daß ein vernünftiger Zeit-Geld-Plan entwickelt worden wäre. Das Geldverdienen hat mir die Zeit für entweder Schreiben-Entwickeln oder fürs Seminar-Scheine-Machen genommen.

Alles, was man den anderen unterstellt, auf sich selbst anwenden?

30. Mai
Ein Modegeschäft an der Place Victoire: Charles Kammer. Kammerkätzchen und Kammerjäger (Kammerzofe, Kammerdiener, Kammerherr).

»Die Geburt der Liebe aus dem Geist der Psychoanalyse.«
Öffnen Sie sich, sagte die Psychoanalyse, lieben Sie drauflos, reißen Sie die Mauer in Ihrem Innern ein.
Aber, sagte das Ich, die Mauer ist die Liebe – jeder Stein ein Liebesaugenblick! (Gedenksteine des *petite mort*)

31. Mai
Magazine Litteraire No 278
»L'histoire de ma vie n'existe pas.« (Duras)
»Il n'y a d'interessant que ce qui se passe en soi et qu'on est donc pas de nature narrative. On ne peut pas raconter ça.« (Duras)

Kleid: Beim Herausziehen einer Jacke aus dem Schrank rutscht ein darunterhängendes Kleid vom Bügel und fällt, ein weicher Stoff, wie ein Bach aus dem Schrank. Dann liegt es am Boden, mit ausgestreckten Armen, hingegossen über die Schwelle, den Saum (die Füße) noch im Schrank, die Stoffhülle eines Phantomkörpers.

Duras sagt: sie schreibt *über alles*. Meint: das *Sujet*, das Lieblingsthema von Kritik + Philologie, spielt nicht die entscheidende Rolle. Das Gegenteil davon ist: über *alles*, d. h. gleichgültig, was, es muß geschrieben werden. Im einen Fall meint *über alles* äußerste Verdichtung, im andern Fall äußerste Zerstreuung. (Konzentration gegen Redseligkeit.)

Dieses Tagebuch geht zwar nicht über *alles*, aber es ist auch, was ein Tagebuch gerade nicht sein sollte, ein Mülleimer. Man sieht: Anziehungspunkt für niedliche kleine Käfer. Vor allem, wenn der Müll im Sommer zu dampfen anfängt.

13. Juni
Die Geschichte vom *Gemeinschaftssinn* und vom *do ut des* ist eine zutiefst verlogene Ideologie – die Realität ist ebenso ungerecht wie verschwenderisch – sie überschüttet ebenso *unbegründet* mit Liebe und Sympathie wie mit Abneigung, ebenso mit Glück wie mit Unglück, das *do-ut-des*-Prinzip ist ans bürgerliche Leistungsprinzip gebunden, ans Prinzip des Sich-etwas-verdienen-Müssens, das mag in Nebensächlichkeiten stimmen, aber nie in den wesentlichen und wichtigen Dingen.

Ging heute durch die Bielefelder *Fußgängerzone* in der Innenstadt, und das erste Wort, das ich hörte, war dieses (sehr deutsche): »Gemeinschaft«.
Im Bus klebte ein Schild: Liebet die Wahrheit und den Frieden – der Bus als *Wanderprediger*.

17. Juni
Fatale Verwechslung von Kunst und Moral – in der ganzen Debatte um das jüngst erschienene Buch von Christa Wolf. Es müßte darum gehen, ob der Text als *Text* gut ist. Es geht nicht darum, ob West- oder Ostdeutsche sich wie Pfarrersfamilien verhalten (so Artikel von Jens). Man kann sich derartig verhalten, aber gleichzeitig ein hervorragendes *abstoßendes* Buch schreiben. Alles andere ist moralische Zensur. (Was nicht heißt daß ein solches Buch nicht ein hochmorali-

scher Akt ist – gegen das Moralgetue der *Gemeinschaft*. Moral, über die öffentlich allzu predigerhaft geredet wird, ist Getue.)
Was in der Frage der DDR-Intellektuellen zählt, ist doch nur eins: haben sie sich mundtot machen lassen oder nicht? Das heißt: hat die innere Zensur ihre Texte deformiert? Haben sie *jetzt* brisante Texte vorzuweisen, die sie vorher nicht veröffentlichen konnten, aber *geschrieben* haben?

19. Juni
Gesellschaften reden über ihre *Siege* – vom Bruttosozialprodukt über neugebaute Schwimmhallen bis zu den politischen (Verhandlungs-)Siegen. Über ihre *Opfer* reden ihre Kritiker *und* die Sensationspresse – die ersteren zielen auf Kritik und Anklage und Veränderung, die zweiten auf Tränen beim Frühstück, kostenloses Bedauern, Mitleid, Almosen.
Im persönlichen Umgang ist es unter Aufgeklärten verpönt, sich, vor allem Frauen, als *Opfer* zu *erzählen*, es wird nur auf andere Weise viel genörgelt übers eigene Pech in der Welt: Form der doppelten Anpassung: in einer bestimmten Lage *Opfer* zu sein und sich zu verbieten, es als das zu bezeichnen, was es ist. (Unter anderem das Thema der *Vertreibung aus dem Labyrinth*: diese Frauen schwanken im Paradox von Anklage, Verharren und Selbstbetrug, zwischen faktischem Leiden und Strategien, meist nur verbalen, dagegen zu kämpfen.) Ein weiterer Aspekt: die grundsätzliche *Opfer-Haltung* (Selbstprojektion), neben der partiellen (mal Opfer, mal Gewinner). Man kann diesen Wechsel zwischen beiden Positionen, die auch gleichzeitig auftreten können, auch glättend als *Verluste* und *Gewinne*, als *Scheitern* und *Gelingen* bezeichnen. Ich weiß nicht, ob die Leute z.B., die aufgrund einer weniger potenten Versicherung

schlechter beim Zahnarzt behandelt werden als reichere, das als *Verluste* oder *Scheitern* bezeichnen wollen, wenn sie aufgrund schlechter Behandlung einen Zahn verlieren oder einen Blinddarm aufgrund falscher Diagnose herausgenommen bekommen. Ich plädiere weiterhin für das Wort *Opfer*, es gibt sie, tagtäglich, im privaten und öffentlichen Bereich, und der Verzicht auf dieses Wort heißt, den Kopf vernebeln, den *Opfern* die Erkenntnis ihrer realen Lage verstellen und den Siegern den Bauch streicheln.

Was der weibliche Anpassungsmechanismus alles leistet – aus Harmonisierungsbedürfnis die langweiligsten Tischrunden goutiert. Eine Frau darf nicht kritisch, nicht entschieden, nicht polemisch sein. Auf diese Weise habe ich mich entschieden zu viel gelangweilt in meinem Leben. Denn das, was Elias die *Kränzchen* seiner Mutter nennt, gesellschaftliche Institutionen, deren intellektuelles Niveau eben nur auf dem sozialen Gruppengefühl beruht, gibt es nicht nur bei unseren Großmüttern – neunzig Prozent aller Gruppentreffen vom Diner zur Schriftstellertagung am Wochenende zur Vernissage zum Kegelausflug zum Familientreffen zu schicken Parties sind *Kränzchen*. Interessant sind nur die *Pendler*, Leute, die zu verschiedenen Gruppierungen gehören, gleichzeitig davon distanziert sind. Denn das *Dazugehören* gehört dazu, ist aber zu kritisieren, wenn es dazu führt, das Individuum wie Hefe in der Integration aufgehen zu lassen. Deshalb die Sogkraft jeder Ideologie in sich bekämpfen, es ist die Sogkraft, die das Denken lähmt. (Deshalb: wenn du dich nur in Gesellschaft weniger Leute nicht langweilst, steh dazu. Es ist wie mit dem aufgenötigten Essen – kein Mensch hat was davon, wenn du dir den Magen verdirbst.)
Über die Liebe: Liebe existiert nur als Rebellion gegen die

Liebe, Sie ist nicht zu suchen, nicht zu leben, nicht zu vergessen – sie lebt im Augenblick der Flucht, im Augenblick der Negation. Liebe ist keine Tautologie, wie Liebe = Liebe. Liebe ≠ Liebe.

20. Juni
Entscheidend ist der, der es fertig bringt, ein Leben in der Wurzel zu zerstören, was sollen da die kleinen Widerborstigkeiten an den Rändern?

Man kann nur für Bekanntes, gegen Bekanntes, aber nicht gegen Unbekanntes kämpfen.

Lektion der Bitterkeit aus *Nachtgewächs*. Schreiben ist, solange es dauert, *Schrei*. Das einzige, was anzustreben sich lohnt, ist das Gegenteil. Die absolute Stummheit, stumm (wie ein Fisch), wie Gras, wie ein Stein am Strand.

21. Juni
Neuerdings denke ich, daß mein *Unbewußtes* sich einen Mechanismus ausgedacht hat, um nächtlichen Fragen zu entkommen.
(Dies ist der schlimmste Alptraum – nachts, unter Drogen gesetzt, meine verschwiegensten Gefühle zu verraten.)
Ich fürchte, daß es das Gegenteil sagt von dem, was ich *wirklich* fühle. Für jemanden, der wie ich darauf vertraut hat, daß das Unbewußte verschlüsselte, aber *wahre* Botschaften aussendet über emotionale Zustände (Ängste, Liebe, Haß, Trauer, Freude), ist das natürlich der Gipfel, daß auch das Unbewußte noch den Schutzmantel der Selbstbewahrung sich ansieht.

Offenbar habe ich eine irrsinnige Angst vor der *Selbstauslieferung* als die ich die Signale des Unbewußten wohl auch verstehe. Und hinter dem Ganzen steckt die *Vernichtungsangst* – der Diktator, die Kontroll- und Überwachungsinstanz, die noch im Schlaf meine geheimsten Wünsche und Gefühle erforscht. Eine Vorstufe dazu ist die Vorstellung, abgehört und beobachtet zu werden, zu Hause. In guten Momenten schwinge ich mich dazu auf, diese Vorstellung als Projektion meiner Ängste zu sehen.
(Ich erinnere mich an ein Treffen, Sankt Martin 1972 mit Moby in der Kaiserstraße, ein Abend allein, an dem er sagte, er halte es für möglich, daß in der Wohnung Tonbänder oder Abhörgeräte versteckt wären, um unser Gespräch zu überprüfen. Damals glaubte ich das aber ganz und gar – nicht.)

Marina Zwetajewa rauchte selbstgedrehte Zigaretten und trug blaue Blusen.

Offenbar habe ich vor einem Jahr auf die Frage, ob mein Roman von der Liebe handle, geantwortet, nein, von der Sprache.
Die Antwort war richtig und falsch – da die Liebe, als erzählte, *Sprache ist*, handelt das Buch von der zur Sprache gewordenen Liebe. (Die Liebe muß gesprochen werden – etc. Liebe = Sprache.)

Der Gedächtnisverlust nach Alkoholschlachten wie gestern. Fazit: ich muß mich bremsen, sonst sind halbe Abende irgendwo verschwunden.
Andere Sache: bis vor kurzem wußte ich genau, an welchem

Punkt die Habermas-Kritik an Bataille nicht stimmte. Jetzt ist auch das: *weg*.

Heute ist das Gras trocken, also wird es gemäht. Sitze in der Mittagspause im *Atrium* und mache eine Sonnen-Beruhigungskur und lese eine Biographie über Plath von Wagner-Martin.

Plötzlich erinnere ich mich an einen Mann, der mich im Jardin du Luxembourg angesprochen hat. Er hatte braune Augen, eine schöne Kinnlinie. Und jene verdammte Ironie in der Stimme, die ich gräßlich finde. Möglicherweise hätte ich mich mit ihm unterhalten sollen, dasselbe gilt für einen aus dem Select, der seinen Express stehenließ und abhaute. Manchmal unterhalte ich mich mit den größten Schwachköpfen, die mir verzapfen, sie wären, was weiß ich, Musiker, Professoren etc. Es ist eine Sache der Stimmung, und ich hasse den Sport des *draguer*, aber eigentlich sollte man mit *allen* reden und erst mal hören, was sie zu sagen haben.

Ablenkungsmanöver. Lege einen Köder aus, von dem du annimmst, daß der Fisch anbeißt, während der wirkliche Köder unbemerkt daneben liegt.

Notizen zum Habermas-Aufsatz über Bataille.
1) Bataille – Fortführung von de Sade?
2) Nähe + Distanz zu Heidegger? (Technikkritik, Seins-Philosophie contra *Verausgabung*)
3) Abschied von der Moderne? (Nein)

4) Begriff des *Heiligen*: entwickelt aus anthropologisch begründeter Kritik des Christentums?
5) Das *Heterogene* – war in Augenblicken des faszinierten Erschreckens erfahrbar?
6) Geschichte: Heidegger: Aufhebung; Bataille: Änderung des Linearen ins Zyklische?
7) Nähe zu Nietzsches »übermenschlicher Selbstbehauptung«. (Nein: Souveränität als *Verzicht*!) Nicht Wille zur *Macht*. Subjektivität: einerseits Arbeit an seiner Aufhebung, Entgrenzung. Andererseits Arbeit an seinem Neuentwurf: Souveränität.
8) Faszination von der Gewalt des Faschismus?
9) *Feier* einer *elementaren Gewalttätigkeit* im Erotischen und Heiligen? (Nein!)
10) Carl-Schmitt-Parallele?
11) Auftauchen der *Souveränität* im Opfer? (Verzicht auf Subordination!) *Trennung* von Souveränität/Macht.
12) Souveränität als das Andere der Vernunft? (Es kommt darauf an, wenn Vernunft = instrumentelle Vernunft ist.)

23. Juni
Sich nicht wehren zu können, nicht als Schwäche, sondern als Nicht-Teilhabe an dem System der *Subordination*.

Gewalt in der Sprache, im Denken, im Handeln.
(Erlebte diese sprachliche *Gewalt* gerade gestern wieder, an der Universität. Damit meine ich nicht Temperament, Kritik, Streit, ohne das versänke jede Diskussion in eine *brave new world*.)

Sah gestern einen Film – *Do the right thing*, der nicht ein Aufruf gegen, sondern die Verharmlosung von Gewalt war – am Ende ist einer tot, ein Laden kaputt und der Pop-Fun geht weiter.

Wer andere Leute – der Zweck heiligt eben nicht die Mittel – ausspioniert, ist von derselben Gewalt wie die Bildzeitung. Wer sich nicht weigert, das zu tun, gehört in dieselbe Gruppe wie die Stasi und alle Informationssysteme von Diktaturen.

25. Juni
Handwerklichkeit führt meist/häufig zu Kleinmeisterei – Schreiben ist kein Anfertigen, sondern ein Erkunden, wichtig ist das im Flug den Schreibenden überfallende richtige Wort, nach langer *Leer*heit, Suche, vielleicht.

26. Juni
In der Nacht Traum: ich saß in einem Fischkutter, der in schneller Fahrt durch ein graues, verregnetes, gischtspritzendes Meer fuhr. Ich saß im hinteren offenen Teil auf dem flachen, fast ins Wasser getauchten Bootsrand, mit dem Rücken zur Steuerkabine und durchs Wasser schleifenden Füßen. Angst hatte ich keine, obwohl die Geschwindigkeit beträchtlich war und mich leicht hätte heraus ins Meer schleudern können.
In der Steuerkabine standen zwei Männer, B. und ein Jüngerer, X.
Szenenwechsel. Dieselbe Figuration, aber in einer mehrstöckige Holzvilla in einer einsamen, von frischem Neuschnee bedeckten Berglandschaft. Der Jüngere zieht mich in

ein Zimmer und will mich küssen. Ich sage: »Ich betrüge B. nicht«, wohl auch, weil mir die Oberflächlichkeit des Jüngeren nicht gefällt, weil ich B. geistvoller finde, wie ich mir sage, weil ich es niemandem, auch mir nicht, »leicht machen möchte«, wie ich sage.

Es gibt eine Reihe von Szenen, in verschiedenen Zimmern, auf dem Weg vor dem Haus etc., indem es zu einer Art *Seelenbündnis* kommt zwischen mir und X., obwohl nichts gesagt und getan wird und ich der ganzen Sache immer noch abgeneigt bin. B. figuriert als mißtrauischer Beobachter, der uns nicht aus dem Blick läßt und überall mit einem bösen Gesicht (dem Gesicht des *bösen Zauberers*) ansieht. Ich gehe mit einem Hinkebein eine Treppe herauf und denke, wenn er nur aufhörte, mich zu überwachen, dann hätte ich ihn wieder gern wie früher. (So eine Mischung aus Jorinde-und-Joringel- oder Blonder-Eckbert-Stimmung, Winter, Berge etc.) Das Ende ist, daß ich in B.s Zimmer gehe und sehe, daß er den Eingang zu meinem Seitenhäuschen genau im Blick hat, niemand kann kommen und gehen, ohne daß er es weiß.

(Ich weiß nicht genau, in welcher Stimmung der Traum endete, ob in einer Art Akzeptanz seiner Handlung, im Vertrauen darauf, daß seine Beobachtung aufhört, wenn er sieht, daß sein Mißtrauen begründet und seine Handlung schäbig ist, oder in einer Art Aufruhr- und Fluchtstimmung. In jedem Fall wachte ich ganz heiter auf.)

Ponge, der sich Gedanken macht, anläßlich der Geiseln von Fautrier, über die Motive, grauenvolle Sachen zu machen oder zu beschreiben, gibt unter anderem folgendes an: »Schließlich, wenn nur noch Opfer gemacht werden, kann man darin einen Willen zur Glorifizierung, zu leidenschaftlicher Sühne sehen, oder auch bloß Fürsorge, Mitleid, Ornament...«

Mir fällt noch ein anderes ein: sich das Grausame *von der Seele weg* aufs Papier zu schreiben.
Erinnerungen, Ängste, Traumata. Dazu: in der alltäglichen Grausamkeit, die stattfindet, aber unter einem Kodex von Ideologie geleugnet, umgedeutet, verborgen wird, eine Wahrheit des menschlichen Zusammenlebens aufzudecken, die enthüllt werden muß, um durch bloße Beschreibung anzuklagen, aber vor allem zu verstehen: die zugedeckte Schmerzens- und Leidensgeschichte, zugedeckt unter der Decke der Konformität, der Konvention, unter der *Fassade*.
Wer, als Künstler und als Person, Angst hat vor der Erzählung der Grausamkeit, wer sie verschweigt und ihre Aufzeichner selbst der Grausamkeit bezichtigt, arbeitet mit der Herrschaft der Grausamkeit. Keine Gebete, keine Reden vom *Guten im Menschen* tun not, sondern das nachdrückliche Aufzeigen, Aufzeichnen von Grausamkeit.

28. Juni
Das Diktat der Ehemänner (s. das Haushaltsgeld meines Vaters) – nichts ist mir gräßlicher als Kleinlichkeit im Alltag, als Rechnen und Auskalkulieren. Entweder nichts oder viel, aber nicht das *genau* Passende. Das gilt für den Wein wie für die Liebe.

Was ist der Unterschied zwischen Fassbinder und Erika Runge. (Oder besser: zwischen den *kleinen Leuten* bei Fassbinder und bei Runge?) Bei Fassbinder der existentielle Schrei, bei Runge die *kleine Münze* des Unglücks.

30. Juni
Stummer Diener – ist ein Wort, das mir nicht gefällt –, es ist

das Wort für den Holzapparat, an dem man früher seine Kleider aufhängte. Postmodern müßte man ihn umtaufen in die *Wunsch(erfüllungs)maschine*, aber auch das gefällt mir nicht. Suchen wir also nach einem Namen für das, was vorläufig *l'ami inconnu* genannt bleibt. (Besser wäre, er stellte sich mal vor, damit das Namensproblem gelöst ist.)

2. Juli
Stichwort: Schlösser (keine zum Wohnen, sondern zum Zusperren). Das Schloß, das Verschlossene, Versiegelte, der Finger auf dem Mund (das Schweigen).

3. Juli
Zum Realitätsproblem: ein Buch ist Realität wie ein Apfel z.B. Ein Buch als *gemachtes*, das heißt nicht: die fiktive Ebene des Erzählten. Dagegen: wie real, wie fiktiv sind politische Nachrichten. Das heißt, ein Gedicht kann *realer* sein als eine politische Nachricht, wenn es ohne Ideologie, gerade als *Anti-Ideologie* spricht. (Die alte Sache – Literatur ist Literatur, kein Exempel in Optimismus und moralisch-politischen Katechismen; s. auch Bernhard, Jelinek etc., der Unterschied zwischen persönlichem Temperament und Mentalität ihrer Bücher.)

Das Thema von gestern: Schlösser. Schlösser haben mit Schulen der Angst zu tun. Weshalb ich mich für Schlösser interessiere, nachdem ich nie etwas hatte, um meine privaten Sachen abzuschließen, auch die Wohnungen in Wuppertal, Bonn, Mühle, Rue Lapeyrère nie besonders schützte (wie Oe.s z. B. mit ihren drei Schlössern an der Tür), hängt mit dem Hochkommen der alten Geschichten zusammen.

Also ist diese *Schloß*-Idee die umgekehrte Verdoppelung des früheren realen *Eingesperrtseins*. Also kann ich sie mir schenken. Andererseits hängt *Schlösser* – ein Schloß mit sieben Siegeln – mit Geheimnis zusammen, mit Verbergen (müssen), entweder positiv gewertet als Geheimnis, das geschützt werden muß, oder negativ, als etwas, das nicht ans Tageslicht darf. Im ersten Fall ist *Schloß* nicht nötig, weil man es in sich hat und das *Geheimnis* bewahrt, im zweiten Fall auch, weil es sich sowieso in Seitenwegen verrät und gegen den *Verschließer* ausschlägt. Genauso doppelt ist *Schweigen* zu interpretieren. Als das Schweigen von Khnopffs *Silence*, ein existentielles *Schweigen* (wie das der *Spitzenklöpplerin*), um Dinge zu hüten oder nicht zu zerreden, und ein *verbrecherisches* Schweigen, eben das des Verbergens. Es gibt noch ein drittes Schweigen: ein, durch welche Umstände auch immer, auferlegtes, z.B. das Schweigen in Anne Dudens *Judasschaf* nach dem Unfall.

Extreme, die sich gegenüberstehen: dem Großen das Kleinste, dem Verschlossenen das unachtsam Offengelegte, dem Verschwiegenen das Redselige, dem Vertrauten das Mißtrauen, dem Aufgeblasenen das Zusammengeschrumpfte, der Exaltation die Depression, der Großzügigkeit die Kleinlichkeit usw.

4. Juli
Lese Tagebücher von 77 und 78 (Reisen). Es liegt sonnenklar auf der Hand: in diesen Texten ist kaum von etwas anderem die Rede als von *Schönem* – dahinter steckt mehreres, die Suche nach Trost, ein echtes glückhaftes Verhältnis zu meinen Eindrücken und das Fatale: das *Schöne* im Falschen, die Bindung an das Falsche durch das Schöne. (All

diese Reisen, Hotels, Landschaften, Diners, Museen, Lektüren, Schulen, Lebensschulen, Menschen haben mich glauben lassen, *das* sei unersetzbar und um so mehr an das ganze Vater-System gebunden, ohne das zerstörerische Element darin zu bemerken.)

Es ist kein *Träumen* – es ist nur die unüberwindbare Abneigung gegenüber dem Prinzip *Kampf*. Anders ausgedrückt: wie hieß es in dem Film von Runge? »Man kann nur kämpfen, wenn man weiß, wofür und wogegen man kämpft.« – Was vollkommen sinnlos war, da ihr Kampf (der Kampf der Hauptfigur) ohne Chance, also sinnlos war. Deshalb bin ich gegen das *abstrakte* Prinzip *Kämpfen*. Für sinnlose, unerreichbare Ziele zu kämpfen? Nur für *konkrete*, erreichbare.

Jahre gestritten, geweint, zerrissen. Dann zerreißt der Schmerz wie ein überdehntes Gummi, der Überlebende ist ein Toter, gibt Zeichen weiter, stumpf und gleichgültig, einfach weitergeben, ohne mehr darüber nachzudenken, bleib so und fühl dich besser, weil du immerhin nicht mehr leidest.

5. Juli
Beziehungen als Mittel der Güterakkumulation oder persönlicher Vorteile, das ist das Max Webersche Modell des protestantischen Besitzstrebens, das klassische Modell der bürgerlichen 19. Jahrhundert-Gesellschaft, und damit will ich nichts zu tun haben. Die Begriffe sind ja alle bekannt: *enrichissez-vous*, Entfremdung, Verdinglichung der Menschen, Entpersonalisierung in Sachen etc. etc. Ich ziehe es

vor, mich mit Baudelaire und Heine zu *verbrüdern*, anstatt mit einer Gesellschaft von *Freunden* und *Verehrern*, die eben diese *entfremdeten* Beziehungen praktizieren.

Die *Wahrheit* bekommt erst dann eine gesellschaftskritische Funktion, wenn mit ihr keine Vorteile verbunden sind. (Man sollte sie negieren, weil sie Instrument eben der *Entfremdung* der Beziehungen sind.)

Bestätigung der These, daß menschliche Beziehungen in ihren tiefsten Deformationen vom Geld geprägt sind. Gesellschaftlich gesehen hat Weber recht und immer weniger Bataille – die *Vergeudung* findet, wie Habermas am *Potlatsch* (z. T. für damalige Verhältnisse nicht zutreffend, aber für heutige) zeigt, nicht aus *Vergeudung* statt, sondern auch wieder aus dem Mangeldenken. – Für den einzelnen: das Geld ist das Mittel, durch das er an die Gesellschaft gebunden ist, Aussteigen geht also nur, wenn er es entweder besitzt oder quasi Selbstmord begeht und Clochard wird. Es ist die alte Geschichte – der Künstler befindet sich in dem Dilemma, *Aussteiger* zu sein und leben zu müssen, er braucht also einen Mäzen, einen Ernährer in Gestalt eines Freundes oder Ehemanns/-frau, solange er nicht von seiner Arbeit leben kann.
Was mich betrifft, sehe ich zur Zeit keinen Ausweg:
1) einen Mäzen habe ich nicht
2) der Verlag bezahlt mir nichts
3) von den Büchern kann ich nicht leben
4) die Abhängigkeit von B. – muß ich mir etwa von Si. vorwerfen lassen
5) einen anderen Beruf zu ergreifen, wäre so, als ob ich mich freiwillig amputierte

6) Wunder passieren nicht
7) also werde ich wohl demnächst die *Kunst* nachahmen und die Rolle des Hungerkünstlers spielen
8) Fazit: weiter schreiben, spazierengehen und denken, das ist das Brachfeld, das vorgegeben ist.

Der Mensch ist erst dann bei sich selbst angekommen, wenn er die Lächerlichkeit seiner Lage erkennt.

Spiel der Fragen: in Fragen der Liebe befrage ich lieber Stendhal (*Über die Liebe*) als einen Spezialisten von Beziehungskrisen und Verteidiger der Integration. Die *geschriebene* Liebe hat eine andere Wahrheit als die reale, gelebte. Sie ist der *Extrakt* von Mustern, Motiven, Gefühlen, die im realen Leben chaotischer, zerfledderter, unüberschaubarer stattfinden.

14. Juli
Das Schreiben der *Vertreibung* ist, im wörtlichen Sinn, *abgetrotzt*. Jeden Tag ein Kampf gegen die Müdigkeit, gegen die Benommenheit, gegen die Gedächtnislücken, gegen die Gedämpftheit, gegen die Unsicherheit, gegen die Schrekkens-Erfahrungen in der Nacht, gegen die Verwirrungen und Verletzungen.

19. Juli
Wenn du einen Gegner hast, der stets das Gegenteil dessen tut, was du wünschst, bleibt dir nur übrig, weiter mit »Wünschen Berge zu versetzen« (K. H. B.).

25. Juli
Ende der Anklammerungsphase
Januar 89 im Hotel am Markt, während der Wahnsinnsnacht, für die ich auf einer Karte mein Kommen angekündigt hatte, hörte ich ein Stöhnen auf dem Flur. Im Nebenzimmer der bleichgesichtige Zombie-Typ, an den mich auch Dr. Bruno erinnerte – der schräggelegte Kopf. Die Gefangenschaft, meine, durch die *Stimme*. Durch meine Vorstellungen – die mir vorgespielt werden? Die Gefangenschaft der *inneren Mauer*? Die Gefangenschaft des Verratenen – Vermutungen, Spekulation zum *Zerbrechen* der Gefangenschaft (des Gefühls der Gefangenschaft).

Letzteres als theoretische Unterscheidung für etwas, über dessen doppelten Charakter ich nur vermuten kann, da ich nichts darüber weiß.

26. Juli
Die Schwalben kreisten hoch über den Dächern, und ein Teil der St.-Sulpice-Kirche war *eingerüstet*. Am Nebentisch saß eine blasse Frau mit braunen Hautlappen auf Händen und Hals und Brust. Flecken auf ganz weißer Haut, als rührten sie von Verbrennungen her. An den Ohren trug sie Clipse, rund, weiß, auf denen waren goldene Anker. Als Vorspeise gab es kalte Linsen. Ein Amerikaner mit karierter Jacke und Krawatte, auf der große weiße Blüten prangten, wählte sorgfältig seinen Bordeaux, und im Innern des Bistros spielte die Musik *Chicago, Chicago*. B. sagte, daß Menschen mit Psychosen die Außenwelt kaum noch wahrnähmen, und an der Place St. Sulpice legte sich ein Hund auf die Hupe des Autos, in das er gestiegen war. B. sagte, nun fehle mir am nächsten Morgen das *Weißbrot*, der große Füt-

terer, und bevor wir uns trennten, sah ich in einem Laden in der Rue du Cherche-Midi Pyramiden aus Lorbeerblättern, nein Obelisken, daneben Lavendelkissen. Die Getreidebündel standen im Hintergrund, nein, in der zweiten Reihe, im Hintergrund standen die Rosenbäumchen. Wir trennten uns, und das Bild fiel von der Wand, B. rief an, als ich schon schlief.
Auf dem Hinweg am Abend: ein Schwarzer schüttelte auf der Straße, Ecke Rue Coëtlogon, Rue de Rennes, vor den idyllischen, blumigen Laura-Ashley-Auslagen, die letzten Tropfen aus seinem Schwanz.

3. August
Der Jardin du Luxembourg verwandelt sich in eine Picknick- und Küstenlandschaft. Auf den Bänken halten Familien ihren Lunch ab, und unter den Bäumen strecken sich die Leute in den Eisenstühlen aus, als lagerten sie in Liegestühlen am Meer, im Schatten, und die Wege sind feucht vom Strahl der Wassersprenger. –
Aus den offenen Fenstern der Rue d'Assas dringen Mittagsgeräusche, Tellerklappern, Wasserzischen, Stimmen: moi, je suis desolée, höre ich, einen Disput zwischen zwei Frauen, am Ende: ça continue.

Die psychologische Subtilität eines Julien Green verbinden mit dem Sprachexperiment (welchem?).

7. August
Ging gestern die Rue St. Jacques vom Anfang bis zur Avenue Coty, also fast bis zum Ende. Eine schmale, in leichten Knicken verlaufende Straße, obwohl einfach, hat sie nichts

vom Handwerker- oder Kleinbürgermilieu, sondern das Einfache der klerikalen Atmosphäre hinter dem Pantheon. Man riecht die Universität, die Kollegs, das Mittelalter, die Stundenbücher, die barocke Einbuchtung der Kirche Val de Grâce, die Soutanen der Mönche und die Kollegkladden der Studenten; später, als die Straße sich in Faubourg verwandelt, wieder das ländliche Provinzhafte der südlichen Ausfahrt.

Den Teufel mit Beelzebub austreiben: viele meiner Vorstellungen sind, wie durch Inszenierungen in der Außenwelt *real* geworden, meine Vermutungen, Unterstellungen, Entwürfe. Verwechsle ich meine Figuren mit realen Personen?

Die Angst mit der Angst austreiben? Die Sprache mit der Sprache? Das Symbolische mit dem Symbolischen?

Windstille in Paris. Nicht die Vorstellungen sind wahr geworden, sondern die Realität ist Realität geworden.

8. August
Was ist an Greens *Leviathan* augustinisch? Die bloßgelegten Herzen, die Dominanz der Triebe (wozu auch Neugier, Geiz, Willensschwäche etc. gehören), die Härte, die Lebensfeindlichkeit, die aus der unterdrückten Sexualität entsteht, das pessimistische Menschenbild (d. h. nur die Gnade oder der Wahnsinn oder der Selbstmord kann aus der Hölle, die die Menschen sich auf Erden selbst bereiten, befreien). Es gibt keinen einzigen Glücklichen oder auch nur Zufrie-

denen oder gütigen Menschen in diesem Buch. Einsichten wie die von Madame Grisgrange haben nur kurzen Bestand: »Mit welchem Recht verachtete sie die Menschen? War sie nicht ebenso schwach wie irgendeine andere?« Tatsächlich könnte man das Buch einen Exkurs über die Todsünden und Sünden nennen – vom Mord und Verrat über Völlerei, Melancholie, Hartherzigkeit, Klatschsucht, Geiz; über die Wege, die dahin führen, wobei konsequent der größte Sünder der sympathischste ist, weil er nicht *lauwarm* ist wie die anderen. Studie über die Triebe? Die Triebe kann nur ernst nehmen, wer, wie Bataille, die Grenze und das Verbot kennengelernt hat, in diesem Sinn ist die Vergewaltigung Anjèles eine Grenzüberschreitung, ein Liebesakt. Gueret ist der einzige *Heilige* in diesem Buch, die anderen haben keine Gefühle, abgesehen von ihren Sekundärgefühlchen, die sie nach Ruhe, Sicherheit und Freiheit streben lassen. Anders ausgedrückt: Das Buch ist ein Buch über *Gitter*. Auf der einen Seite die, die das Gitter bilden – die Gesellschaft der Bourgeoisen im Restaurant, die Stadtbourgeoisie, die Nebenfiguren. Auf der anderen Seite die, die daran rütteln, Gueret, Anjèle. Und dazwischen die, die das Gitter bilden und zugleich daran rühren, aber nur in der Phantasie, Madame Grosgeorge. Es gibt immer Flächenbeschreibungen in diesem Buch, Ambienten, soziale Szenen, die das Gitternetz ausbreiten. Dazwischen gibt es hochdramatische, die Phasen des Am-Gitter-Rüttelns bis zur Nähe des Ausbruchs und, in einem winzigen Anschluß, der Absturz. Der Anstieg zur Climax ist lang und voll gesteigerter Spannung, der Absturz jäh wie bei einer Felswand. Das Unglück siegt, die Kleinstadtgesellschaft wird leben wie zuvor, der eine landet im Zuchthaus, die andere muß nach einem gescheiterten Selbstmord überleben, die letzte wird wahnsinnig: »Es war nicht von Belang, ob es dunkel oder hell in diesem Zimmer und ob das Herz der Menschen verhärtet oder barmherzig war. Die Welt entschwand wie ein böser Traum; es blieb von diesem Leben nichts als der Schmerz; von dem der Körper noch heimgesucht war, doch dieser Schmerz selbst wurde immer dumpfer, die letzten Fesseln lockerten sich. In der äußersten Wirrnis, in der sich für diese Frau alle Dinge der Erde befanden, drang kaum noch der Klang menschlicher Worte zu ihr, keinesfalls jedoch deren Sinn. Ihre Augen waren schon ganz der Vision zugewandt, die die Toten in Ewigkeit erschauen.«

9. August
Die pessimistische Perspektive, die Überzeugung von der *Unmöglichkeit der Kommunikation* entspringt in *Rousseau* von Starobinski – (der, das kann ich jetzt schon sagen, für mich, die Biographie zu untheoretisch anfängt) – aus dem gegenteiligen Pol: der Enttäuschung darüber, daß die *Herzen nicht transparent* sind. *Transparenz der Herzen* meint Gefühl vor Intellekt, meint Erkennbarkeit der Seele, der eigenen wie der des anderen, ohne den Schleier, den Schein des gesellschaftlichen Umgangs. Dasselbe bei Kleist etc., die *Blödigkeit*, die Unfähigkeit, sich damit abzufinden, heißt, auf dem Unmöglichen zu bestehen oder sich, wie Rousseau, wie Kleist, wie Günderrode, der Kommunikation zu entziehen. Denn jede Form der *normalen* Kommunikation wird zur Farce von Marionetten. Deshalb auch der übertriebene Versuch, diese Form der Kommunikation (in der völligen Transparenz) herzustellen in der Liebe, in der Freundschaft. Daß das scheitern mußte, muß und werden muß, liegt auf der Hand – es sei denn, der andere hätte ebenso ein *Programm*, was aber trotzdem kein anderes Ergebnis, wenn auch modifiziert, ergibt, da die *Transparenz* nur in Augenblicken möglich ist.
Für mich als Lehre: es ist genau das, was ich immer gesucht

habe, deshalb die Unfähigkeit, mich in *normale* Männer zu verlieben etc. Es ist wie eine lebenslange Suchbewegung eines Senders, und wenn er beim anderen die Disposition für die Transparenz spürt, hakt er ein. Alles andere zählt demgegenüber nicht, ist nichts als der hilflose Versuch, sich zu integrieren. Besonders ist das psychische Hindernis unüberwindbar, wenn ich spüre, daß Kleist oder Rousseau oder Rimbaud als *Neurotiker* abgetan werden. Mit welchem Recht? Niemand kann auf die Dauer seinen Charakter verleugnen oder dem Gebot der *Normalität* anpassen und muß mit diesem Pfund wuchern. Ich sage das nicht, weil dies meine einzige Position wäre, es gilt ja auch die von Ponge etwa oder von Simon und und und. Nur daß da, wo Literatur und Leben ineinandergreifen, dieses Problem der *Transparenz* entscheidend ist: ein Problem der Liebe, weniger der Freundschaft, die auf das einfachere Feld gehört, einfach, weil nicht auf das Unmögliche fixiert, sondern auf das *Menschlich-Mögliche*.

Sich keinem Sprachspiel unterwerfen, außer es, im Schreiben, selbst zu inszenieren. Das Sprachspiel ist symbolisch, hat nur die Konsequenzen in der Realität, die der Sprechende ihm zugesteht (symbolisch: Ängste sind nicht Wünsche, Wünsche sind nicht Realität, Realität hat aber zuweilen sehr wohl fiktiven Charakter). Welche Konsequenzen er auch immer ihm zugesteht, er wird, sobald eingetreten ist, was er entworfen hat, es umzudrehen versuchen, weil wegen der Vieldeutigkeit der Sprache, auch der Alltagssprache, die Konsequenz immer eine andere ist als der Entwurf.

Die Phase der Alpträume verfolgt mich weiter. Letzte Nacht wieder sehr stark der Vergewaltigungstraum, diesmal verknüpft mit einem Lorbeerbäumchen und der Entdekkung, daß P. T. im selben Haus wohnte wie ich. Dann der Satz: Wer eine Frau, die er liebt, zwingt, ihn zu lieben, wird nur Haß ernten. Das gilt auch vice versa. (Mein ewiges Angstphantom, nachts gegen meinen Willen vergewaltigt zu werden, schwärt also weiter. Das Trauma der Manipulation.) Ausgelöst wurde das Ganze durch ein Telephongespräch, kurz bevor ich einschlief.
Zur *Transparenz der Psyche* – wenn Angstträume zu Wunschträumen umgedeutet werden, sollte man genau prüfen, *was* und *wer* gewünscht wird, im Dickicht der möglichen Assoziationen. Für mich: ich glaube nicht, daß es ein Wunschtraum, sondern eine, stets in B.s Abwesenheit auftauchende Angstphantasie ist. Das Gefühl der Gefahr, das real ist, soweit ich es ihr zugestehe, real zu sein.

»Ich lebe nicht«, sagt er, »ich kann nicht leben.« Also: keine Spaziergänge, keine Diskussionen, keine Reisen, keine Altstadttreffen, keine Vögeleien, keine Lust der Lektüre, keine Saufgelage etc.? Wenn einer sagt: ich lebe nicht, ich stehe auf der Schattenseite des Lebens, muß man ihm das glauben, auch wenn das Gegenteil der Fall zu sein scheint.
Assoziation: die Psychoanalyse ist ein Spiegelei, das du dir gern in die Pfanne schlagen kannst, weil bei dir das Leben ist – sagte der das Geld in der Wohnung herumstreuende Analytiker-Freund (von G. Zorsch).

Frage: Wie ist Senecas und Montaignes Forderung, mit sich und der Natur in Einklang zu leben, heute zu beantworten, da wir *nach der Natur* leben?

Lesenotizen zu Starobinski, *Rousseau*. Im Augenblick, da Rousseau seine Subjektivität entdeckt, entdeckt er ihren Verlust: die aufgezwungene, weil verleumdete, weil ungerecht gesehene Subjektivität (vgl. die Kammgeschichte).
Die Entdeckung der eigenen Subjektivität als Entdeckung der Unmöglichkeit des Selbstausdrucks, des Erkanntwerdens des *wahren Ich*.
Rousseaus Arbeit ist Arbeit der Restitution, Arbeit an der Rückkehr ins verlorene Land der Transparenz der Kindheit wie der Vorgeschichte. Diese Arbeit hat einen Januskopf: einerseits der notwendige Einspruch gegen die Subjektivität unterdrückende, den Einklang mit sich und der Natur unterdrückende Geschichte und Gesellschaft, andererseits etwas vom weltverbesserischen Wunderglauben. Die falsche Idee eines einstmals *heilen Lebens*.
Starobinski unterstreicht die *politische Natur* von Rousseaus Naturzustands-Entwurf, die Rousseau freilich als philosophisch-historische begründen will.
Rousseaus *Angst*: Veränderung (Entstellung der ursprünglichen Seele) als Erzübel, als Verderbnis. Das *Irreparable*, die Angst vor dem Irreparablen, vor der endgültigen Verlorenheit der Seele.
Natur ist nicht, was hinter uns liegt (in der Frühzeit, der Kindheit – geschichtlich und biographisch), sondern, was im *Innern* liegt. Nicht transzendent, sondern dem Ich immanent.
Das Böse nicht Wesen des Menschen, sondern entsteht in der Beziehung zueinander.
Geschichte als Erklärung des Bösen.
Selbstentfremdung durch den *Schein*, Stolz, Bedürfnisse, Geltung etc.
Die *schöne Seele* als Mittel und Ziel gegen/außerhalb die/der Gesellschaft, doch auch die Aus- und Abgrenzung ist ein bedingtes Innerhalb. Aggressivität ist das Band an die Gesellschaft.

Das einsame Ich als Negation der Negation. Negation = die der Natur fremde Gesellschaft, Negation der Negation: Verneinung der entfremdeten Gesellschaft.
Stoische Quellen: Seneca, Montaigne. Ziel ist ein Leben eins mit sich und der Natur.
Statt dessen: Rousseaus Einsamkeit ist nicht Ataraxie, sondern führt zu Konflikt und Zerrissenheit.
Versuch der Einrichtung in einer Identität, die den Anfechtungen standhält.
Das Leben spielen wie eine Figur in einem Theaterstück. Die Rolle ist nicht gewählt, sondern vorgegeben. Das Spiel ist einzig eine Sache des Stils.

Hier setzt sich, 14.23 Uhr, im Jardin du Luxembourg ein schwarzgepunkteter Zitronenfalter auf die linke Ecke dieses Heftes, während ich unter einem Trompetenbaum sitze und auf dem Rasenrondell vor mit 5 Rasensprenger in verschiedenem Rhythmus, Sprengweite und Tonlage den Rasen, Blumen und Büsche befeuchten.

August 1990 – Juli 1992

Lesenotizen zu Starobinski, *Rousseau* (*Le Persifleur*)
»Als Boileau vom Menschen im Allgemeinen sagte, er wechsle sprunghaft zwischen Schwarz und Weiß, hat er in zwei Worten mein Porträt skizziert, was nun das Individuum angeht, so hätte er es noch besser getroffen, wenn er alle anderen Farben samt ihren Zwischentönen hinzugetan hätte. Nichts ist mir so unähnlich wie ich selbst, darum wäre es müßig, mich anders definieren zu wollen als durch diese einzigartige Mannigfaltigkeit, so stark ist sie in meinem Geist, daß sie zuzeiten bis in meine Gefühle dringt. Bisweilen bin ich ein harter und grausamer Misanthrop, dann wieder falle ich in Verzückung ob der Reize der Gesellschaft und der Wonnen der Liebe. Bald bin ich voll Ernst und frommer Andacht und setze zum Wohle meiner Seele alles daran, diesen segensreichen Zustand zu erhalten: doch alsbald werde ich zum Wüstling, und da ich nun weit mehr meinen Sinnen als meinem Verstand fröne, unterlaß ich in solchen Augenblicken stets das Schreiben... Mit einem Wort, ein Proteus, ein Chamäleon, eine Frau sind weniger wechselwendige Wesen als ich.«
Dahinter gibt es eine Konstante, die er seinen *Wahnsinn* nennt. Das magische Verhalten: das Ich ruft Kräfte hervor, die sich aber dann allein weiterentwickeln, sich der Kontrolle des Ich entziehen.
Magische Metamorphosen: Rousseau übernimmt fiktive Identitäten.
Ästhetik des Gefühls, die dem Kunstwerk (s. Pygmalion/Galatea) die Aufgabe zuweist, das Ideal des Begehrens zu imitieren, danach dazu übergeht, das Werk in *Lebensglück* umzuformen.

18. August
Die Angst vor dem Unbekannten – das ist nicht die Angst vor dem Unbekannten als dem Neuen, sondern die Angst vor dem Unbekannten als Zerstörung. Das Unbekannte ist nicht das Neue, Anregende, Aufregende hier, sondern die Deutung der Zeichen als Drohung, Vernichtung. In der Interpretation der Zeichen, die mich umgeben, schlägt das Kindheitstrauma durch und ist nicht mehr zu ändern. Die Interpretation schlägt, nach kurzen euphorischen Perioden, immer ins Vernichtungstrauma zurück. Eine Katze, die einmal an die Wand geschmissen wurde, bleibt, wie die Katze Puschkin, verhaltensgestört, reißt aus, wenn einer zu nahe kommt, faucht alle an, ob mit oder ohne Grund. Es geht nicht mehr darum, das zu ändern, sondern zu akzeptieren, daß es so ist. Der Ausreiß-Komplex.
Ziel der Analyse: *zu den Dingen kommen*. – Mein Problem: der Kessel. Der, der den Ausreiß-Komplex hat, fühlt sich immer wieder eingekesselt. Das Gefühl des Eingekesselt-Seins verhindert das Ausreißen, das Zu-den-Dingen-Kommen (= weg von sich), das Einkesseln ist die Festhalte-Methode im Sinne von T. Moser (im Aufsatz letzten Sommer).

Der Abschied oder Schule der Verwirrung.

Die Grundstruktur einer *anonymen* Bedrohungsmaschinerie, sowohl wie im *Prozeß*, wie im *Torhüter* wie in der *Verwandlung*.

Einem, der es sich einbildet, das Gefühl der Bedrohung vermitteln.

24. August
Im Hof steht der Müllcontainer. Im einen Monat auf der einen Seite, im andern auf der anderen. *Das ist so.* (Symbolische Rhetorik ist ein hypothetisches Spiel. Sie macht Zwischen-Bewegungen deutlich. Die Dinge aber bleiben, was sie sind.)

27. August
Sich vorzustellen, daß all die Leute auf der Straße, im Bus, die *gewöhnlichen* Leute – (nicht die, die wie Schauspieler ihrer selbst Agierenden, die in feinen Gartenlokalen dinieren, ständig mit dem Blick in den Spiegel, die die Fähigkeit zu träumen verloren haben) – mit Krücken, Einkaufstaschen, Koffern, Photoapparaten, Aktentaschen, Taschentüchern, um sich den Schweiß von der Stirn zu wischen, wirkliche Träumer sind, ohne Ironie ihr Leben lang die Reiseroute eines inneren Doppellebens weiter verfolgen -

Figuren, erfundene, an reale Personen binden heißt, die Phantasie zum Handwerk zu machen.

28. August
Die Tortur der Wörter.

Poetische Texte müssen, wie das Korn, eine lange Weile mit Sand bedeckt bleiben, bevor sie ans Tageslicht stoßen können. Die Hast der Publikation ist die Hast des Marktes. Schreiben ist nicht Aktion des Marktes. Es ist: einen Raum von Zeit heraushöhlen aus dem Umfeld der Hast.

Vertreibungs-Motiv: aus der Geschichte, aus der Liebe, aus dem (traumatischen) Schrecken. *Vertreibung* ist zugleich: Zurückführung – es gibt keinen *Schluß*, keinen Ausgang aus dem Labyrinth, es gibt nur den Prozeß der Durchquerung des Labyrinths, Vertreibung und Eintritt in einem, um am Ende am Anfang, demselben und anderen, anzukommen, nein: einen Moment innezuhalten.

»... daß wir durch uns selbst hindurchgehen, daß wir viele waren ...« (Pessoa)

30. August
Starobinski, *Rousseau*: Zwei Phasen der *Entschleierung* (Theorie der Entschleierung): 1) Zerstörung des Irrtums (Zerstörung des Scheins = »Denunziation des Schleiers der Illusion«.) 2) Entdeckung und Beschreibung des Verborgenen (des wahren Gesichts hinter den Masken des *Seins* und der *Substanz*): die einzig zugängliche *Wahrheit* liegt nicht *in den Dingen*, sondern in unseren Vorstellungen und Empfindungen: in unserem Bewußtsein. (Subjektive Entschleierung = objektive Entschleierung) (1. Schritt: Entschleierung des Bösen hinter allen Masken. 2. Schritt: Entdeckung von Schönheit oder Güte: das Böse = 2. Maske)
Hier wieder wie bei der Negation der Negation, was das Verhältnis von Gesellschaft und Natur betrifft, das Denken in zwei Schritten.
Rehabilitation der Illusion – das Böse bestand in der Illusion der Meinung; die ideale Schönheit ist allenfalls eine Illusion.
Dominanz der Subjektivität durch Aufsa(u)gen der Dinge in der Innerlichkeit: Aufhebung der Grenze?
Entschleierung der Wahrheit – Entschleierung eines Be-

wußtseins, Ich-Entgrenzung in der Natur: Sehnsucht nach *Transparenz* – Projektion des Psychischen in Natur.
Das elegische Bewußtsein.

Jeder trägt zum Flug bei, was ihm einfällt. Nicht mehr, nicht weniger.

6. September
Zeitalter der Gewalt. Alles Gewalt. Der Staat ist Gewalt, der Frauen Abtreibung verbietet und ihnen dann Kinder aufzwingt, die Männer sind Gewalt, die in oder außer der Ehe ihre Frauen vergewaltigen, die Familien sind Gewalt, sofern sie dem einzelnen nicht Raum lassen für die eigenen Wünsche – eine Beziehung ist Gewalt, in der andere Personen herumspuken, ein Zimmer ist Gewalt, in dem andere herumgeistern etc.

Was bei Paaren häufig zu beobachten ist: eine Egozentrik (die etwas anderes ist als Egoismus), die das Komplement der Überanpassung ist. Sie sind getrennt oder stecken zu zweit in einer Haut, aber nie in der eigenen. Ein Grund, der mir dafür einfiel: ein Mangel an elektrischer Strömung zwischen ihnen. Elektrizität ist da oder nicht, sie ist nicht zu gewinnen, zu erwerben, weder mit Glück noch mit Anstrengung. (Im übrigen kenne ich kein einziges Paar mit dieser Elektrizität.)

»Was auch immer er ihr an Gewalt angetan hatte, antat und antun würde, es gab nur diese Verbindung zwischen ihnen.«

Proust: Beschreibung.
Joyce: gesprochene Sprache.
Woolf: Nuancen der Wirklichkeit (reflektiert auf dem Schirm der Psyche).

Ist der Stoizismus eines Seneca ein Plädoyer für das duldende Ertragen von Leiden? Er ist ein Plädoyer für das Nicht-Reagieren auf das Agieren der anderen und seiner selbst; Distanz zur Unterwerfung durch Leidenschaften.

»Die Freiheit beginnt, wo das Re-agieren aufhört.«

Nichts hat meinen Pessimismus wirklich ändern können, Phasen der Hoffnung waren Phasen der Anpassung, des Überlebenswillens; nach dieser Einsicht hindert mich nichts, gelegentlich auf der Basis der Skepsis, Hoffnung zu schöpfen.

Vorschlag für B.: die Angst, verlassen zu werden, die auf dem Spiegelerlebnis in der Bombennacht beruht, verliert sich, hat sich verloren in dem Augenblick, als er verlassen worden ist. Angst verliert sich, wenn eintritt, was die Angst antizipiert. Angst ist Antizipation des Unbekannten.

Die Geschichte eines impotenten, neurotischen Ehemanns, der seine Frau nur im Schlaf überwältigen konnte.

Hypothetische Gleichheit (hypothetisch, da nur als momentanes *Gefühl* erlebt) aller im *Fest* bei Rousseau. Tatsache: die Ungleichheit besteht bei ihm weiter, wie in der heutigen Realität, da Gleichheit vor dem Gesetz noch lange nicht ökonomische Gleichheit heißt. Unterschied: Rousseau macht sich indirekt zum Adepten der Ungleichheit.

Sprache als Wind in den Lücken, in den *weißen Stellen*.

Imago: Nachdenken über die Tradition (säkularisierte) des *Marianischen* (Rougemont?), das heißt, imago als Installierung einer Fortführung des antiken Mythos (Venus), des platonisch/christlichen (Maria), des klassischen (von Madame de Sévigné bis Recamier bis Cosima Wagner etc.), d. h. die doppelte imago-Struktur: auf der Seite des Mannes das Ideal*bild* der Frau (Paminas Porträt, die Skulptur in *Jules und Jim* etc.), auf der Seite der Frau der Selbstentwurf (Heilige, Salondame, Intellektuelle etc.), der im Gegensatz zum normalen Frauenbild der jeweiligen Zeit steht.

8. September
Ich, Undine Gruenter, achtunddreißig Jahre alt. Ich lebe in Paris. Ich schreibe. Der Name gefällt mir nicht. Aber vorläufig habe ich ihn. *Undine* ist zu theatralisch. *Gruenter* ist eine Geschichte in drei Geschichten: es ist der Name des Vaters, der nicht Vater sein wollte bei der Geburt, 2. nicht Vater sein wollte später, 3. Liebhaber war. – Die Namen, die ich vorher hatte, gefallen mir auch nicht. Auch aus sogenannten *menschlichen Gründen*. Ich werde mir selbst einen geben.

Brechung des *Erkenne dich selbst* in autobiographischer Reflexion. Rousseaus Antwort: »Ich fühle mein Herz« auf die Frage »Wer bin ich?« ist ebenso unmöglich geworden wie die Descartes', wie die des Idealismus, wie die des Positivismus, wie die der künstlerischen Avantgarde, der das Ich die Verdoppelung in ein Selbst war, das die Entdeckung verborgener mythischer Figuren war. Natürlich ist das Ich Nicht-Ich. Es ist es aber nicht mehr in Abgrenzung (und damit: Bezogenheit) von einem rational geschlossenen Personenbild, das heißt, die Formulierung: *Ich ist ein Anderer* war nur möglich, solange es das Gegenbild als Norm gab, sondern es konstituiert sich auf verschiedenen Ebenen aus verschiedenen Codes, die auf es einwirken, die es selbst entwickelt, und in diesem Gemisch gibt es ebenso einen auf Habitus beruhenden *Kern* wie die autobiographischen Geschichtselemente, wie Zustände der Entgrenzung (etwa beim Schreiben), wie Rollen-Ichs etc. Verloren ist also das Pathos der Entdeckung, das Ich-Nicht-Ich ist kein geschlossenes Ganzes, sondern ein aus Fragmenten bestehendes System, das nicht *ist*, sondern im Reagieren, in der Intersubjektivität sich bildet, verändert, wechselt – Intersubjektivität verstanden als Gespräch unter den eigenen verschiedenen Ichs.

10. September

Das Wort *und* – es ist das zentrale Wort der *Zeit*, Aneinanderreihung (nicht *oder*, das Ausschließung bedeutet), Gewebe statt Strecke, Labyrinth statt Linie, das Banalste, das Füllwort, in dem die Substanz steckt: *und*.

Scheitern? Keine Sprache zu finden, die nicht-benennende ist, die *Natur* ist.

Ein Bild: im Wasser, in der Badewanne, das zitternde Bild eines Gerüsts von Quadraten, in deren Mitte ein runder Mond schwamm. Es waren die gespiegelten Kacheln, die im Wasser, ohne ihre schwarze Farbe, ihre Substanz veränderten und zum Gerüst aus ihren quadratischen Randlinien wurden, luftig und durchsichtig, der Kompaktheit verlustig, und der *Mond* war die Kugelbirne unter dem Schirm der Deckenlampe. Ich habe, bei gleicher Beleuchtung, an die zweihundertmal dort gebadet in den letzten Jahren. Das Bild aber sah ich vorgestern zum erstenmal.

25. September
Blok: von der *Krise* des Schreibens (Beginn mit Franziska) als Suche nach dem Ich zur *Krise* des Schreibens als Suche nach dem Anderen (Beobachtungsphase), zur Krise des Schreibens als Suche nach dem Schreiben (Fanny-Phase), zur Krise des Schreibens als Suche nach der Aufhebung des Schreibens (Fernanda-Phase).

30. September
Daß Schreiben eine Kette von *Erleuchtungen* sei, die erst im nachhinein als (kalkulierte) Trance miteinander verbunden erscheint. Daß *niemand* sich von seiner Sache hätte abbringen lassen durch Hohn (den des Zyklopen). Daß der Wind das Schiff gehindert hätte. Daß Sympathie und nicht Kenntnis erforderlich wäre im Umgang, da es keine Kenntnis gäbe, die sich tautologisch mit der Selbsteinschätzung decke.

6. Oktober
Was sagt die Zukunft? Warte, warte nur, balde usw.

Was sagt das Glück? Ich liege auf der Straße.
Was sagt die Liebe?
Liebe I: Ich liebe dich, und schläg(f)t.
Liebe II: Stellt sich mit Liebe I vor Liebe II auf die Straße.
Liebe III: Ich laß mich bald sehen, im Brief.
Im Chor: Es ist alles zu deinem Besten.
Was sagt die Literatur? Nichts. (Das ist ihre Stärke.)
Was sagt die Katze? Schlaf ist mein Leben und der Sessel der Ort des Glücks.
Was sagt die Einsamkeit? Ich bin der größte Rausch? (So *Marseille* von Benjamin)
Was sagt der Tour Montparnasse? Die Elektrizität reicht bis in die Ewigkeit zur Illumination.
Was sagen die Bahnhöfe? Alle Wege führen zum Telephon-Reisebüro.
Was sagt die Nacht? Nachtwachen.
Was sagen die Hunde? Danke für die Knochen.
Was sagen die Stühle? Im Winter wird keiner mehr drauf sitzen.
Was sagt die Uhr? 2.10.

Was sagt die Wand? Knack.

Später
Ein *Haustier* im Gefängnis: seit zwei Tagen die Clown-Katze, Colette. Nachdenken über die Herauslösung der Kunst aus den philosophischen Ideen-Systemen: sie *ist* herausgelöst, ist eine streunende Katze, schön oder häßlich, ohne Wahrheit, vielleicht mit Anmut (die aber keine Idee), ein Jäger der Vögel und Schmetterlinge, mit den Augen und im Schlaf, sie ist das *A-Soziale*, auf den Dachfirsten spazie-

rende, in einer Ecke schreiende, verfressene oder verhungerte – *Herausgelöste*.

9. Oktober
Stufen des Masochismus:
1) Selbstzerstörung
2) Zerstörung dessen, was man liebt
3) Wiederholung der Lebensbedingungen des Kontrollierens, Strafens, Befehlens, Gehorchens
4) Psycho-Lage: Selbst- und Fremderniedrigung und Erhöhung
5) Fremdbestimmtheit, Außengelenktheit

11. Oktober
Seine Leidenschaften nicht im Zaum halten zu können, das nimmt man dann den anderen übel, wenn man selbst nicht infiziert ist, und umgekehrt.

Struktur der Pygmalion- und, auf der Trivial-Ebene, Daddy-Longleg-Geschichten: zurückzutreten, weil und bis der andere seinen Lern-*Prozeß* abgeschlossen hat. Antwort: die Musical-Eliza, die sich entzieht, der männlichen und familiären Arroganz, die meint, ihr einen Erziehungsprozeß auferlegen zu dürfen. Das Musical befriedigt, anders als Shaw, die Sehnsüchte nach der Belohnung durch *Glück*, die am Ende steht. Dieser *Belohnungs*-Gedanke ist ein verkappt religiös-theologischer Gedanke, ein dem 19. Jahrhundert entspringender Fortschrittsgedanke, auf *Lernen* folgt *Glück*, *Wissen ist Macht*, wie das Sprichwort der Zeit lautete, als wenn nicht Glück das Unverdiente, Unbegründete, Augenblickshafte wäre – Eliza und ihr *Professor* waren *glücklich*, als sie ihre Sprechübungen etc. machten, vielleicht, aber bestimmt nicht, weil der Professor sie am Ende auch liebt. Das Glück nämlich ist immer das Vergangene, das, was unbewußt gefühlt wurde, nicht das, was vorgestellt, gewünscht wurde, es ist das Zusammentreffen zweier gleichzeitiger Gefühle auf dem Tisch des Zufalls.

Lob der *Pathos*. Das Pathos als Einspruch gegen die Welt des Pragmatismus, aber auch gegen die Welt der *Selbstzucht*. Das Verrückte: es gibt, wie bei Roland Barthes, Verteidiger und Verfechter des Pathos, ähnliche Begriffe, die selbst das Gegenteil sind: Subjektivität und ein *cœur mis à nu* sind noch kein Pathos, zum Pathos gehört ein Bewußtsein ausblendendes Moment (gut, Pathos kommt aus der Rhetorik, aber das ist nur die eine Seite), das heißt, da es Pathos nur als Stil gibt, eine Blödigkeit, Bewußtseinsverlust und Absolutgesetztheit des Gefühls, die eine andere Art von Klarheit hervorbringt (die der Mondstrahlen in einer hellen Vollmondnacht).

Ein Spiel, in dem es längst kein Ziel mehr zu erreichen gab, das sich, wie das Parkinsonsche Syndrom, nur noch aus sich selbst speiste, aus pro, contra, pro, contra etc., aus der ins Unendliche gesteigerten Vervielfältigung des Gegenteils (La règle des jours).

Ein Stück über ein Muttersöhnchen – eine frustrierte 76jährige im Zentrum, die, eine kleine graue Eminenz, nicht große Gesellschaftsdame, im Hintergrund, den Sohn in die, nein, nicht Homosexualität, sondern Ehe mit einer 17jährigen treibt. Dann, wie im Boulevard-Stück, das Nicht-Sterben-Können als ein, wie ein Vampir aus dem Leben der anderen saugend, Leben aus zweiter Hand. Dessen Entfaltung, und die Verwandlung von Sohn und Schwiegertochter, als ewige *Kinder* in der Versorgungssituation, ebenfalls in psychische Vampire. (u. a. Zirkus mit den Tieren als Liebesunfähigkeit, die Szene vor dem Fleischgeschäft – Rückblende, die Hotelszene in M. – Rückblende – eine Schlüsselszene – Hochzeitsreise, Rückblende).

Nur der Naive kennt Augenblicke der Ruhe, weil er nicht weiß, was geschieht.

12. Oktober
Biographische Bruchstücke:
Mutter und die Musik. Vater und die Malerei. Der Ex-Freund und die Katze. Ich und die Rosen. Der Vater und die Glatze. Ich und das hellgrüne Laub weißer Rosen. Wir und die Herbstblätter im Park. Die Mutter und unzählige Petits Rouges in den Cafés. Ich und die Straßen. Die Mutter und die Zeitungen. Der Vater und die Gedichte. Papierkörbe und Liebesbriefe. Pariser Höfe und Telephonklingeln. Wir und die Psychoanalyse. Wir und die Künste. Die Küchen und die Kochkunst. Park und Meer. Die Freunde und das Theater. Inszenierungen des Alltagslebens. Die Muse und ihre Kontinente. Verlorene Katzen. Kurzgeschichten und die Sirenen der Pompiers. Mischfiguren. Schritte über dem Kopf und Sanierungsarbeiten in den Häusern. Spiegeleier, Architekten und die Unrettbarkeit des Es. Bahnhöfe und Blumensträuße. *Les Temps des Gares.* Diavorführungen in der *Grande Bourgeoisie*. Die Damen, die Wohltätigkeit und die Künste. Hauskonzerte. Tanztheater, Tourneen und Exilkünstler. Jazz und Ausflüge in die Vergangenheit.

Schreibmaschine und Siegelring. Das Motto von Tanja Blixen, *Seefahrt tut not, Leben tut nicht not.* Die Mottos meines Lebens. Die Frau im Glashaus. Chantal Akkermann und Türenschlagen. Ganze Tage in des Meeres Wellen. Die Liebe und die Abfalleimer. Katzenklos und Von-der-Leine-Lassen. Ich-Bilder im Nacht-Fenster.

Wie heißt es bei Hofmannsthal? Was du nicht willst, stellt sich stets von selbst ein. Was du willst, verflüchtigt sich. Oder anders: Wovor dir graut, es ist das Deine.

14. Oktober
Les jeux sont faits – der Köder war die Liebe. Komödie der Irrungen. Herbst über Afrika, Mitgiftjäger, Roulettespieler, Mäzene, Türschützer – ein Wirbel von Konstellationen, Figuren, Gefühlen, kurz: *comédie humaine*, Balzac oder das Salz der Erde.

Wahrheit, die es nur als verschleierte gibt, unter dem Hut des Zauberers, mal Taube, mal Stein, mal Palmzweig.
Das Spiel der verschleierten (wahren) Wahrheiten im Text.

Oft gesagt, aber für sich selbst neu entdeckt: Schreiben als Prozeß eines inneren Diktats.

16. Oktober
Demokratie: Handlungsfreiheit soweit möglich. Jeder sollte die Möglichkeit haben, das zu tun, was er für richtig hält,

und sehen, wie weit er damit kommt, wann und wie er an die Grenzen der anderen stößt, und in Gruppen- und Interessenbildungen sich orientieren und versuchen, das durchzusetzen in Übereinstimmung mit den Interessen seiner Gruppe, was er möchte. Pluralismus, Wettbewerb, Meinungs- und Handlungsfreiheit –
(In diesem Sinn ist auch ein Gedicht, das Schreiben von Gedichten, dort einzuordnen, das Schreiben von philosophischen Büchern etc.)
(Davon nicht direkt tangiert: der Künstler als *Außenseiter*, wobei die Außenseiter-Rolle mit ins System der Gesellschaft gehört, als integrierter Antipode, als notwendige Selbstregulation durch Kritik.)

17. Oktober
Mit allen durchgespielt: das Spiel der Liebe und Zerstörung, Freundschaft und Hohn, Identifikation mit dem Aggressor, Angst und Unterwerfung, Kontrolle und ihre Verinnerlichung, mit allen das Mutter-Vater-Spiel durchgespielt, *Bis zum Äußersten*, wie der Titel einer Erzählung von Henry James heißt – und nun, und nun?

Die nächste *Projektion*: das Ende der Analyse. Das Sterben der Masken.

Der Schriftsteller nimmt jedes Wort – seines Schreibens – so wörtlich, daß eine ständige Selbstintoxikation daraus wird – schafft er es, die Grenze zwischen der wörtlichen und der metaphorischen Bedeutung zu ziehen, in bezug auf sein Ich als Alltagsperson, wird die Intoxikation von ihm abfallen wie eine Suchtkrankheit, eine Droge (von der Benjamin etwas verstand, der auch die Liebe, die Einsamkeit, das Nachdenken, das Lesen zu den Drogen zählte), und er wird sich selbst – oh und erst den anderen – ein bequemer Zeitgenosse sein. Von nun an wird er *im Alltag* das Eindeutige vorziehen, das ihm als ästhetisches Ich so verhaßt ist – Treffpunkte nur noch: am Tag, am hellichten Tag der Vernunft, die Liebe, der Wahnsinn verbannt in die Literatur und im Alltag reduziert auf die vom Mythos gereinigte *Beziehung*. (Die *falsche* Reife *der Resignation*.)

17. Oktober, und in den Straßen ist es warm wie im Spätsommer. Paris birst vor traffic, Geschiebe, Lärm, Massenansammlungen, Besuchern, Einwohnern, Lärm, Lebendigkeit, Eleganz, Schnelligkeit – jeden Tag aufs neue eine Situation der Kontemplation schaffen; nach einem Kaffee in dem Bistro an der Ecke gegenüber der Wäscherei, gelbe Plastiktische, Halbdunkel, und die Tristesse zu dick gewordener reaktionärer Kleinbürgerpatrons, der Geruch von Gummibonbons zu 5 Francs und Regenbogenillustrierte, ein Weg den Berg herab auf den nördlichen Stadtrand zu, die grauen Schieferdächer wie von einer Kalkschicht überzogen, das Diffuse, Meerige am Stadtrandhimmel, die zerrupfte, bräunliche Kastanienkrone an der Kirchenmauer, und Rinnsteinbäche, die in der Morgensonne funkeln. Später: Herbstsilhouette von Paris, auf dem wie eine Harfensaite gespannten Pont des Arts stehend, Barockkuppeln aus Eisen zwischen noch grünen Baumgruppen, kreideweiße Mauern heute und unter der Brücke am Flußufer ein Saxophonspieler, während im Fluß welke Herzblätter und Hölzchen treiben, ein bewegliches Panoramenbild aus eilig vorüberfahrenden Lastkähnen, aus Bänken auf der Brücke, Lesenden und einem Maler –

Straßengespräche: Ich nehm dich mit nach Hause, sagt ein Holländer im Rosenhemd zu seiner Frau, komm mit nach Hause. Einige Schritte weiter: bleib da, es ist nicht die Zeit dazu, dich zurückzunehmen, ich laß dich hier. (Die Frau, als Paket behandelt, ungefragt, was sie will, die dankbar zu sein hat, daß überhaupt etwas mit ihr geschieht, stelzt auf rosa Stöckelschuhen am Seine-Ufer entlang, schweigend.) Zehn Minuten später: er zerstört mich, aber ich muß hierbleiben. Jean ist mein Zerstörer, aber ich kann nicht fortgehen, ich liebe ihn nicht, nicht so, wie ich dich geliebt habe, und ich muß hier bleiben, weil er mich quält –. Der Mann weint und geht, die Sonnenbrille im Gesicht, neben ihr weiter, dick, schwerfällig und mit gerötetem Gesicht, und murmelt, der, der ein blaues und ein braunes Auge hat.

23. Oktober
Du sitzt im Brunnen, und über den Ausgang ist jener Stein gerollt, der sich das *Leben* nennt, der dich erdrückt, dir das Licht, den Atem nimmt, der Brunnen, das Gefängnis, das immer war, das immer ist, immer sein wird, nichts wird sich ändern, die Lieben zertrümmert, die Freiheit nicht existierend, die Autonomie des Ich eine Floskel, die Schreiberlinge, die vom Scheitern schreiben, wehleidige Schwachköpfe, die den selbstverliebten Anti-Helden spielen, und das Gerede vom *Wissen des Scheiterns* ist eine Inflations-Banknote.

Im Hof ist ein Baum, der färbt sich nicht dunkel, sondern wird hell, hellgrün und gelb, wie das weiße, lichte Haar eines Greises.

Nachts, fünf Uhr
Das *Spiel der Autorität*, hat, so behaupte ich, unsere Liebe zerbrochen. Sie ist zwar noch da, aber nur als eiternde Erinnerung, ein Blinddarm, der längst überfällig ist, um herausgenommen zu werden.
Ich, das Versuchskaninchen, mit jedem durchgespielt, sich gegen Autoritäten zu wehren. Als sei um mich ein magischer Kreis gezogen.
Herausgekommen ist der *Scherbenhaufen*, der Wechsel von eigener Scherben-Produktion und Zu-Scherben-geschlagen-Werden, weil das Gefühl, *behandelt* zu werden, vielleicht am nachhaltigsten die totale Vertrauenskrise hervorgerufen hat, die vor Monaten ausgebrochen ist. Die Freiheit wäre ausgebrochen, wenn das Gefühl, *Spielball der Götter* zu sein (so ein Titel von Hagelstange, den wir früher lasen), sich vom Gefühl der Ohnmacht in das der mitspielenden Akzeptanz verwandelt hätte.

Die Suche nach dem *wahren* Ton, das gilt für mich in jeder Beziehung.

Blinddarm und Maulwurfsgang, Tunnel, Brunnen und Stein, alles ist miteinander verschränkt, Fachsimpeln über das *Böse* wie die Lieder von Al Jonson wie die Erinnerung an ein Gespräch über den *Maler Küchenmeister* wie Theorie, Gedicht, Stimme und Bild.

Traum: ich liege im Bett, das zugleich an der Küste in der Morgendämmerung steht. Ein leises Flattern kommt durch die Luft, ein heftigeres Flügelschlagen, ein Vogel läßt sich auf der Decke nieder und fängt an, meine linke Hand zu zerhacken. Mörtel, rufe ich, unfähig, die Hand wegzuziehen, ein Vogel – (von dem ich in der Dämmerung nur die Umrisse sehe) – zerhackt mir die Hand. Keine Antwort.

Nächster Traum, bruchstückhaft: Vergleich zweier Maler, von denen ich den Namen des ersteren vergessen habe. Der Vergleich läuft darauf hinaus, daß beim ersten das Motiv der Straße ein artifizielles Konstrukt sei, die Straße nur integriertes Instrument der Komposition, während sie beim 2. (Klaphek) Ausdruck und Darstellung von Autoritäten sei. (Beziehe das im Traum, als Kritik, auf mein Buch.)

Die Liebe ist ein Scherbenvogel; nicht Phoenix aus der Asche, sondern mit Kittrissen.

Ein Tagebuch enthält Notate der Selbsterkenntnis, keine Selbsterkenntnis. Letzteres ist ein Glaubensartikel (von der religiösen Gewissenserforschung zum aufklärerisch-humanistischen Psychologie-Denken). Könnte einer sich selbst erkennen, wäre er tot. Er stünde außen, sowohl oben als auch unten als auch an den Seiten – ein Rundum-Betrachter-Ich, der das Betrachtete als Geschlossenes auffaßte, rundum *wie Gott*.

24. Oktober
Allein sein wollen? Keineswegs so immer und ausschließlich wie in den letzten Monaten. Das wird sich ändern, wenn die *Verfolgungsangst* durch alles und jeden, selbst durch eine Schleife im Haar eines Hundes (ihre Farbe) oder eine Schaufensterauslage, vorbei ist.

Las letzte Nacht in Auszügen Kafkas Selbstaussagen über sein Schreiben. Was sich in steter Wiederholung zeigt: die Angst vor der Offenheit, vor dem Sich-Öffnen, Sich-Verströmen, vor Vergeudung, Verlust, Selbstverlust (auch wenn das ein doppeldeutiges Wort ist), stets überwiegt das Festhalten, in sich Festhalten, Sich-Verschließen, Sich-Einschließen, das *Horten* seines Schreibens und seiner selbst (das Gefühl, kein *Leben* zu haben, ist der Preis), seine Lieblingsvorstellung ist die, in einem Kellerzimmer zu sitzen und zu schreiben, das Essen wird ihm auf einem Tablett hereingeschoben, im Morgenrock, ohne Kontakt etc. Das Horten, das wie beim Sammler das Horten des Todes ist und das Ich in Piranesische Gefängnislabyrinthe verwandelt, die dann in die Außenwelt projiziert werden. Kein Ausgang, nicht einmal ein Notausgang. Nur eine Luftleiter: seine Schreibfixierung. (Sehe das, im Vergleich zur Lektüre vor 2 Jahren, quasi von der anderen Seite. Damals von innen, identifikatorisch, heute von innen-außen.) Sehr gut die Erklärung an Felice, daß er keinen *Hang* zum Schreiben habe, wie sie meine, sondern das Schreiben selbst sei. – (Ob er je Interesse aufbrachte für oder glücklich war beim Anblick eines Lorbeerblatts, wie Colette?)

Niemand heißt im Französischen *personne*. Fast dasselbe Wort wie im deutschen *Person*. Besser kann man das Problem nicht ausdrücken, das Konsolidierende und Sich-Verflüchtigende des *Individuums*.

24. Oktober

Jede Nacht durchquere ich meine Träume, mit immer anderen Menschen, Konstellationen, Ängsten. Aber es ist nie die *richtige* Konstellation. Was ist die *richtige*? Die, die *richtig* ist im Augenblick, in dem sie sich einstellt. (Die *Wahrheit* des Augenblicks, der *glücklichen* Konstellation.)

Mögliches Motto des *Labyrinths*: Leiris, *Halsband der Olympia*, S. 12:
»Da er nicht alles, was er im Kopf hatte, restlos auf die Fläche seiner Haut eintätowieren konnte, entschloß er sich – zu versessen, wie er war, auf Totalität, als daß er es hätte akzeptieren können, diesen oder jenen Teil seines Körpers, den seine Hand nicht bequem zu erreichen vermochte, unbeschrieben zu lassen –, das, was er von sich zur Kenntnis geben wollte, dem Papier anzuvertrauen und nicht jener feinen Hülle, die allein den Geschundenen fehlt. Aber trotz der unzweifelhaften Vorteile (der Möglichkeit, heikle Probleme der Typographie zu vermeiden, über einen weniger beschränkten Raum zu verfügen, das publik machen zu können, was der Anstand im Privaten versteckt zu halten genötigt hätte, etwas Dauerhafteres als sich selbst zum Träger seiner Botschaft zu machen, blieb es doch ein Notbehelf: auf diesem indirekten Wege – sich auf eine Bildfläche zu projizieren, anstatt unmittelbar mit seiner eigenen Person zu zahlen und sich von Kopf bis Fuß mit Inschriften und Bildern zu bedecken, die noch enger mit seiner Körpermasse verbunden wären als ein Moos- oder Flechtenbewuchs mit einem Felsen – würde sein Diskurs an Beredsamkeit niemals jener Sprache gleichkommen, die sein Fleisch, als Organ seines Lebens und Gefäß seines Empfindungsvermögens gesprochen hätten, wenn er sich gewissermaßen zum Gegenstand einer Art Einlegearbeit gemacht und dem natürlichen Zauberbuch seines menschlichen Organismus ein anderes Rätselbuch eingeschrieben hätte, das zum Bersten voll wäre mit Zeichen und keinen toten Punkt duldete.«

Der Informationstyp hat den Bildungsbürger abgelöst. Wissen, das dem anderen, in der Ideologie des ganzen, humanen Menschenbildes auch zur Grundlage seines Karriereziels wurde, dient dem andern nicht mehr vermittelt, sondern unmittelbar als von der Person zu abstrahierendes Effektivitäts-Ziel; für mich ist beides gleicher Horror – *Wissen* als Wort an sich ist nichts, es gilt nur, was am Rand, mit Begeisterung, durch Zufall, aus innerer Notwendigkeit aufgelesen, weiterverfolgt, abgeworfen wurde. Ist *Wissen* fürs Schreiben grundlegend? Nein und ja – ja für das Wissen, das einen Dialog mit den anderen Texten im Schreiben meint. Das ist aber nicht *richtiges* Wissen, d. h. gelerntes, unmittelbares; es gilt auch hier: der von unten angeschnittene Weg, von unterhalb, d. h. der das Wissen unterlaufende Weg.

»Sorge, sei ohne Sorge. Vertraue dich deinem Drogisten an.« Das stand als wiederholtes Motiv als Leuchtreklame neben dem Fenster in einer Erzählung von – Simenon? Von Böll?

31. Oktober, und die Bäume auf der Montmartretreppe neben dem Funiculaire (*die* Vorlage für Photo-Sujets) sind so frisch wie im September, die Sonne vor Sacré-Cœur wärmte plötzlich wie an manchen Wintertagen, und der Gang die Rue Caulaincourt hinauf war wie ein langes Aus- und Einatmen, Einatmen von Luft, Wolken, dem Rinnsal der Rinnsteinbäche, dem Herbstflimmern in den braunen Kastanien vor der Bar au Rêve, von Freiheit, und das Ausatmen war das eines langen Alptraums, aus dem man plötzlich erwacht und die Dinge entdeckt, die man vor Jahren verlassen hat. Vor der *Bar au Rêve* standen zwei Tische mit unbesetzten Stühlen, die Madame herumrückte, die Bar war leer,

frischgestrichen, mit den alten Kupfertöpfen an der Wand und einem Photo von Doisneau zwischen den Spiegeln. Im *Etoile* war es, gegen ½ 12, noch leer, der Saal atmete einen Geruch von Frische, die mit weißem Papier gedeckten Tische, die umgedrehten Gläser, und durch die offene Tür zur Küche konnte ich die schwatzenden Frauen der Familie sehen mit blauen, vorgebundenen Schürzen, während der Mann am Tresen mir die Hand reichte und meinen Express vorsetzte. Ich wanderte über den Berg, Avenue Junot, Place Emile Goudeau, Rue des Abesses, und im Café an der Place des Abesses, das umgebaut wird, war es dasselbe: als ob für Momente das Spielerische, Witzige, Freundschaftliche als Element in einer Gruppe von Menschen (Quartiermenschen, Bauarbeiter, Zeitungslesende, Ricard-, Calvados-, Rotwein-Trinkende) vorherrschen könne. Später sah ich einen Schwarzen an einem Brunnen unterhalb von Sacré-Cœur, der seine schwarze Aktenmappe wusch mit Brunnenwasser wie ein Taschentuch oder einen Teller. Aus der Kuppel von Sacré-Cœur guckten zwei Leute wie Sternengucker – die Sterne sahen sie aber nicht am Nachthimmel, sondern im Tageslicht über der Stadt.

Bekenntniszwang und Maskierungszwang durchdringen sich meistens, verschränken sich auf eine Weise, wie ein Zopf ineinandergeflochten ist.

Freiheit ist eine Kette von Schritten in einer eingeschränkten Situation.

Kaum habe ich mich zwei Stunden meiner *Freiheit* erfreut, geht das Spiel weiter: der Telephonterror, die seltsamen Anrufe, die Suggestion, daß B. zwei ist, und jeden Tag von neuem das Schreiben als ein Anschreiben gegen die Überwachung, das Eingesperrtsein, gegen die Ängste, den abgrundtiefen *Haß* gegen diejenigen, die mich im unklaren lassen über die *Gründe* dieser Horrorreise, Haß der Verzweiflung gegen Rundumbewachung, ich höre das Husten, mein Echohusten von gegenüber, ich sehe die verhaßten Lichtsignale, ich sehe und höre, und weiß nicht, gegen wen ich diesen Haß richten soll, da ich die Gründe, wie gesagt, nicht kenne, da Weggehen nichts nützt, denn ich habe sie überall vorgefunden, die *Jean-Médicis-Spielereien*, ob in Spanien, Italien oder Deutschland – das Leben verwandelt sich zurück in einen Alptraum, und dies ist das Protokoll dieses Alptraums, der kein Traum ist.

Beim Schreiben, das gilt es sich gebetsmühlenhaft immer wieder vorzuhalten, gibt es nur eine Verpflichtung – weder der Zeit gegenüber noch den Drängenden, Wartenden, Kommentierenden – dem Text gegenüber, dem langsam sich fortwälzenden, sich schaffenden, zerstörenden Text, der wie der Regenwurm abstückelt, ausstückelt, überlebt.

Das Problem ist, sich herauszuziehen aus dem symbolischen Denken, wenn es wie ein Lianengewächs den Alltag, die Alltagsrede überwuchert.

2. November
»Ich bin der Henker und das Opfer« – »Ich bin das Messer und die Wunde« – ich bin der Jäger und die Beute, der Bogen, gespannt (vgl. Zwetajewa), und der Pfeil, auf sich selbst gerichtet – der Künstler macht sich selbst zum Experimen-

tierfeld seiner Imaginationen, wendet sie auf sich selbst an, Körper, Psyche, Tag und Nacht ist das Ich ein allumfassendes Experimentierfeld (um das Wort *Schlachtfeld* zu vermeiden, denn eine Selbstschlachtung ist auch ein Aspekt des Schreibens, Selbstschlachtung und Selbstrettung). Kunst als Stierkampf, wie Leiris gesagt hat, aber nicht: Ich versus Kunst und umgekehrt, sondern Ich-Kunst-Ich, es ist kein linearer Prozeß des Kampfes, sondern ein zirkulärer, aus dem weder *Ich* noch *Kunst* noch *Ich* ausbrechen können, Kunst und Ich-und-Ich ineinander übergehend – und außerhalb des Kreises ist *das Leben*? Natürlich nicht, denn diese Trennung gibt es nur in den Köpfen von Spießern oder Melancholikern, die einen halten – *das Leben* – für die Summe von Aktivitäten, die ihnen angebracht erscheinen, und die anderen, die chronisch Depressiven, nehmen *das Leben* als Synonym für ihre Mangelerfahrung, an der sie leiden. In Wirklichkeit ist *das Leben* immer und überall da, in den Ichs, in der Kunst, in der Depression in der Euphorie, in der Normalität etc., und die Trennung von *Leben* und Kunst ein Modus, der etwas anderes meint, je nach Epoche.

Ein holländischer Rosenritter schritt täglich singend durch seinen Rosenhain und führte dort seine Schmetterlinge spazieren. Zwischen den Beeten zogen sich kleine Grachten, nördliche Meeresarme, in denen sich die Pyramiden, Lauben, die ganze Gartenarchitektur auf das lieblichste spiegelte. Gegen Mittag, wenn die Sonne am höchsten stand, lud er seine Freunde unter ein an allen vier Ecken von Wassersäulen gestütztes Rankendach, wo sie über die Kunst des *Guten Lebens* diskutierten, eine Kunst, aus der die Frauen verbannt waren, weil sie, wie der Rosenritter befunden hatte, nur von der Lüge, nichts aber von der Wahrheit verstünden, ohne die die hohen Gesetze der Kunst nun einmal in Chaos versänken.

4. November

Nur über sich selbst darf man schreiben: »Deshalb – urteile nicht. Beschreibe mir deine Reaktion. Schreibe nie über den Autor, noch über das Werk – nur über dich in Konfrontation mit Werk oder Autor. Über dich selbst darfst du schreiben.« Über sich selbst zu schreiben, nicht *über sich selbst*, sondern *durch* sich selbst, sich selbst durchquerend, *sich selbst* zum Instrument des Ausdrucks machen, das ist doch ein Gegenprogramm gegen die verlogene Objektivität, die angeblich *den Menschen* schildere, den verlogenen Auto-Narzißmus, und wie die Haltungen alle heißen mögen. Nicht zu verwechseln mit der 19. Jahrhundert-Subjektivität des *entblößten Herzens*, die sich Enthüllung, Wahrheit, Moral versprach, eine Anti-Wahrheit-Moral natürlich, Anti gegen die Moral, Wahrheit von Gruppen. Nicht mehr diese Subjektivität der radikalen Selbstenthüllung ist die Sache, denn: es gibt nichts zu enthüllen, weder Ich noch was auch immer, da die Idee der Selbst-Erkenntnis, die auch dahinter steckte (als klassisches Ideal), ebenso wie die der Unmöglichkeit der Selbsterkenntnis (*Ich ist ein anderer*) sich gleichermaßen relativiert, um nicht zu sagen: aufgelöst hat.

5. November

Ein Junger Mann der Oberschicht, der im 18. Jahrhundert seine *Grand Tour* machte, meist quer durch Europa in Begleitung eines Mentors (Telemach-Motiv), um Kunst, Kultur, Sprache, Politik, Wirtschaft, Salons etc. kennenzulernen. Demgegenüber: der Empfindsam-Reisende (als junger Mann) oder der arm-chair-traveller (imaginäre Reisen im Lehnstuhl).

6. November
Zeitungsmeldung: Ein Mann geht in der Nacht in das Zimmer seiner Frau, wenn sie schläft, um ihren Wecker vorzustellen. Anfänglich ist die Frau erschreckt, dann verärgert, schließlich benutzt sie keinen Wecker mehr. (Solche Szenen, wo das Außergewöhnliche am Ende wie das Normale behandelt wird, gibt es nur in Metropolen.)

Es gibt eine Nuancenverschiebung im VII. Kapitel, d. h., es gibt im ganzen Buch nur *Nuancenverschiebungen*, keine *großen* Umschwünge, aber psychisch findet das statt, was die Widersprüchlichkeit dieser zigfachen Liebeskonstellationen ausmacht: daß nach Phasen der Ruhe, der Ausgeglichenheit, fast der Gleichgültigkeit, plötzlich eine Nebensächlichkeit bewirkt, daß der ganze schöne Leidenschaftsbrand gefüttert wird, das Gleichgewicht ist nicht mehr stabil, sondern *delicate*, und dieses Auf und Ab, daß es nämlich nie eine *eindeutige* Entscheidung gibt, sondern wechselnde Konstellationen (z. B. Bloks plötzliche Eifersucht bei Robert/Clarisses Besuch oder Franziskas/Fannys Solidaritätsbündnis beim Eintreffen der *Neuen* in Tarduz – etc. etc., dieses Mal ist es halt Blok im Hinblick auf die Kleine (*Provinzgans*) (Galatée als alter ego als Normal-Stupido)).

Man schreibt, um einer Vorstellung von etwas nahe zu kommen, das man sucht, und wenn man, nach einiger Zeit, liest, was man geschrieben hat, sieht man, daß man es auch im eigenen Geschriebenen nicht findet. Anders: man schreibt, um etwas herzustellen, was man bei anderen Texten nicht findet. Rückwärts betrachtet ist jedes Buch der Weg einer Suche und nie *das*, was man gesucht hat oder herstellen wollte.

13. November
Es gibt nichts, das ich nicht aus mir selbst, aus mir ganz allein gelernt hätte oder weiß – alles andere ist an mir abgeflossen wie Wasser, was mich nicht interessiert, lerne ich nicht, lernt kein künstlerischer Mensch, die ganze *Bildungsidee* ist Vergewaltigung einer Person, die vielleicht wenig weiß, aber auf *einem* Gebiet etwas kann. In der ganzen Geschichte des Abendlandes haben Erzieher – als Aufklärer – viel mehr Schäden angerichtet, als Gutes bewirkt, man kann nur Anregungen geben, Wissen ist für Spießer, für Teesalons und Oberseminare.

Gib ihnen Gold, Zucker und Stoff für Gerede, die dein Bedürfnis nach Anonymität und Intimität verletzt haben, wirf ihnen in den Rachen, was sie haben wollen, denen, von denen keiner je streikte oder sich dem *System* verweigerte, gib ihnen ihre kleinen Befriedungen, ihren Klatsch, ihren Hohn, ihr eitles Pfauengespreiz über ihre *Inszenierungen*: gib ihnen alles – nur mach dich nicht mit ihnen gemein. Möglich, daß ein paar etwas verspürten, das sie Liebe nannten, das sie dir später vorrechneten, welche Boten du verfehlt und welche Worte du versäumt hast, gib ihnen ihre Ressentiments, laß dich nennen, wie sie wollen, große Gefühle sind nicht an jeder Ecke zu haben, fühl dich nicht schuldig, wenn du sie nicht aufgewandt hast, wo sie nicht waren. Setz dich auf deinen Schreibtisch-Stuhl – und laß sie weiter spotten. Und pflanz mit dem Geliebten ein Bäumchen.

Sei großmütig, aber verzeihe nie. Vergiß es, es gibt Wichtigeres: eine Geste auf einem Bild anzusehen, eine Rose, eine gepanzerte Frau in einem Bus, eine Wolkenzeichnung über dem Fluß, einen tauben Kellner, das Zifferblatt einer Uhr, den Blick deines Gegenübers, ein wasserköpfiges Kind.

Morgens mit A. in einer Ausstellung, in der so ziemlich alles vertreten war, was man sich vorstellen kann: Tizian, Leonardo, Caravaggio, Lebrun – alles unter dem Namen des Malers Vouet – sehr, sehr schöne *Gesten* für meine imaginäre Sammlung, im Ganzen eine Schulfunk-Ausstellung mit dennoch Lustgewinn.

21. November
Wann weiß das eigene Herz, was es fühlt? Gestern – natürlich auf dem *Bahnhof* (der Bahnhof scheint tatsächlich, im Auseinanderreißen, der Ort zu sein, wo man sich *findet*), ein einziges *moment of being*, allerdings nicht, wie bei der Erfindung dieses Begriffs, plötzlich und bewußtlos *da*, sondern verdeckt im Gewirr der Zeichen, einer alten Frau mit Blinden-Bändern um die Arme, einem Abteil für Schwerbehinderte, zwei Cox-Orangen, einer plötzlich in die Gegenwart verwandelten Vergangenheit im Wort *ebent*, einem Dackel, der Papierstücke trägt, einem Koffer, der zu schwer ist, einer grünen Schirmkappe – hier klingelte das Telephon und unterbrach diese tiefsinnigen Überlegungen.

23. November
Die *Öffentlichkeit* des Schriftstellers ist heutzutage eine Permanent-Show – der Einzelgänger als Guru für den Voyeurismus der Medien.

Schattenspiele sind Spiele, bei denen mit fünf Fingern eine Unmenge von Figuren gezeichnet werden können (immer die gleichen Grundfiguren verwandeln sich, in verschieden *maskierte*). Das ist kein Thema für *Thema und Variation*, sondern für *Thema und unendliche Reihe*.

Worte sind Handlungen? Worte sind wie Handlungen? Worte sind keine Handlungen, sondern können Handlungs-*anleitungen* sein. (Die Differenz zwischen dem Ausspruch *ich hebe* und dem Griff, der etwas hebt.)

Las ein Buch. Kam mir vor wie eine Variation von Figurenkonstellationen im *Labyrinth* – stellte fest, daß, so wie in Bazons dickem Buch nie das Wort *Liebe* vorkommt, in diesem um so häufiger das Wort *Rache* vorkam. Prüfe einen Text auf die Worte, die darin fehlen, und die, die darin vorkommen – Herz, Liebe, Zärtlichkeit, Hand, Blick, Fenster, Regen, Wind, Rhythmus, Schiff, Blatt, Baum, Strauch, Haus, Wolken, Angst, Krieg, Rache (die letzten beiden in dem Buch) usw. Ich denke, es sagt etwas über die Vielfältigkeit der Imagination aus, wenn die Spannung von A bis Z geht, von langsam bis plötzlich (schnell), von Winter bis Frühling (Sommer), von Sirene bis Stille (Schweigen), von Lärm bis Musik (Melodie), von Wüste bis Oase (Zisterne), von Kind bis Erwachsener (Alter), von Stadt bis Land (Landschaft), von Fuß bis Kopf (Stirn), von Grün bis Rot (Blau), von Vergangenheit bis Gegenwart (Gegenwärtiges), von Abschied bis Begegnung (Verabredung), von Land bis Meer (Horizont).

Um gegen den Druck eines ungerechten Urteils anzukommen, bedurfte es eines und vieler Intellektueller, um Leute wie Genet (*Wunder der Rose* etc.) zu amnestieren. Befreit und nach Erscheinen von *Saint Genet*, schreibt er nichts mehr, so gut wie nichts, in einer verrückten Verdrehung der Verhältnisse, als ob die Freiheit ihm den Druck der Kreativität genommen habe. Von Dreyfus bis Genet bis zu den östlichen Dissidenten, immer bedurfte es des Muts von Intellektuellen, die *Dissidenten* aus der Hand der herrschenden Verhältnisse (sei es Gefängnis, Politik, Psychiatrie) zu lösen.

Der Diktator war längst tot, und der vergessene Dissident hält in seiner Kammer einen Monolog à la Krapp (Psyche und Politik: Theater der Grausamkeit/Weiss/Brook). Der Monolog kreist um ein einziges Thema, nämlich das *Papier*, und anhand dieses Motivs *Papier* wird der Mechanismus einer Existenz als *Flugblatt* – Keller-Druckerei und Widerstands-Existenz – entwickelt, das alles ein Zirkus zu 1 Stimme, d. h. das Ganze spielt sich eben in dieser Kammer ab und die Mitkämpfer als Echostimmen im Kopf des Dissidenten.

25. November
Gut behütet/behutet, geleitet und gefördert von der Wach- und Schließgesellschaft, fahren wir fort in unserem sterblichen Œuvre (Œuf(re)).

26. November
Die erkaltete Herzensschrift: Wenn also die autobiographische Schrift nicht mehr den Prozeß der Selbsterkenntnis

und nicht den des *bloßgelegten Herzens* zeigen will, wenn sie, wie bei Leiris (Schneider, 201 f.) Funktion des *Aufschubs des Todes* hat und das *Dem-Fleisch-Entfliehen*, dann gibt es auch eine gleichzeitig in die entgegengesetzte Richtung verlaufende, die des *Um-sein-Leben-Schreibens*, d. h. nicht den Tod aufschieben (dem Fleisch = dem Schmerz entfliehen), sondern ihn *durchlaufen*, durchqueren, durchschreiben, durchstreichen – überspringen. Dieser *Tod* ist nicht der reale, sondern der symbolische, das symbolische Gefängnis des Todes, das *eingebildete*, das als eingebildetes real ist, real wie die mitgeschleppten Gestalten der Bedrohung, die verinnerlicht und deshalb real sind, bis sie sich im Schreiben auflösen. Jeden Tag vor die Wahl gestellt, wähle ich rot, blau oder gelb, wähle ich Milch oder schwarzen Kaffee oder Weißwein, nehme ich ein, zwei oder drei Salatblätter, Münzen, Trauben, jeden Tag vor dieser Wahl, ohne zu wissen, was rot, was grün, was gelb und alles andere symbolisch bedeutet, stellt sich am Ende jeder Schrift heraus (ein Ende gibt es nicht, nur einen gewollten Abschluß), daß in der Anstrengung des *Um-sein-Leben-Schreibens* in Wirklichkeit nichts gerettet und nichts verloren ist, was das *reale* Leben betrifft, es ist *nur* gelebt worden, was sich ändert, von Buch zu Buch, ist die Einstellung zu diesem Prozeß des *Um-sein-Leben-Schreibens* und die Einsicht in die Aussichtslosigkeit, sich je über die Gründe der eigenen Wahl (heute rot? morgen blau?) grundlegende Aufklärung verschaffen zu können.

Im Traum sagt eine Frau (in Cordhose und schwarzem Pullover, es sollte also wohl Ich sein oder der andere Anwesende, der aber unsichtbar bleibt): »Wenn du endlich kommst, werde ich mich ans Fenster stellen und hinausblikken.« Es ist diese typische, dem anderen den Rücken zuwendende Haltung, die als Motiv für mich eine große Rolle spielt. Frage also: ist dies der Traum einer *literarischen* Grundkonstellation, ist es der einer psychischen Verfaßtheit, ist der ans Fenster Tretende Ich oder der Andere, und wer sagt wem mit dieser Haltung das, was auf der surrealistischen Bahnhofsuhr von *Bahnhofsbilder* steht: zu spät?

Kaum habe ich diese Zeilen geschrieben, fangen die Sirenen wieder an zu heulen, auch dies eine tägliche Frage: Warnung, Drohung, Einsatz zur Ersten Hilfe, Brandgefahr, Rettungsdienst – die Ikonographie der Sirenen durchläuft eine ganze Stadt-Skala, vom Goutte-d'Or-Quartier zum Hôtel de Ville zur Porte d'Orléans, vom Haushaltsunfall bis zum Baustellenunfall, irgendwo eine ohnmächtig gewordene Alte, dort eine Gasexplosion und dort ein gefaßter Betrüger.

Sonntag, Café de Flore. Auf die öfters geäußerte Frage, ob B. *zwei* sei, die Gegenfrage, welchen von beiden ich vorziehe (vorzöge). Darauf kann ich nicht antworten (angenommen ich könnte *zwei* nicht unterscheiden, hieße das einen Mangel an Sensibilität, einen Mangel an Aufmerksamkeit, an Liebe) –, weiß nur, welche Eigenschaften ich nicht mag: die Hast beim Essen, die Verbote im Alltäglichen, die verbalen Injurien.

Lange genug hat man ihr eingeredet, daß sie depressiv, schizophren, paranoid und dergleichen Dinge sei – sie hatte sich nur stets mit den falschen Leuten eingelassen und für deren Malaisen ein Ohr aufgebracht, nein alle Ohren, mehr als Ohren, und wunderte sich, wenn sie bedrückt war. Die Bedrückung kam aus dem Widerspruch, Leuten zu helfen, die ihr *contre cœur* waren, die sie sich selbst *aufgehalst* hatte.

Pavese, 9. März 1940, der Naturalismus habe gelehrt, alles zu vermeiden, was nicht *Handlung* sei, nicht abzuschweifen – aber die Gegenlinie von Proust bis Claude Simon besteht darin, daß die Abschweifung (höchst präzise allerdings, *Abschweifung* heißt nicht *Ausschweifung*) zum Hauptvehikel, wenn nicht zur Methode selbst wurde, es gab keine hierarchisch geordnete Struktur mehr zwischen Hauptsache und Nebensächlichkeit, sondern das Nebensächliche hatte den gleichen Rang – was nicht das Relative als Regel, das: *alles hat die gleiche, belanglose Bedeutung*, war.

2. Dezember
»Das alles ist nichts als Literatur«, schrieb Leiris als letzten Satz.

4. Dezember
Eine Gesellschaft, die eins ihrer Mitglieder überwacht, beschützt oder wie immer die fromme Bezeichnung lauten mag, ohne den Grund dafür zu sagen (von allem anderen abgesehen), ist keine aufgeklärte Gesellschaft. Die Menschenrechte müssen abgeschrieben werden – wenn sie nur auf dem Papier gelten. Was ist mit der Idee der öffentlichen Aufklärung, was mit dem Schutz des Individuums, was mit dem Grundsatz *in dubio pro reo*, was mit dem Glücksanspruch, Freiheitsrecht. Oder umgekehrt: Was hindert denn Aufklärung, Aufdeckung und Informationspflicht – was? Angeblich leben wir nicht in einem Europa, Westeuropa,

mit diktatorischen Zügen, aber Freizügigkeit des einzelnen wird am eigenen Leib wegexorziert, wenn ein einzelner, egal ob in Deutschland, Spanien, England, Frankreich oder Italien eine Rundumbewachung genießt, die es in keinem Gefängnis gibt?

5. Dezember
Im Traum pellte ich die Glasur von einer Tasse wie die Schale von einem hartgekochten Ei.

6. Dezember
Wenn der Alltag nicht aus vielen kleinen unbewußten Handlungen bestünde, die neben den zielgerichteten ablaufen, würde man verrückt – verrückt heißt, ein Mensch zu sein, der in jeder Sekunde seines Lebens selbst-bewußt ist. Die Psyche braucht das *Nebenbei* (Geschehen, Tun) als Entlastung.

8. Dezember
Wenn der *Spieltrieb* nicht spontan auflebt, wenn er zu einem Spiel mit Regeln verkommt, entwickelt sich bei den einen die Lust an der Einhaltung der Regeln und bei den anderen ein anarchischer Widerstand gegen jedes *festgesetzte* Spiel, eine elementare Unfähigkeit, Regeln als Regeln zu akzeptieren – es gibt *natürlich* Gesetze, in der ästhetischen Produktion etwa, aber entscheidend ist die *Erfindung*/Findung dieser Gesetze, jedesmal, ganz neu, auf einer unbewußt bewußten Gratwanderung, und wenn sie gefunden sind, sich haben entwickeln lassen, geht man zu Neuem über. Deshalb: das nach Regeln verlaufende Spiel einer Gruppe ist langweilig. Das spielerische Verhältnis muß spontan, wie

beim Jazz-Spielen sein: fünf Töne, und ein anderer reagiert dagegen, damit, es muß die Improvisation sein, nie dieses langweilige: 1. Rue de Lille, 2. Avenue Franklin Roosevelt, nicht diese in Sprachschritten verlaufende Mathematikaufgabe. *Üben* ist für Schüler. Es lebe die Improvisation, der anarchische Sprung in das, was gestern noch nicht galt. (Halte niemals, auch wenn du sie selbst hast, Regeln ein, die dich nicht erweitern, sondern einengen.)

Gefühle, die es sind, lassen sich nicht spielen – da mögen die Verlockungen noch so groß sein. Warum sollte man etwas spielen, an dem nur im *wirklichen* Fall gelegen wäre? Alles andere läßt sich *spielen* – unter dem Verständnis des Lebens als Bühne: Abendessen mit Freunden, Lektüre, ein Kino-, Museums-, Theaterbesuch, ein Streit, eine Freude über ein entdecktes Schlüsselblümchen usw., alles, was auch als *Ritual* begriffen wird, Rituale des Alltags. Aber dieses *Spiel* setzt gerade eine Distanziertheit voraus, die ein Schriftsteller, sofern er sich als Zuhörer und Betrachter des anderen versteht und in dieser Haltung selbst verstrickt ist ins Geschehen, nie aufbringen kann: er ist entzückt, begeistert, abgestoßen, verzweifelt, alles – nur eben nicht distanziert, ausgewogen, *spielerisch* in diesem Sinn, nur im anderen, im Sinn des *Bewegt-Seins* (das auch *Ruhe* heißen kann), nicht des *Bewegens*.

Die zwei Seiten der Wahrheit: es gibt eine Wahrheit, die die Gesellschaft immer unterdrückt, mit Phrasen von Humanität, Aufklärung, Information, das ist die Wahrheit der real existierenden Gewalt in jeder Form (ob in den Familien, den wirtschaftlichen *Enrichissez-vous*, im Staat, im Privaten). Dieser Unterdrückung der Wahrheit korrespondiert eine

Wahrheitspusselei, die wiederum genauso verlogen ist – zeige mir den, der weder anderen noch sich selbst etwas vormacht, wer *reflektiert*, daß dies eine der Grundverhaltensweisen der meisten Menschen ist, nimmt nie mehr mit erhobenem Zeigefinger das Wort *Wahrheit* in den Mund, als Wort, als Forderung ist sie ein Beruhigungspflästerchen, eine Chimäre, und man lernt grausame Leute kennen, die behaupten, sie liebten die Wahrheit und lögen nie. Ich ziehe den vor, der behauptet, *corriger la fortune* zu treiben, und im Ernstfall spontan und nicht grausam ist, anstelle der grausamen Wahrheitsapostel der bürgerlichen Salons, die sich blendend auf Lynchjustiz, Gruppenjagden und Waffenlieferungen an Despoten verstehen.

15. Dezember
Und hat all die Quälerei die Geschichte auch nur einen Schritt weitergebracht? Die Dichter schreiben weiter, die Liebenden lieben und die Spaziergänger gehen spazieren. Die von Ressentiment Geladenen decouvrieren sich selbst, die Gegnerschaften lassen sich selten ausräumen, die Frauen nicht zur Liebe zwingen, die Ängstlichen überleben ihre Angst, und die Polizeisirenen halten ihre Sonntagskonzerte ab.

19. Dezember
Die seltsame Öde der Gegend um das Schloß von Vincennes – weite winterliche Parkanlagen im Schneeregen, die an Friedhöfe, an Trimm-dich-fit-Zentren, an Sportanlagen erinnern, ausgestorben im Alltag bis auf ein paar Kinder mit Tennis-Rackets, ein Vorstadtgelände, dem nur noch unmittelbar um die Mauern von Vincennes die *erhabene* Öde einer Festung anhaftet, im weiteren Umkreis ein hilfloses Gelände wie eine Parkanlage vor Autokinos.

(Auf der anderen Seite das Städtchen, sehr idyllisch, ein Ort für pensionierte Verwaltungsbeamte und Militärs, schöne Villen, kleine Cafés, ich erinnere mich, wir saßen vor Jahren in einem.)

7. Januar
Im Traum: Verwandlung, un-endliche Verwandlung, in andere Personen. (Die Unendlichkeit des Ich.)

Augen: Trauer, die keine Resignation, keine Traurigkeit, keine Tränenseligkeit, keine Tragik, sondern ein *Über-die-Grenze-Gehen* ist; Wirklichkeit – gegangen.

Im Traum verwandelt sich der Rücksitz eines Autos in eine Schaukel, deren Bewegung der Rückspiegel reflektiert, verwandelt sich das Gesicht der Großmutter in das einer *syrisch* verfremdeten George Sand (die *Flächigkeit* ist das Gemeinsame), verwandeln sich die auf einem großen Schreibtisch ausgebreiteten Blätter mit Sätzen in Schaum(schläger) (Schneebesen).

14. Januar
Der Großinquisitor von heute als Großinszenator, als medien-ubiquitärer Inszenator von als Wirklichkeit ausgegebenen Märchen der Self-Full-Filling-Prophecy(ies), der Weltuntergänge, Glücksspiele und Videoträume, der Welt des Simultanen geschriebener und gefilmter Bilder.

21. Januar
Zu *Weiß*: der weiße Riese, Weißwein, Weißwäscherei, Weißenburg.

»Ich bin Niemand«, sagt Odysseus zu Polyphem.

22. Januar
Ein Krieg, in dem wie immer große Worte fallen; ohne daß ein einziger Politiker zugesteht, daß es um nichts anderes als um ökonomische Interessen geht (Golfkrieg).

Wittgenstein: hat sein ganzes Erbe verteilt und allein von seinem Gehalt gelebt.

Verweigerung gegenüber einem diktatorischen System ist für Schriftsteller die Verweigerung der Veröffentlichung.

Im Januar
Die Krankheit zum Absoluten.

15. April
Spaziergang am Ufer der *Île de la Grande Jatte.* Mache mir Notizen »die Beine baumeln im Wasser« etc. Zwei Minuten später komme ich an einem Lokal vorbei mit dem Namen: *Les Pieds dans l'Eau*. (Variation eines *hasard objectif*.)

28. Mai
Das Abenteuer eines Schriftstellers, dessen Arbeit sich *außerhalb der Zeit* vollzieht.

Heißt: *außerhalb der Zeit*, in der anderen Zeit, in keiner Zeit, in der Nicht-Zeit oder in der *Ewigkeit*?

Der Ehemann als sein eigenes Double. (Jemanden mit sich selbst betrügen. Thema: Spaltung in zwei Personen gegenüber ein und derselben Person.)

Wenn das Selbst (anstelle des modernen *Ich*) aus einem Bündel von Affekten aus der Realität überprüfbarer Wahrnehmungen und aus Konventionen besteht, dann ist Schreiben nicht mehr Cortázars *Suche nach dem eigenen Ich*, sondern die fortgesetzte *Zertrümmerung* dieser Affektbündel der Sicherheiten, der Wahrnehmungen und Konventionen. Schreiben aber zwei gegenläufige, gleichzeitige Prozesse: Rekonstruktion (als Fiktion) der Erinnerung, die in der Rekonstruktion überhaupt Form annimmt, und Auflösung der Knoten, die auf der Rückseite das Gewebe (Text) zusammenhalten. Schreiben *gegen den Strich*, d. h. gegen das *Sich-Selbst* (die Gewißheiten des Selbst).

Methode, veränderte, des autobiographischen Schreibens (etwa Miller): Die Ich-Geschichte einbauen in die Geschichten von anderen Figuren. Das heißt: das Äußere (Daten, Schauplätze, Aussehen) von einer fremden Figur nehmen und das Innere der Ich-Geschichte. (Etwa: ein Biograph erzählt Kafkas *Geschichte* im *Gewand* von Poes

oder Borges' oder wie auch immer Biographie, d. h. hier nur: *Lebens-Lauf*.) Diesen Sprung, diese Übersetzung oder Ineinanderdrehung habe ich in der *Unruhe* und im *Labyrinth* auf verschiedene Weise zu realisieren versucht. Nochmal: es geht bei dieser Methode nicht um Doppel- und Maskenspiele, sondern um 1) den Selbstbezug des Ich, der nicht im frühmodernen *Bruch* allein erlebt wird, sondern in der Verdrehung in Figuren seiner Umgebung; und 2) um ein methodisches Problem: wie lassen sich Figuren von außen schildern, ohne auf die beiden Pole der Moderne zurückgreifen zu müssen, entweder den *klassischen*, d. h. einen relativ geschlossenen, von charakterisierbaren Merkmalen festgelegten Personenkern, oder den *radikalen*, d. h. ein nur in seinen Brüchen erkennbares *Splitter-Subjekt*. (Dazu gehört auch das in einem ständig veränderten Fluß der Sinneswahrnehmungen sich konstituierende Subjekt etwa V. Woolfs, dieser Typ gehört zwischen 1) und 2), weil durch den *Fluß* eine gewisse lineare Kontinuität des Subjekts entsteht, durch den Wechsel der Sinneseindrücke, in dem das Ich (nur) Projektionsschirm ist, die Brüche entstehen.)
Vorläufig nenne ich diesen für mich herzustellenden Typ des Ich das *verdrehte Ich*. (Vielleicht ein Spiral-Ich, aus 2 Spiralen, im Gegensatz zum Splitter-Ich.)

4. Juni
Das Drumherumreden, das *Geschwätz* als der eigentliche Motor der Handlung – trifft ins Schwarze und läuft zugleich ins Leere, d. h. nicht die Leere wird inszeniert (Monotonie etc.), sondern die Fülle, eben das *Geschwätz*, in dessen Zentrum der *unbesetzte Platz* ist, der Platz dessen, was das *Geschwätz* zerstört (*Wort der Saison*).

Altes Thema. Zur Frage nach dem *Standort* des Ich.
Wo?
I In den *abgeleiteten* Identitäten? *Abgeleitet* von *Menschen*, die Nicht-Ich sind; von Dingen (Geld, Auto etc.), von sogenannten Gegebenheiten (Sachzwängen) (wie Beruf, Herkunft etc.).
II In den *hingestellten* Identitäten? *Hingestellt: vor sich* als Selbstentwürfe, d. h. Identität als Versuch, dem Bild *von sich* ähnlich zu werden (Kafka, Baudelaire etc.).
III In den *weggeschlagenen* Identitäten? In den Identitäten, die nicht auf einer statischen Ableitung oder Projektion (I u. II) beruhen, sondern sich in fragmentarischen Abspaltungen konstituieren – wie etwa *Blick* (auch Kafka, Weiss), wie Haut (s. etwa *In der Strafkolonie* oder *Locus Solus*, d. h. die *durchstochene*, d. h. *beschriebene* Haut; Haut als Textgrundlage), oder *Zuständlichkeit*. (Dazu gehört alles vom Bewußtseinsstrom über die Unrettbarkeit des Ich bis zu Artauds Ich-Verlust, aber nicht die *Kontingenz* des existentialistischen Subjekts, die in der Preisgegebenheit an die Zufälligkeit noch subjektorientiert bleibt und an der Illusion des sich, wenn auch negativ, selbst wählenden (*freien*) Subjekts festmacht.)
IV In der *um-lagerten* Identität? Um-lagert heißt: weggelagert aus dem Zentrum; heißt, Ich konstituiert sich in einem Raum, der nicht Ich ist und nicht ein Anderer, in einem Zwischenraum, einer Pufferzone, wie sich anlagernde, bewegliche, sich verschiebende Moleküle.

20. Juni
Als ob jede Nacht im Traum, vermischt mit Bruchstücken der eigenen, die Biographien Fremder durch mich rinnen. Versuch, diese Träume als Grenzerfahrungen zu deuten. (Weniger als Wegweiser: *da, wo's langgeht*.) Auch als: Echo

und Narziß (es kommen *Wörter* vor in diesen Träumen, nicht nur Bilder, Wörter aus meinen Texten; so B., im Rasierstuhl sitzend, bei einem Barbier: »es ist alles *offen*«.) Zum Ausmessen in der Rue des Gatines. Später im Café gegenüber. Donnerstagmorgen, und das Viertel ist von einer schläfrigen Geschäftigkeit. Der Regen verhängt *alles*. Alle Läden sind geöffnet, bunte Farben, Schritte, Kopftücher und ein Hund mit rotem Halstuch. Provinzidylle. Zurückgezogen ins Innere der offenen Läden. Im Café spricht der Patron mit zwei Männern über: Ferien. Es ist eins von den Cafés – nicht ein Pariser *Bistro*, wie's an der Place Gambetta mehrere gibt –, deren karge Einrichtung (zwei Tische, eine Palme im Fenster) korrespondiert mit dem Magnetpunkt der Theke (das Schiff mit hölzerner Platte), um die herum alles dicht gedrängt ist: Kaffeemaschine, Flaschen, alte Poster mit Sektflasche und Preisen für die *flûte* und das *verre*. Leere des Raums (Bodega) und Gedrängtheit der Thekenecke vor dem Fenster. Man steht und redet. Ab und zu fährt ein Auto durch die Straße. Eine runde Maghrebinerin kommt herein, mit langem Zopf. (Von einem der Männer als Ma Mère? Mes mères? Mes maires? bezeichnet.) Sie reden. Dann Pause. Der Regen fällt, und im Café ist jene Wärme, eine Wärme (wie zuvor in der Wohnung), die man als *Holzkohlenwärme* empfindet (auch wenn sie elektrisch ist), weil sie unmittelbar, beim Betreten der Räume, auf die Feuchtigkeit der Luft trifft, eine Feuchtigkeit des Sommerregens, die, an einem friedlichen Morgen wie diesem, an Landregen erinnert und auf der Haut jene prickelnde Empfindung von Regen/Holzkohle hervorruft. – Ein Mann betritt das Café, mittelgroß, ein wenig untersetzt, um die 50, von jenem zugleich durchschnittlich-behäbigen und *soignierten* Aussehen, wie es einem Bankangestellten aus einem Balzac-Roman entspräche. (Frankreich als *Mittelstand*.) Kräftiges Gesicht, glatt nach hinten ge-

kämmtes Haar (aschblond? grau?), blauer Sommerblazer, gestreiftes Hemd. Er wird als *Monsieur le Directeur* tituliert, Frage, ob dies eine ironische Anrede unter Quartier-Bekannten ist – aber nach Zirkus-Direktor sieht er nun nicht aus. Der Kaffee ist gut und kostet 4,20 FF und wird in einer Tasse mit der Aufschrift *Marquis de Montesquiou* (Robert de ...) hingestellt (das hebt sich ungemein!).
Am Place Gambetta tropfen die Bäume vor Regen, und die Sitze im Bus sind angenehm klamm, angenehm, weil, im Regen verfremdet, der Platz, die Straßen, die Fahrt etwas von einem *Ausflug* bekommt – eine kleine Reise durch die Hügel – ja, welcher südfranzösischen Landschaft? Richtung Pelleport, Place des Fêtes: eine Mischung aus weinlaubumrankter Provinz-Idylle und Hochhausklotz-Brutalität. Das Idyllische und das Kaputte (das Kurz-vordem-Neue) – man ist weit weg von Paris (natürlich ist z. B. *Gambetta* zugleich vollkommen Paris), viel weiter als im 18., das rasanter, lauter, großstädtischer wirkt. Montmartre ist auf Paris zugerückt, oder umgekehrt, seit es um die letzte Jahrhundertwende *gerodet* wurde, denkt man an die Avenue Junot, ist es elegant wie eine reiche alte Erbin mit Sitz am Boulevard Haussmann. (Unterhalb von Caulaincourt ist das natürlich anders.) Die Gegend um die Place Gambetta, die prächtige Mairie, das Theater, der Père Lachaise, der Square, das Polizeigebäude, die Rue des Pyrenées mit ihren Bäumen und Läden hat auch etwas von der Hauptstadt eines französischen Departements, in der die Händler zum Wochenmarkt fahren, eines Wochenmarkts der *Lehrjahre der Gefühle* (nicht: *des* Gefühls).

2. Juli
Zwei Probleme, für *den* Schriftsteller: niemals *an den Rand* einer *erfüllten Sprache* zu kommen; niemals die Komplexität des Lebens zu erfassen.

Ein Hof, in einem alten Pariser Gebäudekomplex, in einer Julinacht. Das Lachen einer Frauenstimme, ein Lachen hinter geschlossenen Läden, der Schimmer einer Lampe durch die Ritzen der weißgestrichenen Eisenläden, ein hellerleuchtetes, offenes Fenster nebenan, ein Mahagoniklavier, ein Wasserschlauch, gelb-schwarz, an einem Haken im Hof, heftig diskutierende Stimmen durch die Wände (ein Stimmenkörper, eine Stimmen-Bienenwabe), ein bläuliches Dachfenster gegen den helleren Nachthimmel, Schutt im Hof unter Plastikfolie, ein Einkaufswagen aus einem Supermarkt, mit blau-orangenem Griff, und die *Süße* der Sommernachtluft, jener Geruch nach Linden, ein Nasenschnaufen, vertrautes Geräusch von B. auf dem Sofa im vorderen Zimmer, und in der Badewanne weißer Schaum.

12. Juli
Las gestern in der Rue des Gatines alle Stellen, die B. im Pavese angestrichen hat. »Du bist allein. Eine Frau zu haben, die mit dir spricht, ist nichts. Es zählt nur die Umschlingung der Körper.« (8. Februar 1946)
Ich hatte angestrichen: »Du wirst nie kämpfen.« (1. Januar 1946)

Das Gezerre – verlangt vielleicht eine Frage. Für welchen bist du bereit, ein Verbrechen zu begehen. Für den, den du liebst oder für den, in den du verliebt bist?

Heute lautet die Antwort?

Die Frage wäre nur dann sinnvoll, wenn es eine *Gleichzeitigkeit* gäbe. Es hat sie nie gegeben, in keinem Fall, es war immer zu früh, zu spät, daran vorbei. *Das* ist die Antwort. Vergangene Ungleichzeitigkeiten sind zukünftige Ungleichzeitigkeiten, Gleichzeitigkeit ist eine Sache des Zufalls, und nicht eine Verlängerung der Ungleichzeitigkeiten in die Zukunft. Wenn es möglich wäre, mit dem psychischen *Krempel* umzugehen wie mit einem Schrottberg, man sollte ihn an den nächstbesten Schrotthändler verhökern.

17. Juli
In Sartres Essay über Baudelaire das *Unendliche* nicht als Kategorie des Unbestimmten, sondern als eine die Gegenwart anreichernde Öffnung auf Zukunft (oder umgekehrt): das Unendliche ist die offene Gegenwart, ist das Scheinen der Ferne, der Zukunft *in* der Gegenwart.
S. 30: »So beschaffen ist das Unendliche, wie Baudelaire es begreift: es ist das, was vorhanden ist, ohne gegeben zu sein; es ist das, was mich heute bestimmt und doch vor morgen nicht existieren wird.«
S. 41: »Diese Bestimmung der Gegenwart durch die Zukunft, des bereits Existierenden durch das, was noch nicht ist, nennt er ›Unbefriedigtheit‹. (...) Die Philosophen bezeichnen es heute als Transzendenz. Niemand hat besser als er begriffen, daß der Mensch »ein Wesen der Ferne« ist, das mehr durch seinen Endzweck und seine Zielsetzung bestimmt wird als durch das, was man von ihm kennenlernen kann, wenn man es in dem Augenblick festhält, der gerade vorübergeht.«

Unendlichkeit ist also nicht ein religiöses oder absolutes Element, sondern *Gegenwart als offener Horizont*. Oder:

Zukunft als offengehaltene Gegenwart. Zugleich berührt sich dieser Unendlichkeits-Begriff mit dem romantischen Sehnsuchtstopos, mit dem ennui-Topos der décadence und mit den Handlungshemmungen der Melancholiker (eben dies Gefühl der *Unbefriedigtheit*). Unbefriedigt, unzufrieden mit dem, *was ist*, d.h. Musils Möglichkeitssinn gegen den Wirklichkeitssinn, das Utopische gegen das Pragmatische und das Gegen-Denken gegen das Für-Denken.

20. Juli
Die Statuen mit den weggefressenen Gesichtern an den Seitentrakten des Louvre. Der Widerspruch (das Zusammenspiel) zwischen den höfischen, gravitätischen, graziösen Gesten der Körper und diesen zerlöcherten Gesichtern. (Es kommt etwas Marionettenhaftes dabei heraus, aber auch das kommt von Verstümmelten.)

Die Pflastersteine vor St. Germain des Prés haben, manche, die Farbe von Rost. (Mutation eines Elements ins andere, »als sei es Natur«.)
An der Seine: eine Gruppe von Kindern umringt eine Platane und sieht zu, wie eine von ihnen den Stamm *häutet* – es zieht, bricht große Stücke der Rinde ab. Darunter erscheint das gelbe, weiche Fleisch.

9. August
Zu Pavese, 17. August 1942: er spricht davon, daß ein *overheard*-Gespräch uns zuweilen mehr beeindrucke als Worte, die direkt an uns gerichtet sind. Das Wort *overheard* läßt sich aber auch so auslegen: daß erst das *Überhörte* (nicht das: Belauschte und zufällig Aufgeschnappte) Erin-

nerung bildet, Gefühle herauskristallisiert, Strukturen schafft (nicht das *bewußte* Gespräch, das *bewußt* Gehörte und Gesprochene).
Zu 22. August: über das *Zum-ersten-Mal-Sehen* der Dinge, etwas, das, nach der Kindheit, nach seiner Eintragung unwiderruflich vorbei sei. Nein, es geht darum, diese Fähigkeit des *Zum-ersten-Mal-Sehens* zu erhalten, d.h. sie immer wieder aus dem Schutt des Gewohnt-Gesehenen, des Gewohnt-Sehens und Übersehens herauszuziehen/freizuschaufeln. Wobei es natürlich heißen muß: *wie* zum ersten Mal. Es geht darum, sich für jene unverhofften Zustände offenzuhalten, in denen die Dinge in ungewohnter Beleuchtung auf uns zurücken, um das, was Breton beschreibt, wenn er sagt, daß ihm plötzlich bei der Betrachtung eines Gegenstandes ein Wind um die Schläfen zu wehen scheint und die Haare wie elektrisiert vom Kopf abstehen. (Weniger also geht es darum, daß die *Dinge* sich wandeln und *neu* erscheinen – was nützt es, zu kommentieren, wie und in welcher Weise der Carrefour um die Ecke umgebaut wurde? –, als darum, wie wir die gewohnten und verwandelten Dinge aufnehmen. (Das heißt auch: die Dinge sehen und zugleich nicht sehen; auch hier wieder, wie bei dem *overheard*, ein Übersehen, was das Genau-Hinsehen nicht ausschließt, es ist ein Übersehen, das der *eigene* Blickwinkel ist.) (Elemente: Erwartung und Überraschung, Elemente, die sich an sich widersprechen: was erwartet wird, kann nicht überraschen, und umgekehrt.)
Zu 4. September: man wünsche sich, ein Werk zu schaffen, das zuallererst uns selbst erstaune. Ja, denn Schreiben ist auch der Versuch, etwas herzustellen, das wir in gelesenen Büchern nicht finden, etwas, das bei der Lektüre *fehlt*.

An der Ecke, meinem Fenster gegenüber, ein zweistöckiges, weißgestrichenes Haus mit schrägem, flach abfallendem Zinkdach, auf dem die Schornsteinblöcke und Abzüge stehen wie Figuren auf Spielfeldern, die Läden im ersten Stock geschlossen wegen der Augusthitze, auch Ferien, im Untergeschoß ein geschlossenes Café mit herabgelassenem Rolladen aus gewelltem Metall, mit staubig gestreifter Markise, auf deren knappem, gerade abgeschnittenem Rand die Worte CAFÉ BAR, und über dem Eingang AU BON COIN stehen – das strömt psychologisch Augusthitze aus und erinnert atmosphärisch an die geometrische Leere auf Bildern der *Neuen Sachlichkeit* oder an die Häuser Edward Hoppers: daran ändert nichts, daß ein Mann sich zuweilen aus dem Fenster lehnt und, auf die Straße blickend, den Rahmen ausfüllt bis auf die leere obere Fläche des schattigen Zimmers, das ist eine Figur, ins Bild gefügt wie eine Vase, manchmal erscheint die Silhouette dieses Mannes, arbeitend, am Tisch sitzend, hinter dem Eckfenster. (Ich habe mehrere solcher Sitz- oder Tisch-Figuren in diesem Quartier gesehen, in der Geschäftigkeit des Viertels, in ihren *idyllischen* Szenerien – die Katzen in den Fenstern auf Stangen hinter Drahtgittern – verborgen, stecken sie in den bewegten Alltagsbildern wie unauffällig hineingesetzte Schlüsselfiguren.)

14. August
In der Breton-Ausstellung. In einer Vitrine mit Buchausgaben der Märchen Achim von Arnims, mit Illustrationen von Valentine Hugo und dem Vorwort Bretons, der Arnim erst eigentlich für Frankreich entdeckte, ist, in einem vollkommen quadratischen Rahmen, der, für die Kleinheit des Bildes, recht breit ist, mit abgestuften Reliefs in rötlich geflecktem Gold, eine lavierte Zeichnung, eher ein Aquarell

(von Hugo) zu sehen. Auf den ersten Blick besteht das kleine Bild aus einem wassergrauen Hintergrund und einem geschriebenen Wort, auf einer horizontal verlaufenden Linie im vorderen Drittel: AUBE. Auf den zweiten Blick erkennt man, daß die scheinbar einheitliche Fläche von zarten Linien durchzogen ist, Horizontlinien bildend und Ballungen gleich Wolkenbildungen, Wellenlinien, Sandabgrenzung, so daß der Eindruck eines Meeresbildes entsteht, Strand, Meer und Himmel darüber, und im Sand (nicht im Himmel) steht, was ist, nämlich AUBE. (Indem sie geschrieben ist, ist sie: AUBE, eine Buchstabenskulptur, auf Sand (in Papier) gesetzt.)

28. August
In *Spiel am Morgen* (ohne Regel) soll es eine Installation (eine scheinbare Rehabilitierung) der alten *Psychologie* des Romans geben, scheinbar, weil sie neben dem optischen und dem musikalischen Element das dritte, in gleicher Weise wichtigste ist, aber nicht mehr eingesetzt wird, um eine Figur zu durchdringen, sie zu umreißen oder sie zu spalten – nach den drei Stufen des psychologischen Romans, vom subjektiven (eines Anton Reiser) über den objektiven (eines Balzac) bis zum aufgelösten (von Ich und Objekt, in inneren Monolog à la Virginia Woolf), sondern als eine Funktion der *Spannung*.

1. Oktober
Es gibt eine Geometrie der Geschlossenheit in manchen Texten (Prosa und Lyrik), die, bei aller beeindruckenden (beeindruckend = Distanz herstellend) Hermetik (die *Vollendung des Stils*, das *Rätsel* etc.) etwas von den zwangsneurotischen Stimmungen fensterloser Zimmer, *Schulen der*

Angst etc. etc. hat. Ein Text aber sollte offen sein, *durchlöchert*, mit Fenstern, durch die der Wind (die Luft) zieht.

4. Oktober, nachmittags: Anruf des früheren Bohrers der 70er Jahre – Frage: *Undine*?

16. Oktober
Eine Geschichte aufbauen wie ein *decline*: hoch angesetzt und unmerklich abfallend (die Erwartung des Lesers *enttäuschend*). Die Fall*ebene* (ob im Bogen, treppenförmig oder steil) – ist der *Prozeß* dieses *decline* (das, was sonst das lineare Element einer Geschichte ist), die Fall*höhe* (meßbar im Vergleich von Anfang und Schlußpunkt) ist die Struktur.

23. Oktober
Sitzt du an einem Text, sitzt du in ihm wie in einem Zimmer, dessen Schlüssel du selbst abgezogen und zum Fenster hinausgeworfen hast. Du steckst im Text, im Zimmer, im Text-Zimmer. Ab und zu öffnest du das Fenster, es kommen Fetzen angeflogen, neue Satzfetzen, prosaische, lyrische, philosophische. Aber es bleiben diese angeflogenen Fetzen, du kannst sie einfangen, aber nicht ausweiten und anreichern, denn du steckst in jenem alten Text-Zimmer, solange er nicht *fertig* ist – solange die Arbeit daran nicht aufhört. (Plädoyer für die Unmöglichkeit, an mehreren Texten zugleich zu sitzen.)

Es ist immer der auf *falsche* Moral gerichtete Geist, der die Trennung von Ethik und Ästhetik vornimmt und das Moralische gegen das Ästhetische ausspielt. In Wirklichkeit sind sie zwei Kehrseiten derselben Sache, so wie Vernunft und Irrationalität die zwei Seiten einer einzigen *Moderne*, sie sind getrennt, sind Widerstreiter, nicht Gegensätze, Gegenspieler in einer Person. Widerstreiter, die sich gegenseitig anfeuern, zum Teil vermischen, trennen, in neuen Konstellationen neue Verbindungen eingehen. Das, was sie verbindet, ist gerade das *Unentschiedene* (weder pro Ästhetik noch pro Ethik pur), was nicht heißt, daß sie eine *friedliche* (d. h. langweilig stillgestellte) Koexistenz hätten. *Friedlich* meint hier: Auseinandersetzung, Spannung.

24. Oktober
Das Gesicht einer KZ-Aufseherin – die Geeignetheit gewisser Frauen, gerade weibliche Juden den Versuchsärzten ins Messer zu treiben – zwischen 8 und 10 Uhr morgens, im letzten Schlaf nach einer durchwachten Nacht.

Die gewöhnlichen Gesichter des Alltags – in einem Kabinett der Torturen (die Banalität des Bösen als Vertrautheit der vertrautesten Gesichter) erstehen sie im Traum wieder auf.
Das Phantasma: der Fliegen-Quäler, der O-Sadist, die Geschichte der O, Ausradierung der Identität im Käuzchen, ein Ur-Trauma der Folter-Projektion. Der *Nightporter*, der KZ-Quäler und Liebhaber. Der Schwule, der Totschläger, der Zuhälter etc. Im Traum: »Du bist in den Händen eines Totschlägers, Mörders, Zuhälters.« Bild: der Täter, das Symbol der Tortur, dreht B. mit Draht den Hals zu. Das als *Rückblende* – es kommt erst jetzt heraus. Daher die Vorstellung, mit einem Falschen zu leben, der in B.s Rolle geschlüpft ist.

Dann: nächste Vorstellung: A. hat mich in die Hände ihrer Kriminellen ausgeliefert (Variation der früheren Vorstellung der Kindheit als *unter Aufsicht*).
Dann: die alte Vorstellung als nachträgliche, weil der Traum sagt, die *Rehabilitierung* habe längst stattgefunden (meine wegen des Inzests), daß es einen Krieg zwischen Familie G. und G. gegeben hat, daß sie mich für schizophren erklärt haben, daß sie die *Unruhe der Seele* brauchen, um ihre Macht darauf zu gründen.

27. Oktober
Es gibt, in der Anklage der schlechten Verhältnisse, eine Selbstgerechtigkeit unter den sogenannten engagierten Intellektuellen, die stinkt zum Himmel. Das Gewand der *guten* ideologischen Perspektive wird sich selbst angezogen, um desto besser Rundumschläge zu verteilen, die nichts mit Analyse, mit Trauer, mit Pessimismus, mit Widerstand zu tun haben, sondern aus Ressentiment geboren sind – eine Schwarzweiß-Küche, in der die wenigen Guten ins Kröpfchen und die vielen Bösen ins Töpfchen der Hexentreiberei geworfen werden.

Es gibt, in den kurzen Texten Kafkas (*Josephine die Sängerin*, *Der Hungerkünstler* etc.) einen Manierismus, der eine Kunstform ist, der glasklar und voll Humor ist und ihn darin mit Robert Walser verbindet.
Woran ich im Augenblick arbeite, ist die Verbindung von glasklarem Stil, Humor und Manierismus, der nicht manieriert, d. h. geschraubt ist, sondern eine stilistische Form, die auch viel mit einer Form zu tun hat, die sich vom romantischen Märchen herleitet und ihre ins Realistische umgewendete lakonische Kurzform ist. (*Short-Story* als verkappter Manierismus.)

31. Oktober
Zwischen Depression und Euphorie findest du nur manchmal (im Traum, beim Schreiben, bei einem Spaziergang) den Punkt, an dem diese Steingewichte, Einschnürungen abfallen.
Dauerndes Gefühl des Ungenügens? Die Latte: zu hoch? Für mich? (Woolf, Joyce etc.)
Dazu das Gefühl des doppelten B.: dem einen gegenüber keine Selbstanklage, sondern Anklage (der *Noli-me-tangere-Typ*; Geste: Griff an die Nasenwurzel). Dem anderen gegenüber: das Gefühl, ihn nicht wahrgenommen zu haben, weil ich mit dem einen und mir selbst beschäftigt war. Es ist wie das Gefühl eines dauernden Mangels, das abwechselnd von einem von uns gefüttert wird. (Dauernder Mangel ist übertrieben, es gibt viele Phasen, in denen dieses Gefühl nicht da ist, aber es findet sich immer in der einfachen, wechselseitigen Adresse: du bist so kühl – was keine Rhetorik ist.) Es hängt auch mit dem Körpergefühl zusammen – Körpergefühl und Sexualität trenne ich hier mal – das Körpergefühl lange Zeit sozusagen abtrainiert, ich denke, aus Schutz vor brutalen Zugriffen, manchmal ist es da, manchmal nicht.

5. November
Gespräch, neulich, über die Identitätsproblematik in der *Unruhe*. Mir fiel das Bild, das Matratzenbild von Bacon ein – will sagen: nicht Auflösung à la Mach war das Sujet *dieses* Kapitels (das auch im Abfall gelandet ist), sondern *Verschiebung*. Man vergleiche die *Verschiebungen* in den Gesichtern bei Bacon – das ist nicht auseinandergenommen und wieder zusammengesetzt, das ist nicht ver-zerrt, verblendet, sondern eben: verschoben.

12. Oktober
Das unsichtbare Auge der Kamera – auf den Bildern erscheinen Dinge, die man beim Druck auf den Knopf im Augenblick der Aufnahme nicht gesehen hat. Photographieren – unbewußte Detektivarbeit (Spurenaufnahme/-zeichnung, ohne zu wissen, wofür, wohin sie Spuren sind).

Eifersucht ist Tod, in der Maske der Zerstörung. Ist Affekt ohne Gefühl, ist Affekt, der Isolation ist, ein Pyrrhus-Sieg. (Dieser Affekt fehlt in der *Fontaine*.)

22. November
Die Schuldigen werden immer eine Möglichkeit finden, den Opfern ihre Verbrechen anzulasten. (Zukunft? Gibt es nicht *auf der Seite*. Das ist eine metaphorische Umschreibung, um das *Nicht* gleichzeitig möglich und unmöglich zu machen – das *Paradox*.)

22. November
Nimm Alka Selzer, hör dem Klavierspiel zu, im Hinterhof, und denk an einen toten Dichter, der im Norden Londons von einem Lastwagen überfahren wurde. Der Tod hat längst stattgefunden. Zwischen dir und dem zweiten gibt es genügen *Videoshows, Lügen* und eine Menge Wein aus dem Süden.

27. November
Traum: ein gewisser Herr Stock, zusammengesetzt aus mehreren mir bekannten männlichen Personen, sagt: »Du wirst so lange Stockschläge bekommen, bis du sagst: ich liebe

meinen B.« Ich: »Dann werde ich es noch *im Grab* nicht sagen.«

Begriffswechsel: statt gezeichnet, gebannt, stigmatisiert, muß es heißen: ge-stochen.

Der einzige Selbstmord, der einzige Wahnsinn für den Schriftsteller: nicht zu schreiben, was durch den Kopf läuft, rinnt, rieselt, quillt, durchquert.

30. November
Spandau
U-Bahnlinie 7. Fahrgäste, Schilder in den Fenstern: it hit me like a hammer. I wanna sex you up. Radio Energie. Station *Spandau Rathaus*: Postmoderne. Ägyptische Säulenarchitektur, schwarzmarmoriert und weiß, mit zeltförmigem Kapitell. Mischung aus orientalischem Bad und expressionistisch/Art-Déco-mäßigem Science-fiction-Bahnhof unterirdisch. Ziemlich menschenleer, Filmkulisse – Lampen, gehängt an lange Art-Déco-Messingstäbe. Ein postmoderner *Tempel*.
Wo ist das alte Gefängnis?
Gerate in einen Einkaufstrubel (sogenannter *Weihnachtsmarkt*, deutsches Wort) vor dem Spandauer Rathaus. Fahre per Taxi zu den alten Spandauer Kasernen und den neuen Zentralgebäuden. (Altes Gefängnis.) Die roten Backsteinkasernen sind fast englisch, gründerzeitliche Wohn-Blöcke, durch Garten-Gitter verbunden. Weiterfahrt zur *Zitadelle*. Klassizistischer Giebel, *barocker* Mittelteil, Seitenflügel und Graben im Kontrast – *Wasserschloß*. Durch Industriegebiet (Siemens, BMW, Kessel) nach Charlottenburg. Lee-

rer Park. Spaziergang. *Raben*. Winterpark mit Statuen gegen den Abendhimmel auf der Balustrade des Schlosses. Caspar David Friedrich: *Zwei Männer am Meer*, das Rätselhafteste, *Vagste*: besteht aus zwei Bild-Blöcken (Wand/Himmel), die fast *modern*, nicht romantisch sind, lediglich *Stufungen* einer einzigen flachen Fläche sind. Dazwischen die zwei Vertikalen der von hinten gesehenen Männerfiguren. Das Hafen-Bild (Greifswald) erinnert an Turner. *Mondaufgang am Meer* hat ebenfalls in der Struktur von gegeneinandergesetzten Flächen etwas von Gauguin. Diese Bilder (auch: *Wrack im Mondschein*) haben keine *Tiefen*wirkung, sie haben Flächen- und Irisierungssuggestion (das Irisierende auf der Oberfläche). Das Bremer-Gedächtnisbild erinnert an den *Zöllner* – kurz, ich finde C. D. F. nicht *romantisch*, nicht romantisch im Sinne von Blake z. B. Dann: Schloßstraße, Wundtstraße, Kaiserstraße – überall diese weiten, leeren Winterpaläste zwischen Gründerzeit und 20/30er Jahren, mit *eingelegten* Balkons, die wie offene Wasserschläuche sind, mit einer trüben Samstagnachmittagsleere, so auch per Taxi durch Grunewald, Dahlem, Novembertau – sprich: eine Nach-Totensonntags-Elegie.

Die Wohnung in Schöneberg, Grunewaldstraße 25: Räume: Berliner Hinterhof. Möbel: Abfallmöbel, wie *Auf-der-Straße-aufgelesen*. Sperr-Müll-Möbel. Das Ganze atmosphärisch sehr nach Büchner/Kleist. *Versteck* – wie Balzac sich vor den Gläubigern versteckte, so versteckt sich hier einer vor der Zeit, das heißt, lebt mit Badezimmer, Gasherd, Matratzen, Architektentisch, Lesen, Wasserkästen, vielen Kassetten, vielen Kleidungsstücken, die über die Türen, Sessel, Tische und Waschbecken verteilt sind, als *Türke*, als *Aus-dem-Koffer*, als Nomade à la Jabès, dessen Wüste die Großstadtdepression ist. Eine totenstille, depressive

Wohnung, in der man aber wunderbar schreiben können muß – das rechte Hinterhofmilieu für die *Meister der Lüge*, vorausgesetzt, man hält an der These vom *Mangel* als Produktionskraft fest und nicht, wie Bataille, an der Lust an der Verschwendung.

4. Dezember
Solange es Stimmen *hinter der Wand* gibt, ist man in der Kindheit. Die Kindheit ist *das* Gefängnis. Das Verbot der Intimität. Das Verbot des *Für-sich-Seins*. (Familie als Kontrollinstanz der sich bildenden und auflösenden Individualität) (Für-sich-Sein, Mit-anderen-Sein, Zusammen-Hängen, ein bedeutungsloses *Hängen* oder ein bedeutungsvolles, im Sinne einer Verschränkung/Beschränkung, letztere wieder negativ und positiv erfahren oder zur Erfahrung gemacht.) (Der Überwachungsgedanke) Es geht immer darum, der Kindheit zu entkommen. (Dagegen: das *kindliche* Element als Bewußtseinshaltung, s. Cortázar.)

Konkursbuch, Texte über Sexualität, Frauen und Kunst, H. Cixous. Von der Szene des Unbewußten. Kern: Das Ich, das immer mehr zur Bühne des/für den Anderen wird, das sich zurückzieht, auflöst in viele andere. Befremdlich, dieses Endstadium zu vollziehen, in dem der Idealzustand (das zurückgetretene Ich), der auch ein moralischer ist, nicht nur ein theatralischer, der gegebene Zustand ist. Keine Risse, keine Schwierigkeiten, kein Pendeln, keine sich wechselseitig bewegende Motorik zwischen dem Gegensatz/Gegenteil-Paar: Ich-Ich und Ich-Bühne. Der Idealzustand als der gegebene ist also zu glatt, glatt wie ein statischer Zustand, den es nicht gibt, es sei denn, er ist der statische Zustand des punktuellen Augenblicks des Auftritts. Dann: der letzte

Abschnitt über den alten Mann, und Vergleich mit Heuschrecke. Heuschrecke ist herrlich, aber der alte Mann ist auch, weil er den *Prozeß* der Hoffnung bedeutet, die Barriere *vor* der Hoffnung. (So wie ein Handwerkermeister sagt: nein, der Prozeß muß weitergehen, dieser Lehrling ist noch nicht *fertig*.)

4. Dezember
Schreiben – ein Gegen-sich-Schreiben, das zugleich ein Neben-sich-Schreiben ist (nebenbei gesprochen, beiseite gesprochen, ein begleitendes Schreiben, das Ich begleitend), das Gegen-sich-Schreiben nicht gegen sich gerichtet.

11. Dezember
Lyrik: Versuch, ein Amalgam aus einem *Erzählgedicht* herzustellen, d. h. *im Fluß* von Zeile zu Zeile gleitend, gleichzeitig im Fluß die Stakkato-Methode (der abgebrochene Atem/Rhythmus/Bild) aufrechtzuerhalten. Dies zu den *langen* Poemen.
Die kurzen: Standphotos, offen. Das heißt, das Skelett ergibt sich aus einer Serie von Wirbeln (kurzen Strophen, die nicht ineinander übergehen, sondern gegeneinander gereiht sind), das Drumherum, die Ränder des Photos sind leer/offen/unbesetzt.

14. Dezember
Im Traum der Ausschlachter (mit kariertem Hütchen). Etwas schreiben, das *vollkommen wertlos* ist, das unter *keinen Hut* paßt.

14. Januar
Stich-Wort: als Kern der *Darstellung* von Liebesbeziehungen: das Verkennen (Versehen, Verhören und alle Ausdrucks*formen* des Verkennens). Ver-Kennen des Anderen und reziprok hat seine Basis im Wegfall des *nosce te ipsum*, der Selbsterkenntnis und Selbstkenntnis, d. h. auch der Tagebuchstruktur der Selbst-Befragung, Prüfung, der die Struktur der *vita bona* zugrundeliegt.

Stich-Wort: Kork-Eiche.
Ein Schriftsteller (einer *wie* ich) braucht ein Zimmer, das mit Korkeiche ausgeschlagen ist (das nicht nur im praktischen Sinn, sondern auch im übertragenen Sinn). Das Hündchen von nebenan, die Schritte und das Spiel in der Wohnung über mir, das Türknallen und die Kinderstimmen der Familie gegenüber, das Husten durch die Wand, all das kann er nicht gebrauchen. Schreiben heißt, den Stimmen lauschen, die im eigenen Innern schwingen – die Stimmen der Außenwelt wie Anrufbeantworter, Echos, verfremdete Zitate, Störenfriede, Zerstörer der Langsamkeit, die das Nicht-Reagieren voraussetzt, im Prozeß sowohl der Niederschrift als auch zuvor und danach (während der Kristallisationsphase und der Auflösungsphase).

Wichtig für *Spiel am Morgen* – das *Wie-Ich-Sagen*. (Das Ich als *Als-ob-Ich*.)

20. Januar
Geschriebenes – aus Überdruck Gefiltertes. Jede Woche ein paar Tröpfchen Kondensat (Niederschlag). (Das *kann* auch die tägliche 1 Seite sein, diese aber sollte das Resultat des *Überdrucks* sein, nicht das Resultat einer Fleißroutine.)

Erinnerung/Memoiren: *Memoiren* so weit wie möglich verschieben, ins Greisenalter. Wer zu früh anfängt, *Memoiren* zu schreiben, verliert die ästhetische Innovation, die Spannung zwischen erinnerten Bruchstücken und der je neu zu findenden Form der Fiktion – man könnte sie auch den *Imaginations-Raum* nennen (ein Raum – ohne Wände, oder wenn, mit transparenten, verstellbaren). Imaginations-Raum nicht als das Duo von Objekt und Hülle, sondern der *Raum* kristallisiert sich aus den Gegenständen (Imaginationen) selbst heraus. Prozeßcharakter, bei dem nichts zuvor Gegebenes (Raum/Form) (Inhalt/Imagination) feststeht, sondern der *Imaginations-Raum* hat sich am (*zufälligen*) Ende eines Textes herausgebildet (kein Ergebnis eines – etwa architektonischen/berechenbaren – Plans). Das heißt, das ganze Gerede von der der Struktur der gotischen Kathedralen nachgebildeten Architektur der *Recherche* zum Beispiel, ist der notwendige Irrtum eines Schriftstellers über seine eigene Anlage von Motiv-*Verstrebungen*. Diese *Verstrebungen* sind eher *Echos*, Wiederholungen etc. Aber der *Plan* löst sich gerade auf im (zufällig/notwendigen) Druck der poetischen Assoziation. Der Kathedralen-Idee liegt die Idee eines Kunstwerks (Romans) als geplantem, geschlossenem Ganzen zugrunde (Jerusalem-Stadt), die aber durch Zer-Dehnung, Assoziationswucherung und fragmentarische *Schluß*-Bände von selbst überholt wurde. Die Idee vom *offenen Kunstwerk* wurde im Prozeß des Schreibens entdeckt, entwickelt, ohne so benannt zu werden. (Das kam erst Jahrzehnte später, d. h. die Theorie hinkte ihrem induktiv gefundenen Entwurf nach.)

(Und meine eigene Ästhetik? Gerade jetzt die der Fraktur des Gegeneinander-Brechens verschiedenster Teile.)

27. Januar
Zur politischen *Wiedergutmachung* weder die falsche Negativität noch die falsche Positivität annehmen. Folgt der *falschen Negativität* (Rassismus, alle Urteile, die auf unbegründeten oder falsch hergeleiteten Erklärungen beruhen), die falsche, d. h. die gewendete Positivität, hieße, diese Positivität anzunehmen, daß die Opfer sich mit demselben Dreck bewerfen lassen – ob negativ oder positiv. *Wiedergutmachung* kann auch heißen die nachträgliche Affirmation der Verbrechen? Jeder Wille zur Wiedergutmachung ist die Fortsetzung des Zuvor mit anderen Mitteln?
(Problem: Was, wenn die Leute sich diese Haltung im praktischen, materiellen Sinn nicht leisten können? Es heißt, die Fortführung der falschen Bindung in Permanenz, das Opfer als Kontinuum.)

27. Januar
Schreiben: eine Idee, die Ausführung eines Fragments, die Ausarbeitung eines Motivs so lange aufschieben, bis sie sich selbst überholt haben – der Aufschub ist die Grundbedingung des Schreibens. Diese *unmenschliche* Geduld als Komplement des aus *Überdruck* Gefilterten.

Camus, 1. September 1943: »Wer an den Ereignissen verzweifelt, ist ein Feigling, aber wer auf den Menschen baut, ist ein Narr.«

Stolz auf *Handlungsfähigkeit*? Ich habe keine Sehnsucht mehr nach der ewigen Schriftsteller-Vorstellung vom *tätigen* Leben, vom Handeln etc. Schreiben als etwas, das die anderen *in Ruhe läßt* (und zugleich motiviert, im Sinne von psychisch-geistiger Bewegtheit. Nicht: *Bewegung*).

5. Februar
Träume durchlaufen, ohne ihren Sinn zu verstehen – in diesem Sinn waren Träume immer schon Avantgardisten, Big-Sinn gibt es nicht, sie laufen den Sinn-Machern einfach weg (voraus?). (Avantgarde ist nicht das Vor-Reiten, sondern das Aus-Scheren, Quer-Beet-Streifen, das *Weg-vom-Pfad* der vorgeschriebenen/angelegten Richtung.)
»Wir alle wollten dich von diesem Dr. Folamur loseisen.«
»Und jetzt?«
»Jetzt ist er tot.«
Ich wache auf, auf der Straße ruft jemand: »Tu es un assassin.« Bin ich ein Mörder? Von wem? Wann? Warum? (Grübeln über den Sinn dieses Rufs.)
Wer ist Dr. Folamur? (Fo-l'amour, Fo-la-mur) Fo ist B. im Paris-Text. L'amour ist die unsichtbare Figur in *Epiphanien, abgeblendet*. Mur ist Mauer.
»Rendre à la folie«, so lautet der Satz im nächsten Traum. Düsseldorf, Hofgarten, B. hat meine Rolle aus dem Jahr 1970 – eingesperrt. »Rends à la folie.«
Träume, abgebrochene. *Begehren* als *Sich-selbst-Begehren*. Zeichnungen auf Durchschlagpapier, von dünnen Frauen, von *runden* Frauen. Eine Liebeszene mit einer dünnen Frau. Ich sage, daß ich keine dünnen Frauen mag. (Jemand hat die Szene angeblich heimlich auf Video aufgezeichnet – sie soll eine Falle gewesen sein, ein Scheidungsgrund für *meinen Mann*, Anwalt etc.)
Wach. Das quietschende Geräusch, irgendwo unter der Zimmerdecke, leise, ein sich drehendes Rädchen (wie im Käfig eines Hamsters). Gegen Morgen bricht das Geräusch ab. Das quietschende Geräusch ist eine leiseste Geräuschfolter (wenn es nicht abbricht), idiotisch wie das täglich sich wiederholende Klavierspiel *über meinem Kopf*.
Der Hamster. Der Hamster ist plötzlich B. »Er ist weg. Du hast ihn verhöhnt.« Ich sage, daß ich ihn nicht verhöhnt

habe. (Dann folgt das übliche Hin und Her von: «Du mußt ihn suchen«/»ich weiß die Adresse nicht«/»wirst du ihn suchen, wenn du die Adresse weißt«/»ich werde ihn suchen« etc.)
Der letzte Traum. Ich gehe in einen Friseursalon, der gleichzeitig ein Sprach*labor* ist. Es geht um Verabredungen, die getroffen wurden und immer wieder geändert und aufgeschoben. »Samstagnachmittag, eine Stunde.« Zugleich geht es um eine Tablettenkur – noch zwei Tabletten. Ich mache mich auf den Weg, wohin? Der Page taucht auf und hält mir eine Rede über den »feinen Mann, der ein armer Mann« sei. (Arm, im Sinne von bedauernswert?)

12. Februar
Sich mit *Zeit* zu beschäftigen, heißt das klassische Bild vom Prozeß der Erinnerung als eines Aufstoßens vieler Türen umzudrehen: Türen werden weder aufgestoßen noch verschlossen, der *lineare* Prozeß, der hinter dem Bild des Türaufstoßens liegt (linear nach rückwärts, in die Erinnerung, und nach vorwärts, in die wiedergewonnene Erinnerung) wird ersetzt durch den der Transparenz (das *Diaphane*), die Zeiten liegen nebeneinander, getrennt und *gegeneinander durchlässig* durch türlose Übergänge transparenter Vorhänge, die fast nur Luftbewegung sind. Dies zum Problem der *Zeitlosigkeit* im Roman. Problem: wie läßt sich der Gedanke, daß alles, Personen, Verhaltensweisen, Ereignisse, Gegenstände etc. nur als Geschichtliches zu denken ist, damit vermitteln? Indem sich das Geschichtliche im Kontingenten, im Detail niederschlägt, während *Zeitlosigkeit* – nicht als reaktionäres Element eines antigeschichtlichen ontologischen Denkens – als Einspruch gegen das Modell *Geschichtlichkeit*, d. h. als das Prinzip der *Verschiebung*, gesetzt gegen das der *Entwicklung*, eingesetzt wird.

Lesen: das *fatale* Lesen: literarische Texte auf der Primärebene lesen, so geschehen mit de Sade, dessen Texte als politische Entwürfe gelesen wurden, platt im *direkten* Sinn. Sie sind politisch, aber nicht im Sinne einer Handlungsregel, sondern des subversiven Gegenentwurfs. (Das Monströse als Spiegelbild, verzerrt, und Gegenbild zur Wirklichkeit.)
Schreiben: jenes *blinde* Schreiben, das sieht, ohne zu wissen, was es sieht, das ausleuchtet und heraustreibt (aus dem Verborgenen heraustreibt), indem es Zusammenhänge anlegt, deren Vielzahl es selbst nicht kennt. Je größer die in einem Text angelegten möglichen Zusammenhänge (Verbindungen, Kombinationen, Assoziationen), desto gelungener der Text als Literatur (Kunst).

Mit *offenen Augen träumen?*

Dem Polizisten, dem Überwacher und Kontrolleur mag das *Schwierige* verdächtig sein und alles, was sich nicht seinem *Kunstverständnis* von Kunst als Unterhaltung, Zerstreuung, als Schönem und Wahrem und Gutem und Wirklichem andient. Da hustet er verlegen, und wenns schlimmer kommt, vermutet er gleich eine verbrecherische Ader am Werk. Ein Heiner Müller sollte eine Parodie des technischen Apparats unserer Überwachungsgesellschaft schreiben, die Perversion der Verbrecherjagd, die umschlägt in reine Selbsterhaltung des Polizeibetriebs.

Sätze aus Träumen (Sätze, nicht Bilder)
»Sie ist in das Räderwerk eines Zynikers geraten, er hat sie gleichzeitig ausgebeutet (sein *Imperium* aufgebaut) und kaputtgemacht.«

»Ich habe versucht, sie aus den Fängen dieses Vaters zu befreien ...«
»Sie wird dich immer wieder verraten.«
»Ich lasse dich, du bist lauwarm, sentimental, ich überlasse dich dem Glück mit diesem Petit-Bourgeois.«
»Jetzt bin ich also ein Mörder.«

Dazwischen: Szene in einem Hotel. Im Gang sitzt jemand an einem Zentralpult (nicht Rezeption, sondern eine Art offenes Kontroll- und Schaltzimmer vor meinem Zimmer). Der Wandschrank ist erleuchtet, und dahinter summt Ra. Vorher: frostige Stimmung, eine Art Vor-Hochzeitsstimmung im Hause G.

B. kriegt, durch eine Art falsches Übertragungsspiel, den *Schwarzen Peter*, er hat die Rolle des Verurteilten (weswegen, wird nicht ganz klar), ist in einem fensterlosen Zimmer (*sieht Beleuchtetes, aber nicht das Licht*), die Tür fällt zu, man hört den Schrei, seinen. Der Hohn des Vaters: »Er wollte mich aufs Schafott schleifen, jetzt hat er die Quittung.«

In mehreren Variationen zwei Motive: eine Art JR-Vater: Blutsauger, Mafia-Boß etc., und mehrere B.s, von denen die Doubles geschickt worden sind als Quertreiber.

20. Februar
Über *leere* und *volle* Texte (leer – kreisend ums leere Zentrum, voll – redselig, *erzählerisch*, glatt, flüssiger Stil etc.). Statt *leer* oder *voll* – dicht und zugleich offen. *Voll* heißt

dann nicht *redselig*, saftig etc., sondern wie beim *trunkenen Schiff* eine Art Prosarhythmus, der nicht mit einer Überfülle den Text erschlägt, sondern nur auf eine verschiedene Weise verschieden zum *leeren* – kargen, eingedampften, kondensierten Text eine Methode des Umkreisens und Evadierens sein sollte. *Dicht* und *offen* gilt für beide Schreibweisen.

Erotik immer ein geistiger Exzeß, ein Zeichen-Spiel, das sehr wohl auf etwas über sich selbst hinausweist. Ob mit oder ohne Metaphysik, bleibe dahingestellt. In der Pornographie gibt es keinen blinden Fleck – in der Erotik sitzt er im Zentrum.

21. Februar
La fiancée de la mort von Schultheiß liest sich wie eine Fortführung der Ästhetik des Schreckens auf einer Ebene, die eine Kombination ist von Trivialmythen, Horrorszenen und Hochkunstmotiven. Die Bilder erinnern zum Teil an Carpenter, beim ersten Blick. Dann kommen Versatzstücke aus der Reklame hinein, Palmen, exotische Atmosphäre (Werbung für eine Zigarettensafari oder Badeschaum). Dann: die intensivste Farbe ist violett wie die intensivste Farbe der Praeraffaeliten. Dann kommen Versatzstücke aus amerikanischer Dead-End-Stimmung hinein – Texas, Ölminen, Baracken, Lastwagen. Entscheidend die körperliche Tortur (Maschinengewehre) und die Biegungen, Muskeln der Körper in gefesselten Situationen (auf dem Boden liegend, auf dem Bauch, Gewehr an der Schläfe, Arme zurückgebogen etc.). Die Bilder selbst sind jeweils in große hineingeh*ängt*, man könnte an Bacon denken, gibt das aber sofort wieder auf. Bacon hat, bei aller Verzerrung, ein pro-

portionales Maß in seinen Bildern, die Personen in L. f. d. l. m. sind unproportioniert wie verwachsene Figürchen auf Kaugummipapier (in manchen Gruppenbildern jedenfalls). Häufiges Stilmittel: die abgeschnittenen Figuren, abgeschnitten vom Bildrand. Sprechblasen gibt's wenige, die Sprache ist verstümmelt auf Kommando und das Lieblingswort *con*. Die Folterszenen erinnern an Voodoo-Kult, an Pfählen Festgebundene, über Kopf und Leib Blutende. Dann ist die Tortur vornehmlich pseudomilitärisch, Pistolen in die Münder gesteckt, Deer-Hunter-Bilder aus dem Dschungel. Es gibt Bilderstreifen, es gibt Bilderreihen, und es gibt die kleinen in die großen Bilder gehängt. Ein Zusammenschnitt von Zivilisationsszenen (Pariser Café, Salon), idyllischen Naturszenen in künstlichsten Acrylfarbentönen (Flamingo), Abenteuerromanszenen (Dschungel, Zelt) und sexuelle Barackenszenen (sexuelle Folter in allen Variationen, von abgeschossenen Schwänzen bis zu Vergewaltigungen).

im Februar
Dämmerung, Durchsichtigkeit. Übergänge. Verschwimmen? Das magische Element? Hervortreten der Lichter *aus der Dämmerung*. Die Nicht-Eindeutigkeit. Das Dunkeln der Flächen. Zurücktreten der Konturen. Das gesellschaftliche Ich im Zustand des *Schweifens*. Dann: Unordnung und Schmutz. Der *Abfall der Straßen*. Die Bewegung der Autos (Lastwagen, Müllabfuhr, Bagger etc.) durch das Bild – die zwei Ebenen (s. Degas: Orchesterbilder, vorderer Teil und hinterer oberer Bildteil): der *statische* obere Teil/Hintergrund/Hauptbildfläche, die am unteren Bildteil rasenden Linien (Autos), die als Bewegung und als Bänder, Risse, Flächen auftreten.

27. März
Daß *Himmel* in der figürlichen Konstellation für Mallarmé eine Art *Leitbild* und *Unterweisung* bedeute und darüber hinaus als Synonym für *Poetik* gelesen werden muß – diese These Valérys, die er einer Bemerkung Mallarmés auf einem gemeinsamen Spaziergang verdankt, die er in seinen Studien über Mallarmé variiert – Poesie als eine im Unendlichen befindliche Grenze –, findet sich im Anfang von *Eventail* (1887).

Avec comme pour langage
Rien qu'un battement aux cieux
Le futur vers se dégage
Du logis très precieux

(zit. nach Friedrich, *Die Struktur der modernen Lyrik*, S. 100).
Dazu Hugo Friedrich, eine Briefstelle Mallarmés: »Der Sinn – falls das Gedicht überhaupt einen hat – wird heraufbeschworen durch eine innere Spiegelung der Worte selber.«
Jene *innere Spiegelung* aber ist die in die Worte selbst verlegte Transzendenz, die sich nicht dadurch ergibt, daß die Worte des Poems *auf etwas außer ihnen Liegendes gerichtet sind*, sondern die Grenze im Unendlichen zwischen ihnen verläuft. *Unendlichkeit*, *Spiegelung*, *Himmel* hierbei fast Synonyme einer nicht-metaphysischen Poetik, in der das Moment der Transzendenz sich aus sich selbst produziert (anders: die totale Selbstreferenz bei Implosion des *Absoluten*). *Himmel* also als Zusammenfall eines *klassischen* und *modernen* Zeichens. Als Leitbild, Orientierung etc. und als Selbstreferenz der Sprache.

Jenes Moment des Nach-Erschreckens, das eintritt, wenn die Schutzplatte (Panzer) des *Verständnisses* wegfällt, die in jenem Moment, in dem man eine an sich belanglose Grausamkeit erfährt, die der andere – am sprichwörtlichsten dann, wenn es jemand ist, den man *gut zu kennen glaubt* – begangen hat, deren er sich vielleicht rühmt, die er vielleicht als Selbstverständlichkeit hinstellt.

29. März, Sonntagmittag
Auf dem Weg ins Kino Gespräch über das *Verschwinden des Subjekts* aus dem Text:
1) Verschwinden des Kommentars: der weltanschauliche/ideologische Apparat, der Kommentar des auktorialen Erzählers, die Leseranrede, das geschlossene Persönlichkeitsbild der vormodernen Periode.
2) Formen der Auflösung des Ich: Ich als Auffangplatte und Projektionsschirm, auf dem die Sinneseindrücke prismatisch gestreut werden. *Ich* nicht als gebündelte Summe von Wahrnehmungen und Empfindungen, sondern als gestreute. (Vgl. Impressionismus, Mach, Woolf, etc.) Wichtig: trotz der *Auflösung* des Ich liegen bei Musil, Woolf etc. dennoch dem Rationalismus verpflichtete Strukturen des psychischen Aufbaus zugrunde (*taghelle Mystik*).
3) Das anti-psychologische Modell des Verschwindens des Subjekts aus der Literatur (bei Foucault, Kristeva). Subjekt heißt da, wo es nicht ist, die Leere, die Leerstelle, das Weiße, der blinde Fleck, das Vergessen etc. Verschwinden des Subjekts im Text heißt auch die Entzündung der Wörter aneinander, die Verbindung durch Referenzen untereinander, Spiel, Kombinationen etc.

Zusatzargument: die stilistischen Mittel, die das *Verschwinden* evozieren oder darstellen (oder herstellen, ausdrücken), Mittel, die das *Vage*, *Schwebende* des Textes halten, die nicht-definitive Festschreibung. Modi, Konjunktionen, indirekte Rede, Aufgabe des *realistischen* Dialogs und auktorialer *Beschreibung*, gleitender Perspektivenschwenk zwischen den Figuren, Filterung der Außenwelt durch reines Bewußtseins-Ich.

1. Mai
Regennasser Morgen – etwa vor einem Jahr saß ich im Café an der Ecke, im Regen, und machte Bekanntschaft mit dem Quartier –, der Regen tropft aufs Balkongeländer, die Wolken sind durchsichtiges Glasgrau, die Zinkdächer glänzen vor Nässe, auf der Straße schlurfen alte Paare unter Regenschirmen zum Einkaufen, die Einkaufstasche in der Hand, die Blätter sprießen und die milde feuchte Nieselregenluft riecht nach – Maiglöckchen natürlich, gewachsen auf Pariser Pflasterwaldboden.

Nachts in einem Aufsatz von Simone de Beauvoir über die politische Rechte gelesen – zu wenig Stringenz für meinen Geschmack, zu viel Behauptung und Zitatklitterung.

Sida: teile ich die coolness von Ku., der sagt: »Wer mit dem Falschen gevögelt hat, sollte kein Theater machen, wenn's ihn erwischt.«

Irma-La-Douce-Atmosphäre: im Dachfenster auf der schräg gegenüberliegenden Straßenseite erscheint eine voluminöse Frau, blondes, gewelltes Haar, bunter Kittel, rosige Haut. Mit feinen Fingern zupft sie an ihren Blumenkästen, drumherum flattern Tauben, ein Bild für die Freunde des

Die-Welt-ist-stehengeblieben-im-Herzen-der-Eingeborenen-Quartiers, man riecht förmlich in dem Bulldoggengesicht die ländliche Brioche und Maupassants Bulles und Fifis.

13. Mai
Roland Barthes über Brecht, zitiert nach Umberto Eco, *Das offene Kunstwerk*, S. 13: »cependant c'est un théâtre de la conscience, non de l'action du problème, non de la réponse; comme tout langage litteraire, il sert à formuler, non à faire.«
Dies läßt sich auch auf Prosa übertragen, auf die Vorstellung einer Literatur der Doppelbewegung: die vorangetriebene Handlung durchsetzt mit zurücktreibender Reflexion, Erinnerung, Beschreibung etc., und das Zurücktreibende wieder durchsetzt mit Vorangetriebenem.

Was Eco über die *Mehrdeutigkeit* sagt, betrifft das Metaphorische jedes Sprechens/Schreibens: deshalb sind die modernen (ich sage hier modern anstatt offen) Kunstwerke, obwohl häufig den Rausch-etc.-Zuständen entsprungen, gerade das Gegenteil von Zwangssystemen: dort herrscht der Code von Eindeutigkeiten: S bedeutet S, H bedeutet H, Rot bedeutet Rot, und jede Sache bedeutet sich selbst, nichts darüber hinaus.

22. Mai
Nur dann schreiben, wenn das Schreiben nicht zu jenem gewohnheitsmäßigen Mechanismus verkommt, der mehr ein Totschlagen von *leerer* Zeit ist und der ängstlichen Selbstvergewisserung dient – dieses Schreiben ist Produzieren um des Produzierens willen, ein glatter Selbstbetrug

und – wie alles schnell und viel Produzierte – Produktion für den Mülleimer. Nie unter dem Druck des Auftrags (des Selbstauftrags), der Effizienz schreiben. Die Reaktion, wenn es sie indirekt gibt, muß so verlangsamt werden, daß sie etwas Neues – zwischen Anlaß und Reaktion – das Dritte – ist. Problem: Sinnlich-ästhetisches Reagieren ist möglich zum Schreiben, psychologisches ist hinderlich. Im Grunde aber gilt *die Verzögerung als Prinzip* für beides.

Liebe und Literatur: bedeuten (mir) gleich viel. Weder Fanatiker des einen noch des anderen zum Nachteil des Gegenteiligen. Aber vor die Wahl gestellt, würde ich niemals die Literatur aufgeben. Warum? Nicht weil die Liebe weniger wäre, sondern gerade drum: ohne Literatur wäre ich vor der Liebe *nichts*, denn Ich ist Literatur (das Ich)!

26. Mai
Gespräch über das *Abschieds*-Thema. Abschied nicht gedacht als Abschieds-Motiv (inhaltlich, Trennung etc.). Abgrenzung von Vanitas-Stimmung, von elegischem Denken, von Déjà-vu-Perspektive, von Décadence-Stimmung. Abschied gedacht als spezifische Empfindungsweise und Bewußtseins-Verfaßtheit, die die Struktur der modernen Schriftsteller (Beckett, Duras etc.) prägt (Frage: Symbolismus). Unterschied zur Erinnerungsarbeit eines Proust. (Gedanke, daß es bei Erinnerungsarbeit nicht um Rettung, Bewahrung von vergangenen Epochen, sozialen Gebilden etc. geht – à la: *die Welt des Stetl z. B. ersteht wieder auf*. Mit diesem Argument erschliche sich der Schriftsteller doch wieder den Gutheits-Bonus, die moralische Legitimation seiner Arbeit.) Die Trennung zwischen Abschied als *Sujet* der modernen Erfahrung und Abschied als unideologisch

gemeinte Verfaßtheit des Denkens, das dann in ein produktives Instrument des Schriftstellers verwandelt wird: als *Sujet* z. B. Bassani (*Die Gärten der Finzi Contini*), als *Bedingung*, z. B. Pavese, der sagt, daß erst im Augenblick, da Vergangenes beschrieben wird, seine (vergangene) Gegenwart gewonnen wird. Kurz: die Gegenwart *zerfällt* nicht vor der Erfahrungsunmöglichkeit eines Chandos, sondern ist erst in der verzögerten/nachträglichen Wahrnehmung ganz gegenwärtig. Die Bedingung des *Immer-schon-Vergänglichen* ist gekoppelt mit seinem Umschlag in eine *unendliche* Gegenwart, die Gegenwart des literarischen Textes, der aus Gegenwarts-Erfahrungen besteht, gleichwo sie sich auf dem Zeit-Pfeil befinden.

5. Juni
Zwei Nächte hinter mir, kaum geschlafen.
Geräusche in den Wänden, Sauggeräusche an der Steckdose neben meinem Bett. Ständige innere Szenen, Dialoge, Suchkommandos – ein mit dem Wecker verbundenes Frettchen, das sich im Müll befindet etc. Immer wieder die Frage: tu peux pas voir? Morgens wieder Suchaufforderung: die magische Kugel des Zauberers – ihre nächtliche Instrumentalisierung. Dann lustige Sketche. Dann wieder Suchaufforderung: tu peux pas voir. Dann eine Stimme von *Radio Energy* – kaufte Mascara von Vichy: *Energy*. Darauf Wutanfall, zerschlage die Kugel. Dann wieder die *gleichmäßige* Stimme unter den vielen, die sagt comme vous voulez, si vous voulez, die sagt, il faut le faire. Was? Vorher die Stimme von B., die sagt, das Trauma steckt in dir drin. Wir müssen es rausholen/durchspielen. Sie haben dich behandelt *wie einen Hund*. Ich: wie *toter Hund*? (Spiel, das Ra. machte als kleines Kind, sich auf den Fußboden werfen und *tot*stellen.)

Kurze Zeit darauf im Taxi: »Ich hab dein Nerventheater satt, wir trennen uns.«

6. Juni
»In einem bestimmten Augenblick kann man die Rührung der Liebe nicht mehr empfinden. Es bleibt nur die Tragik. Für jemanden oder für etwas leben hat keinen Sinn mehr. Man kann einen Sinn nur noch in dem *Gedanken* finden, daß man für etwas stirbt.«
So stelle ich mir die *Antwort* vor, das heißt das Denken als umgekehrtes Denken, das Denken als das Denken des *Antwortenden*. Wichtig: der *Gedanke* ist entscheidend, nicht die Handlung.

Camus Tagebücher, S. 131, zitiert Gide: »Die große Gefahr besteht darin, sich von einer fixen Idee beherrschen zu lassen.« Ebenso gilt das Umgekehrte: die große Gefahr besteht darin, sich nicht von einer fixen Idee beherrschen zu lassen. – Ohne idée fixe landet alles im mittelmäßigen Hafen des Ausgeglichenen.

Abends Gespräch mit B. über die Psycho-Ideen der letzten Tage. Resultat, die Kritiker, die Ressentimentgeladenen, die Größenwahnsinnigen etc. stecken alle in einem selbst. Man braucht sie nicht in der Außenwelt zu suchen. (Da sind sie auch.)

Jemand, der einen anderen *zerschlägt*, weil er nicht an dessen *Geheimnis* glaubt, nimmt das Gegenüber auseinander und hält ihm eine nach der anderen die verzerrte Spiegelfratze vor.

Wer auf dem Zwischenweg auf der Strecke geblieben ist, welche Hoffnungen, Wünsche, Begeisterung solche *cordons* zerstört haben – die Inszenatoren finden sich auf neuen Regierungssitzen, und die anderen bleiben im Exil.

10. Juni
Maske – *Salô* in der Maske des pseudonymen (anonymen) Flüchtlings, der, jeweils zwischen Spielbein und Standbein, zwischen Ich-Authentizität und Ich-Pluralität wechselnd, die Theorie der Maske zu einer Legitimation der Maske macht. (Maske als Grundbedingung der Existenz als Paradox – nie Ich, nie Nicht-Ich.) Sofern die *Maske* die Ambivalenz, das Paradox zwischen Sein und Schein verläßt und dahinter den Willen zum Würfelspiel mit den anderen als das wahre Antriebsrädchen zum Maskenspiel auftaucht, wird die Maske zum *Salô*.

11. Juni
Protokoll der vergangenen Nacht.
Morgens Gespräch zwischen B. und Si. Frage: »Was hast du, was habt ihr mit Undine gemacht?« Si.: »Wir haben sie, mit einem eingebauten Leiter, aufgeheizt. Wir haben sie aufgeheizt, wie man einen Metall-Körper aufheizt, und bei einer dieser Aufheizungen ist sie innerlich verbrannt.« (Verweis auf das letzte Woche auf der Straße Gehörte, mit Si.s Stimme – »Hier muß wohl mal wieder geheizt werden.«)
Nachts leichte elektrische Schläge, wieder das Nadel-Gefühl im Bauch/Blase/Uterus, dann die *Aufheizung*. Dann Bilder, wechselnde – B. in grauer Joppe mit An. im Nebenzimmer, Wein aufziehend. Das Spiel des Angstmachens – Drohungen werden ausgesprochen: »Du siehst ihn nie wieder« etc. – Morgens: »Sie sind beide *abtransportiert*, die

Ratten verlassen das sinkende Schiff, B. und An. gehören zu Knastbrüdern.« Dazwischen der suchende B., der mich sucht. Vorher, vor dem Zubettgehen, der *Tod der Stimme*, sie inszenierte ihn selbst. Dann Gelächter und Photoklicks durchs Fenster. Résumée – kleine Terrorakte wegen meines *Schreibens*. »Der Leiter hat dir die Eingeweide zerstört« etc. Der *Terror* ist nicht *verbal* (mit Worten *terrorisieren*), sondern in die Realität meines Körpers und meiner Psyche gelegt. (Die Träume, die Halluzinationen, die Kommandos, der Echohall, die elektrischen Schläge, wieder die Kommandos, auf welcher Seite ich zu schlafen hätte etc. etc. etc.) Der Wahnsinnserzeuger: viele Stimmen in mir, die sprechen, die sich zurückziehen.

Weiteres Motiv: der Streit zwischen einem (den ich nicht kenne) sadistischen Aristokraten, schwul, der mich zusammen mit seinem Compagnon in einen Käfig gesetzt hat, und dem sanften B.: »Ich würde mein letztes Hemd für dich ausziehen, und du läßt dich von diesem Arschloch malträtieren.«

Zuvor: Halluzinationen, daß B. auf dem Balkon sitzt, in der Nacht, weil ich ihn nicht ins Haus lasse – Motto: *Kältetod*. (Ich stehe auf, sehe nach, nichts.)

12. Juni

Selbstintoxination durch Imagination (*par la Tête*). Gefahr / Überreizung / Halluzination / Ängste / Gespenster (*Nachtmahr*). Der eigene Terrorist im Kopf: Gedanken nieder, es wird nicht geschossen! Gedanken hoch, dies ist ein Überfall!

Die Spiegel sind leer.

23. Juni
Einen Namen haben – wie Pynchon – der einfach ein Stempel ist, ohne erkennbare Person, das ist es, was mir heute als die vertretbarste Form erscheint, zu schreiben, und in der so *apolitischen* splendid isolation zu *leben*.

Eine leer sich abspulende Sprechbewegung, sprechende Stimmen, ein hohles Geplapper, dessen Phrasen ebenso mit der jeweiligen Situation übereinstimmen können wie nicht – wiederholte Phrasen, die *immer* passen, und das Ich ein Pawlowscher Hund, der immer noch nach der Zitrone (= Phrase) springt, als wäre sie nicht maschinell eingespeichert/-füttert, sondern Zuspruch/Spruch/Mahnung – KOMMENTAR für das, was *jetzt gerade* ist.

13. Juli
Schreibe die Cahiers von 89 ab – stelle fest, daß sich im *Wesentlichen* nichts geändert hat: immer noch kein Geld, kein Erfolg, immer noch der Psychoterror am frühen Morgen – und eine tiefe Abgestumpftheit (der literarische Ehrgeiz zerschlagen, die Seele in Scherben, und B. ist mir ein *Rätsel*.)

Algernon Charles Swinburne, aus *A Leave-taking*: »Keep silence now, for singing time is over, / And over all old things and all things dear.«

Algernon Charles Swinburne, aus *Before the Mirror III*: »Deep in the gleaming glass / She sees all past things pass / And all sweet life that was lie down and lie.«

Deutschsprachige Literatur in der edition suhrkamp: Essays, Reden, Briefe, Tagebücher

Adorno, Theodor W.: Eingriffe. Neun kritische Modelle. es 10
– Jargon der Eigentlichkeit. Zur deutschen Ideologie. es 91
– Ohne Leitbild. Parva Aesthetica. es 201
– Stichworte. Kritische Modelle 2. es 347
Becker, Jurek: Warnung vor dem Schriftsteller. Drei Vorlesungen in Frankfurt. es 1601
Benjamin, Walter: Über Kinder, Jugend und Erziehung. es 391
– Zur Kritik der Gewalt und andere Aufsätze. Mit einem Nachwort von Herbert Marcuse. es 103
Braun, Volker: Verheerende Folgen mangelnden Anscheins innerbetrieblicher Demokratie. es 1473
Brecht, Bertolt: Über die bildenden Künste. Herausgegeben von Jost Hermand. es 691
– Über experimentelles Theater. Herausgegeben von Werner Hecht. es 377
– Über Politik auf dem Theater. Herausgegeben von Werner Hecht. es 465
Buch, Hans Christoph: Der Herbst des großen Kommunikators. Amerikanisches Journal. es 1344
– Die Nähe und die Ferne. Bausteine zu einer Politik des kolonialen Blicks. es 1663
– Waldspaziergang. Unpolitische Betrachtungen zu Literatur und Politik. es 1412
Dieckmann, Friedrich: Glockenläuten und offene Fragen. Essays und Notizen. es 1644
– Vom Einbringen. Vaterländische Beiträge. es 1713
Enzensberger, Hans Magnus: Deutschland, Deutschland unter anderm. Äußerungen zur Politik. es 203
– Einzelheiten I. Bewußtseins-Industrie. es 63
– Einzelheiten II. Poesie und Politik. es 87
– Palaver. Politische Überlegungen (1967-1973). es 696
Errungenschaften. Eine Kasuistik. Herausgegeben von Michael Rutschky. es 1101
Habermas, Jürgen: Eine Art Schadensabwicklung. Kleine Politische Schriften VI. es 1453
– Die nachholende Revolution. Kleine politische Schriften VII. es 1633
– Die Neue Unübersichtlichkeit. Kleine Politische Schriften V. es 1321
Haug, Wolfgang Fritz: Bestimmte Negation. ›Das umwerfende Einverständnis des braven Soldaten Schwejk‹ und andere Aufsätze. es 607

303/1/5.94

Deutschsprachige Literatur in der edition suhrkamp: Essays, Reden, Briefe, Tagebücher

Henrich, Dieter: Eine Republik Deutschland. Reflexionen auf dem Weg aus der deutschen Teilung. es 1658

Johnson, Uwe: Begleitumstände. Frankfurter Vorlesungen. es 1820

Krechel, Ursula: Mit dem Körper des Vaters spielen. Essays. es 1716

Landauer, Gustav: Signatur: g. l. Gustav Landauer im »Sozialist«. Aufsätze über Kultur, Politik und Utopie (1892-1899). Herausgegeben von Ruth Link-Salinger (Hyman). es 1113

Lenz, Hermann: Leben und Schreiben. Frankfurter Vorlesungen. es 1425

Löwenthal, Leo: Mitmachen wollte ich nie. Ein autobiographisches Gespräch mit Helmut Dubiel. es 1014

Mayer, Hans: Gelebte Literatur. Frankfurter Vorlesungen. es 1427

Mitscherlich, Alexander: Die Unwirtlichkeit unserer Städte. Anstiftung zum Unfrieden. es 123

Morshäuser, Bodo: Warten auf den Führer. es 1879

Muschg, Adolf: Herr, was fehlt Euch? Zusprüche und Nachreden aus dem Sprechzimmer des heiligen Grals. es 1900

– Literatur als Therapie? Ein Exkurs über das Heilsame und das Unheilbare. es 1065

Ein Pronomen ist verhaftet worden. Die frühen Jahre in Rumänien - Texte der Aktionsgruppe Banat. Herausgegeben von Ernest Wichner. es 1671

Rühmkorf, Peter: agar agar – zaurzaurim. Zur Naturgeschichte des Reims und der menschlichen Anklangsnerven. Textillustrationen vom Autor. es 1307

Sloterdijk, Peter: Versprechen auf Deutsch. Rede über das eigene Land. es 1631

– Zur Welt kommen – Zur Sprache kommen. Frankfurter Vorlesungen. es 1505

Stichworte zur ›Geistigen Situation der Zeit‹. 2 Bde. 1. Band: Nation und Republik. 2. Band: Politik und Kultur. Herausgegeben von Jürgen Habermas. es 1000

Vor der Jahrtausendwende: Berichte zur Lage der Zukunft. 2 Bände. Herausgegeben von Peter Sloterdijk. es 1550

Walser, Martin: Selbstbewußtsein und Ironie. Frankfurter Vorlesungen. es 1090

– Über Deutschland reden. es 1553

– Wer ist ein Schriftsteller? Aufsätze und Reden. es 959

– Wie und wovon handelt Literatur. Aufsätze und Reden. es 642

303/2/5.94

Deutschsprachige Literatur in der edition suhrkamp: Essays, Reden, Briefe, Tagebücher

Weiss, Peter: Avantgarde-Film. Aus dem Schwedischen von Beat Mazenauer. es 1444
- Notizbücher 1960-1971. 2 Bde. Mit zahlreichen Fotografien und Abbildungen. es 1135
- Notizbücher 1971-1980. 2 Bde. Mit zahlreichen Illustrationen. es 1135
- Rapporte. es 276
- Rapporte 2. es 444

303/3/5.94

Deutschsprachige Literatur
Erstausgaben in der edition suhrkamp

Aebli, Kurt: Küss mich einmal ordentlich. Prosa. es 1618
Alves, Eva-Maria: Maanja. Meine Freundin, meine Mutter, meine Puppe. Eine Anrufung. Zeichnungen von Alexandra Albrand. es 1159
– Neigung zum Fluß. Mit 16 Fotos von Christiane P. Scharlau. es 1083
Arlati, Renato P.: Auf der Reise nach Rom. Prosa. Auswahl und Nachwort von Franz Böni. es 1053
Batberger, Reinhold: Drei Elephanten. es 1459
Becher, Martin Roda: Unruhe unter den Fahrgästen. ›Aufzeichnungen‹. es 1352
Beyse, Jochen: Ultraviolett. Erzählung. es 1603
Böni, Franz: Alvier. Erzählungen. Mit einem Nachwort von Samuel Moser. es 1146
– Hospiz. Erzählung. es 1004
– Der Johanniterlauf. Fragment. es 1198
Bornhorn, Nicolaus: America oder Der Frühling der Dinge. es 1025
– Der Film der Wirklichkeit. es 1154
Brasch, Thomas: Engel aus Eisen. Beschreibung eines Films. es 1049
– Frauen. Krieg. Lustspiel. es 1469
– Lovely Rita. Rotter. Lieber Georg. Drei Stücke. es 1562
Buch, Hans Christoph: Der Herbst des großen Kommunikators. Amerikanisches Journal. es 1344
– Waldspaziergang. Unpolitische Betrachtungen zu Literatur und Politik. es 1412
Bulla, Hans Georg: Weitergehen. Gedichte. es 1002
Buselmeier, Michael: Radfahrt gegen Ende des Winters. Gedichte. es 1148
– Der Untergang von Heidelberg. es 1057
Dischereit, Ester: Joëmis Tisch. Eine jüdische Geschichte. es 1492
Döring, Bianca: Ein Flamingo, eine Wüste. Erzählung. es 1588
Drawert, Kurt: Privateigentum. Gedichte. es 1584
Ernste Absichten. Jüngste Prosa aus der Bundesrepublik. Herausgegeben von Christian Döring und Hajo Steinert. es 1592
Foidl, Gerold: Scheinbare Nähe. es 1237
Frauen, die pfeifen. Verständigungstexte. Herausgegeben von Ruth Geiger, Hilke Holinka, Claudia Rosenkranz, Sigrid Weigel. es 968
Fritsch, Werner: Steinbruch. es 1554
Goetz, Rainald: Krieg/Hirn. 2 Bde. es 1320
Greiner, Peter: Wie Bombenleger-Charly leben ... Sozialverhalten. Geschichten und Szenen. es 1356
Gröner, Walter: Ein rasend hingehauchtes Herbsteslicht. Bergeller Gedichte – Puisiá. es 1371

315/1/6.90

Deutschsprachige Literatur
Erstausgaben in der edition suhrkamp

Grünbein, Durs: Grauzone morgens. Gedichte. es 1507
Gstrein, Norbert: Anderntags. Erzählung. es 1625
– Einer. Erzählung. es 1483
Hänny, Reto: Ruch. Ein Bericht. es 1295
– Zürich, Anfang September. es 1079
Happel, Lioba: Grüne Nachmittage. Gedichte. es 1570
Holbein, Ulrich: Samthase und Odradek. es 1575
Kirchhoff, Bodo: Body-Building. Erzählung, Schauspiel, Essay. es 1005
Kling, Thomas: geschmacksverstärker. Gedichte. es 1523
Kolbe, Uwe: Abschiede und andere Liebesgedichte. es 1178
– Bornholm II. Gedichte. es 1402
– Hineingeboren. Gedichte 1975-1979. Mit einer Nachbemerkung von Franz Fühmann. es 1110
Laederach, Jürg: Fahles Ende kleiner Begierden. Vier minimale Stücke. es 1075
– Vor Schrecken starr. Fixierungen, Stechblicke, Obsessionen. es 1503
– Der zweite Sinn oder Unsentimentale Reise durch ein Feld Literatur. es 1455
Leisegang, Dieter: Lauter letzte Worte. Gedichte und Miniaturen. Herausgegeben von Karl Corino. es 1021
Lessenich, Jean: »Nun bin ich die niemals müde junge Hirschfrau oder der Ajilie-Mann«. es 1308
Leutenegger, Gertrud: Lebewohl, Gute Reise. Ein dramatisches Poem. es 1001
– Das verlorene Monument. es 1315
Matthies, Frank-Wolf: Tagebuch Fortunes. es 1311
Morshäuser, Bodo: Abrechnung in Kellinghusen. es 1626
– Revolver. Vier Erzählungen. es 1465
Roth, Friederike: Die einzige Geschichte. Theaterstück. es 1368
– Das Ganze ein Stück. Theaterstück. es 1399
– Krötenbrunnen. Ein Stück. es 1319
Roth, Patrick: Die Wachsamen. Drei Melodramen. es 1614
Schedlinski, Rainer: die rationen des ja und des nein. gedichte. es 1606
Schindel, Robert: Geier sind pünktliche Tiere. Gedichte. es 1429
– Im Herzen die Krätze. Gedichte. es 1511
– Ohneland. Gedichte vom Holz der Paradeiserträume 1979-1984. es 1372
Schleef, Einar: Die Bande. Erzählungen. es 1127
Schöne Aussichten. Prosa aus der DDR. Herausgegeben von Christian Döring und Hajo Steinert. es 1593

315/2/6.90

Deutschsprachige Literatur
Erstausgaben in der edition suhrkamp

Schwacke, Peter: Carte blanche. Erzählungen. es 1164
Söllner, Werner: Kopfland. Passagen. Gedichte. es 1504
Split: Apfelsinen im Hals. Geschichten. es 1558
Struck, Karin: Kindheits Ende. Journal einer Krise. es 1123
– Klassenliebe. Roman. es 629
Techel, Sabine: Es kündigt sich an. Gedichte. es 1370
Thank You Good Night. Herausgegeben von Bodo Morshäuser. Alle Fotos: Michael Strauss. es 1227
Treichel, Hans-Ulrich: Liebe Not. Gedichte. es 1373
– Seit Tagen kein Wunder. Gedichte. es 1610
Veil, Joachim: Die Wiederkehr des Bumerangs. es 1137
Vogl, Walter: Hassler. Frequenzritte eines Straßenkehrers. es 1182
Von nun an. Neue deutsche Erzähler. Herausgegeben von Hans-Ulrich Müller-Schwefe. es 1003
Wichner, Ernest: Steinsuppe. Gedichte. es 1493
Winkler, Josef: Die Verschleppung. Njetotschka Iljaschenko erzählt ihre russische Kindheit. es 117

315/3/6.90

edition suhrkamp
Eine Auswahl

Abelshauser: Wirtschaftsgeschichte der Bundesrepublik Deutschland 1945-1980. NHB. es 1241
Achebe: Okonkwo oder Das Alte stürzt. es 1138
Adorno: Eingriffe. es 10
– Gesellschaftstheorie und Kulturkritik. es 772
– Kritik. es 469
– Ohne Leitbild. es 201
– Stichworte. es 347
Bachtin: Die Ästhetik des Wortes. es 967
Barthes: Kritik und Wahrheit. es 218
– Leçon/Lektion. es 1030
– Mythen des Alltags. es 92
– Semiologisches Abenteuer. es 1441
– Die Sprache der Mode. es 1318
Beck: Gegengifte. es 1468
– Die Erfindung des Politischen. es 1780
– Risikogesellschaft. es 1365
Becker: Warnung vor dem Schriftsteller. es 1601
Beckett: Endspiel. Fin de Partie. es 96
– Flötentöne. es 1098
Benjamin: Das Kunstwerk im Zeitalter seiner technischen Reproduzierbarkeit. es 28
– Moskauer Tagebuch. es 1020
– Das Passagen-Werk. es 1200
– Versuche über Brecht. es 172
Bernecker: Sozialgeschichte Spaniens im 19. und 20. Jahrhundert. NHB. es 1540
Bernhard: Der deutsche Mittagstisch. es 1480
Biesheuvel: Schrei aus dem Souterrain. es 1179
Bildlichkeit. Hg. von V. Bohn. es 1475
Bleisch: Viertes Deutschland. es 1719
Bloch für Leser der neunziger Jahre. es 1827
Bloch: Abschied von der Utopie? es 1046
– Kampf, nicht Krieg. es 1167
Boal: Theater der Unterdrückten. es 1361
Böhme, G.: Natürliche Natur. es 1680
Böhme, H.: Prolegomena zu einer Sozial- und Wirtschaftsgeschichte Deutschlands im 19. und 20. Jahrhundert. es 253
Bohrer: Die Kritik der Romantik. es 1551
– Der romantische Brief. es 1582
Bond: Gesammelte Stücke. 2 Bde. es 1340
Botzenhart: Reform, Restauration, Krise. NHB. es 1252
Boullosa: Sie sind Kühe, wir sind Schweine. es 1866
Bourdieu: Rede und Antwort. es 1547
– Soziologische Fragen. es 1872
Bovenschen: Die imaginierte Weiblichkeit. es 921
Brandão: Kein Land wie dieses. es 1236
Brasch: Frauen. Krieg. Lustspiel. es 1469
– Lovely Rita. Rotter. Lieber Georg. es 1562

316/1/6.93

edition suhrkamp
Eine Auswahl

Braun: Böhmen am Meer. es 1784
– Verheerende Folgen mangelnden Anscheins innerbetrieblicher Demokratie. es 1473
Brecht: Der aufhaltsame Aufstieg des Arturo Ui. es 144
– Aufstieg und Fall der Stadt Mahagonny. es 21
– Ausgewählte Gedichte. es 86
– Baal. es 170
– Buckower Elegien. es 1397
– Die Dreigroschenoper. es 229
– Furcht und Elend des Dritten Reiches. es 392
– Die Geschäfte des Herrn Julius Caesar. es 332
– Die Gesichte der Simone Machard. es 369
– Die Gewehre der Frau Carrar. es 219
– Der gute Mensch von Sezuan. es 73
– Die heilige Johanna der Schlachthöfe. es 113
– Herr Puntila und sein Knecht Matti. es 105
– Der kaukasische Kreidekreis. es 31
– Leben des Galilei. es 1
– Leben Eduards des Zweiten von England. es 245
– Mann ist Mann. es 259
– Die Mutter. es 200
– Mutter Courage und ihre Kinder. es 49
– Der Ozeanflug. Die Horatier und die Kuratier. Die Maßnahme. es 222
– Schweyk im zweiten Weltkrieg. es 132
– Die Tage der Commune. es 169
– Trommeln in der Nacht. es 490
– Über Politik auf dem Theater. es 465
– Das Verhör des Lukullus. es 740
Brecht für Leser der neunziger Jahre. Hg. von S. Unseld. es 1826
Brunkhorst: Der Intellektuelle im Land der Mandarine. es 1403
Bubner: Ästhetische Erfahrung. es 1564
– Zwischenrufe. Aus den bewegten Jahren. es 1814
Buch: Der Herbst des großen Kommunikators. es 1344
– Die Nähe und die Ferne. es 1663
– Waldspaziergang. es 1412
Bürger: Theorie der Avantgarde. es 727
Burkhardt: Der Dreißigjährige Krieg 1618-1648. NHB. es 1542
Butler: Das Unbehagen der Geschlechter. es 1722
Celan: Ausgewählte Gedichte. Zwei Reden. es 262
Cortázar: Letzte Runde. es 1140
– Das Observatorium. es 1527
– Reise um den Tag in 80 Welten. es 1045
Dedecius: Poetik der Polen. es 1690
Dekonstruktiver Feminismus. Hg. von B. Vinken. es 1678
Deleuze: Logik des Sinns. es 1707
– Verhandlungen. es 1778

316/2/6.93

edition suhrkamp
Eine Auswahl

316/3/6.93

edition suhrkamp
Eine Auswahl

Frank: Motive der Moderne. es 1456
– Die Unhintergehbarkeit von Individualität. es 1377
– Was ist Neostrukturalismus? es 1203
Frevert: Frauen-Geschichte. NHB. es 1284
Frisch: Biedermann und die Brandstifter. es 41
– Die Chinesische Mauer. es 65
– Don Juan oder Die Liebe zur Geometrie. es 4
– Frühe Stücke. es 154
– Graf Öderland. es 32
García Morales: Die Logik des Vampirs. es 1871
– Das Schweigen der Sirenen. es 1647
Gedächtniskunst. Hg. von A. Haverkamp und R. Lachmann. es 1653
Geist gegen den Zeitgeist. Hg. von J. Früchtl und M. Calloni. es 1630
Geyer: Deutsche Rüstungspolitik 1860-1980. NHB. es 1246
Goetz: Festung. 5 Bde. es 1793-1795
– Festung. es 1793
– Krieg. 2 Bde. es 1320
– Kronos. es 1795
– 1989. 3 Bde. es 1794
Goffman: Asyle. es 678
Gorz: Der Verräter. es 988
Goytisolo: Die Quarantäne. es 1874
Grassmuck / Unverzagt: Das Müll-System. es 1652
Gstrein: Anderntags. es 1625
– Einer. es 1483
Habermas: Eine Art Schadensabwicklung. es 1453
– Legitimationsprobleme im Spätkapitalismus. es 623
– Die nachholende Revolution. es 1633
– Die Neue Unübersichtlichkeit. es 1321
– Technik und Wissenschaft als Ideologie. es 287
– Theorie des kommunikativen Handelns. es 1502
Hänny: Zürich, Anfang September. es 1079
Hahn: Unter falschem Namen. es 1723
Handke: Die Innenwelt der Außenwelt der Innenwelt. es 307
– Kaspar. es 322
– Phantasien der Wiederholung. es 1168
– Publikumsbeschimpfung und andere Sprechstücke. es 177
Happel: Grüne Nachmittage. es 1570
Henrich: Konzepte. es 1400
– Nach dem Ende der Teilung. es 1813
– Eine Republik Deutschland. es 1658
Hensel: Im Schlauch. es 1815
Hentschel: Geschichte der deutschen Sozialpolitik 1880-1980. NHB. es 1247
Hettche: Inkubation. es 1787
Die Hexen der Neuzeit. Hg. von C. Honegger. es 743
Hijiya-Kirschnereit: Was heißt: Japanische Literatur verstehen? es 1608

316/4/6.93

edition suhrkamp
Eine Auswahl

Hodjak: Franz, Geschichtensammler. es 1698
– Siebenbürgische Sprechübung. es 1622
Holbein: Der belauschte Lärm. es 1643
– Ozeanische Sekunde. es 1771
– Samthase und Odradek. es 1575
Huchel: Gedichte. es 1828
Irigaray: Speculum. es 946
Jahoda / Lazarsfeld / Zeisel: Die Arbeitslosen von Marienthal. es 769
Jansen: Reisswolf. es 1693
Jasper: Die gescheiterte Zähmung. NHB. es 1270
Jauß: Literaturgeschichte als Provokation. es 418
Johnson: Begleitumstände. es 1820
– Das dritte Buch über Achim. es 1819
– Der 5. Kanal. es 1336
– Ingrid Babendererde. es 1817
– Jahrestage 1. es 1822
– Jahrestage 2. es 1823
– Jahrestage 3. es 1824
– Jahrestage 4. es 1825
– Mutmassungen über Jakob. es 1818
– Porträts und Erinnerungen. es 1499
– Versuch, einen Vater zu finden. Marthas Ferien. es 1416
Über Uwe Johnson. es 1821
Jones: Frauen, die töten. es 1350
Joyce: Finnegans Wake. es 1524
– Penelope. es 1106
Judentum im deutschen Sprachraum. Hg. von K. E. Grözinger. es 1613
Junior: Jorge, der Brasilianer. es 1571
Kenner: Ulysses. es 1104
Kiesewetter: Industrielle Revolution in Deutschland 1815-1914. NHB. es 1539
Kipphardt: In der Sache J. Robert Oppenheimer. es 64
Kirchhoff: Body-Building. es 1005
Kluge, A.: Gelegenheitsarbeit einer Sklavin. es 733
– Lernprozesse mit tödlichem Ausgang. es 665
– Schlachtbeschreibung. es 1193
Kluge, U.: Die deutsche Revolution 1918/1919. NHB. es 1262
Köhler: Deutsches Roulette. es 1642
Koeppen: Morgenrot. es 1454
Kolbe: Bornholm II. es 1402
– Hineingeboren. es 1110
Konrád: Antipolitik. es 1293
– Die Melancholie der Wiedergeburt. es 1720
– Stimmungsbericht. es 1394
Krechel: Mit dem Körper des Vaters spielen. es 1716
Krippendorff: Politische Interpretationen. es 1576
– Staat und Krieg. es 1305
– »Wie die Großen mit den Menschen spielen.« es 1486
Kristeva: Fremde sind wir uns selbst. es 1604

316/5/6.93

edition suhrkamp
Eine Auswahl

Kristeva: Geschichten von der Liebe. es 1482
– Die Revolution der poetischen Sprache. es 949
Kritische Theorie und Studentenbewegung. es 1517
Kroetz: Bauern sterben. es 1388
– Bauerntheater. es 1659
– Furcht und Hoffnung der BRD. es 1291
– Mensch Meier. Der stramme Max. Wer durchs Laub geht … es 753
– Nicht Fisch nicht Fleisch. Verfassungsfeinde. Jumbo-Track. es 1094
– Oberösterreich. Dolomitenstadt Lienz. Maria Magdalena. Münchner Kindl. es 707
– Stallerhof. Geisterbahn. Lieber Fritz. Wunschkonzert. es 586
Krynicki: Wunde der Wahrheit. es 1664
Laederach: Fahles Ende kleiner Begierden. es 1075
– Der zweite Sinn. es 1455
Lang / McDannell: Der Himmel. es 1586
Lehnert: Sozialdemokratie zwischen Protestbewegung und Regierungspartei 1848-1983. NHB. es 1248
Lem: Dialoge. es 1013
Lenz, H.: Leben und Schreiben. es 1425
Leroi-Gourhan: Die Religionen der Vorgeschichte. es 1073
Leutenegger: Lebewohl, Gute Reise. es 1001
– Das verlorene Monument. es 1315
Lévi-Strauss: Das Ende des Totemismus. es 128
– Mythos und Bedeutung. es 1027
Die Listen der Mode. Hg. von S. Bovenschen. es 1338
»Literaturentwicklungsprozesse«. Die Zensur der Literatur in der DDR.
Hg. von E. Wichner und H. Wiesner. es 1782
Llamazares: Der gelbe Regen. es 1660
Löwenthal: Mitmachen wollte ich nie. es 1014
Lüderssen: Der Staat geht unter – das Unrecht bleibt? es 1810
Lukács: Gelebtes Denken. es 1088
Maeffert: Bruchstellen. es 1387
de Man: Die Ideologie des Ästhetischen. es 1682
Marcus: Umkehrung der Moral. es 903
Marcuse: Ideen zu einer kritischen Theorie der Gesellschaft. es 300
Maruyama: Denken in Japan. es 1398
Mattenklott: Blindgänger. es 1343
Mayer: Gelebte Literatur. es 1427
– Versuche über die Oper. es 1050
Mayröcker: Magische Blätter. es 1202
– Magische Blätter II. es 1421
– Magische Blätter III. es 1646
Meckel: Von den Luftgeschäften der Poesie. es 1578

316/6/6.93

edition suhrkamp
Eine Auswahl

Medienmacht im Nord-Süd-Konflikt. Friedensanalysen Bd. 18. es 1166
Menninghaus: Paul Celan. es 1026
Menzel / Senghaas: Europas Entwicklung und die Dritte Welt. es 1393
Millás: Dein verwirrender Name. es 1623
Miłosz: Zeichen im Dunkel. es 995
Mitscherlich: Krankheit als Konflikt. es 164
– Die Unwirtlichkeit unserer Städte. es 123
Mitterauer: Sozialgeschichte der Jugend. NHB. es 1278
Möller: Vernunft und Kritik. NHB. es 1269
Morshäuser: Hauptsache Deutsch. es 1626
Moser: Besuche bei den Brüdern und Schwestern. es 1686
– Eine fast normale Familie. es 1223
– Der Psychoanalytiker als sprechende Attrappe. es 1404
– Romane als Krankengeschichten. es 1304
Muschg: Literatur als Therapie? es 1065
Mythos ohne Illusion. es 1220
Mythos und Moderne. es 1144
Nakane: Die Struktur der japanischen Gesellschaft. es 1204
Negt / Kluge: Geschichte und Eigensinn. es 1700
Ngũgĩ wa Thiong'o: Der gekreuzigte Teufel. es 1199
Nizon: Am Schreiben gehen. es 1328
Nooteboom: Berliner Notizen. es 1639
– Wie wird man Europäer? es 1869
Oehler: Pariser Bilder I (1830-1848). es 725
– Ein Höllensturz der Alten Welt. es 1422
Oppenheim: Husch, husch, der schönste Vokal entleert sich. es 1232
Oz: Politische Essays. es 1876
Paetzke: Andersdenkende in Ungarn. es 1379
Paz: Der menschenfreundliche Menschenfresser. es 1064
– Suche nach einer Mitte. es 1008
– Zwiesprache. es 1290
Petri: Schöner und unerbittlicher Mummenschanz. es 1528
Plenzdorf: Zeit der Wölfe. Ein Tag, länger als das Leben. es 1638
Politik der Armut und die Spaltung des Sozialstaats. Hg. von S. Leibfried und F. Tennstedt. es 1233
Politik ohne Projekt? Hg. von S. Unseld. es 1812
Powell: Edisto. es 1332
– Eine Frau mit Namen Drown. es 1516
Ein Pronomen ist verhaftet verhaftet worden. Hg. von E. Wichner. es 1671
Pusch: Alle Menschen werden Schwestern. es 1565
– Das Deutsche als Männersprache. es 1217

316/7/6.93

edition suhrkamp
Eine Auswahl

Raimbault: Kinder sprechen vom Tod. es 993
Rakusa: Steppe. es 1634
Reichert: Vielfacher Schriftsinn. es 1525
Ribeiro, D.: Unterentwicklung, Kultur und Zivilisation. es 1018
Ribeiro, J. U.: Sargento Getúlio. es 1183
Rodinson: Die Araber. es 1051
Rohe: Wahlen und Wählertraditionen in Deutschland. es 1544
Rosenboom: Eine teure Freundschaft. es 1607
Rosenlöcher: Die verkauften Pflastersteine. es 1635
– Die Wiederentdeckung des Gehens beim Wandern. es 1685
Roth: Die einzige Geschichte. es 1368
– Das Ganze ein Stück. es 1399
– Krötenbrunnen. es 1319
– Die Wachsamen. es 1614
Rubinstein: Sterben kann man immer noch. es 1433
Rühmkorf: agar agar – zaurzaurim. es 1307
Russell: Probleme der Philosophie. es 207
Schedlinski: die rationen des ja und des nein. es 1606
Schindel: Ein Feuerchen im Hintennach. es 1775
– Geier sind pünktliche Tiere. es 1429
– Im Herzen die Krätze. es 1511
Schleef: Die Bande. es 1127
Schöne Aussichten. Hg. v. Ch. Döring und H. Steinert. es 1593
Schönhoven: Die deutschen Gewerkschaften. NHB. es 1287
Schröder: Die Revolutionen Englands im 17. Jahrhundert. NHB. es 1279
Das Schwinden der Sinne. Hg. von D. Kamper und Ch. Wulf. es 1188
Segbers: Der sowjetische Systemwandel. es 1561
Senghaas: Europa 2000. es 1632
– Friedensprojekt: Europa. es 1717
– Konfliktformationen im internationalen System. es 1509
– Die Zukunft Europas. es 1339
Sieferle: Die Krise der menschlichen Natur. es 1567
Simmel: Schriften zur Philosophie und Soziologie der Geschlechter. es 1333
Sloterdijk: Der Denker auf der Bühne. es 1353
Sloterdijk: Eurotaoismus. es 1450
– Kopernikanische Mobilmachung und ptolemäische Abrüstung. es 1375
– Kritik der zynischen Vernunft. es 1099
– Versprechen auf Deutsch. es 1631
– Weltfremdheit. es 1781
Söllner: Kopfland. Passagen. es 1504
Staritz: Geschichte der DDR 1949-1985. NHB. es 1260
Steinwachs: G-L-Ü-C-K. es 1711
Stichworte zur ›Geistigen Situation der Zeit‹. 2 Bde. Hg. von J. Habermas. es 1000

316/8/6.93

edition suhrkamp
Eine Auswahl

Streeruwitz: New York. New York. Elysian Park. es 1800
– Waikiki-Beach. Sloane Square. es 1786
Struck: Kindheits Ende. es 1123
– Klassenliebe. es 629
Szondi: Theorie des modernen Dramas. es 27
Techel: Es kündigt sich an. es 1370
Thiemann: Schulszenen. es 1331
Thompson: Die Entstehung der englischen Arbeiterklasse. es 1170
Thränhardt: Geschichte der Bundesrepublik Deutschland. NHB. es 1267
Todorov: Die Eroberung Amerikas. es 1213
Treichel: Liebe Not. es 1373
Tugendhat: Ethik und Politik. es 1714
Vargas Llosa: Gegen Wind und Wetter. es 1513
– La Chunga. es 1555
Vernant: Die Entstehung des griechischen Denkens. es 1150
Veyne: Foucault: Die Revolutionierung der Geschichte. es 1702
Vor der Jahrtausendwende: Berichte zur Lage der Zukunft. Hg. von P. Sloterdijk. es 1550
Walser: Ein fliehendes Pferd. es 1383
– Geständnis auf Raten. es 1374
– Selbstbewußtsein und Ironie. es 1090
– Über Deutschland reden. es 1553
– Wie und wovon handelt Literatur. es 642
Weiss: Abschied von den Eltern. es 85
– Die Ästhetik des Widerstands. es 1501
– Fluchtpunkt. es 125
– Das Gespräch der drei Gehenden. es 7
– Notizbücher 1960-1971. es 1135
– Notizbücher 1971-1980. es 1067
– Rapporte. es 276
– Rapporte 2. es 444
– Rekonvaleszenz. es 1710
– Der Schatten des Körpers des Kutschers. es 53
– Stücke I. es 833
– Stücke II. 2 Bde. es 910
– Verfolgung ... Marat/Sade. es 68
Sinclair (P. Weiss): Der Fremde. es 1007
Die Wiederkehr des Körpers. Hg. von D. Kamper und Ch. Wulf. es 1132
Wippermann: Europäischer Faschismus im Vergleich 1922-1982. NHB. es 1245
Wirz: Sklaverei und kapitalistisches Weltsystem. NHB. es 1256
Wittgenstein: Tractatus logico-philosophicus. es 12
Zoll: Alltagssolidarität und Individualismus. es 1776
Der Zusammenbruch der DDR. Hg. von H. Joas und M. Kohli. es 1777

316/9/6.93